suhrkamp taschenbuch 1211

Walter Benjamin wurde 1892 in Berlin geboren; er nahm sich auf der Flucht vor der Gestapo 1940 in Spanien das Leben. Innerhalb der *Gesammelten Schriften* ist zuletzt als Band 5 *Das Passagenwerk* erschienen. Gershom Scholem, geb. 1897 ebenfalls in Berlin, war von 1933 bis 1965 Professor für Kabbalistik in Jerusalem. Er ist am 21. 2. 1982 verstorben.
Der Briefwechsel umfaßt den Zeitraum von März 1933 bis Februar 1940. Die Briefe dokumentieren Benjamins letzte Lebensperiode: die Probleme der materiellen Existenz, das persönliche Verhältnis zu Scholem sind die zentralen Themen ihrer geistigen Auseinandersetzung. Die Machtübernahme durch die Nationalsozialisten bedeutete für Benjamin nicht nur Exil und die zunehmende Einschränkung seiner Publikationsmöglichkeiten, sondern auch einen jahrelangen, zermürbenden Kampf um das Existenzminimum. Intellektueller Brennpunkt der Korrespondenz sind immer wieder Überlegungen zu Kafka. Verwandtschaft und Differenz von Benjamins und Scholems Denken werden hier um so deutlicher, je ähnlicher die religionsphilosophische Begriffswelt ist, in der die divergierenden Interpretationen sich bewegen.

Walter Benjamin
Gershom Scholem
Briefwechsel
1933-1940

Herausgegeben von
Gershom Scholem

Suhrkamp

Umschlagfoto:
Walter Benjamin – Nachweis über Suhrkamp Verlag
Gershom Scholem – Aliza Auerbach

suhrkamp taschenbuch 1211
Erste Auflage 1985

Druck: Nomos Verlagsgesellschaft, Baden-Baden
Printed in Germany
Umschlag nach Entwürfen von
Willy Fleckhaus und Rolf Staudt

1 2 3 4 5 6 – 90 89 88 87 86 85

Walter Benjamin / Gershom Scholem

Briefwechsel 1933-1940

Vorwort

Das vorliegende Buch verdankt seine Entstehung einer Überraschung, mit der zu rechnen ich viele Jahre nicht mehr imstande war. Es füllt eine Lücke aus, deren ich mir, als ich im Jahre 1975 mein Buch »Walter Benjamin – die Geschichte einer Freundschaft« abfaßte, durchaus bewußt war, ohne daß ich eine Chance sehen konnte, ihre Beseitigung noch zu erleben. Ich besaß die vollständige Sammlung aller Briefe Benjamins an mich, nicht aber meine Briefe an ihn. Da wir nur in außerordentlich seltenen Fällen eine Schreibmaschine benutzten, also nicht automatisch Kopien unserer Briefe hatten, besaß ich nur von ganz wenigen Stücken sei es vollständige Entwürfe oder Abschriften, sei es einzelne Abschnitte, die ich aus besonderen Gründen aufheben wollte. Nach 1945 wurde mir klar, daß kaum damit zu rechnen war, daß diese Briefe wieder auftauchen würden. Es stellte sich ja ziemlich bald heraus, daß Dokumente, die der Gestapo in die Hand gefallen waren, weitgehend der Vernichtung zum Opfer gefallen waren.

Ich wußte dabei freilich noch nicht, daß es sich hier um zwei verschiedene Vorgänge handelte. Es war ein Akt, mit dem die in der Berliner Wohnung Benjamins zurückgelassenen Papiere, darunter auch alle an ihn gerichteten Briefe bis zum März 1933, beschlagnahmt wurden, und ein anderer Akt, der kurz nach dem Einmarsch der deutschen Armee in Paris zur Beschlagnahme der in seiner dortigen Wohnung (rue Dombasle 10) zurückgelassenen Papiere führte. Daß diese beiden Bestände nicht vereinigt wurden, ist sicher. Ob sie nach dem in der Gestapo herrschenden System überhaupt zustande gekommen wäre, kann ich nicht beurteilen. Ich weiß aber aus dem Munde des stellvertretenden Direktors des Zentralarchivs der DDR in Potsdam, wo ich im Oktober 1966 mit größter Zuvorkommenheit empfangen wurde, daß Benjamins Papiere durch einen technischen Zufall bei der Verpackung in das Archiv der »Pariser Tageszeitung« gerieten. Während aufgrund eines Erlasses vom Februar 1945, als der Leitung der Gestapo klar war, daß der Krieg verloren sei, so gut wie alle Akten und Papiere in ihren Archiven vernichtet wurden

und damit auch meine Briefe an Benjamin bis zum Februar 1933, entging das Archiv der »Pariser Tageszeitung« durch einen Sabotage-Akt seines Bearbeiters dieser Vernichtung. Die betreffenden Pariser Papiere Benjamins gelangten als Teil dieses Archivs nach Rußland, wo sie etwa fünfzehn Jahre zusammenblieben. Erst als aufgrund einer hochpolitischen Entscheidung um 1960 herum mit der Rückführung von Museen, Bibliotheken und Archiven in die DDR begonnen wurde, gelangte auch diese Sammlung in das Zentralarchiv in Potsdam.
Bei dessen Inventarisierung stellte sich dann heraus, daß ohne sachlichen Zusammenhang mit der »Pariser Tageszeitung« sich dort auch zwei Aktenkästen befanden, welche jene in Paris beschlagnahmten Papiere Benjamins enthielten. Diese bestanden nur zu einem sehr geringen Teil aus Aufzeichnungen Benjamins selber, sondern vor allem aus der an ihn gerichteten Korrespondenz. Es gehörte zu Benjamins, wohl in seiner Natur verwurzelten Gewohnheiten, Briefe und Postkarten an ihn aufzubewahren. Wir verfügen daher über eine sehr reiche Dokumentation zur Biographie Benjamins in den Jahren 1933 bis 1940 in Gestalt dieser, wenn auch fast nur einseitigen Korrespondenzen.
Im Zentralarchiv in Potsdam wurde nach der Rückgabe eine erste, aber in vielen Fällen nicht ins Einzelne gehende Teilung dieser Bestände vorgenommen, wobei besonders auffallende Sammlungen in gesonderten Konvoluten aufbewahrt wurden, so z. B. die Briefe von mir, von seiner geschiedenen Frau Dora und seinem Sohn Stefan. Es dauerte einige Jahre, bis das Gerücht von der Existenz dieser Briefschaften auch dem Suhrkamp Verlag bekannt wurde, teils durch Mitarbeiter an dem damals in Ostberlin gesondert aufbewahrten Brechtarchiv, teils aber auch durch Erzählungen eines früheren Mitarbeiters am Institut für Sozialforschung, den Nationalökonom Alfred Sohn-Rethel (Birmingham), der diese Papiere bei einem Besuch in Potsdam selber gesehen hatte. So kam mir die Nachricht zu, daß auch meine Briefe aus dieser Zeit sich in Potsdam befinden, was mir auf eine Nachfrage von Dr. Gerhard Seidel (damals Mitarbeiter am Brechtarchiv) auch direkt bestätigt wurde. Es wurde mir geraten, beim zuständigen Ministerium des Inneren um eine Erlaubnis zur Untersuchung dieser Bestände einzukommen, was ich auch tat, ohne jedoch irgendeine Antwort zu erhalten. Erst

als ich Ende September 1966 bei einem akademischen Zusammentreffen in Bukarest zwei leitenden Herren der Deutschen Akademie der Wissenschaften meine Lage und mein Interesse in dieser Sache genau erklären konnte, wandte sich das Blatt und ich erhielt innerhalb weniger Tage eine Einladung, als Gast der Deutschen Akademie der Wissenschaften nach Berlin und Potsdam zu kommen, wo ich die Bestände des Benjamin-Nachlasses untersuchen und Photokopien davon erhalten können würde. So konnte ich denn im Oktober 1966 einige Tage dort arbeiten und mich vergewissern, daß in der Tat so gut wie alle meine Briefe aus diesen Jahren sich dort befanden. Die Übersendung von Ablichtungen dieser und auch einer Anzahl anderer Korrespondenzen, die mir wichtig waren, wurde mir zugesichert. Diese Übersendung ist dann aber 1967, offenkundig aufgrund höherer Weisung, nicht erfolgt. Inzwischen wurden die Papiere Benjamins aus dem Zentralarchiv in Potsdam in das Literaturarchiv bei der Akademie der Künste der Deutschen Demokratischen Republik in Ost-Berlin überführt.

In meinem oben erwähnten Buch »Die Geschichte einer Freundschaft« (S. 242) schrieb ich über diese »Quelle ersten Ranges«, deren Benutzung mir zehn weitere Jahre verschlossen blieb: »Wenn dieses Material zugänglich würde, könnte eine vollständige Dokumentation über unsere Beziehungen in diesen Jahren, die Buchumfang hätte, gegeben werden.« In dem vorliegenden Band liegt diese Dokumentation nun vor. Ihr überraschendes Zustandekommen ist der Hilfe und dem Eingreifen des Dichters Stephan Hermlin und des Kulturministers der DDR, Herrn Johannes Hoffmann, zu verdanken, denen ich auch an dieser Stelle meinen Dank bezeugen möchte. Der Empfang dieser Kopien im November 1977 war das wertvollste und erfreulichste Geschenk, das ich zu meinem achtzigsten Geburtstag erhalten konnte.

Ich habe der Vorbereitung dieser Veröffentlichung einen nicht geringen Teil meiner Arbeitszeit in den Jahren 1978 und 1979 gewidmet. Es stellte sich heraus, daß auch meine Briefe fast vollständig erhalten sind. Von zwei Briefen sind nur die erste, resp. die zweite Hälfte erhalten, indem einmal das erste, ein anderesmal das zweite Blatt bisher nicht aufgefunden wurde, was besonders für einen Brief, in welchem ich mich über Kafka ausführlicher ausgesprochen habe, sehr bedauerlich ist. Außerdem ist das Original des letzten Briefes von mir (Nr. 128), von dem ich nur eine teilweise Abschrift eines mir wichtigen Stückes aufbewahrt hatte, bisher unauffindbar. Ferner fehlen zwei Postkarten rein technischen Inhalts, die die Regelung unseres Zusammentreffens in Paris im Februar 1938 betrafen. Vielleicht kommen bei genauerer Durchsicht auch diese Stücke noch zum Vorschein.

Die beiderseitigen Briefe sind vollständig wiedergegeben. Nur an einigen wenigen Stellen habe ich Worte umgestellt und an vier Stellen Äußerungen sehr persönlicher Natur, die sich teilweise auf Lebende beziehen und diffamierend wirken könnten, ausgelassen. Ich übernehme dafür die volle Verantwortung. Betonen möchte ich, daß diese Auslassungen nichts betreffen, was das Institut für Sozialforschung oder dessen damals aktive Mitarbeiter angeht.

Um die schon in den Monaten vor der Machtergreifung Hitlers überaus prekäre Lage Walter Benjamins zu dokumentieren, habe ich hier auch die elf Briefe und Karten vollständig abgedruckt, die er mir vom 25. Juni 1932 bis zum 28. Februar 1933 geschrieben hat. Ich halte sie für das Verständnis der Situation Benjamins wichtig, wie sie sich schon mit dem Beginn der Regierung von Papens entwickelt hat. Nur zwei von diesen Briefen sind in der Sammlung von 1966 enthalten, und gerade in ihnen kommt die schreckliche Trostlosigkeit seiner Situation nur in einer Art zusammenfassender in Rückschau und Anspielungen vor. So enthält dieser Band jetzt 128 Briefe. 11 von ihnen dienen zur Einführung, dann kommt die streng chronologisch geordnete Folge unserer Korrespondenz, 61 Briefe und Karten von Benjamin, 55 von mir, sowie ein Brief seiner früheren Frau Dora an mich. In die frühere Auswahl von 1966 habe ich nur 29 von Benjamins Briefen, zum Teil gekürzt, aufnehmen können. So wie die Briefe aus dem Sommer und Herbst 1932 unseren Briefwechsel gewissermaßen instrumentieren, habe ich dem ziemlich abrupten Schluß, besser gesagt, der Unterbrechung unseres Briefwechsels nach dem Februar 1940 – eine Antwort auf meinen letzten Brief, deren Existenz mir seinerzeit von Hannah Arendt bezeugt wurde, hat mich nie erreicht – einen, auf den Schluß meines Buches »Die Geschichte einer

Freundschaft« zurückgreifenden Abschluß über Benjamins Ende hinzugefügt. Viele Leser des vorliegenden Bandes werden wohl auch Gelegenheit gehabt haben oder noch haben, die letzten zehn Seiten jenes Buches zu lesen.

Die vorliegende Veröffentlichung wird in nicht unwichtigen Punkten neues Licht auf Walter Benjamin, aber auch auf unsere Beziehungen werfen. Sie wird auch manche Angaben richtigstellen, die ich in meinem Buch über W.B. aus der bloßen Erinnerung geschrieben habe, sosehr diese auch im ganzen durch die jetzt vorliegenden Briefe bestätigt werden. Dazu gehört auch der präzise Aufschluß über die beiderseitigen Erwägungen zu einem Besuch oder eher einem längeren (dauernden?) Aufenthalt Benjamins im Lande Israel. Die bisher veröffentlichte Sekundärliteratur über W.B. strotzt von falschen Angaben und Behauptungen auch in dieser Angelegenheit, die vor allem auf Unkenntnis der Dokumente, aber auch auf einem fundamentalen Mißverständnis meiner Haltung beruht.

Immer wieder wurde (und wird) mir unterstellt, ich hätte Benjamin »überreden« wollen, nach Palästina/Israel zu kommen. Nichts konnte meiner wirklichen Haltung ferner liegen, als derartiges zu praktizieren. In den langen Jahren unserer Freundschaft, auch in den Briefen vor 1933, konnte selbstverständlich über meine eigene Schicksalswahl oder Lebensentscheidung nie ein Zweifel bestehen, aber niemals habe ich versucht, ja konnte ich meiner ganzen Anlage nach überhaupt versuchen, eine solche Entscheidung einem anderen, geschweige einem so komplexen Menschen wie Benjamin aufzureden. Das ist alles Unsinn, und die hier vorliegenden Briefe zeigen, wie differenziert wir beide in diesen Auseinandersetzungen vorgingen. Die rüden Vereinfachungen von manchen, die sich dazu geäußert haben, verschlagen da gar nichts. Zudem wußte Benjamin sehr wohl, wie vor allem – von meinem Zeugnis einmal abgesehen – seine Briefe an Florens Christian Rang beweisen, zwischen der Auseinandersetzung mit dem Phänomen des Judentums und einer eventuellen Entscheidung, nach Palästina zu gehen, zu unterscheiden.

Ich glaube, an dieser Stelle auch ein Wort über Ernst Bloch sagen zu sollen, der in den Briefen Benjamins an mich schon seit 1920, und auch in den vorliegenden Briefen zwischen uns beiden, eine einigermaßen schwierige Rolle gespielt hat. Ich mußte mir jetzt

die Frage stellen, ob ich meinen Brief vom 25. August 1935 nicht entscheidend kürzen solle, in dem ich mich mit großer Schärfe über Blochs Verhältnis zu Benjamin geäußert habe. Mein Urteil über Bloch entspricht heute, nach so vielen Jahren und so viel weiterer Befassung mit seiner gesamten Produktion, nicht dem, das ich in den zwanziger und dreißiger Jahren in leidenschaftlicher Reaktion zu Papier gebracht habe. Ich habe meine verantwortliche und reife Meinung über Bloch und sein Werk in dem Aufsatz zu seinem neunzigsten Geburtstag niedergelegt, der am 7. Juli 1975 in der Zeitschrift »Der Spiegel« erschienen ist. Die Beziehungen zwischen Bloch und Benjamin unterlagen sehr starken Schwankungen und Spannungen, und ich war wahrscheinlich Jahre hindurch der Hauptempfänger von Benjamins Reaktionen auf diesen Stand ihrer Beziehungen. Daß es bei aller Spannung dann doch wieder ein, man möchte sagen labiles Gleichgewicht gab und es nie zu einem Bruch gekommen ist, beweist, wie stark die Bindungen waren, die zwischen diesen beiden hervorragenden Menschen bestanden. Niemand vermag zu sagen, wie sich, hätte Benjamin überlebt, dieses Verhältnis entwickelt hätte. Ich habe mich daher entschlossen, die relevanten Zeugnisse in dem hier vorliegenden Briefwechsel, auch wenn sie mich heute nachdenklich oder kritisch stimmen, nicht zu streichen. Die besondere Situation dieser beiden Männer, so nahe zueinander und so verschieden voneinander wie sie waren, die sich im Gespräch einander anfeuerten oder das Feuer aufeinander eröffneten, kann heute, glaube ich, von keinem von uns ausgelotet werden.
Noch eine Frage wird sich für die Leser dieser Briefe erheben: Warum habe ich selber aus Benjamins zum Teil katastrophalen und erschütternden Darlegungen seiner finanziellen Situation keine direkte Konsequenz gezogen, wie aus diesem Buche ersichtlich ist? Diese Frage kann ich beantworten, aber ich will sie nicht beantworten.

Es versteht sich von selbst, daß in dieser Ausgabe einige Irrtümer, die sich in die Lesung der früheren teilweisen Veröffentlichung eingeschlichen haben, sowie in den Anmerkungen, die hier ja viel ausführlicher gehalten sind, verbessert wurden. Irrtümer bei der Schreibung von Namen sind, soweit sie mir auffielen, stillschweigend berichtigt worden. Benjamin hatte kein gutes orthographisches Gedächtnis. Dagegen ist die Interpunktion der Originale so weit wie möglich beibehalten worden, da sie doch einiges zur Charakteristik unserer Schreibweise in diesen Jahren beitragen kann. Die Daten der Briefe sind gleichmäßig in die rechte obere Ecke gesetzt worden, um so die chronologische Orientierung zu erleichtern. In Benjamins Briefen stehen sie stets in der linken unteren Ecke am Ende der Briefe.

Jerusalem, im Juli 1979 *Gershom Scholem*

Briefe von Walter Benjamin

1 Benjamin an Scholem

San Antonio, Ibiza
25. Juni 1932

Lieber Gerhard,
dein Brief war, in allem, was unser Gemeinsames angeht, infolge der Abflucht der darin befindlichen Daten, eine große Enttäuschung; der Trost, der sodann deiner Karte zu entnehmen gewesen ist, ein geringer. Immerhin spricht ja vieles dafür, daß wir uns dann in Berlin sehen, so groß meine Neigung ist, mich, wie auch immer, von dort entfernt zu halten. Aber wieviel größer wären die Chancen unseres Beisammenseins hier unten gewesen, und über wie vieles wird nicht zu reden sein. Davon, daß meine Catholica in Mentone vor dir in Sicherheit gewesen wären, ganz zu schweigen.[1]
Die Universität Muri[2] wird nun sehen müssen, wie sie sich aus der Affäre[3] zieht. Ganz unter uns gesagt, will ich hoffen, daß sie sich etwas unnachgiebiger zeigen wird als die Gazetten und meine Freunde, die meinem Wunsche, kein Aufhebens von diesem Tage zu machen, ohne Schwierigkeiten nachkommen werden. Ich denke ich werde an diesem Tage in Nizza sein, wo ich einen ziemlich skurrilen Burschen kenne, dem ich bei meinen Kreuz- und Querzügen schon öfters begegnet bin und den ich zu einem Glase Weißwein einladen werde, wenn ich das Alleinsein nicht vorziehen sollte.[4] Jedenfalls ist mein Aufbruch von hier offenbar näher gerückt, indem Noeggeraths[5] andere paying guests (ich schreibe es wahrscheinlich falsch, aus Furcht goasts zu schreiben) erwarten und das Unvergleichliche der Abgeschiedenheit dieses Quartiers sich in San Antonio kaum wiederherstellen lassen wird. Alle weiteren Dinge hängen von der Entwicklung meiner Finanzen ab. In den letzten Wochen habe ich sehr viel gearbeitet und es wäre alles erträglich, wenn ich nicht, durch den dir bekannten Schurkenstreich[6], für meine berliner Wohnung mit aufkommen müßte.
Was die jerusalemitanische Villa[7] betrifft so lege – goethesch zu reden – erneut Kranz auf Kranz vor ihrer Schwelle nieder.[8]

Habe ich dir – a propos – geschrieben, daß es im vorigen Jahr nahe an einem Goethebuch war, mit dem der Inselverlag mich beauftragt hätte, wenn ...[9] Ich fürchte, daß ich das Exposé dazu verloren habe, wüßte aber immer noch genug davon zu berichten, um das Staunen des Muriensischen Lehrkörpers – insbesondere der Professoren für Kabbalistik und jüdische Philosophie des Mittelalters zu erregen. Denn darüber wirst du dir doch klar sein, daß seine Laufbahn in der irdischen Welt nur ein getreues Spiegelbild – um marxistisch zu reden – derjenigen in Muri selbst darstellt. – Ist dir, als Kabbalist, übrigens der Roman »Cabala« von dem Amerikaner Thornton Wilder bekannt?[10] Ich habe ihn dieser Tage zum zweiten Male gelesen und muß sagen, daß er seiner letzten 6 Seiten wegen (er hat 280) von dir gelesen zu werden verdient.

Ich hoffe auch an der Riviera – wo ich vielleicht Dora und Stefan auf ein, zwei Tage besuchen werde, da sie vorhaben, nach Pardigou zu kommen – arbeiten zu können und werde schon hier versuchen, dem genius loci in Gestalt einiger Gedanken über Gracian seine Ehre zu geben.[11] Ich muß zugeben, daß bisher erst ein zweifelhafter Herold solcher Gedanken in Gestalt meiner langjährigen großen Bewunderung des »Handorakel« eingetroffen ist, aber vielleicht bringt der nächste Vorläufer, Borinskis Schrift über »Gracian und die Hofliteratur in Deutschland« schon genauere Kunde. Dieser Tage hat sich übrigens erwiesen, daß »Barock« schon das rechte Pferdchen und nur ich der falsche Jokey gewesen bin, indem man nämlich dem besten Spezialisten für Barock, dem Privatdozenten Alewyn in Berlin Gundolfs Lehrstuhl in Heidelberg übertragen hat. Vielleicht kommt er nun als Professor dazu, das Referat über den »Ursprung des deutschen Trauerspiels« zu verfassen, das ihm vor vier Jahren von der Redaktion der deutschen Literaturzeitung übertragen wurde.[12]

Auf deinen Sonderdruck aus der Enzyklopädie[13] freue ich mich sehr. Sieh zu, daß ich ihn recht bald bekomme. Vor allem schreibe baldigst. Ich glaube manchmal, daß es dir etwas schwer fällt, seit du die traditionelle querela über meine »Schreibfaulheit« als Introduktion nicht mehr verwenden kannst. Bis ersten oder zweiten Juli einschließlich kannst du ruhig hierher adressieren. Sodann Nice Poste restante. Dabei empfiehlt es sich dann, meinen Vornamen abzukürzen, damit der Brief nicht ins falsche Fach kommt. Alles Gute herzlichst Dein Walter

1 Ich hatte ihm geschrieben, daß ich in meiner Bibliothek eine Abteilung über katholische Theologie beginnen würde.

2 Die von uns als satirisches Gegenstück zur Universität Bern, an der wir 1918-19 studierten, erfundene »Universität«, die nach dem Dorf Muri bei Bern (jetzt ein Stadtviertel) hieß, in dem wir 1918 wohnten.

3 W.B.s vierzigster Geburtstag am 15. Juli 1932. Ich verweise hier wie in anderen Anmerkungen auf mein Buch: Gershom Scholem, »Walter Benjamin – die Geschichte einer Freundschaft«, Bibliothek Suhrkamp, Band 467, Frankfurt 1975 (im nachfolgenden mit dem Sigel »Scholem, W.B.« bezeichnet); vgl. S. 76 f.

4 Der »skurrile Bursche« war, wie wir aus den jetzt bekannten Papieren schließen müssen, der Tod. W.B. spielte ernstlich mit der Absicht, sich an diesem Tage das Leben zu nehmen; siehe Scholem, W.B., S. 222-23 und 231-35.

5 Felix Noeggerath (1880-1961), mit dem W.B. seit seiner Münchener Studentenzeit und später in Berlin viel verkehrte und bei dem er auf Ibiza wohnte. Vgl. Scholem, W.B., S. 227 ff. W.B. bezeugt in einem Brief von 1915 ausdrücklich, daß Noeggerath zwölf Jahre älter war als er.

6 Sowohl Noeggerath wie W.B. hatten ihre Wohnungen an einen Schwindler vermietet, der von der Polizei gesucht wurde und floh.

7 Das Haus, das meine erste Frau Escha und ich damals in Jerusalem bauten und das während meiner Auslandreise fertig wurde.

8 Ein solcher Vers existiert in Goethes Werken nicht, wie mir auch Spezialisten bestätigen. Einen Hinweis verdanke ich Frau Exleben, Ostberlin (in einem Brief an Werner Kraft): In Vers 460 der »Iphigenie auf Tauris« (Zweite Fassung) ist von dem Wunsch die Rede, daß

»Die Freude, wie um eine Neugeborne,
Den schönsten Kranz von Säul an Säulen schlinge.«

(Artemis, Bd. 6, S. 161). Es könnte sich bei Benjamins Anspielung um eine unbewußte Umdichtung aus dem Gedächtnis gehandelt haben, da Benjamins Bekanntschaft mit der »Iphigenie« sicher ist. Einen zweiten Hinweis verdanke ich Siegfried Unseld. In den Gedichten der Artemis Ausgabe wird in der Rubrik »Inschriften. Denk- und Sende-Blätter« mit der Nr. 57 folgendes Gedicht aufgeführt:

»Wenn Kranz auf Kranz den Tag umwindet,
sei dieser auch ihr zugewandt,
und wenn sie hier Bekannte findet,
so hat sie sich vielleicht erkannt.«

(Artemis, Bd. 1, S. 698). Benjamin könnte diesen Vers gemeint haben; aber vielleicht hatte er auch gar keinen direkten Ausspruch Goethes im Sinn und wollte bewußt wie Goethe formulieren, d. h. im Stil und im Sinne von Goethe.

9 Der Text »wenn ...« steht so im Brief. Was mit den Punkten angedeutet werden soll, vermag ich nicht zu erklären.

10 Thornton Wilders »The Cabala« war 1926 erschienen. W.B. las sicher die deutsche Übersetzung von 1929. Ich hatte das Buch, in der irrigen Annahme, daß dort über mein Studiengebiet gehandelt werde, schon 1927 in die Hand genommen.

11 Soweit ich sehe, hat W.B. diesen auch sonst in Briefen angekündigten Aufsatz nicht geschrieben.

12 Richard Alewyn (1902-1979), damals a. o. Professor für neuere deutsche Literatur; nach dem Zweiten Weltkrieg Professor an der Freien Universität Berlin. Alewyn hat das Trauerspielbuch nicht besprochen.

13 Gemeint ist mein Artikel *Kabbala* aus der »Encyclopaedia Judaica«, Band IX, col. 630-732, der in Berlin 1932 erschien. Den Sonderdruck konnte ich ihm erst später schicken, siehe Brief Nr. 11.

2 *Benjamin an Scholem*

San Antonio, Ibiza
5. Juli 1932

Lieber Gerhard,
für heute nur einen kurzen Gruß in Verbindung mit der Nachricht, daß ich noch auf der Insel bin und bis zum 10ten Juli mindestens bleibe. Zu dieser Zeit hoffe ich fahren zu können, doch hängt das noch von finanziellen Arrangements ab. Wo man mich dergestalt am 15ten erreicht, weiß ich selbst nicht: Hier oder in Nizza. Wenigstens meine Notizenfolge aus Ibiza wirst du nun, wie ich denke, bekommen haben.[1] Sie vermehrt sich im stillen und langsam. Heute habe ich – zum erstenmal seit fünf oder sechs Jahren – wieder begonnen Proust zu lesen und bin gespannt, an dem präsumptiven Kontrast zwischen der heutigen und der damaligen Wirkung etwas über mich und die Zeit, die ich hinter mir habe, zu entnehmen. Ohne daß ich mir diesen Kontrast allzu auffallend oder weitgehend denke. Wenn du in einiger Zeit nach Deutschland kommst[2], wirst du wohl Anlaß haben, deine Augen aufzusperren. Ich nehme nicht an, daß die italienischen Zeitungen dich so auf dem Laufenden halten wie ich es durch die Informationen meiner deutschen Korrespondenten bin.[3] Aber du hast ja Erfahrungen genug, die dich mit passenden Bildern versehen, welche du nur zu montieren brauchst. Laß recht bald von dir hören. Herzlichst

Dein Walter

1 »Ibizenkische Folge«, Gesammelte Schriften IV, 402-409. Im Folgenden wird diese große Ausgabe stets als GS zitiert.

2 Ich kam Ende Juli 1932 nach München.

3 Diese Korrespondenzen dürften alle verloren sein.

3 Benjamin an Scholem

Nice (a. m.), Poste restante
[Barcelona, 12. Juli 1932]

Lieber Gerhard,
meine Dispositionen haben eine neue Wendung genommen, die mir deine veränderten Termine sehr beklagenswert machen. Auf Grund einer Aufforderung von Speyer[1], der inzwischen in Poveromo bei Pisa eingetroffen ist und mir günstige Vorschläge für eine gemeinsame Arbeit macht, werde ich nämlich vermutlich gegen den 28ten Juli in Italien eintreffen. Wenn deine Fristen sich noch einmal ändern – aber auch sonst – gib mir doch bitte Nachricht nach Nice Post restante. Dort treffe ich soviel ich sehe am 22ten, spätestens am 23ten ein. Sonntag den 10ten fahre ich von hier nach Palma und von dort mit dem Schiff nach Marseille.
Ich habe dir eine Drucksache mit zwei Ausschnitten[2] zugehen lassen und brauche wohl nicht zu sagen, daß ich dir gewisse Glossen in keinem andern Interesse als dem relativer Vollständigkeit der editio hierosolemitana meiner opera schicke.
Sei herzlichst gegrüßt und laß dich baldigst vernehmen

Dein Walter

1 Der Schriftsteller Wilhelm Speyer (1887-1952), mit dem W.B. in diesen Jahren enge literarische Beziehungen unterhielt und auch des öfteren gemeinsame Reisen in seinem Auto unternahm, war bekannt durch Romane, Dramen und besonders durch seine Jungen-Bücher (»Kampf der Tertia«, »Die goldene Horde« etc.). Alfred Döblin schrieb einen Nachruf auf ihn.

2 Es handelte sich um »Pestalozzi in Yverdon« (GS III, 346-349) und »Goethebücher, aber willkommene« (III, 352-354).

4 Benjamin an Scholem

Nice, 26. Juli 1932

Lieber Gerhard,
als du in Mailand den schönen Brief schriebst, der mich nun hier erreichte, war ich noch auf Ibiza. Mein Aufenthalt dort hat sich um eine Woche über die von mir vorgesehene Frist verlängert. Es kam sogar noch eine ziemlich improvisierte Feier zustande, zu der den Elan weniger die dir bekannten Figuren des Repertoires als zwei neu aufgetauchte Franzosen – ein

Ehepaar[1] – aufbrachten, denen ich viel Sympathie entgegenbringen konnte. Da sie erwidert wurde, so waren wir bis zu meiner Abreise mit kurzen Unterbrechungen zusammen und dies Zusammensein war bis zur Mitternacht des 17ten Juli – dem Abfahrtstermin meines Schiffs nach Mallorca – so fesselnd, daß die Schiffstreppe schon zurückgezogen worden und das Schiff in Bewegung gesetzt worden war, als wir uns am Quai präsentierten. Meine Sachen hatte ich freilich schon vorher darauf verstaut. Nach einem kaltblütigen Händedruck an meine Begleiter machte ich mich, von neugierigen Ibizenkern unterstützt, daran, den bewegten Schiffsrumpf zu erklettern, und kam auch glücklich über die Reeling.

Gegenwärtig bin ich also auf dem Wege zu Speyer. Dort, in Poveromo, wird sich herausstellen, ob ich im August nach Deutschland zurückmuß oder mir irgendwelche Möglichkeiten, meinen Aufenthalt zu strecken, zur Verfügung stehen werden. Vom Maße meiner Abneigung zurückzukehren, wirst du dir selbst unter Einbeziehung der bekannten Umstände garkeine Vorstellung machen können. Dazu würde nicht nur gehören, daß du ein Schreiben vor Augen hättest, in dem die Baupolizei mich auffordert, meine Wohnung zu verlassen, – weil ihre Lage irgendwelchen Vorschriften nicht entspricht – nicht nur, daß du dir einen deutlichen Begriff von der Tragweite machtest, die die von dir berührte reaktionäre Bewegung im Rundfunk für mich besitzt[2], sondern vor allem einen von der tiefen Müdigkeit, die mich angesichts dieser Umstände befallen hat. Damit bin ich bei den wichtigen Einsichten deines Geburtstagsbriefs angelangt.[3] Sie bedürfen für mich keines Kommentars – es sei denn bezüglich des Begriffs des »konterrevolutionären«, dessen genauere Bedeutung als Qualifikation meiner tieferen Einsichten du hoffentlich gelegentlich beleuchten wirst.[4] Ich kann mir unter diesem Begriff gewiß etwas vorstellen; dennoch scheint er mir mißverständlich. Dies aber sei vorausgeschickt, nur um der Bekundung meines vollen Einverständnisses mit dem Rest deiner Aussagen ihr ganzes Gewicht zu geben. Damit hat aber dann auch ihr ganzes Gewicht die Feststellung, daß die Chancen für die Erfüllung dessen, was du mir wünschst, die denkbar geringsten sind. Es ziemt uns beiden, diesem Tatbestand – in dessen Lichte das Scheitern deiner palästinensischen

Intervention[5] in der Tat ein Verhängnis ist – ins Auge zu sehen. Und wenn ich meinerseits mit einem Ernste, der nah an Hoffnungslosigkeit ist, dieses tue, so ganz gewiß nicht darum weil ich nicht immer noch Vertrauen zu meiner Findigkeit besäße, die mir Auskunftsmittel und Subsidien verschaffte. Es ist vielmehr die Ausbildung dieser Findigkeit und einer ihr entsprechenden Produktion, die jede menschenwürdige Arbeit aufs schwerste gefährdet. Die literarischen Ausdrucksformen, die mein Denken in den letzten zehn Jahren sich geschaffen hat, sind restlos bestimmt durch die Präventivmaßnahmen und Gegengifte, mit welchen ich der Zersetzung, die mich, infolge jener Kontingenzen, in meinem Denken fortgesetzt bedroht, entgegentreten mußte. So sind zwar viele, oder manche, meiner Arbeiten Siege im Kleinen gewesen, aber ihnen entsprechen die Niederlagen im Großen. Ich will nicht von den Plänen reden, die unausgeführt, unangerührt bleiben mußten, aber doch an dieser Stelle jedenfalls die vier Bücher aufzählen, die die eigentliche Trümmer- oder Katastrophenstätte bezeichnen, von der ich keine Grenze absehen kann, wenn ich das Auge über meine nächsten Jahre schweifen lasse. Es sind die »Pariser Passagen«, die »Gesammelten Essays zur Literatur«, die »Briefe«[6] und ein höchst bedeutsames Buch über das Haschisch.[7] Von diesem letztern Thema weiß niemand und es soll vorläufig unter uns bleiben.

So viel von mir. Neues sagt es dir nicht. Indem du aber siehst wie wenig Schwierigkeit es mir macht, diese Situation bei Gelegenheit auch meinerseits mit Deutlichkeit auszusprechen, fällt vielleicht doch ein neues Licht auf sie, das dir Stoff zum Nachdenken geben könnte.

Es wird dir angenehm sein zu hören, daß ich den von dir erwähnten Vetter[8] bei einer flüchtigen Begegnung auf der Staatsbibliothek – eingedenk deines handschriftlichen Stirnrunzelns – auf sanfte aber tiefe Weise geschnitten habe. Nun macht es mir viel Spaß, ihn in der Galerie der Goethe-Onkels zu finden, die sich dieses Jahr um die Erde zieht. / Noch bedeutend erfreulicher ist aber die Konstituierung der photographischen Abteilung deines Kabbala-Archivs, zu der ich denn also herzlichst Glück wünsche. Nun setze ich hierher die Adresse von Ernst Schoen, dem du natürlich viele Grüße sagen sollst: Südwestdeutscher Rundfunk Eschersheimer Landstraße 33. Auch sonst werden dir ja in Frankfurt allerlei merkwürdige Leute über den Weg laufen; vielleicht sogar Theodor Wiesengrund, Privatdozent, der im vergangenen Semester Seminar über das Trauerspielbuch abgehalten hat.[9]

Schreibe recht bald c/o Wilhelm Speyer Poveromo (Marina di Massa) Casa Mesquita.

Das Geschenk werde ich pünktlichst einmahnen. Alles Herzliche

Dein Walter

1 Jean Selz und seine Frau. Selz hat Erinnerungen an diese gemeinsame Zeit mit W.B. in Ibiza veröffentlicht (»Über Walter Benjamin«, edition suhrkamp, Bd. 250, 1968, S. 37-51).

2 Am 2. Juni 1932 war das reaktionäre Kabinett des »Herrenklubs« Franz von Papens gebildet worden, das wenige Tage vor der Abfassung dieses Briefes in einem staatsstreichartigen Akt die (sozialdemokratisch geführte) preußische Regierung absetzte.

3 Mein Brief galt W.B.s 40. Geburtstag am 15. Juli 1932.

4 Merkwürdig ist, daß W.B. damals schon unseren Briefwechsel vom 30. März 1931 und 17. April 1931 (Briefe, Bd. 2, S. 257 und 531) vergessen hatte, wo er meine Qualifikation seiner Schriften als vom kommunistischen Parteistandpunkt aus »konterrevolutionär« als »ganz richtig« bezeichnet hatte.

5 Vgl. das Kapitel »Das gescheiterte Projekt« in Scholem, W.B., S. 179-195.

6 Gemeint ist die Sammlung deutscher Briefe (mit kurzen Einleitungen), die dann 1936 unter dem Titel »Deutsche Menschen« erschien. Sie begann 1931-32 in der Frankfurter Zeitung zu erscheinen.

7 Eine Sammlung seiner vorbereitenden Materialien zu diesem Buch erschien 1972: »Über Haschisch. Novellistisches, Berichte, Materialien« (suhrkamp taschenbuch 21).

8 Mein Großvetter Heinz Pflaum (1900-1962), der seit 1928 an der Hebräischen Universität, Jerusalem, Romanistik lehrte.

9 Ernst Schoen (1894-1960) war damals Programmleiter des Frankfurter Rundfunks. Ich besuchte ihn und seine Frau im August 1932 öfters, während ich mit Th. Wiesengrund(-Adorno), der sich 1931 in Frankfurt für Philosophie habilitiert hatte, damals nicht zusammenkam.

5 Benjamin an Scholem

Poveromo (Marina di Massa), Villa Irene
7. August 1932

Mon très cher

ich hätte eigentlich schon Nachricht von dir erwartet. Oder habe ich dir meine italienische Adresse nicht aus Nizza gemeldet? Dies jedenfalls sollen nur ein paar begleitende Zeilen zum beiliegenden, vielleicht dich interessierenden Zeitungsausschnitt mit meiner Adresse als Hauptinhalt sein. Im übrigen fasse ich mich um so kürzer als der Vorrat an erfreulichen Neuigkeiten gering ist. Die Baupolizei will mich aus meiner berliner Wohnung heraussetzen und befindet sich damit in völliger Harmonie mit meinen ökonomischen Schwierigkeiten einerseits, andrerseits meiner Abneigung, den aussichtslosen Kampf um Lebensraum in Presse und im Rundfunk auf berliner Boden aufzunehmen. Wie sich aber die Dinge fern von Berlin gestalten sollen, ist ebenfalls undurchsichtig. Zur Zeit behaupte ich mich mit einem Taschengeld für Zigaretten, das Speyer mir vorgeschossen hat und lebe im übrigen auf Credit. Immerhin geht die Zeit hier nicht verloren, da die Arbeit mit Speyer zu den finanziell lohnendsten gehört, die mir erreichbar sind – nur sind die Zahlungsfristen noch fern. Inzwischen bewundern wir von fern oder – auf Autofahrten – aus der Nähe die Formationen der apuanischen Alpen und werden, wenn Speyers ebenfalls recht schwankende Finanzen es gestatten, meine Erinnerungen an San Gimignano, Volterra, Siena, Lucca auffrischen. Poveromo macht seinem Namen Ehre – es ist ein Badeort für arme Leute oder jedenfalls bescheidene, dafür aber kinderreiche Familien aus Holland, der Schweiz, Italien, Frankreich. Ich habe ein einfaches aber ganz ausreichendes Zimmer abseits und bin bisher, soweit es die Umstände und die Aussichten zulassen, ganz zufrieden. Das bitte ich dich aber nicht in dem Sinne zu verstehen als wolle ich damit den präzisen Überblick über meine Lage, den ich im letzten Brief dir gab, vernebeln. Nun hoffe ich baldigst von dir zu hören; auch deinen Oktobertermin für Berlin zu erfahren. Sehr herzlich

Dein Walter

6 Benjamin an Scholem

[24. August 1932]

Lieber Gerhard,
mit Betrübnis höre ich, daß deine Schreib- und also Arbeitsfähigkeit gestört ist. Aber ich war doch froh zu hören, wo du steckst[1], wenn auch in einer Kürze, die den unvermutbaren

Vorsprung, den ich als Briefschreiber in den letzten Monaten vor dir gewonnen habe, vergrößert. Das wäre für mich kein Grund, ihn nicht weiter wachsen zu lassen, wenn die Aspekte, die seit einiger Zeit drohend waren, nun nicht so ganz beklemmend geworden wären. Es gewinnt leider den Anschein, als sollte deine diesmalige Europareise dich zum Zeugen der schwersten Krise, die mich betroffen hat, [machen]. Wäre es wenigstens zum Augenzeugen! Aber ich sitze hier, ohne irgend einen der Versuche, mir das nötigste, um auch nur meine Rechnung zahlen zu können, glücken zu sehen, durch die Vorgänge im berliner Rundfunk, der Einnahmen auf die ich rechnen konnte, ganz beraubt, mit den finstersten Gedanken. Wie ich nach Berlin kommen soll, weiß ich nicht. Von dort würde sich in einiger Zeit vielleicht Rat finden. Aber bis dahin? – Halte mich wenigstens weiter über deine Reise auf dem Laufenden. Laß dir auch alles mich Betreffende noch einmal durch den Kopf gehen. Es ist nötig. Alles Gute. Herzlichst Dein Walter

1 Ich war auf meiner sechsmonatigen, dem Studium kabbalistischer Handschriften vor allem in Italien und England gewidmeten Reise in London angelangt, von wo ich über Cambridge Mitte September nach Berlin kam.

7 *Benjamin an Scholem*

Forte dei Marmi, September 1932

Lieber Gerhard,

dein Brief vom 27. August ist schnell in meinen Besitz gelangt. Zur Ausdehnung deiner akademischen Wirksamkeit meine sehr herzlichen Glückwünsche.[1] Bei dieser Gelegenheit möchte ich dich erinnern, daß du mir Zusendung der Kopie deines Briefes an Herrn Schoeps (betreffend Religionsphilosophie) versprochen hattest.[2] Es ist aber nichts gekommen. – Ja, es wäre höchst wünschenswert, daß wir uns in Berlin sehen. Aber wie soll ich wissen, ob das geschehen wird. Ich besitze zur Zeit keinen Pfennig und bin ganz abhängig von den Manövern, die Speyer (mit dem ich hier bin) mit seinem Auto ausführt. Es ist ein blaues Wunder, daß ich noch Aktivität zur Arbeit aufbringe. Dies geschieht in der Tat und ich habe eine kleine Folge begonnen, von der schon die Hälfte vorliegt »Berliner Kindheit um 1900«

– eine Darstellung meiner frühesten Erinnerungen.[3] Soviel für heute. Die Frankfurter Zeitung – die plötzlich fast nichts mehr von mir zu bringen scheint – hat eine Rezension »Erleuchtung durch Dunkelmänner« gebracht[4], die ich dir nach Berlin schicke.

Herzlichst Dein Walter

1 Es war in Aussicht genommen, mir in Erweiterung meiner Dozentur für jüdische Mystik eine Professur entweder für Religionsgeschichte überhaupt oder für jüdische Philosophie zu übertragen.

2 Mein »Offener Brief« an den Verfasser der Schrift ›Jüdischer Glaube in dieser Zeit‹, den ich in München Ludwig Feuchtwanger übergeben hatte, erschien erst nach meiner Abreise in der »Bayerischen israelitischen Gemeindezeitung« (Nr. 8), und ich hatte ihn noch gar nicht erhalten. Es war eine Polemik gegen Hans Joachim Schoeps (geb. 1909, nach dem 2. Weltkrieg Professor in Erlangen). Siehe dazu unten Brief Nr. 12.

3 Erschien als Buch erst 1950, jetzt in GS IV, 235-304.

4 GS III, 356-360. (Scharfe Polemik gegen das Buch eines Anthroposophen, »Die Geheimwissenschaften im Lichte unserer Zeit«.)

8 Benjamin an Scholem

Poveromo (Marina di Massa), Villa Irene
26. September 1932

Lieber Gerhard,

du kannst dir denken, wie niederschlagend für mich die Aussicht ist, dich überhaupt nicht zu sehen. Leider müssen wir mit dieser Möglichkeit rechnen. Der Tatbestand ist recht einfach: ich kann die Reise aus eignen Mitteln nicht aufbringen sondern bin auf Speyer angewiesen, der mich in seinen Wagen nehmen wird, wenn er selbst zurückfährt. Weiter kann ich vorläufig überhaupt nicht disponieren, und was sich in Berlin für mich ergeben mag, ist dunkel. Soviel aber scheint klar zu liegen, daß Speyer kaum vor Ende Oktober Italien verlassen wird. Das hängt zunächst mit einem Stück zusammen, an dem wir hier gemeinsam arbeiten[1]; sodann verspricht man sich im allgemeinen viel vom hiesigen Oktober. Was mich betrifft, so sind das schon Gedankengänge, die aus meinem gegenwärtigen Horizont herausfallen. Ich kann von mir aus nur das eine sehr begrüßen, daß mir in der Pension ein ziemlich langer Credit eröffnet ist, so daß [ich] jedenfalls täglicher Plagen oder Unannehmlichkeiten enthoben bin. Ich nütze diese – verhältnismäßig und in allem Jammer – noch immer schätzenswerte Lage aus, um mir den ungeheuren Luxus zu gestatten zum ersten Male seit wer weiß wie langem wieder auf eine einzige Arbeit ganz ausschließlich mich zu konzentrieren, denn die soeben erwähnte, an der ich mit Speyer bin, bringt für mich nur konsultative Aufgaben mit sich und ist nur von meiner eignen eine fesselnde Erholung. Im übrigen meine einzige, denn ich schreibe den ganzen Tag und manchmal auch noch nachts. Wenn du dir danach aber ein umfängliches Manuscript vorstellen solltest, wärest du im Irrtum. Es ist nicht nur ein schmales sondern noch dazu eines in kleinen Stükken: eine Form, zu der mich erstens der materiell gefährdete, prekäre Charakter meiner Produktion, zweitens die Rücksicht auf ihre marktmäßige Verwertbarkeit immer wieder führt. In dem gegebnen Falle scheint mir freilich diese Form auch gegenständlich unbedingt erfordert. Kurz, es handelt sich um eine Folge von Aufzeichnungen, der ich den Titel geben werde »Berliner Kindheit um 1900«. Dir will ich auch das Motto zum Besten geben: »O braungebackne Siegessäule / Mit Winterzucker aus den Kindertagen.« Woher dieser Vers stammt, das hoffe ich dir doch einmal erzählen zu können.[2] Die Arbeit ist zum großen Teil schon fertig und könnte meine materielle Lage in kurzer Zeit sehr günstig beeinflussen, wenn nicht infolge einer gänzlich unerklärlichen Konstellation, die ich bisher noch nicht erkunden konnte, vor ein paar Monaten meine Beziehungen zur Frankfurter Zeitung plötzlich abgerissen wären. Und zwar dergestalt, daß ich weder auf Manuscripte noch auf Briefe eine Antwort erhalte. Im übrigen hoffe ich aber, von diesen Kindheitserinnerungen – von denen du soviel gemerkt haben wirst, daß sie keineswegs chronistisch erzählen sondern einzelne Expeditionen in die Tiefe der Erinnerung darstellen – daß sie als Buch, vielleicht bei Rowohlt, werden erscheinen können. Da dieser übrigens in letzter Zeit wieder sehr auf den Essayband[3] drängt, so könnten wenn alles sich sehr glatt und glücklich fügt, in absehbarer Zeit vielleicht wieder einmal zwei Bücher von mir erscheinen, die in einem ähnlich windschiefen Verhältnis stehen wie Barockbuch und Einbahnstraße. – Ich habe mit diesem Briefpapier, das ich zu deinen Ehren einweihen wollte und von dem sich nun herausstellt, daß man nur mit Blei darauf schrei-

ben kann, alle erdenklichen Schwierigkeiten. Trotzdem, hoffe ich, wird es mir noch gelingen, die sehr dringende Bitte auf ihm zu plazieren, mich baldigst von dir hören zu lassen. Vor allem laß mich auch das genaue Datum deiner Abreise von Berlin wissen.[4] Schreibe mir, wie du Stefan gefunden hast. Zum Schluß noch die Bitte, die Tatsachen, die dieser Brief enthält, unter uns zu lassen. Insbesondere will ich vorläufig nicht, daß irgend jemand in Berlin von dem neuen Buche erfährt. Das nächstemal auf besserem Papier mehr, und hoffentlich auch bessere Nachricht als es die war, mit der ich leider diesmal beginnen mußte.
Sehr herzlich Dein Walter

1 Es handelte sich um ein Kriminalstück, von dem ich nicht weiß, ob es erschienen ist.

2 Über den Ursprung des Mottos aus einer Art surrealistischen Gedichts, das W.B. beim Abklingen eines Haschischrausches aufgezeichnet hatte, habe ich im Nachwort zu W.B.s von mir herausgegebenen »Berliner Chronik«, Frankfurt 1970, S. 130-132, Aufschluß gegeben. (In der Zeile vor diesen Versen auf S. 132 ist übrigens ein Wort im Druck ausgefallen, und es muß heißen: »Gottheils Berliner Märchen«, der Titel eines damals bekannten Buches von Walter Gottheil.)

3 »Literarische Essays« – ein Buch, das nicht zustande kam.

4 Ich verließ Berlin etwa am 18. Oktober 1932.

9 Benjamin an Scholem

Poveromo (Marina di Massa), Villa Irene
25. Oktober 1932

Lieber Gerhard,
vor allem will ich dir unverzüglich bestätigen, daß mich dein Brief von Port Said richtig erreicht hat. Ich freue mich, daß du mit so großer Zufriedenheit auf deine europäischen Monate zurücksehn kannst. Es ist wohl anzunehmen, daß du deine wissenschaftliche Produktion nun auf bedeutend verbreiterter Basis aufnimmst – verbreitert nicht nur durch den Reichtum der Materialien sondern auch durch den größeren Wirkungsradius deines neuen Lehrauftrags. Unter solchen Auspizien wird, wie ich hoffe, dein Leben im eignen Hause sich glücklich anlassen.[1] Etwas beklemmend scheinen deine berliner Erfahrungen im Familienkreise gewesen zu sein. Hoffentlich kommen deine Brüder, die [s]ich soviel ich weiß ja von jeher nur wenig Verdienste

um dich erworben haben, mit halbwegs heiler Haut aus der Wirtschaftskrise.[2] Was mich betrifft, so bin ich von ihr umschlossen wie der Fisch vom Wasser – keineswegs aber so gut aufgelegt wie der darinnen. Wenn ich noch in Poveromo bin, so hat dieser Aufenthalt bei allem Versöhnlichen, das er trotz herbstlicher Stürme besitzt, nichts Freiwilliges. Ich muß, so Böses mich dort erwarten kann, nach Deutschland zurück. Im Augenblick kann ich es nicht. Mir fehlt einfach das Reisegeld.

Es wäre mir lieb gewesen, dich in Berlin in meiner Wohnung gehabt zu haben, die, soviel Schlimmes in letzter Zeit – in Gestalt eines diebischen Mieters, der Bedrohung durch die Baupolizei, der Rückforderung von Möbeln, die mir zur Verfügung gestellt worden waren – über sie hingegangen ist, dir doch etwas von meinem Dasein gesagt hätte. Aber wozu davon reden, da uns soviel Wichtigeres versagt geblieben ist. Ich hätte gern ein paar Worte über Stefan von dir gelesen, wie du ihn fandest und wie Ihr Euch begegnet seid.[3] Heute hatte ich von ihm einen recht anmutigen Brief.

Abgesehn von der Arbeit mit Speyer, die mir im Augenblick leider garnichts abwirft, sondern erst für das nächste Jahr etwas verspricht, bin ich weiter an meiner »Berliner Kindheit um 1900« geblieben. Ob davon bald etwas erscheinen kann, geschweige denn die Aussicht auf eine Edition als Buch dafür besteht, weiß ich nicht. Denn soweit ich von hier aus mich informieren kann, sind meine Arbeiten zur Zeit in Deutschland Gegenstand eines Boykotts, der nicht besser organisiert sein könnte, wenn ich ein kleiner jüdischer Kleiderhändler in Neu-Stettin wäre.[4] Die Frankfurter Zeitung beispielsweise läßt seit vier Monaten meine sämtlichen Briefe und Manuscripte unbeantwortet beziehungsweise ungedruckt und den Brief, den die Redaktion der Literarischen Welt mir geschrieben hat, um mir mitzuteilen, daß sie zur Zeit auf meine Mitarbeit keinen Wert legt, werde ich der Handschriftenabteilung der Bibliothek Jerusalem hinterlassen, die, wenn es nach den Dispositionen des deutschen Vaterlands geht, recht schnell in seinen Besitz käme.[5]

Nur um dich auf dem Laufenden zu halten, registriere ich, daß der kölner Romanist [Leo] Spitzer in seinem letzten Büchlein »Die Literarisierung des Lebens in Lopes ›Dorothea‹«[6] – einer Vossler gewidmeten Arbeit – einen Anhang den Hinweisen auf mein Barockbuch reserviert hat. Der Aufsatz ist im übrigen recht ordentlich aber nicht bedeutend. Etwas origineller war eine akademische Begegnung von persönlicher Natur, die ich hier in den letzten Tagen hatte. Als Gast erschien der Göttinger Ordinarius der Zoologie, [Alfred] Kühn, in der Pension. Dieser recht heitere und aufgeweckte Herr ist einer der ganz wenigen, die Näheres über den berühmten Diebstahl des Hawai[i]schen Federkleids wissen, das mit andern Erwerbungen der Cookschen Expedition in den achtziger Jahren des achtzehnten Jahrhunderts nach Göttingen kam, und, wie du aus den Zeitungen wohl wissen wirst, vor ein paar Monaten aus dem Museum dort entwendet wurde.[7] Heute, ehe er abfuhr, um mich hier als letzten Gast zurückzulassen, erzählte er, welche Bewandtnis es mit dieser Sache habe und gab mir dergestalt den Einblick in eine der erstaunlichsten Kriminalgeschichten des Jahrhunderts.

Zum Schluß möchte ich dich noch auf zwei Bücher aufmerksam machen, wobei ich um Entschuldigung bitten muß, falls ich das erste schon einmal erwähnt haben sollte. Es ist Rosenbergs bei Rowohlt erschienene »Geschichte des Bolschewismus«, der ich viele aufschlußreiche Informationen verdanke.[8] Das zweite ist eine kleine sprachphilosophische Studie, die – so bedenklich ihr völliger Mangel an theoretischer Fundierung ist – doch ungewöhnlich viel Stoff zum Nachdenken gibt. Sie ist verfaßt von dem bis dato recht unbeträchtlichen Literaten Rudolf Leonhard und heißt »Das Wort«. Erschienen im Ida Graetz-Verlag Berlin-Charlottenburg.[9] Es handelt sich da um eine, an Beispielen exemplifizierte, onomatopoetische Theorie des Wortes.

In diesen Tagen muß, soviel ich weiß, dein Geburtstag sein. Laß mich einmal das genaue Datum wissen. Vor allem aber nimm, in die folgenden Grüße verschlungen, die allerherzlichsten Glückwünsche und laß uns hoffen, daß wir die Geschenke, die wir dies Jahr einander nur zudenken konnten, einer sehr baldigen[10] uns übergeben werden.

Sehr herzlich Dein Walter

1 Diese Wünsche haben sich leider nicht erfüllt und das Haus habe ich 1936 bei der Scheidung meiner ersten Frau Elsa (Escha) Burchhardt-Bergmann (1896-1978) überlassen.

2 Die von meinem Vater begründete Buchdruckerei, die zwei meiner älteren Brüder übernommen hatten, war 1932 schon in Liquidation begriffen.

3 Stefan Benjamin (1918-1972) war damals im 15. Lebensjahr und stark kommunistisch angehaucht. Er ging mir damals sichtlich aus dem Wege. Ich sah ihn danach erst 1946 in London wieder.

4 Neustettin in Pommern (nicht weit von Bismarcks Rittergut Vartzin gelegen) war in jüdischen Familien weitbekannt als der Schauplatz des ersten Pogroms in Preußen, der 1881 stattfand und in den Erinnerungen der Generation meiner Eltern, auch in assimilierten Familien, als Choc fortlebte.

5 Dies ist eine Anspielung auf W.B.s Testament, das er genau drei Monate vorher (am 25. Juli) in Nizza geschrieben hatte. Der relevante Passus ist in meinem Buch über W.B., S. 234, gedruckt. Ich wußte damals nichts von der Existenz dieses Testaments und nahm diese Stelle nicht so wörtlich, wie sie gemeint war.

6 Leo Spitzer (1887-1960), »Die Literarisierung des Lebens in Lope's ›Dorotea‹«, Köln/Bonn 1932, S. 61-62. (Es handelte sich um das Prosadrama Dorotea von Lope de Vega.)

7 Der Hawaiische Königsmantel (und Helm) wurde in der Nacht vom 7. zum 8. März 1932 aus der Ethnographischen Sammlung in Göttingen unter bis heute nicht geklärten Umständen gestohlen und gelangte vermutlich nach Berlin. Dort scheint er (im alten Schloß?) existiert zu haben und bei Kriegsende verschwunden oder untergegangen zu sein. Der Helm wurde Ende 1945 dort sichergestellt und zurückgegeben. Die Berliner Presse behandelte am 8. März 1932 und den folgenden Tagen den Fall in sensationeller Aufmachung (als W.B. noch in Berlin war). Der Wert der gestohlenen, einzigartigen Gegenstände wurde damals auf mehr als zwei Millionen Mark geschätzt. Die Version Prof. Kühns, die auf politische Hintergründe deutet, scheint nicht bekannt geworden und nur hier erwähnt zu sein. (Vgl. »Göttinger Monatsblätter«, März 1975, S. 6-7, und freundliche Mitteilungen von Dr. Ernst Pfeiffer und Prof. Albrecht Schöne in Göttingen).

8 Arthur Rosenberg (1889-1943) war ein enger Freund und Fraktionskollege meines Bruders Werner im Reichstag. Auch nach ihrem Bruch mit der KPD blieben sie befreundet, wodurch ich ihn Anfang Oktober 1932 kennenlernte. Er schenkte mir kurz vor meiner Abreise das von W.B. erwähnte, 1932 erschienene und damals sehr eindrucksvolle Buch mit seiner Widmung »Von Lurja [dem Kabbalisten, über den er bei mir gelesen hatte] bis Lenin!«

9 Rudolf Leonhard (1889-1953) gehörte dem Kreis um Kurt Hiller an und war zeitweise mit W.B. in Berlin und Paris in Verbindung. – Die Schrift »Das Wort« erschien, ohne Jahresangabe, 1931. W.B. erwähnt die Schrift auch in seinen Notizen zur Sprachphilosophie.

10 Zu ergänzen ist wohl »[bei] einer sehr baldigen [Begegnung] uns übergeben werden«.

10 Benjamin an Scholem

Berlin-Wilmersdorf, Prinzregentenstr. 66
10. Dezember 1932

Lieber Gerhard,
wiewohl dir jedes Verständnis dafür abgehen dürfte, welche Verdienste ich mir um uns erwerbe, indem ich dem gegenwärtigen Augenblick eine, wenn auch kurze, Nachricht abringe, soll das geschehen. Und doch hättest du dir auf deinen europäischen Reisen den Blick für gewisse Schwierigkeiten der Korrespondenz (denen ja auch du begegnet bist) schulen können, indem mir oft die nächsten Zahlungsmittel zu erlangen, so schwierig zu erreichen ist wie ein abgelegnes Reiseziel. – Aber es sei und um so mehr als ich deinen Geburtstag – da ich schon nicht ins Schwarze dieses 5ten Dezember traf – von beiden Seiten mit Glückwünschen flankieren will. Vor allem aber soll dir hiermit bekannt werden, daß der Abfertigung deiner »Kabbala« hierher nichts mehr im Wege steht. Ich freue mich eine der Lücken, die durch die Betriebsamkeit meines Untermieters in meiner Bibliothek entstanden sind, auf so würdige Weise ausfüllen zu können. Der Knabe ist ungefähr zum Zeitpunkt meiner Rückkehr, die vor drei Wochen stattfand, verhaftet worden und sitzt im Untersuchungsgefängnis im Rheinland.

Zur Illustration meiner Umstände hätte ich dir einen Brief, den [Willy] Haas mir nach Poveromo schrieb, ganz gern beigelegt, habe ihn aber nicht zur Hand.[1] Im übrigen brauchst du dich doch nur der Tatsache zu erinnern, daß die »geistigen« unter unsern »Glaubensgenossen« die ersten sind, den Unterdrückern Hekatomben aus ihrem eignen Lebenskreise darzubringen, um nur selber verschont zu bleiben – um zu wissen, wie es jemandem gehn kann, der mit solchen Geistigen, sei es nun in deren Eigenschaft als Redakteuren oder als Besitzer der Presse, zu tun hat. Die gegen mich geleitete Boykottbewegung habe ich zwar durch mein Erscheinen eindämmen können. Aber ob die Energie, die ich in diesen ersten Wochen entfaltet habe, dazu führt, das Schlimmste abzuwenden, ist noch nicht zu übersehen. Durch eine Verlegung meiner Aktivität in das Französische wäre ihm sicherlich nicht zu begegnen. Bei aller Fühlung, die ich mit der Materie jenes sprachlichen Lebens habe, ist der Standort, von welchem aus ich an die Dinge gehe, viel zu weit vorgeschoben,

um dort noch in den Blickkreis eines Publikums zu fallen. In Italien habe ich über diese Frage nicht zum erstenmal nachgedacht. Das Ergebnis war stets das gleiche.
Mehr oder weniger bitte ich dich, diesen Brief als kurzes Begleitschreiben zu einem Manuscript zu nehmen, das in den nächsten Tagen an dich abgeht. Ich sende dir es, weil mir daran liegt nur, da wir uns so lange nicht gesehen haben und sehen werden, dir möglichst nahe die – relativ – besonnteste Seite meines augenblicklichen Daseins zu rücken. Und ich möchte hoffen, daß diese in den Blättern der »Berliner Kindheit um neunzehnhundert« zu finden ist, so wenig das Epitheton »besonnt« im engern Sinne auf ihren Inhalt zu beziehen ist. Das Manuscript, das du erhalten wirst, ist provisorisch in doppelter Beziehung: erstens, was seinen Aufenthalt bei dir betrifft, indem ich es dir nur unter der bindenden Voraussetzung senden kann, daß du es mir spät[est]ens eine Woche nach seiner Ankunft wieder zurücksendest; zweitens ist provisorisch die Zahl der Stücke; das definitive Manuscript soll deren dreißig haben[2], die vierundzwanzig aber, welche du erhältst, sind in der Fassung *ne varietur,* die für manche die siebente oder auch die achte ist. Ich glaube nicht, daß ich dem Manuscript zu dir viel Worte mitgeben muß. Wenn ich einige Hoffnung für sein äußeres Schicksal hege, so darum, weil es von allem, was ich bisher machte, vielleicht sich Mißverständnissen am leichtesten bietet. Bei dir brauche ich damit nicht zu rechnen.
Ich will versuchen, dir in einiger Zeit die angeforderten Stücke der Briefserie zu senden. – Mit Mißvergnügen höre ich so Tristes von Hüne Caro[3]; mit Freude dagegen dein Interesse an Leo Strauß[4], der auch mir immer einen ausgezeichneten Eindruck gemacht hat. – Und wer ist »Tom Freuds Nichte«?[5]
Soviel oder so wenig. Und nun schließe ich in der Hoffnung, bald ein Wort über meine Arbeit, und diese selbst zurück, zu erhalten, nicht ohne dir zu sagen, daß ich bei deiner Ablehnung der geplanten und deinem Vorschlag einer anderen Professur[6] mir allerhand Treffliches denken kann. Dir und Escha das Herzlichste

Dein Walter

1 Das ist der im vorigen Brief erwähnte, der nicht erhalten ist.
2 Über die verschiedenen Stadien, die dies Buch durchlief, siehe die Mitteilungen

des Herausgebers Tillman Rexroth in GS IV, 964-969 (dem der vorliegende Brief unbekannt war). Die Ausgabe in den GS enthält 41 Stücke.

3 Hüne Caro (eigentlich Siegfried, aber seiner Kleinheit wegen allgemein Hüne genannt (1898-1979), lebte später in Jerusalem) war mit W.B. seit vielen Jahren bekannt, siehe die »Briefe« Band 1, Seiten 208, 222 und 252. Ich selbst kannte ihn seit 1919.

4 Leo Strauß (1899-1973), ein bedeutender Philosoph, der damals an der »Akademie für die Wissenschaft des Judentums« in Berlin arbeitete und später vor allem in den USA, wo er in New York und Chicago lehrte, tiefgehende Wirkung als politischer Philosoph ausübte. Ich stand mit ihm seit 1927 in immer enger sich gestaltender Verbindung.

5 Über Tom Freud, eine Nichte Sigmund Freuds, mit der ich in München 1919-1921 bei derselben Vermieterin untergebracht war, habe ich in »Von Berlin nach Jerusalem«, S. 158-59, geschrieben. Ihre »Nichte«, in Wirklichkeit eine etwas entferntere Verwandte aus dem galizischen Zweig der Familie Freud, war Fania Freud, meine spätere zweite Frau, die damals in Jerusalem studierte. W.B. kannte (und schätzte) Tom Freud (als Autorin und Illustratorin von Kinderbüchern) von seinem Besuch 1921 in München her.

6 Man hatte mir zuerst eine Erweiterung meiner Dozentur in Richtung der Religionsgeschichte angeboten; ich schlug statt dessen eine Erweiterung in der Richtung auf jüdische Philosophie vor.

11 Benjamin an Scholem

[15. Januar 1933]

Lieber Gerhard,

gern bestätige ich, daß dein letzter Brief viel Wissenswertes enthält. Dennoch bleibt manches zu beanstanden: sei es, daß ich das Wissenswerte viel zu spät erfahre, wie deine Kunde von der Seidmann-Freud, die du mit frecher Stirn für dich behieltest, indessen ich in meiner Ahnungslosigkeit dir meine Rezensionen ihrer Bücher schickte[1]; sei es, daß manches Wissenswerte abbricht, ehe mein Hunger danach ganz gestillt ist, wie deine Andeutungen über Magnes, von dessen Gegnern – wer sie sind, was sie wollen und wo sie sitzen – ich mir gern eine genauere Vorstellung machen würde.[2]

Was deinem Schreiben bei so schweren Mängeln dennoch Gnade vor meinen Augen verliehen hat, sind die wirklich ebenso erbaulichen wie zutreffenden Sätze, die du über meine »Berliner Kindheit« schreibst. Mit »zutreffend« will ich natürlich nicht das Lob bezeichnen, das du ihnen zuerkennst; vielmehr zunächst einmal den Ort an den du, in meiner Arbeit, diese Folge stellst;

zum andern aber auch die ganz besondern Erwägungen, die du dem Stück »Erwachen des Sexus« widmest.[3] Diese Erwägungen überzeugen mich und ich werde dementsprechend verfahren. Im übrigen aber kannst du mir kaum etwas sagen, was mir eine triftigere Bestätigung wäre, als daß in der Tat dir hin und wieder einige Stellen die eigene Kindheit zu betreffen vermocht haben. Somit hat dein Brief nicht wenig Anteil daran, daß ich jetzt von neuem diese Arbeit vorgenommen habe, um sie um einige Stücke zu vermehren. Nur muß [ich] hier, wo ich nicht die Ruhe eines weiten Strandes und abgeschiednen Aufenthaltes habe, mit doppelter Behutsamkeit verfahren.

Einige Chance besteht dafür, daß nächstens mit dem Abdruck der ganzen Reihe in der Frankfurter Zeitung begonnen wird.[4] Im übrigen stehen an dieser Stelle Veränderungen bevor, von denen ich nicht weiß, in welcher Richtung sie sich bewegen werden. Ich habe daher in letzter Zeit versucht, mir neue Verbindungen zu schaffen und bin dabei einerseits auf die Vossische Zeitung, andrerseits auf die frankfurter Zeitschrift für Sozialforschung gestoßen. Diese hat mir Aufträge teils gegeben, teils in Aussicht gestellt. So werde ich wohl in absehbarer Zeit ein großes Werk über gesellschaftliche Verhältnisse und Ideologie des Barockzeitalters zur Besprechung bekommen, das von einem gewissen Borkenau stammt, von dem man sich die bedeutsamsten Dinge zuraunt.[5] Ferner sollen mich einige reservierte Bemerkungen, die ich über Wiesengrund von dir hörte, nicht abhalten, dich auf seinen soeben erschienenen »Kierkegaard«[6] hinzuweisen. Noch kenne ich das Buch erst auszugsweise, habe aber sehr Gutes darin gefunden. Im übrigen ist der Fall des Verfassers so kompliziert, daß er brieflicher Darstellung sich entzieht. Wenn ich dir mitteile, daß er schon im zweiten Semester, in Fortsetzung des vorhergehenden, Seminar über das Trauerspielbuch liest, ohne dies aber im Vorlesungsverzeichnis kenntlich zu machen, so hast du eine kleine Miniatüre, die bis auf weiteres ihre Dienste tun mag. Unabhängig davon solltest du sein Buch unbedingt zur Kenntnis nehmen.

Ich meinerseits wünsche dagegen dringend, deinen offnen Brief über »Jüdischen Glauben in dieser Zeit« zu erhalten.[7] Gleichzeitig sage ich dir den schönsten Dank für Übersendung der »Kabbala«. Wenn aus dem Abgrunde des Nichtwissens, den ich auf jenem Erdstrich besiedelt habe, auch kein Urteil erscheinen kann, so sollst du doch wissen, daß die Strahlen dieser Darlegungen selbst in ihn hinabdringen konnten. Sonst aber muß ich mich mit spinnedünner Geheimwissenschaft begnügen; und zwar bin ich im Augenblick im Begriff zum Zwecke eines Rundfunkspiels über Spiritismus einen Blick in die entsprechende Literatur zu tun. Freilich, nicht ohne mir ganz im Hinterhalte und zum Privatvergnügen zu diesen Dingen eine Theorie gezimmert zu haben, die ich dir eines fernen Abends bei einer Flasche Burgunder zu entwickeln gedenke.[8] Einzelne meiner neueren Produkte – wie das »Taschentuch« oder die, gekürzte, »Kaktushecke«[9] bitte ich dich aus genau so handgreiflichen Motiven entstanden zu denken wie dergleichen Geisterrevue. Ich sende sie dir nur, um dein Archiv zu ehren, und sei es auf meine Kosten.

Halte diesen Brief keineswegs für kurz. Zudem erfolgt er sehr schnell. Laß mich alles wissen, was sich im Kampfe um deine Professur weiter ereignet und nimm, nicht für ihn[10], meine herzlichsten Wünsche. Dein Walter

1 Tom Freud hatte sich nach dem Tod ihres Mannes Jakob Seidmann das Leben genommen. W.B.s sehr positive Rezensionen über drei ihrer Bücher in GS III, 267-274, 311-314.

2 Der wichtigste Gegner von Dr. Magnes, dem Chancellor der Hebräischen Universität, war Albert Einstein, der ihm zwar gesinnungsmäßig und zionistisch-politisch nahestand, aber ihm die Fähigkeit zur Leitung der Universität absprach.

3 Ich riet ihm dringend zur Sekretierung dieses Stückes, weil es das einzige in dem ganzen Buch sei, in dem ausdrücklich auf Jüdisches bezuggenommen werde und dadurch eine besonders schiefe Assoziation geschaffen würde. Würden auch in anderen Stücken seine jüdischen Erfahrungen zur Sprache gebracht werden, sei nichts gegen die Aufnahme dieses Stückes zu sagen, aber in dieser Isolation stünde es falsch da. Aus Unkenntnis dieser Korrespondenz druckte Adorno das Stück dann doch in der Erstausgabe der »Berliner Kindheit« ab, und so steht es jetzt in allen Ausgaben.

4 Das geschah vom 2. Februar 1933 an.

5 Franz [von] Borkenau, »Der Übergang vom feudalen zum bürgerlichen Weltbild«, Paris 1934. Siehe dazu meinen Brief vom 20. September 1934 (Nr. 67).

6 Theodor Wiesengrund[-Adorno], »Kierkegaard. Konstruktion des Aesthetischen«, Tübingen 1933, das erste deutsche Buch, das unter dem entscheidenden Einfluß von W.B. verfaßt wurde. Es war Adornos Habilitationsschrift.

7 Vgl. Anmerkung 2 zu Brief Nr. 7.

8 Soweit ich weiß, sind keine Aufzeichnungen W.B.s zu diesem Thema erhalten.

9 GS IV, 741-45; 748-54.

10 Vielleicht sollte es heißen: nicht *nur* für ihn?

12 Benjamin an Scholem

Berlin, 28. Februar 1933

Lieber Gerhard,

ich benutze eine ruhige Stunde tiefer Verstimmung, um dir wieder einmal ein Blatt zu schicken. Unmittelbarer Anlaß ist der Empfang deines überaus bemerkenswerten Aufsatzes im [Bayerischen] Israelitischen Gemeindeblatt, den ich – heute früh erst von Fräulein [Kitty] Marx aus Königsberg nebst deinem Empfehlungsbriefe und der Ankündigung ihres Kommens empfing.[1] Der Tag verging weiterhin unter Arbeiten und Diktat an einem Hörspiel »Lichtenberg«[2], das ich auf Grund eines Vertrages, dessen besserer Teil längst erfüllt ist und mir die Flucht auf die Balearen erleichtert hat, nun abliefern muß.

Das bischen Fassung, das man in meinen Kreisen dem neuen Regime entgegengebracht hat, ist rasch verbraucht und man gibt sich Rechenschaft, daß die Luft kaum mehr zu atmen ist; ein Umstand, der freilich dadurch an Tragweite verliert, daß einem die Kehle zugeschnürt wird. Dies vor allem einmal wirtschaftlich; die Chancen, die von Zeit zu Zeit durch den Rundfunk geboten wurden und die überhaupt meine einzig ernsthaften waren, dürften so gründlich fortfallen, daß selbst dem »Lichtenberg«, wiewohl er in Auftrag gegeben war, eine Aufführung nicht mehr sicher ist. Die Desorganisation der Frankfurter Zeitung schreitet fort. Ihr Feuilletonredakteur[3] ist von seinem Posten entfernt worden, obwohl er gerade kurz vorher durch Erwerb meiner »Berliner Kindheit« zu einem lächerlichen Spottpreis eine zumindest kaufmännische Eignung erwiesen hatte. Jetzt scheint dort Heinrich Simon[4] zu walten. Die Publikation meiner Arbeit aber ruht nun seit mehr als vierzehn Tagen.

Die Aussichten, sie als Buch erscheinen zu sehen, sind verschwindend. Jedermann sieht, daß sie so vortrefflich ist, daß die Unsterblichkeit sie auch als Manuscript zu sich berufen wird. Man druckt Bücher, die es nötiger haben. Im übrigen kann ich seit einer Woche den Text, wenn ich es will, als abgeschlossen ansehen, da mit der Abfassung des letzten Stücks – der Reihenfolge nach des ersten, denn es ist als Anfangsstück[5] ein Pendant zum letzten, dem »Buckligen Männlein« geworden – die Zahl von dreißig erreicht ist. Dabei ist das auf deinen Rat sekretierte nicht gerechnet.

Soweit mich nicht die faszinierende Gedankenwelt Lichtenbergs fesselt, befängt mich das Problem, das mir die nächsten Monate stellen, von denen ich weder weiß, wie ich sie in noch außerhalb Deutschlands überstehen kann. Es gibt Orte, an denen ich ein Minimum verdienen und solche, an denen ich von einem Minimum leben kann, aber nicht einen einzigen, auf den diese beiden Bedingungen zusammen zutreffen. Wenn ich dir nun noch mitteile, daß unter so bewandten Umständen dennoch eine neue – vier kleine Handschriftseiten umfassende – Sprachtheorie[6] entstanden ist, so wirst du mir eine Ehrenbezeugung nicht versagen. Drucken lasse ich besagte Blätter nicht, ja ob sie auch nur einer Maschinenübertragung fähig sind, erscheint mir noch nicht ganz sicher. Bemerken will ich nur, daß sie bei Studien zum ersten Stücke der »Berliner Kindheit« fixiert wurde.[7]
Ohne die Arbeit von Schoeps zu kennen, glaube ich doch den Horizont deiner Betrachtungen etwa absehen zu können und kann aus tiefster Überzeugung bestätigen, daß nichts notwendiger ist, als den gräßlichen Schrittmachern protestantischer Theologumena innerhalb des Judentums den Garaus zu machen. Aber das heißt noch wenig verglichen mit den Bestimmungen der Offenbarung, die da bei dir gegeben und bei mir in hohen Ehren werden gehalten werden.[8] »Ist doch das Absolut-Konkrete das Unvollziehbare schlechthin« – diese Worte sagen (von der theologischen Perspektive abgesehen) über Kafka natürlich mehr aus als dieser Schoeps bis an das Ende seiner Tage zu verstehen im Stande sein wird. Genau so wenig kann das Max Brod verstehen und ich habe hier einen der Sätze gefunden, die am frühesten und tiefsten in deinen Überlegungen angelegt gewesen sein mögen.
Es wäre recht schön, wenn ich bald von dir hörte. Den kurzen Brief sende ich mit der beruhigenden Gewißheit ab, im Anekdotischen ihn durch Erzählungen von Fräulein Marx ergänzt zu wissen.
Mit allem Herzlichsten Dein Walter

Bei Durchsicht deines letzten Briefes ergibt sich, daß ich noch mit einem kleinen Postscript aufwarten muß. Ich tue es auf jenem edelsten Papier, das ich vor nun fünfzehn Jahren in einer kleinen Papierhandlung in Sarnen, das ich auf einer Fußwanderung passierte, bei Herrn Narziß von Ach kaufte, dessen Gedächtnis mir weit höher steht als das eines gleichnamigen Psychologen.[9] Dieses sonst tiefsten Meditationen vorbehaltene Papier möge als Ehrenbezeugung von dir verstanden werden.[10]

Also mein Kafkaaufsatz ist noch ungeschrieben und zwar aus zwei Gründen. Erstens lag – und liegt – mir durchaus daran, ehe ich an diese Arbeit gehe, den angekündigten Versuch von Schoeps zu lesen. Ich verspreche mir von ihm eine Kodifikation aller Irrmeinungen, die aus der eigentlich prager Interpretation von Kafka zu entnehmen sind, und du weißt, daß solche Bücher von jeher inspirierend auf mich gewirkt haben. Aber auch aus dem zweiten Grunde ist das Erscheinen dieses Buches mir nicht unwichtig. Denn es versteht sich von selbst, daß ich die Arbeit an einem solchen Essay nur auf Grund eines Auftrages würde unternehmen können. Und woher sollte der aus heiterem Himmel kommen. Es sei denn, du verschaffst mir einen palästinensischen.[11] In Deutschland wird sich so etwas noch am ehesten in der Gestalt einer Rezension von Schoeps vorbringen lassen. Nur weiß ich nicht, ob [mit] dem Erscheinen des Buches zu rechnen ist.[12]

Was die weiteren Desiderate deines Archivs betrifft, nämlich meine Rundfunkarbeiten, so ist es nicht einmal mir selbst gelungen, diese vollständig zu versammeln. Ich spreche von den Hörspielen, nicht den ungezählten Vorträgen, deren Reihe nun leider abgeschlossen sein [wird] und keinerlei Interesse außer dem verflossenen ökonomischen besitzt.[13] Außerdem sind die meisten dieser Hörspiele in Kollaboration mit andern gemacht. Bemerkenswert ist vom technischen Gesichtspunkt vielleicht ein Stück für Kinder, das in Frankfurt und Köln im letzten Jahre gegeben wurde und von dem ich dir vielleicht einmal ein Exemplar freimachen kann. Es heißt »Radau um Kasperl«.[14]

Solltest du den »Kierkegaard« in absehbarer Zeit nicht von Wiesengrund erhalten haben, so werde ich mir die Ehre geben, dir ein Exemplar der Umbruchkorrektur, das in meinem Besitz ist, zu dedizieren.[15]

1 Kitty Marx-Steinschneider (geb. 1905), eine Nichte meines Freundes Moses Marx und seiner Schwester Esther, der Frau des Dichters und Nobelpreisträgers S. J. Agnon. Über Moses Marx siehe »Von Berlin nach Jerusalem«, S. 181-82.

2 GS IV, 696-720. Das Hörspiel wurde nicht mehr gesendet.

3 Werner Diebold.

4 Mitbesitzer der Frankfurter Zeitung.

5 Das Stück »Tiergarten« erschien am 2. Februar 1933 in der Frankfurter Zeitung.

6 »Über das mimetische Vermögen«, GS II, 210-213, eine Arbeit, auf die in diesen Briefen noch öfter Bezug genommen wird. Eventuell könnte es sich auch um die längere Alternativfassung »Lehre vom Ähnlichen« handeln (dort S. 204-210), was mir aber unwahrscheinlich scheint, da diese Fassung erst im Frühling 1933 auf Ibiza geschrieben sein dürfte. Freilich umfaßt die erhaltene Urhandschrift dieser Fassung nur 4½ kleine Handschriftseiten. In der Tat schickte er mir aber nur den erstgenannten Text.

7 Dieser Satz ist mir bisher rätselhaft geblieben. Sollte er besagen, daß das Stück »Tiergarten« vor der Niederschrift von Studien begleitet war, die zur Fixierung dieser Sprachtheorie führten, so ist der Zusammenhang nicht einsichtig. Ebenso wenig ließe sich solcher Zusammenhang zu dem Stück »Weihnachtsengel« herstellen.

8 Ich habe diese Ausführungen 30 Jahre später in einen Eranos-Vortrag, nur leicht verändert, aufgenommen. Sie stehen jetzt in dem Band »Über einige Grundbegriffe des Judentums« (edition suhrkamp, Bd. 414), S. 110.

9 Sarnen, auf dem Weg vom Brünigpaß nach Luzern. Narziß Ach war damals Professor der Psychologie in Göttingen.

10 Es ist einem Blatt in Duodezformat entnommen, das zu einem Abriß-Schreibblock gehörte, den ich oft auf W.B.s Schreibtisch gesehen habe und aus dem noch manche, wie dies vorliegende sehr eng beschriebene, Blätter in seinem Nachlaß liegen. Das Papier ist in der Tat von vorzüglicher Qualität.

11 Ich verschaffte W.B. 1934 einen solchen Auftrag für die »Jüdische Rundschau« in Berlin, das offizielle Organ der Zionisten in Deutschland, dessen Chefredakteur grade ein Prager und Freund von Max Brod war, Robert Weltsch (geb. 1891, lebt in Jerusalem).

12 Das Buch erschien nicht.

13 Diese wegwerfende Beurteilung, die W.B. seinen bisher nur zum kleineren Teil gedruckten, zu einem Teil im Literaturarchiv der DDR aufbewahrten Rundfunkarbeiten (großenteils im Kinderfunk, wo ihm je eine Viertelstunde zur Verfügung stand) zuteil werden ließ, muß im Zusammenhang seiner negativen Haltung zu vielen seiner Brotarbeiten gesehen werden. Dennoch enthalten auch die meisten dieser Arbeiten Niederschläge seiner durchaus originellen Sehart.

14 Dies Hörspiel ist in GS IV, 674-695 gedruckt. Die Sendung in Frankfurt fand Anfang März 1932 statt.

15 In der Tat erhielt ich das Buch damals nur in dieser Form.

Beginn des gegenseitigen Briefwechsels

13 Scholem an Benjamin[1]

Jerusalem [ca. 20. März 1933]

Lieber Walter,
vorgestern fand ich, als ich aus der Gegend von Tiberias von einem Purimbesuch bei Freunden zurückkehrte Deinen Brief vor, den ich mir gerade jetzt und in diesen neuen Verhältnissen sehr ausführlich gewünscht hätte, aber da ich genügsam veranlagt bin, freue ich mich, daß Du noch lebst und beeile mich Dir Ähnliches zu versichern. Vielleicht läßt Du nun doch öfter von Dir hören. Die Aufregung die bei uns durch die Verhaftung meines Bruders, von der Du ja gelesen haben wirst, geschaffen wurde[2], hat sich wenigstens in diesem Detail gelegt da er nach wenigen Tagen wieder entlassen worden ist und vorläufig mit nichts Weiterem rechnet. Sonst freilich hören wir nicht viel Gutes – soweit wir überhaupt etwas hören, was Du Dir nicht allzu reichlich dosiert vorstellen darfst. Die Aufregung über die Ereignisse ist sehr allgemein und nachhaltig, und das ruhmlose Ende der alten Verhältnisse erstaunt und verwirrt alle naiven Gemüter. Auf das Pendant zu Deinen Thesen in der »Reise durch die deutsche Inflation«[3] nach den Aufschlüssen der jetzigen Zeit erlaube ich mir sehr gespannt zu sein, obwohl Du vielleicht noch gar nichts davon weißt, daß Du soetwas schreiben wirst. Daß Du aber Deine etwaige Muse und auf jeden Fall Deine Freundschaft dahin richten mußt, mir, und sei es um den Preis einer eigenhändigen Abschrift, die von Dir erwähnten Seiten einer neuen Sprachtheorie zu verschaffen, das denke ich wirst Du doch einsehen. Sonst habe ich noch Aussicht irgend etwas von Dir und Deinem Aussehen und Ergehen in zwei oder drei Wochen zu hören, da ich zu meinem Vergnügen einem Brief von Kitty Marx noch aus Deutschland entnehmen kann daß sie zweimal mit Dir zusammen war und viel zu erzählen haben würde, ja sogar daß sie bedauerte Dich nicht gleich ebenfalls mitzubringen. Es soll mich freuen wenn auch Dir der Besuch nicht mißfallen hat, erzählen hätte sie Dir eine ganze Menge gekonnt, denn sie gehört ja sozusagen zu denen die den Vorteil

davon hatten, daß Du nicht in Berlin warst als ich dort war. Statt Deiner, dessen Palästinareisen ja unter keinem glücklichen Stern stehen, tritt nun aber Gustav Steinschneider[4] hier auf, ein (längerer?) Besuch, dem ich (und Escha) bei aller Sympathie nicht ohne lebhafteste Beunruhigung entgegensehe. Die evidente Unmöglichkeit für Dich, hier Geld zu verdienen, wird ja wohl auch im Falle einer Ortsveränderung Deine Schritte nicht gerade hierher lenken, wo die Zustände wenn auch wohl nur für eine mehr oder weniger begrenzte Zeit wesentlich günstiger liegen.
Das von Dir erwähnte Buch von Wiesengrund über Kierkegaard habe weder ich noch die Bibliothek erhalten. Ich wäre Dir also in der Tat sehr dankbar wenn Du Deine Ankündigung in diesem Fall mir ein Korrekturexemplar schicken zu wollen, in die Tat umsetztest. Ich bin für solche Lektüre durchaus interessiert. In Punkto Kafka möchte ich bemerken, daß Du nach meinem Dafürhalten *nicht* damit rechnen kannst das von Dir erwartete Buch des Herrn Schoeps zu erleben. Der junge Mann – ich schrieb Dir ja wohl auch daß ich in Berlin seine persönliche Bekanntschaft gemacht habe, von deren Fortsetzung ich mir im übrigen nichts erhoffe, er *platzt* vor Eitelkeit und dem Wunsch, daß von ihm gesprochen werden soll – ist vielzusehr damit beschäftigt[5], auf allen Wegen den Anschluß an den deutschen Faschismus zu gewinnen und zwar sans phrase als daß er wohl in absehbarer Zeit zu einer andern Beschäftigung Zeit finden könnte. Zur Zeit liegt ein unvorstellbares Buch vor, dessen Lektüre nicht uneben ist, ein Briefwechsel zwischen besagtem Schoepsen und dem altbekannten [Hans] Blüher[6], in dem jener sich als preußischer Konservativer jüdischen Glaubens gegen die Ideologie des gebildeteren Antijudaismus zu behaupten sucht; es ist ein verächtliches Schauspiel, und – wenn man einmal die immanente Diskussionsebene annimmt – das Erbauliche und Gerechte dabei ist dann noch, daß in dieser Diskussion die bessere Logik und würdigere Haltung bei aller Lumperei noch immer auf Seiten des Antisemiten ist. Dies Schauspiel hätte man sich, offen gestanden, von dem Nachlaßherausgeber Kafkas[7] nicht versehen, auch wenn es ein Bursche von 23 Jahren ist, den der Tote sich keineswegs ausgesucht hat. Der Schmöker heißt »Streit um Israel«.
Das Hörspiel *Lichtenberg* sende mir unbedingt! Wie dürfte das

hier fehlen? Ich muß mich in diesem Jahr sehr in Punkto Arbeit einschränken um mich mit jüdischer Philosophie (des Mittelalters) zu beschäftigen, über die ich von Oktober an wahrscheinlich werde lesen müssen, falls meine Ernennung zum Ordinarius für dieses Gebiet plus Kabbala diesen Sommer erfolgt, die nun endlich nach langem Kampf von hier aus formell vorgeschlagen worden ist. Andere Lösungen wären mir zwar lieber gewesen, aber es wird wohl, wenn nichts Unvorhergesehenes dazwischen kommt, bei dieser bleiben, die für mich natürlich starke Mehrbelastung durch Arbeitsverpflichtung bedeutet, ohne daß ihr übrigens bei der prekären Lage der Universität etwa eine finanzielle Besserstellung auf dem Fuße folgte. Denn so glänzend zur Zeit die allgemeine Wirtschafts- und Finanzlage in Palästina ist, wodurch dies Land ja gegenwärtig eine Art mythischen Ruf in weiten Kreisen erlangt hat, so schlecht ist die öffentlicher wissenschaftlicher Institutionen die wie die Universität ihre Gelder im Wesentlichen von Amerika bezogen. Andernfalls hätte ich ja auch gar nicht diese Arbeit übernehmen brauchen, da man dann ja einen besonderen Mann dafür herberufen hätte. Auch jetzt habe ich diesen philosophischen Teil nur als provisorische Verpflichtung übernommen, derart daß [ich] bei einer etwaigen Verbesserung der Verhältnisse die einen Assistenten, Dozenten oder Professor zu ernennen gestattet, mich wieder davon freimachen könnte. Aber das ist in den nächsten Jahren nicht zu erwarten.[8] Übrigens betrachte bitte diese Informationen über meine Professur als absolut vertraulich, es ist nicht gut davon vor der letzten Verhandlung schon irgend ein Aufheben zu machen. – Es ist auch sehr möglich daß man hier (unter dem starken Druck vom Ausland her und auch sonst) nächstes Jahr doch Privatdozentur zuläßt was bisher prinzipiell abgelehnt war. Was wir hier erleben werden, wenn in Deutschland in der Tat (was ich durchaus für möglich halte) ein Ausschluß der Juden aus der Universitätskarriere erfolgt der sich auch auf die schon arrivierten Professoren erstreckt, wage ich mir gar nicht auszudenken. Ob überhaupt eine starke Welle der Auswanderung aus Deutschland hierher in Rechnung zu stellen ist, darüber besteht anscheinend sowohl hier als in Deutschland selbst weitgehende Unsicherheit. In gewissem Umfang macht sie sich ja schon jetzt in Tel Aviv sehr bemerkbar, und die Regierung hier würde es wohl gar nicht ungern sehen, wenn statt aus Polen und Rumänien zehntausend oder fünfzehntausend deutsche Juden die heißumstrittenen »Zertifikate« erhielten (d. h. Einwanderungserlaubnis für nicht bemittelte Juden, die alle halben Jahre je nach dem Arbeitsmarkt von der Regierung der zionistischen Organisation blanco gegeben werden, unter deren Verantwortung für die Verteilung). Aber so viel Platz zur Zeit wenigstens für Arbeiter in Palästina ist, so wenig für Akademiker, von denen jetzt mit jedem Schiff große Mengen, und gerade aus Deutschland, ankommen. Auf einem Schiff erschienen neulich allein vierzehn Architekten und Ingenieure, demnächst werden es dann Ärzte aus den städtischen Krankenhäusern, Juristen und Professoren sein. Die einzige Profession die es bei euch unter diesen Umständen gut haben wird, werden die Hebräischlehrer sein!

Bitte schreibe mir so ausführlich Du kannst, gerade unter den gegenwärtigen Verhältnissen wo man nicht einmal genau wissen kann ob alle Briefe ankommen, wäre es doppelt angezeigt, die gute alte Sitte des Unmittelbarantwortens einzuführen, wie wir es machten als ich in Jena saß. Solltest Du Deine Adresse verändern, teile mir das bitte gesondert mit.

Nimm die herzlichsten Grüße und Wünsche Dein Gerhard

1 Dies ist der erste meiner noch erhaltenen Briefe aus diesem Jahr, der noch nach Berlin ging, aber nach Paris nachgesandt wurde.

2 Mein Bruder Werner (1895-1940) wurde in der Nacht des Reichstagsbrandes verhaftet. Er wurde Ende April 1933 wieder verhaftet und kam nicht mehr frei.

3 Diese Aufzeichnungen hatte W.B. mir in Form einer Schriftrolle überreicht, bevor ich Deutschland Anfang September 1923 verließ. Sie sind in leicht veränderter Form, unter dem Titel »Kaiserpanorama« in dem Buch »Einbahnstraße« gedruckt (GS IV, 94-101).

4 Mein auch mit W.B. gut bekannter Freund kam zusammen mit seinem Bruder Karl und dessen künftiger Frau K.M. an. Über Gustav Steinschneider siehe »Von Berlin nach Jerusalem«, S. 156-158.

5 Schoeps hat seine einschlägigen Publikationen unter dem Titel »Bereit für Deutschland ... 1930-1939«, Berlin 1970, wiederveröffentlicht.

6 Blüher (1888-1955) hatte 1922 das »feine« Antisemiticum »Secessio Judaica« veröffentlicht, später dann in »Die Erhebung Israels gegen die christlichen Güter«, 1930, diese Haltung ausführlicher vorgetragen.

7 Schoeps hatte 1931 mit Max Brod den Band »Beim Bau der Chinesischen Mauer« herausgegeben.

8 Es kam aber doch sehr schnell dazu, da schon im selben Jahr diese Professur

Julius Guttmann (1880-1950) angeboten wurde, der an der Hochschule für die Wissenschaft des Judentums in Berlin diese Studien vertreten hatte.

14 Benjamin an Scholem

Paris, rue Campagne Première
Hotel Istria, 20. März 1933

Lieber Gerhard,
so stünden wir wieder einmal im Begriff, einen neuen Abschnitt in unserer Korrespondenz einzuweihen, die, was Stempel und was Adressen angeht, von meiner Seite gewiß nicht einförmig ist. Was du von Kitty Marx dieser Tage über mich hörst, wird dir gewiß ein getreues Bild von den inneren und äußern Umständen geben, in die die Ereignisse einschlugen, die sie wieder einmal gründlich veränderten. Ehe ich darauf aber eingehe, will ich nicht versäumen, zu bemerken wie beklagenswert ich es fand, daß ein Abschiedsbesuch – wenn ich es so nennen darf – den Beginn einer Bekanntschaft bildete, von der ich mir viel Anziehendes hätte versprechen können. Da nun die Ankunft des Briefes in Jerusalem nicht allzulange nach der ihren erfolgt, lege ich auf die schwere Fracht von Mitteilungen, die er enthalten wird, für sie ein kleines Willkommenboukett oben auf.
Ob du schon Leute gesprochen hast, die Deutschland nach dem 15ten März etwa verlassen haben, bezweifle ich. Brieflich könntest du nur durch besonders tollkühne Individuen informiert sein. Denn es kann sehr gefährlich werden, von dort ohne sorgfältige Tarnung zu schreiben. Ich darf mich, im Besitz der Freiheit, deutlich und umso kürzer fassen. Einen Begriff von der Lage gibt weniger der individuelle Terror, als die kulturelle Gesamtsituation. Über den erstern ist schwer, absolut Zuverlässiges in Erfahrung zu bringen. Unbezweifelt sind die zahlreichen Fälle, in denen Leute nachts aus ihren Betten geholt und mißhandelt oder ermordet werden. Wichtiger vielleicht noch, aber schwerer zu durchleuchten ist das Schicksal der Gefangenen. Von diesen laufen die furchtbarsten Gerüchte um, zu denen man nur sagen kann, daß einige von ihnen sich als unwahr herausgestellt haben. Sonst liegt es wie immer in solchen Zeiten: den wenigen Fällen, die übertrieben werden, mögen viele gegenüberstehen, von denen man überhaupt nichts erfährt.

Was mich betrifft, so sind es nicht diese – seit langem mehr oder minder absehbaren – Verhältnisse gewesen, die in mir, und zwar erst vor einer Woche, in unbestimmten Formen, die Entschließung, Deutschland zu verlassen zur schleunigsten Entfaltung gebracht haben. Es war vielmehr die fast mathematische Gleichzeitigkeit, mit der von allen überhaupt in Frage kommenden Stellen Manuscripte zurückgereicht, schwebende, beziehungsweise abschlußreife Verhandlungen abgebrochen, Anfragen unbeantwortet gelassen wurden. Der Terror gegen jede Haltung oder Ausdrucksweise, die sich der offiziellen nicht restlos angleicht, hat ein kaum zu überbietendes Maß angenommen. Unter diesen Umständen kann die äußerste politische Zurückhaltung, die ich seit jeher und mit gutem Grunde geübt hatte, den Betreffenden zwar vor planmäßiger Verfolgung, nicht aber vor dem Verhungern schützen. In alledem habe ich das Glück gehabt, meine Wohnung auf ein Jahr an einen zuverlässigen Mann vermieten zu können. Nur durch schwierige Operationen ist es mir immerhin gelungen, die paar hundert Mark zusammenzubringen, mit denen ich auf Ibiza – wohin ich zunächst zu gehen gedenke – ein paar Monate leben kann. Das Weitere allerdings könnte eines Tages so vollkommen verbaut sein wie es jetzt offen ist. Zumindest kann ich gewiß sein – so unerträglich die deutsche Atmosphäre, in der man den Leuten lieber auf die Revers und danach meist am liebsten schon garnicht mehr in die Gesichter sieht, ist – keinem Impuls der Panik gefolgt zu sein. Es war vielmehr die reine Vernunft, die hier alle Eile gebot und es gibt unter den mir Näherstehenden niemand, der das anders beurteilt.

Allerdings waren nicht mehr allzuviele von ihnen im Augenblick meiner Abreise noch in Deutschland: Brecht, Kracauer, Ernst Bloch sind rechtzeitig weggefahren – Brecht einen Tag, bevor er verhaftet werden sollte. Ernst Schoen ist verhaftet gewesen aber wieder freigelassen worden. Vermutlich wird man ihm – wie meist in solchen Fällen – den Paß abgenommen haben. Die Gültigkeit des meinen läuft unglücklicherweise im August dieses Jahres ab; natürlich kann man unter den heutigen Verhältnissen mit seiner Verlängerung nicht bestimmt rechnen.

Mit diesen Zeilen kommt es mir darauf an, dich im Großen über

meine Lage und die Maßnahmen, die ich in ihr getroffen habe, zu unterrichten. Einzelnes kann für später bleiben. Trotzdem ich nicht lange in Paris sein werde, bitte ich dich, deine Antwort hierher zu richten, sie wird mir nötigenfalls folgen. Fräulein Marx aber richte, neben den schönsten Grüßen, bitte aus, daß die Bücher, welche sie von mir hat, zunächst in Jerusalem bleiben sollen; später werde ich ihr eine Adresse angeben, an die die Druckbogen der »Mutter« [Brechts] gehen können – hoffentlich nicht, ohne daß du sie vorher einem genauen Studium unterzogen hättest.
Schrieb ich dir, daß ich in Berlin eine ganz kleine und vielleicht sonderbare Arbeit über die Sprache verfaßt habe – ganz danach angetan, dein Archiv zu zieren?
Antworte geschwindest und nimm, mit Escha, die herzlichsten Grüße
Dein Walter

PS: Unter berliner Notizen von mir, auf die [ich] hier stoße, finde ich einen Hinweis auf Hubert Grimme: Althebräische Inschriften am Sinai. Diesen Titel – ich weiß nicht einmal, ob es sich um ein Buch oder um einen Zeitschriftenaufsatz handelt – teile ich dir mit, weil ich vor vielen Jahren von diesem Autor eine wirklich bedeutende ikonographische Enträtselung der »Sixtinischen Madonna« las.[1]

1 Hubert Grimme (1864-1942) war Professor der Semitistik in Münster. Das genannte Werk, das große Kontroversen auslöste, erschien 1929. Die Identifizierung mit dem Kunsthistoriker beruht auf einem Irrtum. Gemeint ist Herman Grimm, dessen großer Aufsatz über dies Thema in einer wissenschaftlichen Zeitschrift erschien.

15 Scholem an Benjamin

23. März 1933

Lieber Walter,
ich bin in Unruhe solange nichts von Dir zu hören. Ich hoffe Du hast meinen letzten Brief erhalten. Frl. Marx ist am Montag hier angekommen, begibt sich aber erst nächsten Sonntag zu uns nach Jerusalem, sodaß ich meine Neugier über Dich bezähmen muß. Bitte schreibe!
Die herzlichsten Grüße
Dein Gerhard

16 Benjamin an Scholem

[Paris, 4. April 1933]

Lieber Gerhard,

den Brief und die Karte, die du mir nach Berlin gesandt hast, erhielt ich heute. Inzwischen bist du vermutlich längst im Besitz meiner pariser Zeilen. Morgen abend fahre ich – in Begleitung eines mir befreundeten Ehepaars[1] aus Paris – nach Ibiza. Dort kann ich zunächst zwei Monate auskommen. Weiter sieht kaum einer von den Betroffenen.

Und somit wäre das, was im Bereich des engsten Daseins liegt, erträglich, wenn nicht Stefan noch wäre, wo er jetzt ist. Ich habe in meinem ersten Brief von hier Dora dringend nahe gelegt, ihn nach Palästina zu senden, wo ja ihr Bruder[2] eine Pflanzung besitzt.

Ausführlich will ich heute nicht sein. Gewiß hast du Kitty Marx gesprochen und auch die Möglichkeit, besonders herzliche Grüße ihr unbeschädigt von mir zu sagen. Die »Mutter« von Brecht bitte ich sie, mir nach Ibiza zu senden. Daß sie sie mit einem Brief begleitet, darf ich sicher voraussetzen.

Höchst ersprießlich ist mir gewesen, was du über Schoeps auszusagen wußtest. Wenn ich so etwas höre, so freue ich mich stets so, als wenn ein im letzten Augenblick gekaufter dicker Roman noch in meinen Koffer geht. Die Hauptsache – es gibt eine Weltordnung. Und die Schoepse werden gehütet – wenn nicht von Gott dann eben vom Satan.

Für den Augenblick ist das Wichtigste meine ibizenkische Adresse und die sofortige Absendung zweier Briefe an sie. Einer von dir und einer von Kitty Marx:

Ibiza (Balearen), San Antonio, Fonda Miramar

Alles Herzliche

Dein Walter

1 Jean Selz und seine Frau.

2 Viktor Kellner, einer der Mitbegründer des Dorfes Benyamina.

17 Scholem an Benjamin

Montag, 3. April 1933

Lieber Walter,

Freitag erhielt ich Deinen Brief – nachdem ich mich Donnerstag Abend lange mit Kitty Marx über Dich unterhalten hatte! – und beeile mich Dir noch gleich zu schreiben. Vor allem dies: ich schrieb Dir gerade einige Tage bevor Du nach Paris fuhrst, noch einen ziemlich ausführlichen Brief nach Berlin und bitte Dich sehr mir zu bestätigen ob Du ihn noch erhalten hast, d. h. ob er bei der doppelten Grenzreise erst nach Berlin hinein und dann nach Paris hinaus nicht irgend einer Zensur verfallen ist? Daran liegt mir zu wissen. Auch an Ernst Schoen, der mir geschrieben hatte, noch bevor er verhaftet war, habe ich geschrieben und fürchte nun daß er das wenn er also unter Verdacht steht und zensuriert wird, nie erhalten haben wird. An den Exempeln der Briefe die wir alle hier aus Deutschland erhalten, sieht man ja indirekt welche furchtbare Last und Verängstigung auf den Schreibern liegt. Daß Du nun doch noch herausgegangen bist, das freut mich wie ich dir nicht lange zu erklären brauche, sehr, in Deutschland selbst wird ja in der nächsten Zeit für ein Schrifttum wie Deines wohl kein Platz sein. Aber was nun? Wirst Du zum Teil wenigstens nicht doch etwa zu französischer Produktion übergehen? Oder wirst Du in Ibiza etwa eine »rein wissenschaftliche« Arbeit aufnehmen können? Bei der Lage der Dinge kann ja nicht vermutet werden, daß Du bald nach Deutschland zurückkehren kannst oder auch nur willst. Wir alle sind der Meinung, daß es noch schrecklicher kommen wird und für Juden eine völlig ausweglose Situation sein wird. Um was ich Dich vor allem in diesen aufregenden Zeitläuften bitte, sind häufigere Nachrichten über Dich, wir können es uns nicht erlauben, so lange Intervalle einzulegen. Von mir schrieb ich Dir ja in dem erwähnten Brief nach Berlin.

Aus Deutschland kommen zur Zeit eine große Anzahl Menschen her, vorübergehend und ständig und man hört mehr als einem lieb sein kann.

Und zu dem allem schicken die geängstigten jüdischen Familien einem noch (offenbar unter sanftem Druck) Telegramme (!!) ins Ausland, worin sie einen beschwören, die »lügnerische Greuelpropaganda« im Ausland zu stoppen!! Daran verdient dann wenigstens wenn schon sonst niemand, doch der Postfiskus. Aber was dort nun werden soll, wenn der ökonomische Ruin so weitergeht, ist unabsehbar. Und andererseits ist es doch wohl so, daß der Sozialismus in dieser Entwickelung eine Niederlage erlitten hat, von einem so riesenhaften Ausmaß daß man nicht weiß wie er sich davon wieder erholen soll, es sei denn durch einen, jetzt ja plötzlich wohl von vielen erhofften Krieg.

Als Curiosum für Dich vermerke ich, daß Dein L.W.-Willi Haas[1], welchem auch nicht mehr geheuer ist, da der »Völkische Beobachter« auf ihn verfallen ist, sich hier erkundigt hat ob nicht ein Platz in Palästina für ihn wäre. Ich sah seinen Brief und mußte an Deine nicht sehr begeisterten Andeutungen über sein Verhalten zu Dir denken.

Kitty Marx, die heute schon eine Stelle angetreten hat und vorläufig einmal in Jerusalem bleibt, war sehr begeistert von Dir, und ich bedaure auch sehr, daß Du sie nicht vorher getroffen hast. Sie gab mir die Wiesengrund-Correkturen, für die ich bestens danke, die ich aber noch nicht lesen konnte. Die »Mutter« von Brecht soll ich noch kriegen. Vieles was sie mir von Dir sagen erzählen oder bestellen wollte, bekannte sie auch vorerst vergessen zu haben. Das wird allmählich im Lauf der nächsten Wochen zum Vorschein kommen. Deine Grüße werde ich ihr morgen Abend ausrichten.

Ich schrieb noch nach Berlin daß ich *sehr* hoffe und wünsche, von Dir eine Abschrift der neuen kleinen Arbeit über die Sprache zu erhalten. Bitte benutze, wenn Du keine Maschine mehr hast, einmal ein paar müßige halbe Stunden für diesen Dienst der Freundschaft. Ich würde mich sehr darüber freuen. Schreibe *baldigst*!

Alles Gute und die herzlichsten Wünsche für Dich von Escha und mir

Dein Gerhard

Ich habe leider nur unzulänglich über Sie berichten können, aber immerhin. – Ich danke Ihnen sehr für Ihre Grüße, haben Sie meine aus Cypern abgesandten bekommen? Wie weit ist es von den Balearen nach Palästina?!

Herzlichen Gruß

Ihre Kitty Marx

1 Willy Haas von der »Literarischen Welt«.

18 Scholem an Benjamin

13. April 1933

Lieber Walter,

soeben erhalten wir Deine Karte aus Ibiza d. h. von unterwegs nach dort, während Kitty gerade bei uns ist, und ich benutze die heutige Post um Dir gleich den günstigsten Begriff von dem lebhafteren Tempo unserer Korrespondenz, der dem erstaunlichen der Ereignisse wenigstens in der Absicht entsprechen sollte, zu geben. Ich freue mich sehr, daß Du den Berliner Brief den ich ziemlich verloren gab, noch erhalten hast, den nach Paris wirst Du auch schon haben. Hoffentlich findest Du also wirklich in den nächsten Wochen oder Monaten die erwünschte Ruhe und weißt dann irgendwie was werden soll. Hier in Palästina ist wie Du Dir ja denken kannst, ungeheure Erregung: jedes Schiff bringt hunderte von Menschen aus Deutschland, von denen man ein furchtbares Bild der mittelalterlichen Ereignisse bekommt, es hagelt seit der nach vielen Tausenden zählenden Massenflucht vom 30. März und 1. April links und rechts Telegramme der sämtlichen Verwandten und Bekannten (zufällig gerade nicht meine Familie, aber fast *jede* andere), aus denen man sieht, wie alles Hals über Kopf weggerast ist und vor allem offenbar wer nur irgend kann seine Kinder aus dieser neuen Hölle wegnimmt. Wen Du triffst, der denkt daran wie er seine Familie herausholen kann oder einen Teil davon. Es wird zweifellos eine sehr bedeutende Auswanderung der bürgerlichen Schicht des deutschen Judentums einsetzen, zu einem starken Teil wohl auch hierher, aber ob es nun dabei bleibt und nicht noch viel blutigere Zustände kommen? Das Schreckliche an der Sache ist aber, wenn man das überhaupt wagen darf zu sagen, daß es der menschlichen Sache des Judentums in Deutschland nur fruchtbar sein kann wenn anstelle des kalten Pogroms den man versuchen wird einzuhalten, ein echter träte. Es ist fast die einzige Chance, in solcher Explosion etwas Positives hervorzurufen. Denn zwar ist die Katastrophe durchaus von welthistorischem Ausmaß, und wir können nun einmal 1492 verstehen lernen[1], aber nur eben ist ja die Substanz von der aus widerstanden werden kann im deutschen Judentum auf einen sehr geringen Bruchteil der damals vorhandenen reduziert. Das Riesenausmaß des Zusammenbruchs der kommunistischen und

sozialistischen Bewegungen tritt für unsere Augen zwar immer noch in unheimlicher Weise hervor, aber der des deutschen Judentums kann sich daneben wahrlich sehen lassen.
Wir hatten unsere Freundin Käthe Becher (die geschiedene Frau von Johannes R. Becher) hier[2], die wohl wie so viele viele herüberkommen wird und sich hier (als Ärztin) niederlassen. Sie erzählte uns viel von den Dingen in Berlin. Es ist uns, als ob wir es alles am eigenen Leib miterlebten. Schreibe uns bitte genau, was Du von Stefan und Doras Plänen weißt, Du kennst Eschas und meine Anteilnahme daran. Soviel heut.
Herzlichste Grüße von Escha und mir Dein Gerhard

Lieber Herr Benjamin,
so entzückt ich über Ihre Grüße war und bin, so sehr freue ich mich über die Sicherheit, mit der Sie einen Brief von mir erwarten. Meine diesbezüglichen Reden in Berlin hätten Sie eines besseren belehren müssen. Aber auf einen Brief von Ihnen würde ich Ihnen mit dem allergrößten Vergnügen antworten.
Mit vielen Grüßen Ihre Kitty Marx

1 Das Jahr der Vertreibung der Juden aus Spanien, eines der folgenreichsten Ereignisse der jüdischen Geschichte des Mittelalters.
2 Über Käthe Becher, geborene Ollendorf, eine Nichte Alfred Kerrs, siehe »Von Berlin nach Jerusalem«, S. 128-129.

19 Benjamin an Scholem

San Antonio, Ibiza (Balearen)
Fonda Miramar
19. April 1933

Lieber Gerhard,
wenn ich nicht irre hast du bereits aus Paris die Bestätigung erhalten, daß mich dort dein Brief nach Berlin erreicht hat. Nun habe ich vor wenigen Tagen den ersten bekommen, den du wieder nach Ibiza gerichtet hast. Um nun aber zunächst bei dem erstern nochmals kurz zu verweilen, will ich deine Mitteilung über den Logierbesuch Steinschneiders zum Gegenstand einer kleinen Anfrage machen. Wie du gelesen haben wirst, ist unter den Sandkörnern, die das erwachende Deutschland sich aus den

Augen gerieben hat, neben Herrn Rotter[1] und Frau auch der Hellseher Hanussen. Dieser soll nun, einer Pressenotiz zufolge, mit seinem wahren Namen Steinschneider geheißen haben. Sollte nun auch er ein Mitglied der schon ohnehin bemerkenswerten Familie des Gustav sein, so lasse mich das doch unbedingt wissen.[2] Sollte ferner derselbe mit seinem präsumptiven Verwandten dessen Talent teilen, so sehe ich einen bedeutenden Aufschwung deiner kabbalistischen Studien voraus, indem das kostspielige Photographieren der Manuscripte damit ja wohl wegfallen würde.

Überaus wertvoll war mir, wie ich dir vielleicht schon gesagt habe, deine Mitteilung über Schoeps und Blüher. Nun erwarte ich dessen Buch über Kafka unter diesen Umständen mit verdoppelter Ungeduld. Denn was sähe dem Engel, der den vernichteten Teil von Kafkas Werken betreut, ähnlicher, als ihren Schlüssel unter einem Misthaufen zu verstecken? Ob man sich ähnliche Aufklärungen von dem neuesten Essay über Kafka versprechen darf, weiß ich nicht. Er steht im Aprilheft der Nouvelle Revue Française und stammt von Bernhard Groethuysen. Nach Kenntnisnahme durch mich könntest du ihn auf Wunsch als Austauschgabe gegen andere Lektüre erhalten.

Denn wenn sich auch eine kleine Hausbücherei von 30 bis 40 Bänden, teils aus Noeggerathschen Beständen, teils aus meiner Hinterlassenschaft vom Vorjahre hier versammelt hat, so ist die denn doch eine schmale Grundlage. Die Ironie will es, daß ich gerade jetzt im Auftrage jener »Zeitschrift für Sozialforschung« die ihren Apparat und Geld nach Genf gerettet hat, einen Aufsatz über die Soziologie der gegenwärtigen französischen Literatur zu schreiben habe – und schreiben muß, da ich von dieser Seite zumindest auf Bezahlung rechnen kann. Der Aufsatz, der in jedem Fall die reine Hochstapelei darstellt, bekommt durch den Umstand, daß ich ihn hier – fast ohne alle Literatur – verfassen muß, schon ein gewissermaßen magisches Gesicht, das er in Genf zwar kühn zur Schau tragen, vor dir aber denn doch verhüllen wird. Mehr weiß ich davon noch nicht. Besonders lobe ich dagegen die Eingebung, welche mich in Berlin veranlaßte, Kitty Marx das Buch von Brecht (und wenn ich nicht irre noch irgend eine andere Leihgabe[3]) mit auf den Weg zu geben, indem ich so, in hoffentlich kurzer Zeit hier in deren Besitz sein werde. Es wird dir im übrigen Spaß machen zu hören, daß, nachdem ich mein eigenes Archiv aufs sorgfältigste gesiebt hatte und so hier nur über einen Bruchteil desselben – politisch ganz unverfängliche Dinge – verfüge, im letzten Augenblick der Einfall mich packte, ein enorm provokatorisches und gleichzeitig äußerst geglücktes Werk von Brecht, das nicht erschienen ist und nur in Fahnen existiert, in meinen Koffer zu stecken. Es heißt »Die drei Soldaten«[4] und wird ja auch den Weg nach Palästina gefunden haben oder eines Tages finden.

Deine Prognosen, das Schicksal der deutschen Juden betreffend, wurden gerade eingelöst, als sie hier ankamen. Unnötig zu sagen, daß sie sich mit den meinigen decken. Schon vor drei Wochen bat ich Dora, Stefan wenn irgend möglich zu ihrem Bruder nach Palästina zu schicken. Im Augenblick aber scheint sie diesen Weg noch nicht ins Auge zu fassen. Bei meinen eignen Verhältnissen verweile ich ungern. Nachdem ich das Letzte, was mir zu tun blieb, durchgeführt habe – nämlich durch meine Reise hierher meine Lebenskosten auf das europäische Existenzminimum, etwa 60 bis 70 Mark im Monat reduzierte – kann ich im Augenblick nicht allzu viel Aktivität entfalten. Noch sind nicht alle literarischen Beziehungen zu Deutschland liquidiert – ein Aufsatz, hin und wieder eine Rezension schlüpfen vielleicht noch durch. Doch die Begründung einer »Schriftsteller-Gewerkschaft«, die die Juden von sich und von der Presse ausschließt, wird bevorstehen. Die Chancen einer Tätigkeit in Frankreich beurteile ich außerordentlich skeptisch, es sei denn, daß mir Emigrantenorganisationen für meine Arbeit einen Rahmen geben. In dieser Hinsicht habe ich bei meinem Aufenthalt in Paris nichts versäumt und an verschiednen Stellen mich vorgestellt. Aber die Rückkehr dahin, selbst wenn sie angezeigt sein sollte, stellt nicht nur ein finanzielles sondern auch ein administratives Problem dar, indem mein Paß in diesem Sommer abläuft. Ob er verlängert wird, ist mehr als fraglich. Daß ich nach Deutschland unter keinen Umständen zurückgehe, ist selbstverständlich. Ich wünschte nur, daß auch Stefan schon draußen wäre.

Kitty Marx sendet mir eine freundliche Nachschrift, die aber meine Augen doch nicht in dem Grade betört, daß sie das Bild von einem Briefe, den sie mir versprach, verlören. Zumal der

Gruß aus Zypern mich nicht erreicht hat. Grüße sie sehr von mir. Auch den Steinschneider. Eschas und deine Grüße erwidere ich herzlichst. – Die Spracharbeit werde ich dir abschreiben. So kurz sie aber auch ausgefallen ist, so werden mannichfache Bedenken und Gedanken unterm Schreiben meiner Hand Zügel und Zaum verspüren und dich nicht vor manchen Wochen in Besitz der zwei, drei Blättchen kommen lassen. Dein Walter

PS: Dein Brief vom 13ten kommt diesen Augenblick. Ich kann ihn und die Nachschrift von K.M. nur eben noch bestätigen. Gedanken über die Rückwirkung der deutschen Vorfälle auf die kommende Geschichte der Juden suchte ich mir auch zu machen. Mit sehr geringem Erfolg. Auf alle Fälle steht die Judenemanzipation in neuem Licht dar. Von Dora nichts Neues. Aber ihre Stelle hat sie verloren.

1 Rotter – ein Berliner Theaterdirektor.
2 Siehe die bejahende Antwort im folgenden Brief.
3 Robert Musils »Mann ohne Eigenschaften«.
4 Erschien zuerst in Heft 6 der »Versuche« (als Nr. 14).

20 *Scholem an Benjamin*

4. Mai 1933

Lieber Walter,

getreu meinen Dir jüngst verkündeten Vorsätzen, selbst wenn sie zur Hölle führen sollten, in der die Kulturbolschewisten schmoren, schreibe ich Dir postwendend auf Deinen letzten Brief vom 19. April, der übrigens erst gestern eintraf, also wohl den ungünstigsten Dampfer erwischt hat. Von der Art wie Du Dein jetziges Leben auf dem europäischen Existenzminimum in Ibiza eingerichtet hast und wie es bei Dir nun dort zugeht, hätten wir hier sehr gern eine genauere Vorstellung. Auch davon, ob Du denn nicht versuchen wirst, bei erster Gelegenheit vor allem Deine Bücher, über deren sinnreiche Aufstellung Kitty hier so viel zu erzählen wußte, dem Autodafé alles Undeutschen im dritten Reich zu entziehen. Von der Rettung des »Instituts für Sozialforschung« nach Genf sind schon mündliche Berichte durch eine Frankfurter Bekannte zu uns gedrungen, hoffentlich hast wenigstens Du etwas davon, einen anderen Daseinszweck vermöchte ich dieser Zeitschrift vor der Hand kaum zuzuerkennen. Auch sonst geht es in der Stadt Deiner akademischen Vergangenheit, wie die zugleich mit Deinem Brief hier eingetroffenen frankfurter Meldungen besagen, sehr hoch her, und auch jener arme Schlucker, der Dein Erbe in der Privatdozentur angetreten hat, Herr [Martin] Sommerfeld, steht neben erlauchteren Namen in der langen Liste der soeben herausgeworfenen Juden, die sozusagen alle und jeden enthält, sogar Max Wertheimer[1] und Weil[2] – mit Ausnahme etwa Bubers[3], was aber auch wohl nur eine Zeitfrage ist, abgesehen davon daß ja überhaupt keiner auch der »Bleibenden« je wird Vorlesungen halten können (und vor wem auch?). Was all diese Massenherauswürfe jüdischer Intelligenz, soweit sie nicht allzu getauft ist, etwa für die Entwicklung der Universität Jerusalem zu bedeuten haben dürften, ist eine zur Zeit sehr heftig verhandelte Frage, die sich im Lauf der Sommermonate als fruchtbar erweisen müßte. Wenn wir hier jetzt etwas Geld hätten, wäre unsere Lage sehr angenehm. Daß unter der zu erwartenden ziemlichen Fülle deutscher Einwanderung auch jeden Falls einige Gelehrte sein werden, ist klar.

Wir persönlich sind durch die am Tage vor seiner geplanten Abreise in die Schweiz erfolgte neuerliche und wie zu fürchten ist diesmal endgültige Verhaftung meines Bruders Werner und seiner Frau, die man diesmal ebenfalls gleich mitgenommen hat, in große Unruhe versetzt. Das Vorgehen meines Bruders ist mir völlig unverständlich, freilich läßt sich ja aus den verschleierten Berichten meiner Familie nicht genau entnehmen, warum er eigentlich nicht sofort nach seiner ersten Enthaftung die Grenze hinter sich gebracht hat. Er sollte nach Zürich zu unserm Onkel dem Mathematiker.[4] Meine Mutter ist durch all diese Ereignisse und das ganze Drum und Dran dieser letzten Schaustellung der deutschen Seele vollkommen zusammengebrochen und alt geworden. Ob es durch den weiteren Gang der Dinge wie wohl sein kann, notwendig werden wird, sie hierherzunehmen, was wir wie Du leicht verstehst, nur tun wollen, wenn sie dort in der Familie nicht mehr leben kann, wissen wir noch nicht. Viel eher mag es ja auch zu Zuwachs aus der jüngeren Generation kommen.[5] Dabei muß ich sagen daß ich in der Tat überhaupt nicht verstehe, wie Stefan noch in Deutschland ist, wenn er eine Möglichkeit hat wo anders zu sein. Und ich denke, daß das nicht so bleiben kann, freilich wird ja wohl auch Dora selbst, von der ich seit Oktober [1932] nichts mehr gehört habe, die Luft in Deutschland bald nicht mehr erträglich finden, wo ja die Aussichten der jüdischen Übersetzer und Journalisten bald ganz erledigt sein werden.[6] Viele unserer Bekannten schicken ihre Kinder schon hierher, wobei natürlich mit einer sehr weitgehenden Berufsumschichtung und entsprechend geändertem Schulgang zu rechnen ist.

Deine Anfrage über den Hellseher Hanussen kann ich leider nur dahin beantworten, daß er in der Tat zweifellos ein, wenn auch sehr entfernter, Angehöriger der ja aus Proßnitz in Mähren stammenden Familie Steinschneider ist, der diese merkwürdige Karriere durchgemacht hat. Gustav sagte, man hätte es stets geleugnet, da niemand die genaue Verbindung finden könnte, aber zuletzt hätte ein Wiener Verwandter sie herausgebracht; im übrigen lehnt die gesamte Familie entrüstet diesen Zuwachs selbst an Toten ab. Eher erweist sich die Familie Steinschneider als bemerkenswert durch einen andern Zuwachs eines lebenden Mitgliedes, das Dir und mir viel interessanter sein dürfte, indem es ihr in der Person von Gustavs Bruder Karl[7] gelungen ist, Kitty Marx zum Anschluß an sie zu bewegen, was in jeder Hinsicht, nicht nur in der, daß es sich hier um die unzweifelhafte Inhaberin des Weltrekordes an abgelehnten Heiratsanträgen handelt, ein großes Ereignis ist. Am Tage vor Pessach habe ich bei der in größter Unöffentlichkeit stattfindenden Trauung als Trauzeuge mich betätigt, bezw. den feierlichen Teil dieses Aktes in eigene Regie übernommen, mit umso mehr unverhohlener Rührung, als Karl St. einer der meinem Herzen am nächsten stehenden Menschen in Palästina ist und sich auch jetzt als wir uns nach fast sechs Jahren kalifornischer Arbeit wieder sahen, meiner unbegrenzten Zuneigung versichern konnte. Da sie in ein paar Wochen wohl zu ihrem Mann ziehen wird, der an der landwirtschaftlichen Versuchsstation in Rechowoth, einer großen jüdischen Kolonie eine Stunde von Tel Aviv, arbeitet, verlieren wir sie hier in Jerusalem, wenn es auch auf diese Weise damit einen weiteren Ort in Palästina geben wird, wo ich hinkommen kann ohne zu seufzen. Meinst Du daß der Verlag Rowohlt

Bücher wie Deine »Einbahnstraße« noch zu verkaufen wagt? Ich wollte ihnen nämlich unter den verschiedenen Hochzeitsgeschenken auch dieses zudenken. Aber das Schicksal all dieser Verläge und Schriften ist von hier aus ganz undurchsichtig. Im Übrigen habe ich Kitty intensiv geraten, eine Verlautbarung über ihr Schicksal eigenhändig für Dich zu verfassen, ohne jedoch meinerseits darauf warten zu wollen bis dieser Brief abgeht. Die »Mutter« von Brecht[8] wirst Du wohl bald erhalten, das Buch von Musil dagegen möchte ich offen gestanden, selber auch gern lesen falls mir Muße dazu in genügendem Maß zur Verfügung stehen sollte. Hast Du was dagegen?
Ich schicke Dir auch eine Nummer der »Jüdischen Rundschau«, deren ehrenvolle und bestimmte Haltung unter den in Berlin herrschenden Verhältnissen in der Tat besonders bemerkenswert ist.[9] Daß nach einer stürmischen »Unterhaltung«, die der Autor dieses Artikels mit Herrn Goering, dem wichtigsten Mann der gegenwärtigen Regierung, hatte, die »Rundschau« danach nicht verboten worden ist, sondern all diese Wochen hindurch ihre Haltung bewahrt hat, gehört auch zu den Rätseln der Zeit. Von der Literatur des Herrn Schoeps in diesen Tagen dringt Gott sei Dank nichts hierher, sollte es noch der Fall sein, so wird es Dir zu grausigerem Genuß nicht vorenthalten bleiben. – Übrigens ist auch Kraft[10] in Hannover seines Amtes entsetzt worden.
Die Nouvelle Revue Française ist in der Bibliothek hier, da werde ich also den Aufsatz des Herrn Groethuysen anzusehen trachten. Über Literarisches aber ein anderes Mal mehr.
Zur Frage Deines Passes wollte ich Dir noch sagen, daß wenn Du Dir eine *ständige* Aufenthaltserlaubnis in Spanien beschaffst, es durchaus möglich sein könnte, daß Du dann (wie es z. B. hier in Jerusalem ist) Dich in die *Matrikel* des nächsten deutschen Konsulats eintragen läßt, in welchem Fall Du (bisher jedenfalls) ein Anrecht hast, jederzeit dort einen neuen Paß zu bekommen. Im Allgemeinen sind ja (aus klaren Gründen der Einflußsphäre) die deutschen Konsulate im Ausland daran interessiert, möglichst viele Leute in ihren Matrikeln zu haben und sich ein liberales Gesicht zu geben. Immerhin erkundige Dich mal bei Ortskennern. Hier in Palästina hat die Flucht aus der deutschen »Staatsbürgerschaft« inzwischen ziemliche Dimensio-

nen angenommen[11], ich vermute, daß auch Dir unter Umständen eine Naturalisation in Frankreich oder Spanien möglich wäre.
Der Abschrift der Spracharbeit sehe ich dankend und gespannt entgegen. Soviel heute. Bitte schreibe bald und ausführlich. Falls Ernst Schoen in Verbindung mit Dir ist, kannst Du ihn fragen, ob er meinen Brief erhalten hat? Die herzlichsten Grüße von Escha und mir Dein Gerhard

1 Max Wertheimer (1880-1943), einer der Begründer der Gestaltpsychologie.

2 Gotthold Weil (1882-1960), Professor der semitischen Sprachen, der aber als nicht unter die Bestimmungen des »Gesetzes zur Wiederherstellung des Berufsbeamtentums« fallend, noch für einige Zeit reinstalliert wurde.

3 Buber hatte zu diesem Zeitpunkt nur auf ein »nahelegendes« Schreiben des Dekans hin auf Abhaltung seiner Lehrveranstaltungen für das Sommersemester verzichtet und wurde erst Anfang Oktober 1933 formell abgesetzt. (Anderslautende Mitteilungen in Biographien Bubers sind falsch.)

4 Arthur Hirsch (1860-1946), Cousin meiner Mutter, Professor der Mathematik an der Eidgenössischen Technischen Hochschule in Zürich.

5 Zwei meiner Cousinen kamen ins Land.

6 Dora war hauptsächlich als Übersetzerin aus dem Englischen tätig, das sie fließend beherrschte. Ihr Vater Leon Kellner war Ordinarius für englische Literatur an der Universität Czernowitz gewesen.

7 Karl Steinschneider (1900-1979), den ich seit 1916 kannte, war schon 1922 nach Palästina gekommen. Er traf W.B. 1935 in Paris.

8 In einer ersten Fassung dieses Briefes, die ich noch habe, stand: »Die ›Mutter‹ von Brecht, die mich kalt gelassen hat, wirst Du« usw.

9 Es war die Nummer vom 4. April mit dem großen, Aufsehen erregenden Aufsatz des Chefredakteurs Robert Weltsch »Tragt ihn mit Stolz, den gelben Fleck«.

10 Werner Kraft war Bibliothekar an der Landesbibliothek in Hannover.

11 Ich selbst hatte die deutsche Bürgerschaft schon 1926 aufgegeben, als ein Gesetz der englischen Mandatsregierung herauskam, das palästinensische Bürgerschaft schon nach zweijährigem festem Aufenthalt erlangbar machte.

21 Benjamin an Scholem

San Antonio, Ibiza, Fonda Miramar
7. Mai 1933

Lieber Gerhard,
ohne noch Neues von dir gehört zu haben, diese wenigen Zeilen.
Aus ernster aber nicht unbedingt vor Irrtum gesicherter Quelle erfahre ich, daß mein Bruder Georg, der Arzt in Berlin N

Brunnenstraße ist, in die Hände der SA gefallen aufs schwerste mißhandelt worden sein und ein Auge verloren haben soll. Er soll als Gefangener, oder in Schutzhaft, im Staatskrankenhaus liegen, wo er vermutlich von der Umwelt abgeschnitten wäre.[1]
Das ist in Zürich von einer jüdischen Ärztin, Reni Begun, die vor schon zehn Tagen aus Berlin gekommen sein [soll], gesagt worden. Sie ist jetzt in Paris; ich versuche mich mit ihr direkt in Verbindung zu setzen. Das wird aber einige Zeit dauern.
Die letzte Nachricht, die ich von meiner Schwester hatte[2], ging aus der Schweiz, vor Ostern, an mich. Damals war noch alles in Ordnung.
Die Position meines Bruders gibt Grund zu den schlimmsten Befürchtungen. Die Sache ist zu ernst – und meine Möglichkeit zu helfen zu nichtig – als daß ich mit einer entsprechenden Anfrage, die ihren Empfänger bzw. den Erteiler einer Auskunft gefährden könnte, mich nach Berlin wenden könnte.[3] Vielleicht kannst du von einem der Jüngsteingetroffenen Auskunft über meinen Bruder erhalten. Versuche das bitte, und benachrichtige mich gleich. Meine Schwester ist inzwischen wieder in Berlin.
Es bedurfte dieser Nachricht kaum sondern nur der fortlaufenden Lektüre der Zeitungen, um meinen Wunsch, Stefan außerhalb Deutschlands zu wissen auf das entschiedenste zu steigern. Eine Anregung in diesem Sinn ließ ich Dora schon aus Paris zukommen. Sie schien damals, ihrer Antwort nach, die weitere Gestaltung der Dinge noch abwarten zu wollen. Inzwischen sind die Verordnungen über den numerus clausus für Juden auf höhern und mittleren Schulen erschienen. Ob er selbst davon betroffen ist oder nicht, weiß ich noch nicht. Aber sehr viel wichtiger als das ist der Umstand, daß er vollkommen links steht und vielleicht nicht in jedem Augenblick die Umsicht hat, die heute in Deutschland für einen Juden erforderlich ist, wenn er die Chance haben will, mit heiler Haut davon zu kommen.[4]
Schreiben kann ich Dora über diese Dinge nicht, ohne sie zu gefährden. Ich teile sie dir gleichzeitig unterm Siegel der Verschwiegenheit und doch in der Hoffnung mit, du hättest etwa Gelegenheit, Dora mündliche Nachricht von diesem Brief zu geben. Natürlich ist dies ganz unwahrscheinlich, denn es könnte sich in dem Benachrichtigenden ja nur um eine Person des allerengsten Vertrauens handeln. Es wimmelt überall von Spionen.

In der Angelegenheit meines Passes sehe ich schwarz, nachdem man mir heute eine Vermutung bestätigt hat, die ich längst gehegt habe: daß man den Leuten auf den Konsulaten nämlich gegebenenfalls die Pässe unter irgend einem Vorwand abverlangt, um sie zu behalten. Ich werde meinen für verloren ausgeben. Daß ich einen neuen bekomme, glaube ich freilich nicht. Dann hätte ich zu überlegen, ob ich, gewissermaßen illegal, in Spanien bleiben oder vor Ablauf des Passes nach Frankreich zurückfahre. Dort hat man mir die carte d'identité in sichere Aussicht gestellt. Wie ich aber dahin gelangen und wovon ich dort leben soll, das ist eine andere Frage.

Der Schriftsteller »Detlef Holz«[5] bittet durch mich, im Archiv meiner Arbeiten seine Schriften verwahren zu lassen. Deren erste ist soeben in der Frankfurter Zeitung erschienen. Bisher habe ich aber noch kein Belegexemplar. Solltest du ohne meine Vermittlung derselben ansichtig werden – Nummer vom 30 April 1933[6] – so teilt er dir mit, daß bei den Artikeln des Holz stets mit redaktionellen Eingriffen zu rechnen ist. So auch bei diesem ersten. Vielleicht kann ich ihn dir einmal in unverstellter Form zugänglich machen. Der junge Autor darf hoffen, mit seiner zweiten Arbeit, die eben an die Zeitung abging, Aufsehen zu erregen. Sie heißt »Am Kamin«[7] und enthält eine Romantheorie, die der von Lukács[8] nicht ähnelt.

Grüße Kitty Marx sehr. Ich würde gern wissen, ob ich ihr für die Reise nach Palästina ein Buch geborgt habe, und wenn, welches?

Dir und Escha alles Herzliche Dein Walter

1 Die Nachricht war in dieser Form inkorrekt. Georg Benjamin war am 12. April in »Schutzhaft« genommen worden und befand sich zur Zeit der Abfassung dieses Briefes schon in dem »verhältnismäßig legalen« Untersuchungsgefängnis Plötzensee, wo damals auch mein Bruder Werner saß. Genauere Angaben über diese Vorgänge in Hilde Benjamins Biographie ihres Mannes, »Georg Benjamin. Eine Biographie«, Leipzig 1977, S. 210-213.

2 Dora Benjamin (1901-1946), die jüngste der drei Geschwister Benjamin, Nationalökonomin, die auf den Gebieten der Sozialfürsorge und Psychologie gearbeitet hatte. Sie war damals noch in Deutschland, hatte aber schon 1934-35 eine Wohnung in Paris. Im Krieg gelang ihr die Flucht in die Schweiz, wo sie – schon viele Jahre an einer schweren Krankheit leidend – in Zürich starb. Ich habe sie drei Tage vor ihrem Tod dort im Krankenhaus Paracelsus besucht.

3 Gemeint sind wohl vor allem seine geschiedene Frau Dora und seine Schwägerin

Hilde Benjamin, die Frau (und Biographin) seines Bruders, die damals noch Rechtsanwältin in Berlin war; die spätere langjährige Justizministerin der DDR.

4 W.B.s Briefwechsel mit seinem Sohn ist nur teilweise erhalten und liegt jetzt in Ostberlin im Literaturarchiv der Akademie der Künste der DDR.

5 Das von W.B. 1933-1935 bei seinen Veröffentlichungen in Deutschland oft gebrauchte Pseudonym, das er auch 1936 für sein Buch »Deutsche Menschen« beibehielt, um eventuell seinen Absatz in Deutschland zu ermöglichen.

6 Es handelte sich um eine sehr positive Besprechung der Briefe des Dichters Max Dauthendey (GS III, 383-386), in der auch Paul Scheerbart zu hohen Ehren kam.

7 Über den Roman »Konstanze und Sophie« von Arnold Bennett, der 1932 auf deutsch erschienen war. Die Rezension erschien am 23. Mai 1933 in der Frankfurter Zeitung (GS III, 388-392). Sie bildet eines der Musterbeispiele dafür, wie W.B. in Rezensionen weitreichende theoretische Überlegungen seinerseits versteckte. Über seine tiefe Sympathie für Bennett hat er sich auch präzise in einem Brief an Jula Radt geäußert (Briefe II, S. 587).

8 Georg Lukács, »Die Theorie des Romans«. Berlin 1920. (Die letzte vormarxistische Veröffentlichung von Lukács in deutscher Sprache.)

22 Scholem an Benjamin

23. Mai 1933

Lieber Walter,

Dein Brief kam erst vorgestern hier an, es scheint also mitunter die Verbindung ziemlich lange zu dauern, wofür ich durch sofortige Antwort Ersatz zu schaffen trachte. Du wirst inzwischen wohl meinen Brief, der unterwegs war, erhalten haben. Was Du von Deinem Bruder schreibst, hat mich sehr erschreckt, aber leider muß man solche Nachrichten wirklich sehr ernst nehmen und die Wahrheit festzustellen suchen. Was ich soweit es an mir ist versuchen werde zu tun. Ich glaube sagen zu dürfen, daß Du Dir doch falsche Vorstellungen von dem machst was man ohne jemand zu gefährden schreiben kann, man kann viel mehr schreiben als Du vielleicht denkst, meiner sehr gründlichen Erfahrung nach, und gar schon wenn man heikle Anfragen in ein harmloses dichterisches Gewand einkleidet, kann man im Grunde alles schreiben. Ich werde meinerseits an zwei Personen in Berlin schreiben mit der Bitte um Nachforschungen wenn solche möglich sind, weiß natürlich nicht ob jene eine positive Auskunft werden geben können und ob sie nicht inzwischen selbst schon aus Berlin weg sind. Auch an Dora werde ich in gebührend verkleideter Form nochmals meinerseits schreiben. Leider leider ist am Tage vor dem Eintreffen Deines Briefes ein junger Mann, der einzige dem ich die Sache direkt nach Berlin hätte mitgeben können, von hier abgefahren und ich konnte nichts mehr tun um ihn zu erreichen. Sonst weiß ich zur Zeit niemand der von hier nach Berlin geht, werde mich aber umsehen. Die Personen unseres engsten Vertrauens pflegen jetzt nicht den umgekehrten Weg einzuschlagen.

Auch mein Bruder und meine Schwägerin sind noch verhaftet und man hat noch nichts von ihnen gehört. Du wirst vielleicht gelesen haben, daß Gutkinds Schwager[1] sich im Gefängnis von Moabit »das Leben genommen« hat, wie die amtliche Mitteilung besagt. Einen Vetter von mir, einen Primaner von 16 Jahren, hat man in Hamburg unter dem Verdacht kommunistischer Betätigung verhaftet, da er Mitglied eines jüdisch-sozialistischen (zionistischen) Jugendbundes war, und ihn mehr als zwei Wochen sitzen lassen.

Es fragt sich, wie mir nach Deinen Worten über Stefan erwägenswert scheint, ob es einen Sinn hat, ihn nach Palästina zu schicken, wenn er wie ich Dich verstehe, kommunistisch gesonnen ist. Er wird dort dann nicht und vor allem nicht in der *streng reaktionär* gesinnten (und als solche in Palästina sehr bekannten) Umgebung in der Doras Bruder lebt, das Gefühl der Befriedigung haben, das ihm nötig sein könnte. Die Gesinnungen gegenüber dem Kommunismus sind bei den Juden hier *sehr* feindlicher Natur, es fragt sich also ob es Sinn hat, einen 15jährigen Jungen den damit sicher verbundenen Konflikten auszusetzen. Ohne ein lebhaftes positives Gefühl für Judentum wird er das Leben hier schwer ertragenswert finden. Vielleicht aber irre ich mich, und schließlich ist Stefan ja auch in dem Alter, in dem neue Ideen noch Eindruck aufs Gemüt machen können. Man muß das alles von vielen Seiten her überlegen. Wenn er eine Schule hier besuchen sollte (was also in Benyamina gar nicht mehr möglich ist, seinem Alter nach), müßte er vorher zudem ganz anders Hebräisch erlernen, ohne das er keinerlei Fortbildungsmöglichkeiten im Lande hätte.

Was Deine Paßsorgen angeht, so verstehe ich zwar, daß sie Dich an einer Reise nach Palästina etwa behindern könnten, aber bei der bekannten Stellung Frankreichs kann ich nicht recht begreifen, warum ein schon abgelaufener Paß ein Hinderungsgrund sein sollte, die französische Grenze zu überschreiten, wo doch andauernd hunderte von Personen aus Deutschland *ohne* jeden Paß das tun ohne ausgewiesen zu werden. Ich glaube Du dürftest diese Sorge etwas optimistischer betrachten. Ist übrigens Italien in manchen Gegenden nicht fast ebenso billig wie Dein jetziges Asyl? Oder unterschätze ich das? Wenn der Schriftsteller Detlef Holz, von dessen Geburt ich sehr erfreut Kenntnis genommen habe (ohne seine Leistungen bisher gesehen zu haben – ich bin sehr gespannt. Auch von Dir selbst übrigens fehlen mir noch manche Produkte der letzten Zeit, die Du unterschlagen hast, so eine Kritik von Wiesengrunds Kierkegaardbuch die ich zufällig in der »Vossischen« sah[3]) – sich einführen sollte – ich bin nebbich skeptisch – sollte vielleicht eine solche näherliegende Gegend Europas in Betracht kommen. In Palästina brauchst Du zum Leben etwa acht bis zehn Pfund. Wieviel davon würdest Du etwa haben? Das Problem ob Du hier leben a) könntest b) solltest, ist im Kreise Deiner Verehrer und Verehrerinnen mehrfach behandelt worden. Kitty sagt daß sie Dir ihr Billet gleich geben wollte.[4] Wünschst Du Dich an der Diskussion vielleicht durch eine Meinungsäußerung zu beteiligen? Mich beschäftigt der Gedanke oft. Ich hoffe bald Gelegenheit zu haben, Dir wieder zu schreiben. Neulich hat Magnes sich schriftlich nach Dir erkundigt. Na, habe ich einen Brief geschrieben. Kitty habe ich Deine Grüße bestellt und mahne sie durch stumme Blicke, Deinen Brief mit dem Du viel Erfolg gehabt hast zu beantworten.

Viele herzliche Grüße von uns allen Dein Gerhard

PS: Wenn ich mich jetzt für Ihren Brief bedanke, habe ich keinen Anfang mehr für meinen. Der kommt aber sehr bald. Inzwischen schöne Grüße K.M.

1 Erich Baron, der Bruder von Lucy Gutkind, war besonders aktiv in der Organisation der Freunde der Sowjetunion.

2 Das hing mit der strikt antizionistischen Politik der Komintern überhaupt und der Praxis ihres palästinensischen Zweiges (der bis 1930 so gut wie ausschließlich aus Juden bestand) zusammen, die zu mehreren Spaltungen in der P.K.P. führte.

3 Diese Kritik in der Vossischen Zeitung vom 2. April 1933 (GS III, 380-383) war noch mit den Initialen seines Namens gezeichnet.

4 Das besagte also, daß sie W.B.s Schiffsbillett nach Palästina auch jetzt noch zu bezahlen bereit war.

23 Benjamin an Scholem

San Antonio, Ibiza (Baleares)
Fonda Miramar
23. Mai 1933

Lieber Gerhard,
dein Brief vom 4ten Mai ist angekommen. Zeit, ihn zu beantworten habe ich umso eher, als der Briefwechsel mit deutschen Korrespondenten immer spärlicher ausfällt. Daß die Leute dort keine Lust haben, eines Meinungsaustausches wegen sich in Gefahr zu begeben, ist einleuchtend. Meine letzte Anfrage lag dir am 4ten Mai noch nicht vor. Dafür hattest du die traurigen Nachrichten über deinen Bruder. Du schreibst, daß du dir von seinem Verhalten kein Bild machen kannst. Von dem des meinigen kann ich das ebensowenig. Vor meiner Abreise sprach [ich] ihn telephonisch. Da war am Wedding, wo er wohnt, schon zweimal das Gerücht aufgekommen, daß er tot sei. Inzwischen haben sich diejenigen, derentwegen ich dich anfragte, in ihren Grundlagen bestätigt. Er ist den SA vor fünf Wochen in die Hände gefallen und liegt seitdem als Gefangener im Staatskrankenhaus. Über die Art der Verletzungen weiß ich nichts ...[1]
Wenn du etwas Ergänzendes erfahren kannst – was ich bezweifle – teile es mir mit. Heut sprach ich ein paar Worte mit jemandem, der neu aus Deutschland angekommen ist. Im Ganzen bestätigt sich nur, was man ahnt und weiß. Vor einer Woche habe ich Dora nochmals, so weit es brieflich möglich ist, nahegelegt, Stefan aus Deutschland fortzuschicken. Ich muß ja auch in dem, was ich drucken lasse, solange das nicht der Fall ist, die erdenklichste Vorsicht walten lassen.
Meine Verfassung ist schlecht. Die gänzliche Unmöglichkeit, frei über irgend etwas zu verfügen, wird auf die Dauer auch für einen, der so sehr wie ich gewohnt ist, in prekären Verhältnissen und anspruchslos zu leben, zu einer Bedrohung des inneren Gleichgewichts. Je weniger du davon, wenn du mich sehen würdest, etwas zu merken brauchtest, desto eher mag es im Briefe seinen Ort haben. Diese Unmöglichkeit ist weniger durch meine Paßschwierigkeiten als durch gänzliche Mittellosigkeit bedingt. Es wäre mir zudem manchmal zuträglicher, weniger isoliert zu sein. Trotzdem war die Wahl dieses Aufenthaltsortes natürlich klug. Ein Brief macht mir auch hin und wieder Hoffnung auf

das Erscheinen von Bekannten. Die Erfahrung scheint freilich zu lehren, daß wenig Wert auf deren Projekte zu legen ist. Denn gekommen ist, schon im Vorjahr, niemand. Wenn ich, wie eben jetzt, mehr als eine Woche habe vergehen lassen, ohne meine pariser Freunde in Ibiza zu sehen, so ist es trübe um mein Befinden bestellt. Übrigens befaßt sich der Mann mit dem Vorhaben, kleine Stücke der »Berliner Kindheit« zu übersetzen. Er kann kein Deutsch; nimmt aber meine Paraphrasen mit größtem Verständnis auf.[2]

Da ich damit rechnen muß, daß das neue Press[e]gesetz, das in Deutschland entworfen wird, mir die Reste journalistischer Möglichkeiten entziehen wird, die ich noch besitze, wäre Paris die einzige mir verbleibende Produktionsbasis. Und wie höchst optimistisch ist nicht diese Formulierung! Da aber, was ich günstigenfalls in Paris verdienen könnte, wohl gerade reichen würde, meinen Lebensunterhalt *hier* zu bestreiten, so stellt sich ein Dilemma dar, für das ich keine Lösung sehe.

Soviel auf deine freundliche Erkundigung.

Indessen erledige ich hier die laufenden Arbeiten so gut sich das, abgeschnitten von allen Produktionsmitteln machen läßt. Es sind sowohl diese Arbeiten als auch die gegen das vorige Jahr einigermaßen verschobnen Aufenthaltsbedingungen, die mich bis jetzt von dem, woran mir selbst am meisten gelegen wäre – einer Fortsetzung der »Berliner Kindheit« – noch ferngehalten haben. Habe ich dir eigentlich seinerzeit »Das bucklige Männlein« – deren Schlußstück – geschickt, oder ist das erst seitdem entstanden? Wenn ich die große und recht qualvolle Arbeit über den Stand der gegenwärtigen französischen Literatur in Kürze fertig haben werde, will ich nochmals das Thema des Romans aufnehmen, das ich vor kurzem nachdrücklich in einem Aufsatz behandelt habe, der leider noch nicht gedruckt ist.[3]

Um die gleiche Zeit werde ich dann vermutlich meinen hiesigen Aufenthalt mit dem in einer einsamen Mühle – ohne Fenster: man wird wohl ein Loch in die Tür machen – vertauschen. Dort wird es entweder erträglich werden[4] (und dann bleibe ich vielleicht recht lange dort) oder (und das ist mindestens ebenso wahrscheinlich) unerträglich und dann werde ich San Antonio vielleicht mit Ibiza vertauschen oder die Insel verlassen.

Ich erwarte recht sehr die »Mutter«. Magst du den Musil lesen,

so behalte ihn nur vorläufig. Mir gibt das keinen Geschmack mehr ab und ich habe diesen Autor bei mir mit der Erkenntnis verabschiedet, daß er klüger ist als ers nötig hat.
Nun ein Wort, das Falten in deine Stirn graben wird. Aber gesagt muß es doch sein. Bei näherem Bedenken des Unternehmens, dir meine neuen Notizen über die Sprache zu schicken, erkannte ich, daß dieses, ohnehin höchst gewagte Vorhaben für mich ausführbar allein werden würde, wenn ich vorher einen Vergleich dieser Notizen mit jenen frühen »Über Sprache überhaupt und über die Sprache der Menschen« vornehmen könnte. Nun sind mir diese, unter meinen berliner Papieren natürlich jetzt nicht erreichbar. Auf der andern Seite weiß ich daß du eine Abschrift von ihnen besitzest. Ich bitte dich darum dringend, diese, sobald als möglich, eingeschrieben, an meine hiesige Adresse – die gültig bleibt, auch wenn ich in die Mühle ziehe – zu senden. Verliere keine Zeit; umso schneller erhältst du dann meine neuen Notizen. Im übrigen erwarte ich nur noch ein paar berliner Drucksachen, um eine weitere Ergänzungssendung für dein Archiv meiner Sachen dir einzuschicken. Ich kann mir jetzt nur zu der Pünktlichkeit, mit der ich es bediente, Glück wünschen. Allerdings hoffe ich bald den größten und aktuellsten Teil des meinigen in einem Safe in Paris zu wissen; jemand will die Überführung in die Hand nehmen.[5]
Kitty Marx hat von hier aus einen langen Brief von mir bekommen. Ich ehre und begrüße einen Anlaß, der dies strahlende Ereignis in ihren Augen verdunkeln mußte; kann ihr dies aber erst selbst sagen, wenn sie das letztere in noch schwachem Maße gewürdigt hat. Die »Einbahnstraße« bestelle ihr nur schnellstens, ehe die deutschen Buchhändler sie gelesen haben.
Was für ein Amt hat denn der Kraft in Hannover gehabt? Und zählt er noch zu deinen Korrespondenten? Und was ist aus ihm geworden?[6] Und was wird aus ihm werden?
Schreibe baldigst! Ziere dein Schreiben wieder durch Beilagen, wie die vielmals verdankte »Jüdische Rundschau«. Sei sehr herzlich mit Escha gegrüßt Dein Walter

1 Siehe oben Anmerkung 1 zu Brief Nr. 21.

2 Diese Übersetzungen, die mehrere Stadien durchlaufen haben, sind im Apparat zu GS IV, 979-986 gedruckt. Dort (S. 969-70) hat der Herausgeber Tillman Rexroth einen Bericht über ihre Entstehung gegeben.

3 Siehe Anmerkung 6 zu Brief Nr. 21.
4 W.B. wollte nicht länger bei Noeggeraths bleiben.
5 Die Identität dieser Person ist mir nicht bekannt, ließe sich vermutlich aus den in Ostberlin befindlichen Briefen an W.B. feststellen.
6 Er kam nach Palästina (1934), wo er jetzt noch in Jerusalem lebt.

24 Benjamin an Scholem

Ibiza, 31. Mai 1933

Lieber Gerhard,
es kann im Augenblick kein Zweifel darüber obwalten, auf wessen Seite es fleißiger mit dem Briefschreiben gehalten wird. Auch bin ich mir darüber klar, daß ich mit häufigeren Briefen die Sache nicht besser mache, weil es eben die Aussicht auf die Ermahnungen und Vorhaltungen, mit denen du dein Schreiben beginnen wirst, sind, welche deine Hand so oft beflügeln. Auch fast scheinen die in der Welt verstreuten Juden deine Laxheit in der Korrespondenz mit mir dir abzulauschen, von deiner gelehrigsten Schülerin in Palästina selbst zu schweigen. Denn Schweigen hat in diesem Falle vor dem Ausdruck gerechten Zornes den Vorzug.
Es ist nun aber jener Augenblick gekommen, wo du mir erlauben mußt, vom Baum der Sorgfalt, dessen Wurzeln in meinem Herzen und dessen Blätter in deinem Archive sich befinden, einige spärliche Früchte zu schütteln. Durch ein technisches Unglück sind drei Blätter meiner Zeitungsmappe so schwer beschädigt worden, daß wichtige Partien des Textes fehlen. Das sind Literarische Welt V 25 mit dem Artikel: »Bücher, die übersetzt werden sollten« (21 Juni 1929) Literarische Welt VI 21 mit dem dritten Stück des »Pariser Tagebuchs« (23 Mai 1930) und vor allem der schwer beschädigte Artikel des Frankfurter Illustrierten Blatts vom 1. April 1929 mit dem Artikel »Dienstmädchenromane des vorigen Jahrhunderts«.[1] Von diesem letzteren Artikel möchte ich dich besonders herzlich bitten, ihn mir auf jeden Fall zu überlassen; die beiden andern würden mir zur Not auch leihweise willkommen sein; ich würde ihren fehlenden Text nach deinem Exemplar ergänzen. Gleichzeitig bemühe ich mich um Ersatz aus Deutschland. Es ist aber überaus fraglich, ob der erhältlich ist.

Du könntest mir keine größere Freude machen als diese Blätter dem Aufsatz »Über Sprache überhaupt und die Sprache des Menschen« beizulegen. Und je früher ich sie erhalten würde umso besser.[2] Jetzt ist die Zeit gekommen, wo ich mich mit dem Vergleich der beiden Spracharbeiten beschäftigen kann. Und da ich für die nächsten Wochen einen Sekretär haben werde, so hast du alle Aussicht, schnell in den Besitz der zweiten Spracharbeit zu kommen. Nur muß ich unbedingt die erste vorher einsehen.

Bedenke, daß ich hier unter den schwierigsten Umständen alles allein tun muß, während du ein Haus und darin hundert Hände zu deinen Diensten hast.[3] Dabei zähle ich Eschas im Zusammenhange so niederer Dienste nicht mit.

Sollte es nach alldem noch einer Ermunterung oder Prämie bedürfen, so wäre ich geneigt dir diese in Gestalt leihweiser Überlassung des Manuscripts einer gestern abgeschlossenen Arbeit über »den gegenwärtigen gesellschaftlichen Standort des französischen Schriftstellers« auszusetzen.[4] Die Sache ist für jenes nach Genf übergesiedelte Institut für Sozialforschung, vielmehr dessen Zeitschrift, gemacht und den schwierigsten Verhältnissen abgerungen. Etwas Unanfechtbares ließ sich hier nicht machen. Ich glaube aber, daß man trotzdem einen Einblick in Zusammenhänge gewinnt, die bisher nicht so deutlich erkennbar gemacht worden sind.

Schrieb ich dir, daß ich inzwischen die traurige Bestätigung der Nachrichten über meinen Bruder erhalten habe? Nur über die Art seiner Verletzungen weiß ich noch nichts.

Ich bin acht Tage bei Freunden in Ibiza gewesen und habe mich trotz siebenstündigen Diktats in den drei letzten etwas erholt. Heute gehe ich nach San Antonio zurück.

Sehr herzliche, wenn auch nur unter der Bedingung umgehender Erfüllung meiner Bitten in Kraft tretende Grüße. Dein Walter

1 Die Aufsätze stehen in GS III, 174-176; IV, 567-587 und IV, 620-622.

2 Ich hatte diesen Aufsatz zur Abschrift an Kitty gegeben, um das wichtige Original durch Versendung nicht zu gefährden.

3 Das war eine sehr starke Übertreibung. Ich hatte nicht einmal eine Sekretärin; sonst wären viele, jetzt verlorene Stücke, die ich ihm auf seine Bitten im Lauf der Jahre zurückschickte, erhalten geblieben.

4 In GS II, 776-803.

25 *Scholem an Benjamin*

15. Juni 1933

Lieber Walter,

Deine beiden Briefe vom 23. und der kurze vom 31. Mai haben beide ziemlich lange zur Reise gebraucht, es scheint daß kein Brief von Ibiza es unter 14 Tagen macht, ich bitte Dich daher nicht ungeduldig zu sein wenn nicht alles so schnell und prompt erledigt werden kann wie früher nach Deutschland hin. Du erhältst mit gleicher Post als eingeschriebene Drucksache eine Abschrift der ersten Spracharbeit, die Du behalten kannst.[1] Als Dein erster Brief kam, erbot sich Kitty sogleich sie dir abzuschreiben, aber es kamen Krankheiten und Familiensachen sehr hindernd dazwischen. Du mußt nicht schlecht von ihr denken, wenn sie Dir noch nicht geschrieben hat, sie ist wirklich ein gehetztes Menschenkind und ich habe Bedenken ihr noch Deine Ungnade zu kommunizieren. Sie verläßt in diesen Tagen ihre Arbeit in Jerusalem und wird dann sicher mehr Muße haben ihre guten Gesinnungen zu beweisen. Jedenfalls konnte ich die Abschrift erst jetzt mobilisieren, und füge die gewünschten Aufsätze bei, wobei ich Dich *sehr* bitte, mir mindestens den 3. Teil des Pariser Tagebuches zurückzuschicken. Die paar Zeilen über Dienstmädchenromane fand ich keine Zeit mehr in der Eile abzuschreiben – darf ich von Dir diesen Dank für die Erfüllung aller Deiner Begehren erwarten? Daß ich der zweiten Arbeit über Sprache mit dem ungeheuchelten Interesse des schwarzen Magiers entgegensehe, der eine Theorie für seine Formeln erwartet, wird Dir nicht entgehen können. Es ist nur eine Woche daß Dein erstes Ersuchen einlief und ich gestehe mich von der Bemerkung über Laxheit in der Korrespondenz nicht gut getroffen fühlen zu können. Hoffentlich ist Dein Sekretär nicht vor dieser *fast* postwendenden Erledigung in den Mühlen am Rand des großen Abgrunds verschwunden, von denen der Sohar zu berichten weiß.[1]

Ob Du meinen Brief, den ich gleich nach Erhalt Deiner Mitteilung über Georg schrieb, erhalten hast, ist aus Deinem nicht zu ersehen. Ich hoffe es aber. Ich habe übrigens seit 2 Monaten zweimal an Dora geschrieben ohne das mindeste Lebenszeichen von ihr (seit meinem Besuch in Berlin) erhalten zu haben.

Gestern ist Escha auf Grund eines Telegramms ihrer Schwester zu Verhandlungen über die Zukunft ihrer Familie zu einem Rendezvous bei meiner Kousine [Loni] in Rom gefahren. Sie wird dort nur ganz kurze Zeit bleiben, bis zum 1. Juli etwa, höchstens eine Woche länger falls etwa jemand von meiner eigenen Familie herunterkommen kann. Da gegen meinen Bruder Werner angeblich ein Hochverratsverfahren in Schwung gebracht werden soll[3] (Drohung des Staatsanwalts an meine Mutter, die übrigens über all diese Verhältnisse und Erfahrungen mit der neudeutschen »Mentalität« mit der größten Ungeniertheit und ausführlich schreibt!), wird meine Frau wohl als Trägerin solchen Namens die deutsche Grenze kaum überschreiten. Wir haben meiner Mutter nahegelegt nach Rom zu kommen. Sehr schade daß Du jetzt nicht in Italien bist. Mit einer etwaigen Übersiedlung meiner Mutter zu uns ist, solange Werner und seine Frau im Gefängnis sitzen, aus mütterlichen Gefühlen keinesfalls zu rechnen. In Eschas Familie scheint dagegen starke Stimmung dafür zu herrschen, Deutschland zu verlassen. Meine deutschen Bekannten laufen inzwischen in wachsender Anzahl hier ein, und davon abgesehen noch viel mehr Unbekannte. Dies wirkt sich auch nicht wenig in der Beanspruchung unserer Zeit durch beide Kategorien aus. Man hört hier jetzt in so starkem Maß deutsch auf der Straße sprechen, in Tel Aviv noch viel auffallender freilich als hier, wie ich vorigen Sonnabend beobachten konnte, daß unsereiner sich verstärkt ins Hebräische zurückzuziehen wünscht. Es ist mir leider sogar schon gelungen, durch lieblose Analyse der Traumwelt in der die deutschen Juden gelebt haben, ein Renkontre mit Weinkrampf seitens der Partnerin zu verschulden.[4] Daß ich, mit meinen Anschauungen über die hiesigen Angelegenheiten, auch noch in den Ruf eines extremen Chauvinisten kommen könnte, hatte ich mir bisher nicht träumen lassen, ist aber wohl eine gerechte Rache des genius loci. Die alte These von uns, daß der Zionismus in der Diagnose des jüdischen Zustandes die größte Einsicht bewiesen hat, in der Therapie aber von tragischer Schwäche ist, wird sich angesichts der nun abrollenden Ereignisse wohl auf eine unheimliche Weise neu bestätigen. Na, das wird nicht der letzte Brief sein, den Du in diesen Angelegenheiten erhältst.

Ich lege der Drucksachensendung noch Nummern der Jüd. Rundschau bei, die inzwischen, Ende voriger Woche, auf Grund eines

Artikels von höchstem moralischem Mut und Gewicht mit dem sehr zeitgemäßen Titel »Herr, mache unsere Rücken gerade« den ich wenn möglich Dir auch noch schicken werde, verboten worden sein soll.[5] Sollte dies das Ende sein, so wäre es das ehrenhafteste. Wenn nicht, umso besser.

Kraft, um auch dies zu beantworten, gehört keineswegs zu meinen Korrespondenten, wohl aber bin ich wohlbekannt mit seiner in Tel Aviv als Lehrerin tätigen Schwägerin Toni Halle.[6] Er war Bibliothekar an der Landesbibliothek in Hannover, seit vier Jahren oder sogar länger, und steht jetzt vor dem Nichts wie die ganze deutschjüdische Intelligenz. Seinen Sohn hat er dieser Tage zur weiteren Erziehung nach Palästina geschickt, für ihn selbst sehe ich keine Möglichkeit der Existenz hier. Wir haben ein Angebot von Bibliothekaren das schon fast unübersehbar ist, und dabei nicht einmal Geld etwas mit ihnen anzufangen. Immerhin ist es übrigens denkbar, daß die Universität über einen Teil der für die Überführung deutscher Juden nach Palästina bestimmten Hilfsgelder, die man zur Zeit mit großem Elan aufzubringen bestrebt ist, verfügen könnte. In dem Fall würden wir einige neue Kollegen bekommen.

In vierzehn Tagen ist Semesterschluß und dann muß ich an ziemlich anstrengende Arbeit heran, Vorbereitung fürs nächste Jahr und Abschluß einiger größerer Arbeiten. Ein seit langem in Fortsetzungen von 20 bis 40 Seiten erscheinendes größeres Buch von mir, Analyse eines besonders schwierigen kabbalistischen Fachmannes aus dem 13. Jahrhundert und von dessen Geistesart, dürfte auch allmählich seinen Abschluß erreichen.[7] Erst dann kriege ich die Buchexemplare, und wenn Du bis dahin Hebräisch lesen kannst, würde es Dich interessieren.

Schreibe, wie sich Deine Existenz auf Ibiza eigentlich vollzieht. Lebst Du allein, in Pension, bei Bauern oder Europäern? Sprichst Du den Dialekt der Einwohner? In den Zeitungen liest man, wie ich mir von anderen sagen ließ, den Namen Ibiza jetzt öfters, bedeutet das Einwanderung und Verteuerung der Lebensverhältnisse?

Mit den herzlichsten Grüßen und dem Wunsch bald von Dir zu hören

Dein Gerhard

1 »Über Sprache überhaupt und über die Sprache des Menschen«, verfaßt im Herbst 1916 (GS II, 140-157).

2 Nach dem kabbalistischen Buch Sohar (I, 48a) der Ort, an den sich am Sabbath die Dämonen zurückziehen.

3 Es kam tatsächlich zu einem Prozeß gegen meinen Bruder wegen Zersetzung der Wehrkraft, bei dem er freigesprochen wurde, aber beim Verlassen des Gerichtssaals sogleich von der Gestapo verhaftet und in das KZ Torgau gebracht wurde.

4 Das Gespräch am 8. Juni, mit einer gewissen Frau Dr. Weil, einer reichen Dame, regte mich so auf, daß ich eine Aufzeichnung darüber machte.

5 Der lange Artikel von Robert Weltsch erschien am 30. Mai 1933. Das Erstaunliche war, daß die Jüdische Rundschau danach *nicht* verboten wurde!

6 Toni Halle (1890-1964), mir von Heidelberg und Jena her befreundet. In ihren späteren Jahren verheiratet mit Gustav Steinschneider. Lange Jahre war sie eine der bekanntesten Lehrerinnen und Leiterin einer progressiven Mittelschule in Tel Aviv.

7 Eine Monographie über den Kabbalisten Isaak ben Jakob Kohen aus Soria und seine Schule, 1932-1935 erschienen.

26 Benjamin an Scholem

16. Juni 1933

Lieber Gerhard,

es ist ein paar Tage her, daß dein Brief vom 23ten kam – lange ist auch er unterwegs gewesen. Als er dann eintraf, bin ich gerade auf ein paar Tage fortgegangen; ich ergreife jetzt jede Möglichkeit, San Antonio den Rücken zu kehren. Bei Licht besehen gibt [es] in seinem Umkreis, der mit allen Schrecken der Siedler- und Spekulantentätigkeit geschlagen ist, keinen ruhigen Winkel und keine ruhige Minute mehr. Auch der billigste Aufenthalt kommt zu teuer zu stehen, wenn man ihn mit dem Inbegriff seiner Arbeitsmöglichkeiten erkauft und – so schwer es auch ist, in Ibiza zu erschwinglichen Preisen und auf erträgliche Art unterzukommen, so ist meine Übersiedlung in die Stadt nur noch eine Frage von Tage[n].

Inzwischen entnehme [ich] dieser Situation den Anstoß zu großen Erkundungswanderungen ins Innere der Insel. Die eine unternahm ich vor kurzem in der sehr angenehmen Gesellschaft eines Enkels von Paul Gauguin, der den Namen seines Großvaters trägt. Wir ließen uns von einem Langustenfischer – nicht ohne vorher Einblick in sein Handwerk getan zu haben – an einem einsamen Küstenfleck absetzen, und marschierten von dort in die Berge. Gestern bin ich mit meinen französischen Freunden vierzehn Stunden unterwegs gewesen. Sowie man aus dem Bereich der Sprengungen und Hammerschläge, der Klatschereien und Debatten, die die Atmosphäre von San Antonio bilden, heraus ist, hat man wieder Boden unter den Füßen. Mein alteingesessenes Mißtrauen gegen das Siedlerwesen, das ich zum ersten Male in Grünau als Gast im Hause Gutkind kennen lernte[1], hat hier, im Haus der Noeggerath, eine, mir nunmehr allzudrastische, Bestätigung erfahren. Hinzukommt die recht unerfreuliche Natur der Dorfbewohner. Kurz, ich sehne mich jetzt schon nach den gesättigten Schatten, mit denen die Flügel der Pleite diese ganze Krämer- und Sommerfrischlerherrlichkeit in wenigen Jahren unter sich werden begraben haben.

Auch Ibiza hat seine Nachteile, aber nicht den einer solchen Atmosphäre. Schreibe immerhin weiter hierher, bevor du meine dortige Adresse erfährst; es wird mir alles zukommen.

Nun greife ich noch einmal auf mein letztes Schreiben zurück, um dir zu sagen, wie sehr bestimmt ich hoffe, recht bald in den Besitz deines Exemplars der Spracharbeit zu kommen, um nach deren Durchsicht meinen neuen Versuch abschreiben und an dich abgehen lassen zu können. Von dieser bevorstehenden Bereicherung deiner Bestände abgesehen, wird eine mindere schon eingetreten sein; wenigstens habe ich vor einer Woche ein Kuvert mit Neuem an dich abgesandt, worunter sich auch die ersten Stücke von Detlef Holz befinden. Auch dessen Hilfsbereitschaft ist aber begrenzt; so muß ich für einen Aufsatz, der mich gerade jetzt beschäftigt, auf seinen Beistand Verzicht leisten, um seinen Namen nicht augenblicklich so zu kompromittieren, wie der seines [Vorgängers] kompromittiert ist.[2] Zwei Rezensionsexemplare versetzen mich in die sehr leidige Zwangslage, jetzt, und vor einem deutschen Publikum, über Stefan George sprechen zu müssen. Soviel glaube ich gemerkt zu haben: wenn jemals Gott einen Propheten durch Erfüllung seiner Prophetie geschlagen hat, so ist es bei George der Fall gewesen.

Wahrscheinlich schrieb ich dir, daß ich eine große Arbeit über »Die gegenwärtige gesellschaftliche Stellung des französischen Schriftstellers« abgeschlossen und mit großen Ehren in jenem frankfurter Archiv angebracht habe, das sich nach Genf geflüchtet hat. Sie haben mir jetzt wieder einen neuen Auftrag gegeben, der vielleicht noch schwieriger und sicher weniger erfreulich ist.[3] Recht sonderbar ist aber, daß aus Deutschland noch Ge-

suche um meine Mitarbeit von Stellen einlaufen, die bisher wenig nach mir gefragt haben. So hat die »Europäische Revue« mich um Vorschläge für meine Mitarbeit gebeten.
Ich setze dir aber diese kurzen Informationen umso eher her als sie dir ungefähr ein Bild meiner budgetären Situation vermitteln, und sei es auch nur in dem Sinn, die völlige Unmöglichkeit, einen Etat zu etablieren, dir vorzustellen. Seit ich Berlin verlassen habe werde ich im Durchschnitt pro Monat etwa 100 Mark verdient haben[4], und das unter den ungünstigsten Verhältnissen. Trotzdem will ich nicht sagen, daß nicht auch diese winzige Summe gelegentlich noch würde unterschritten werden können. Jedoch vermutlich nicht auf lange. Im Gegenteil: ich nehme an, daß sie sich auf die Dauer, vorausgesetzt, daß ich nicht gänzlich – wie hier – von jeder Produktionsbasis abgedrängt bin, erhöhen würde. Mehr ließe sich – und auch nur tastend – sagen, wenn man die künftigen deutschen Press[e]gesetze kennen würde.
Und somit habe ich mich an der Diskussion, von welcher ich durch deinen Brief erfuhr, beteiligt. Ich will aber nicht leugnen, daß ich mehr dazu zu sagen habe. Zunächst, um auszusprechen daß mich die Tatsache einer solchen Diskussion keineswegs gleichgültig läßt. Sie ist mir sogar ungemein wichtig. Ich müßte aber nicht vierzig Jahre sein, wenn ich an den Gedanken der bloßen Möglichkeit der in ihr beschlossnen Veränderung nicht mit äußerster Behutsamkeit herantreten würde. Ich sage mir, daß die Beleuchtung, unter der ich an diesem neuen Ufer in Erscheinung träte, zweideutig ausfallen könnte. Es sind jetzt tausende von Intellektuellen bei Euch angekommen. Eins unterscheidet sie von mir; und dies nur auf den ersten Blick zu meinen Gunsten. Dann aber – wie du sehr gut weißt – durchaus zu ihren. Dies nämlich: unbeschriebene Blätter darzustellen. Nichts würde sich verhängnisvoller auswirken als eine Haltung von mir, die dahin sich verstehen ließe: hinter einer öffentlichen Kalamität Deckung für eine private zu suchen. Das will bedacht werden, denn ich habe nichts und ich hänge an wenigem. Unter solchen Umständen ist es geboten, jeder schiefen Situation auszuweichen, weil sie unverhältnismäßig folgenschwer werden kann. Ich werde gern und mit vollkommener Bereitschaft nach Palästina kommen, wenn du, oder die, die neben dir in Frage

kommen, annehmen, dies sei möglich, ohne eine solche Situation heraufzuführen. Und wie mir scheint, ist es die gleiche Bedingung, welche sich in die Frage kleiden läßt: Ist dort für mich – das was ich kann und weiß – mehr Raum als in Europa? Denn ist es nicht mehr, dann ist es weniger. Dieser Satz bedarf keiner Erklärung. Und auch nicht dieser letzte: daß, wenn ich mein Wissen und mein Können dort vermehren könnte, ohne das Erworbene preiszugeben, es an meiner Entschlossenheit dazu nicht fehlen wird.

Mein Bruder ist in einem Konzentrationslager.[5] Gott mag wissen, was er da durchzumachen hat. Aber die Gerüchte über seine Verwundungen sind jedenfalls in einem Punkt übertrieben gewesen. Er hat kein Auge verloren. Ich habe das kürzlich von meiner Schwester erfahren. Den Tod von Erich Baron habe ich erst durch dich erfahren.

Den Gruß von K.M. habe ich auf mich einwirken lassen. Die Geschichte ihres ersten Briefes an mich scheint mir durchaus im Stile Tristram Shandys zu verlaufen.[6] Mit dieser Feststellung werden wir zugleich am besten der gänzlichen Ungewißheit über sein Zustandekommen gerecht.

Für heute alles Herzliche — Dein Walter

1 1920-1921. Siehe W.B.s Brief in Briefe I, S. 239.

2 Dies erklärt, warum er für die im Folgenden gemeinte Rezension zweier Bücher über Stefan George ein neues Pseudonym (»K. A. Stempflinger«) wählte.

3 Bezieht sich wohl auf die Arbeit über Eduard Fuchs, die W.B. von Anfang an nicht gerne machte.

4 Das waren damals etwa sieben englische Pfund (der im Mandatsland Palästina gültigen Währung). Vergleiche dazu meine Antwort vom 26. Juli 1933 (Nr. 29).

5 Georg Benjamin war im KZ Sonnenberg; siehe dazu bei Hilde Benjamin, S. 214. Der Widerspruch der Daten in diesem Brief und bei Hilde Benjamin bedarf der Aufklärung, da H.B. die Überführung aus dem Gefängnis ins KZ erst auf den September ansetzt. Ob seine Schwester Dora, die er hier mindestens für einen Teil der Angaben als Quelle nennt, sich einer unexakten Terminologie bediente?

6 Anspielung auf die Art der Darstellung der Verwicklungen in Lawrence Sternes Roman.

27 Benjamin an Scholem

San Antonio, Ibiza (Baleares)
Fonda Miramar
29. Juni 1933

Lieber Gerhard,

dank diesem Briefe teilst du mit mir ein seltnes Glück; dein Anteil ist zudem ein verdienter während ich zu meinem wohl nur durch eine jener Launen komme wie sie Schluck oder Jau[1] in einem Palaste aufwachen lassen. In der Tat habe ich wenn nicht einen Palast so doch ein ganzes Haus einen ganzen Tag über für mich ganz allein. Und ich habe ihn in aller Frühe mit einem Bad begonnen. Was aber dein Anrecht auf jenen Anteil, den ich dir mit diesem Briefe übermittle, angeht, so erblicke ich ihn in der eingeschriebnen Sendung und dem Brief vom 15ten, die hier vor ein paar Tagen eingegangen sind.

Der Vermerk Fonda Miramar ist eine Floskel, die ich dich aber wie bisher auf der Adresse beizubehalten bitte; in Wirklichkeit habe ich bisher, wie ich dir wohl geschrieben habe, bei Noeggeraths gewohnt. Diese Situation habe ich endlich vor einigen Tagen in Ausführung einer längst gehegten Absicht liquidiert. So angenehm das Haus und so erträglich die Atmosphäre war, in denen sie im Vorjahre gelebt haben, so unerträglich waren und vor allem wurden beide, als ich sie dies Jahr wiederzufinden hoffte. Das Haus hatten sie mit einem Bauwerk an der gegenüberliegenden, viel weniger angenehmen, Seite der Bucht vertauscht und man konnte es am ehesten einem Resonanzboden vergleichen. Die Atmosphäre ist durch den überaus traurigen Niedergang des äußern, vor allem aber des innern Lebensstandards des Mannes[2] vergiftet, von andern Vorgängen zu schweigen, denen nicht nachzugehen ich bei weitem vorziehe. Im Grunde habe ich sein Schicksal nicht verfolgt; die beiden Ausschnitte jedoch – der Münchner und der von San Antonio – die ich kenne, bilden den bitterlichsten Kontrast.

Zunächst ist es mir nun geglückt, das alte Ufer wieder zu gewinnen. Zwar werde ich nicht in den Vollbesitz der Ruhe treten, die ich im Vorjahr dort gefunden habe. Um nämlich jeder ökonomischen Belastung aus dem Wege zu gehn, werde ich ein – zufällig bereits fertiggestelltes – Zimmer in einem Neubau, welcher noch in Arbeit ist, bewohnen. Möbel werde ich, abgesehen von einem Bett, schwerlich drin finden. Die ganze Sache wird vielleicht manche Schwierigkeiten haben aber mir erlauben den ganzen Tag in der unmittelbaren Nähe von Wald und Wasser zuzubringen. Und ersterem werde ich die Arbeitsmöglichkeiten schon abgewinnen. Bevor ich es mit dieser neuen Konstellation versuche, werde ich aber auf ein paar Tage nach Mallorca fahren, um den Versuch zu machen, meine Paßangelegenheit zu regeln. Dabei werde ich die Vorsicht beobachten, meinen alten Paß nicht aus der Hand zu geben. Vielmehr werde ich ihn für verloren erklären. Von Palma werde ich ein, zwei Tage nach Cala Ratjada fahren, wo es eine deutsche Schriftstellerkolonie mit [Franz] Blei als Senior gibt, und mich unter meinen Kollegen umsehen.

Da ich schon übermorgen fahre muß ich die Reinschrift der sprachphilosophischen Notiz, die ich dir zugesagt habe, auf meine Rückkehr verschieben. Die Spannung aber, mit der du sie erwartest, erfüllt mich mit einiger Beklemmung. Zunächst handelt es sich nur um eine Glosse von zwei bis drei Schreibmaschinenseiten. Weiter ist diese auch inhaltlich nur als ein Annex zu der größeren Arbeit aufzufassen, und – um auch das noch nebenbei zu sagen – keineswegs zu ihrem kommentarischen Teil. Es handelt sich vielmehr, wenn hier Andeutungen überhaupt etwas sagen können, um eine neue Wendung in unserer alten Tendenz, die Wege aufzuweisen, auf welchen es zu einer Überwindung der Magie gekommen ist. Aber ich will dir hiermit weder die Mitverantwortung für diese Wendung überbürden noch dir Erwartungen erwecken, die sehr leicht in einer völligen Enttäuschung enden könnten. Bisher habe ich, für die Reinschrift, nicht mehr getan, als den Ort festzulegen, wo dergleichen Gedanken etwa im Zusammenhange der ersten, frühern Arbeit ihre Stelle hätten.

Habe ich dir geschrieben, daß ich mir nichts dir nichts – oder, um deutsch zu sprechen: nolens, volens – zu einer kleinen Notiz über Stefan George gekommen bin, deren Zeitgemäßheit mir wenige Tage nach ihrer Absendung durch einen Aufsatz über ebendiesen von Eduard Korrodi bestätigt wurde. Daß er den Lesern der »Neuen Zürcher Zeitung« das Gegenteil von dem versichert, was ich denen der »Frankfurter« plausibel machen will, brauche ich nicht hinzuzufügen. Desgleichen versteht es sich von selbst, daß man im dezimierten Redaktionsbüro der letzteren in dieser Hinsicht gut zürchischer Gesinnung ist. Damit ist das Erscheinen dieser Notiz, die ich leider handschriftlich absenden mußte, sehr in Frage gestellt.[4]

Bei dieser Gelegenheit fällt mir ein, daß die Universität Muri es für angezeigt gehalten hat, ihre erste Preisaufgabe zu veröffentlichen. Der Name des Preisträgers wird im Cercle Nautique von Ibiza öffentlich ausgerufen werden. Die Preisfrage lautet: Wer war der erste und wer ist der letzte Kulturbolschewist? Antworten möglichst bis zum 15ten Juli erbeten. Ich glaube, daß Kitty Marx durch das Dekanat offiziell zur Teilnahme an diesem Preisausschreiben aufgefordert werden müßte.

Sie hat mir einen sehr schönen Brief geschrieben, in dem sich unter anderem eine ehrende Erwähnung unseres Briefwechsels findet, die ich mich für verpflichtet halte, dir mitzuteilen. Du solltest ihr meine sehr herzlichen Glückwünsche für das neue Dasein in Rechowoth, gehüllt in das Seidenpapier eines Versprechens baldiger Antwort überbringen.

Du wirst inzwischen einen Brief bekommen haben, der sich mit Palästina und mir beschäftigt. Deine mir sehr bedeutungsvolle Antwort werde ich wohl erst bei der Rückkehr aus Mallorca vorfinden. Inzwischen aber sind, wie schon erwähnt, die erbetnen Stücke aus deinem Archiv angekommen. Es ist selbstverständlich, daß du den Text der »Dienstmädchenromane« erhältst. Aber noch schicke ich ihn nicht, weil ich Schritte unternommen habe, dir, wenn irgend möglich ein Ersatzexemplar zu verschaffen. Das gleiche gilt von den andern Stücken. Das »Pariser Tagebuch« erhältst du in jedem Falle zurück. Das erste Stück einer neuen Sendung liegt schon daneben bereit.

Mein Bruder ist in Haft. Die Meldung einer Augenverletzung aber hat sich Gottseidank nicht bestätigt. Der Faschismus macht reißende Fortschritte auch außerhalb Deutschlands. Wie es in der Schweiz steht erkenne ich leider nicht allein an Korrodi sondern auch an gewissen redaktionellen Emendationen, die mir die »Zeitschrift für Sozialforschung« zu meinem Aufsatz über »die gegenwärtige gesellschaftliche Lage des französischen Schriftstellers« vorschlägt. Dieser Aufsatz dürfte mit so erheblichen Entstellungen und Lücken erscheinen, daß ich dir ein Originalexemplar für das Archiv reserviert habe.[5]

Mit meiner letzten Sendung hast du einen Aufsatz über Arnold Bennett erhalten. Ich kann nicht leugnen, daß dieser Autor, wenn er auch nicht zu den größten Romanciers gehören sollte, mir ganz sonderbar entspricht. Ich gleite von moderner Belletristik, wenn es sich nicht gerade um Kriminalromane handelt, gewöhnlich ab. Von Bennett aber lese ich jetzt den zweiten zweibändigen Roman, die »Clayhanger«, der noch umfangreicher ist als der erste und ich habe sehr viel davon. – Ist dir Leo Weisgerber ein Begriff? Von ihm erhielt ich, zur Rezension »Die Stellung der Sprache im Aufbau der Gesamtkultur« – einen Sonderdruck aus der sehr bemerkenswerten Zeitschrift »Wörter und Sachen«.[7]

Schreibe mir sehr bald wieder. Sende meine Grüße nach Rom, wo ich gern selbst wäre und bringe andere nach Rechoworth, um dann mit reinem Gewissen die dir gebührenden behalten zu können.

Dein Walter

1 In Gerhart Hauptmanns gleichnamigem Stück.

2 W.B. hatte in München 1916 eine sehr hohe Meinung von Felix Noeggerath gefaßt, von der Briefe von ihm Zeugnis geben.

3 Der Redakteur des Literaturteils der NZZ.

4 Sie erschien am 12. Juli 1933 (GS 392-399).

5 Ich habe kein solches Exemplar erhalten, auch im Apparat der GS II, S. 1515 ist nur der Abdruck in der Zeitschrift für Sozialforschung erwähnt, ohne jede Beziehung auf eine unemendierte Fassung.

6 Ähnliches schrieb W.B. auch an Gretel Adorno (»Felicitas«), GS III, S. 663.

7 Leo Weisgerber (geb. 1899), Sprachwissenschaftler.

28 Scholem an Benjamin

6. Juli 1933

Lieber Walter,

dieser Brief hat so einige Aussicht etwa an Deinem Geburtstag in Deine Hände zu kommen und so verbinde ich die herzlichsten Wünsche für Dich damit. Du wirst nicht sagen können daß Du sie in diesem Jahr nicht brauchen könntest. Die Entwicklung der Dinge hat Dich so weit von der Dir zu wünschenden und Dir gemäßen Lebensart weggeführt daß man schon an den Beginn einer rückläufigen Bewegung wieder denken möchte. Ich wage nicht mir Gedanken darüber zu machen, inwieweit die

Ereignisse dieses letzten Jahres Dich in Deiner inneren Existenzbasis getroffen haben, es besagt ja noch wenig, daß Du sie Dir in abstracto unschwer wirst vorher haben ausdenken können; das Ereignis selbst ist ja doch immer noch etwas anderes und in dieser Beziehung bist Du sehr schweigsam; womit ich nicht sagen will daß ich das nicht etwa vollkommen begreiflich fände und nicht zu ehren gesonnen sei.

Dein Brief mit Poststempel vom 16. Juni kam auch erst vorige Woche, inzwischen wirst Du einen weiteren von mir und die Abschrift der Spracharbeit wohl erhalten haben, sowie die gewünschten Aufsätze. Über das was Du mit Beziehung auf Deine Lage und Palästina sagst, habe ich nachgedacht, hätte aber gerne mit Escha darüber gesprochen. Die ist aber seit drei Wochen verreist, nach Rom wo sie sich mit ihrer Schwester aus Hamburg getroffen hat um deren eventuelle Übersiedlung nach Palästina zu besprechen[1], und kommt erst nächsten Sonntag nach Jerusalem zurück. So will ich es aufschieben, mich über diesen Punkt zu äußern. Im Irrtum bist Du übrigens darin, daß Du glaubst es seien jetzt Tausende von Intellektuellen bei uns angekommen. Nichts dergleichen! Die Ankömmlinge gehören gänzlich anderen Schichten an, sehr viel Jugend, sehr viel Kaufleute, sehr viel Orthodoxie. Und die Intellektuellen außerhalb des Kreises der Ärzte, Juristen oder Lehrer sind im Wesentlichen wohl nur durch die etwas schwierige Gestalt von Gustav Steinschneider vertreten, und dessen Bleiben in diesem Land kann meines Erachtens auch nicht lange sein.[2]

Dein Bruder im Konzentrationslager, der meine unter der Anklage auf »Hochverrat« im Moabiter Untersuchungsgefängnis. Und meine Mutter schreibt Briefe, die mich jedesmal zittern machen, daß sie noch wegen »Greuelpropaganda« vors Sondergericht kommen wird.

Das Semester ist seit einer Woche aus und ich arbeite zu Hause. Ich muß ein paar Seiten deutsch schreiben, für den Almanach des Verlages Schocken[3], der meine großen Bücher verlegen soll, und das fällt mir wieder mal schwer. Es ist hier gerade sehr schöner Sommer, und als halbes Ehepaar benutze ich die Gelegenheit, meine verschiedenen Besuchsverpflichtungen und Ähnliches in erfolgreich sommerlicher Weise abzugelten. Dazwischen lerne ich Maimonides.

Ich nehme an, inzwischen hast Du den einverlangten Brief von Kitty bekommen. Sie selbst ist nach Rechowoth gezogen, und wird dort zweifellos einer bedeutenden Karriere entgegensehen. Dies in Kürze für heute.

Sei aufs herzlichste gegrüßt Dein Gerhard

1 Therese (»Tescha«) Neufeld, die Frau eines Arztes, kam in der Tat 1934 mit ihrer Familie ins Land und lebt seitdem in Tel Aviv.

2 Darin irrte ich, und G.St. lebt noch heute hier.

3 »Nach der Vertreibung aus Spanien«, im (ersten) Almanach des Schocken Verlags auf das Jahr 5694 (1933/34), S. 55-70.

29 Scholem an Benjamin

26. Juli 1933

Lieber Walter,

Escha ist aus Europa zurück und wir sehen mit wenig Spannung dem mechanischen Ablauf der verschiedenen Familienkatastrophen entgegen, die sich jetzt mit großer Geschwindigkeit abzuspielen beginnen. Bis zum Winter werden wohl verschiedene Mitglieder unserer beiderseitigen Familien hierher übersiedeln, wie weit freilich der Lebensraum hierzulande sich wird ausweiten lassen und wie das alles weiter gehen soll weiß Gott allein. Bisher sind hier etwa fünf bis sechs Tausend Immigranten aus Deutschland erschienen, von den wieder weggefahrenen abgesehen, und in einem so kleinen Lande merkt man das schon sehr deutlich. Welche Veränderungen aber gar durch die zehnfache Zahl herbeigeführt werden soll[en], ist ziemlich unabsehbar. Und an sich wird es ja an der Bereitschaft einer sehr bedeutenden Zahl herzukommen, nicht fehlen – eher schon an der Bereitschaft der englischen Regierung, so große Gruppen ins Land zu lassen, wenn sie vorher von der deutschen Regierung bis aufs Hemd ausgeplündert worden sind.[1] Solange es einer relativ großen Schicht noch gelingt, ihr Geld aus Deutschland herauszuziehen, geht es noch an, die letzten Gesetze in Berlin freilich sind dazu angetan, einen endgültigen Plünderungsfeldzug einzuleiten. Hast Du eigentlich irgendwelche Maßnahmen ergriffen, um Deine Bibliothek wenigstens vor der Beschlagnahme als Eigentum eines »Feindes des deutschen Volkes« zu retten? Hast Du all Deine Papiere inzwischen nach dem Ausland schicken lassen können?[2] Das ist zur Zeit doch noch ohne große Schwierigkeit möglich. Wir hören hier mit Bestürzung, daß wertvolle Bibliotheken dort in der Eile des Auswanderns jetzt für phantastisch geringe Summen verschleudert worden sind, was man nicht mitnehmen kann, hat einfach keinen Wert mehr. Aber dem Zugriff der Boches sollte man wenigstens entziehen was möglich ist.

Was Deine Möglichkeiten hier angeht, so ist es wie uns scheint, ausgeschlossen, daß Du mit 100 Mark hier leben könntest. Nicht daß das objektiv unmöglich wäre – 100 Mark sind zur Zeit hier sieben £, was durchaus ein Minimum des Lebens ermöglicht, aber wir glauben, daß es hier mit solchem Minimum nicht getan wäre. Dazu kommen die immensen psychologischen Schwierigkeiten: wir sehen hier keine Möglichkeit für Dich, Arbeit und Beschäftigung zu finden, die Dir halbwegs gemäß wäre. Und es ist in diesem Lande nicht gut ohne Arbeit zu wohnen, es bringt Dich in eine innerlich unerträgliche Lage. Du wirst Dich den Menschen hier nicht mehr verständlich machen können, und das wäre das Wichtigste: ob Du hier so isoliert leben müßtest wie auf irgendeiner Insel Ibiza, oder Möglichkeit fändest Dich an einem so ganz andersartigen Leben zu beteiligen. An sich könntest Du Deine Arbeiten literarischer Natur natürlich auch hier machen, vor Ibiza hat Jerusalem voraus erstens die Existenz einiger Menschen wie wir, zweitens die von Büchern, das wäre alles ganz gut, wenn man sich vorstellen könnte, daß Du die Richtung Deiner Arbeit hier ungestört verfolgen könntest, die so ausgesprochen europäisch gerichtet ist. Aber das eben ist uns fraglich, ob man sich in diesem Land wohlfühlen kann, wenn man keinen unmittelbaren Anteil an ihm nimmt, ob das nicht (exempla docent)[3] schnell eine moralisch unerträgliche Fremdheit schafft, in der das Lebendige sich nicht behaupten kann. Vielleicht läßt sich das wirklich nur durch den Versuch entscheiden, andererseits sagt uns die elementarste Überlegung daß diese Art seelischer und moralischer Schwierigkeiten für Dich in Paris nicht bestehen würden. Unsere Erfahrung ist, daß auf die Dauer hier nur der leben kann, der sich durch alle Problematik und Bedrücktheit hindurch mit dem Lande und der Sache des Judentums völlig verbunden fühlt, und nicht in jedem Fall wird das dem Neuankömmling und besonders dem intellektuell sehr vorgeschobene Posten Beziehenden so leicht gemacht, im Gegenteil: gerade solchen Menschen entstehen am ehesten und am leichtesten Schwierigkeiten, die nur ein entschlossenes und bestimmtes Gefühl zu überwinden in der Lage ist. Die von Dir aufgeworfenen Fragen: ob für Dich hier mehr Platz als dort ist und ob Du Dein Wissen und Können hier vermehren könntest ohne das Erworbene preiszugeben sind nicht identisch. Auf die erste Frage antworten hieße den Grad Deiner Bindung an die Sache des Judentums, über die hier und nicht dort entschieden wird, zu beurteilen, wozu keiner von uns nach so viel Jahren mehr imstande ist. Die zweite läßt sich gewiß bejahen – nur ist sie nicht entscheidend. Entscheidend für Dein Leben hier könnte allein die Frage sein, ob Du hier Dein Wissen und Können auch verwenden könntest. Mein Leben hier ist nur möglich, und ich glaube, Dir das schon manches Mal geschrieben zu haben, weil ich mich dieser Sache bis in den Untergang und die Verzweifelung hinein verpflichtet fühle, sonst würde mich die Fragwürdigkeit einer Erneuerung, die vor allem als Sprachverfall und Hybris auftritt, schon längst gesprengt haben. Diese Entscheidung könnte Dir hier nicht erspart bleiben, und einem Menschen von Deiner Einsicht und Erfahrung am allerwenigsten. So etwa steht das, wenn ich es recht sehe.

Von Deiner letzten Produktion, speziell dem George-Aufsatz, hoffe ich bald Proben zu erhalten. Die meine beginnt allmählich wieder aufzuwachen, und so habe ich dieser Tage ein paar Seiten über die Folgen der Vertreibung der Juden aus Spanien geschrieben, die Dir zur rechten Zeit auch gedruckt in die Hände gelangen werden.

Heute vor vierzehn Tagen ist Ernst David plötzlich gestorben, was ich nicht vergessen möchte Dir mitzuteilen. Er war einer der angenehmsten Menschen, denen ich in meinem Leben begegnet bin, von einer Sauberkeit und Entschiedenheit des Wesens bei größter Zurückhaltung und Bescheidenheit, die den Umgang mit ihm viele Jahre zu einer Erholung gemacht haben. Er wohnte zuletzt eine Minute von uns, arbeitete freilich sehr viel in Kairo, wo er auch ohne jede Vorbereitung tot umfiel. Ich habe bei seiner Beerdigung für seine Freunde gesprochen und fühle einen wirklichen Verlust. Willst Du vielleicht seiner Frau kondolieren? Er war übrigens sehr fromm und lebte hier streng nach jüdischem Gesetz. Über seine Beziehungen und seinen Bruch mit dem Goldbergkreis[5] bewahrte er ein unverbrüchliches Schweigen, so lebhaft er sich über meine Ansichten darüber zu erkundigen pflegte. Aus seinem Nachlaß habe ich einige sehr interessante Bücher geerbt.

Übermorgen kommt auf Besuch für vierzehn Tage meine Lieblingsverwandte Loni Ortenstein aus Rom[6], worauf wir uns schon freuen. Auch sonst fehlt es nicht an zahlreichen Neuerscheinungen, speziell haben wir unsere Freundin Käthe Ollendorf, geschiedene Frau J. R. Becher, welche einen seltenen Glauben an Gott, das Judentum und den Zionismus mit einem noch weit selteneren rein gojischen Wesensaufbau auf merkwürdig anziehende Weise vereinigt, zur Niederlassung als Ärztin in Jerusalem bestimmt. Dagegen ist die Familie Steinschneider, inclusive ihres jüngsten Mitgliedes, seit Anfang Juli völlig ins Dunkel der Plantagengegend verschwunden. Die »Einbahnstraße« habe ich Karl und Kitty zum Abschied, mit kritischem Gedicht versehen, überreicht. Deine Produktion ist also in Rechowoth gut vertreten.

Soviel für heute, denn die Post geht ab. Schreibe bitte bald, oft, und ausführlich, wofür Du hier auf größtes Interesse rechnen kannst.

Die herzlichsten Grüße Dein Gerhard

1 Im Ganzen blieben etwa 60 000 Juden aus Deutschland in Palästina/Israel.

2 Es gibt ein, nach Konvoluten gegliedertes Inventar (von W.B.s Hand) der von ihm in Berlin um 1930/31 bewahrten Papiere, von denen ein großer Teil verloren ist.

3 Ich dachte dabei an Menschen wie Arnold Zweig, über dessen Verhalten manche Erzählungen umgingen. Siehe auch das Ende von Brief Nr. 48.

4 W.B. kannte Ernst und Lotte David noch aus den Kriegs- und Nachkriegsjahren bis 1925 und schätzte ihn, weniger seine Frau.

5 Über Oskar Goldberg und den Kreis um ihn siehe »Von Berlin nach Jerusalem«, S. 184-188, und »Walter Benjamin – die Geschichte einer Freundschaft«, S. 122-126. Ernst David hatte den Druck von Goldbergs Hauptwerk »Die Wirklichkeit der Hebräer« (1925) finanziert.

6 Über Leonie (Loni) Ortenstein (1896-1944) siehe »Von Berlin nach Jerusalem«, S. 141-143.

30 Benjamin an Scholem

San Antonio, Ibiza (Baleares),
Fonda Miramar
31. Juli 1933

Lieber Gerhard,
dir, als der unbestrittenen Autorität auf dem Gebiete meiner Briefschreiberei, sollte der Anblick dieses Briefpapiers genügen[1], um zu erkennen, etwas sei nicht ganz in Ordnung. Und dieser Umstand deckt mich jedenfalls für einen Teil der drei Wochen, die ich verstreichen ließ, ohne für deinen schönen Brief zum Geburtstag dir zu danken. Vor allem aber für das anhaltende Ausbleiben der dir zustehenden Notizen über die Sprache.
Ich bin nämlich seit ungefähr vierzehn Tagen krank. Und da der Ausbruch des – an sich nicht bedeutsamen – Schadens mit dem der Julihitze, vielleicht nicht zufällig, zusammenfiel, so hatte ich alle Hände voll zu tun, um mich unter so schwierigen Umständen halbwegs auf dem Posten zu halten. Das geschah auf der einen Seite, indem ich alle verfügbaren Reserven an Kriminalromanen heranzog, auf der andern durch intensive Wiederaufnahme der Arbeit an der »Berliner Kindheit um neunzehnhundert«. Ein neues Stück, das ich den früheren hinzufügte, hat mich für eine Weile von jeder andern Arbeit abgeschnitten. Entstanden sind unter dem Titel »Loggien« einige Seiten, von denen ich nichts als sehr Gutes ankündigen kann und dazu, daß sie das genaueste Porträt enthalten, das mir von mir selbst zu machen gegeben ist. Ich hoffe, du wirst in einiger Zeit dieses Stück gedruckt sehen.[2]
Mit diesem wird dann freilich das Detlefsche Holz, das ich in meine Lebensflamme geworfen habe, zum – mehr oder minder – letzten Mal aufflackern, denn schon zeichnen die neuen Press[e]-gesetze sich ab, nach deren Inkrafttreten mein Erscheinen in der deutschen Presse noch um vieles undurchdringlicher werden wird als bisher.

Freilich wohl auch noch seltener. Und damit wäre die Zukunft vollständig verhangen, wenn nicht gerade in diesen Tagen eine etwas hoffnungsvollere Perspektive sich abzeichnete. Sie erschloß sich in einem Briefe, in dem man mir ein unentgeltliches Quartier in einem Hause in Aussicht stellt, das die Baronin [Mirjam] Goldschmidt-Rothschild in Paris für vertriebene jüdische Intellektuelle einräumt.[2a] Es ist Speyer, der hier seine Verbindungen zur jüdischen Finanz[3] hat spielen lassen, offenbar mit Erfolg, indem ein Schreiben, das gestern eingetroffen ist, die Einladung offiziell macht. Auch dies – ein unentgeltliches Unterkommen – ist, für eine teure Stadt wie Paris, eine äußerst schmale Basis. Ich halte es aber nicht für ausgeschlossen, daß derselbe Weg, der zu ihm geführt hat, auch noch etwas weiter hilft; denn zweifellos bedeutet diese Einladung zugleich eine mehr oder weniger weitgehende Empfehlung. Dazu kommt, daß meine Schritte in der Paßangelegenheit durch eine glückliche Konstellation, an der ich mir doch auch einiges Verdienst zusprechen darf, erfolgreich gewesen sind. Ich bin heute, ehe mein alter – angeblich verlorener – Paß noch abgelaufen ist, schon im Besitz eines neuen.

Natürlich kann ich die pariser Einladung für nichts als ein glückliches Intermezzo halten; in keiner Weise darin etwas wie eine Möglichkeit auf weitere Sicht erkennen. Und gerade weil es sich in dem, was unsere letzten Briefe vorsichtig berührten – den palästinensischen Erwägungen – nur um diese weitere Sicht handelt, wird alles, was hierin etwa zwischen uns besprochen werden könnte, unbedingt den Vortritt vor kurzfristigen europäischen Kombinationen haben. Aber du hast dir meine Lage genügend vergegenwärtigt, um zu wissen, wie beruhigend für mich schon eine Atempause sein muß. Einem Winter auf Ibiza jedenfalls hätte ich nur mit Grauen entgegensehen können.

Was mein Unwohlsein angeht, so habe ich eine sehr unangenehme Wundentzündung am rechten Unterschenkel und ich muß es noch als ein Glück bezeichnen, daß sie sich einstellte als ich gerade für ein paar Stunden in der Stadt Ibiza war – in San Antonio wäre meine Lage grotesk geworden. Hier wohne ich in einem Hotelzimmer für 1 Peseta täglich – wie es aussieht, kann dir der Preis sagen – und schleppe mich für die nötigsten Gänge selbst durch die Stadt. Wenn in zwei bis drei Tagen keine entscheidende Besserung eintreten sollte, müßte ich mich allerdings entschließen, mich ganz festzulegen. Ein deutscher Arzt, den ich hier aufgetrieben habe, malt mir täglich die Todeschancen einer etwaigen Komplikation mit viel Behagen aus.

Von allen Büchern und Papieren, die ja in San Antonio liegen, bin ich getrennt. Wenn ich die geeigneten Bücher hätte, so könnte ich mich wenigstens mit einem Auftrag der »Frankfurter Zeitung«, zum 200sten Todestage Wielands[4] – den ich so gut wie garnicht kenne – etwas zu schreiben, beschäftigen. Aber da hat man mir nur kümmerliche Gelegenheitsliteratur zur Verfügung gestellt. Die französische Übersetzung der »Berliner Kindheit« dagegen macht Fortschritte. Wir arbeiten täglich daran. Der Übersetzer kann kein Wort Deutsch. Die Technik, mit der wir vorgehen, ist, wie du dir denken kannst, nicht von Pappe. Was so entsteht aber fast durchweg hervorragend.

Wie gesagt – die große Hitze hat hier begonnen. Die Spanier, welche ihre Wirkungen kennen, sprechen vom »August-Irrsinn« als einer ganz geläufigen Sache.[5] Mir macht das viel Spaß, seinem Auftreten unter den Fremden nachzugehen. Es sind jetzt nicht wenige, und – wie du dir leicht vorstellst – recht bemerkenswerte Exemplare darunter.[6]

– Hier bin ich vom Arzte unterbrochen worden, um zu hören, daß man wahrscheinlich schneiden müssen wird. Von einer bevorstehenden Rückkehr nach San Antonio ist also keine Rede. Aber, wie dem auch sei, Post laß nur an die bisherige Adresse gehen.

Wenn du nun auf die Sprachtheorie noch eine Weile wirst warten müssen, so hoffe ich meinerseits sehr bald auf ein Exemplar deines Manuscripts für Schocken, um so mehr als ich, wie du inzwischen gesehen haben wirst, mich um die Ersatzbeschaffung aller Stücke, die du so freundlich warst, aus dem Archiv meiner Sachen mir zu überlassen, verdient gemacht habe. Daneben ist nun wohl auch mein Aufsatz über Stefan George in deinen Händen. Es scheint, nach dem, was man mir berichtet, ein paar helle Köpfe gegeben zu haben, die wußten, was sie von »Stempflinger« zu halten hatten. Gern würde ich wissen, was du von diesem Aufsatze denkst.

Soviel für heute. Sei herzlichst gegrüßt Dein Walter

1 Der Brief war auf einem sonst nie von ihm benutzten graublauen Papier anomalen Formats geschrieben.

2 »Loggien« erschien zuerst in der »Vossischen Zeitung« vom 1. August 1933 (GS IV, 294-296).

2a Maria Anne (Marianne, genannt Baby) von Goldschmidt-Rothschild (geboren 1892) war in ihrer dritten Ehe die Frau von Rudolf von Goldschmidt-Rothschild. Vor der Hitlerzeit hatte sie in Berlin ein großes Haus geführt.

3 Wilhelm Speyer, der selbst schon getauft war, stammte aus einer seinerzeit ebenso bekannten jüdischen Bankiersfamilie in Frankfurt wie die Goldschmidts.

4 GS II, 395-404. Sie erschien in der Reichsausgabe der Fr. Ztg. vom 5. Sept. 1933.

5 In diesen Tagen (am 12. und 13. August) entstand die autobiographische Aufzeichnung »Agesilaus Santander«, die ich in dem Band »Zur Aktualität Walter Benjamins« (1972), S. 94-102, veröffentlicht habe.

6 Da W.B. alle, oder fast alle an ihn gerichteten Karten und Briefe aus diesen Jahren aufbewahrte, ließe sich aus diesen Papieren, die in der Ostberliner Akademie der Künste liegen, vielleicht feststellen, welche Personen er bei diesem Satz im Sinn hatte. Jedenfalls war die im folgenden Brief erwähnte Frau darunter.

31 Benjamin an Scholem

San Antonio, Ibiza (Baleares),
Fonda Miramar, 1. September 1933

Lieber Gerhard,
in der Tat ist es fast ein Monat, daß ich in den Besitz deines letzten Briefes gekommen bin. Diesmal jedoch bin ich um Gründe meines langen Schweigens nicht verlegen; wenn ich auch diese Gründe gern gegen eine Verlegenheit von dieser Art in Tausch geben würde. – Zunächst komme ich seit zwei Monaten aus dem Unwohlsein kaum heraus. Es handelt sich um nichts Ernstes.[1] Aber Erschöpfungszustände und Komplikationen des äußeren Lebens greifen in einer Kette von Mißgeschicken so unfehlbar ineinander, daß ich Tage oder Wochen lang mattgesetzt bin. Dazu kam eine dringende, für mich quälende und – des Mangels an Dokumentation wegen – fast nicht zu gestaltende Terminarbeit; die Frankfurter Zeitung hatte einen Artikel zum 200sten Geburtstag von Wieland, von dem ich niemals eine Zeile gelesen hatte, bei mir bestellt. Ich hoffe, er wird ihr noch rechtzeitig zukommen und die Plackerei der letzten zehn Tage nicht umsonst gewesen sein.

Aber im Sinne dessen, was im Augenblick den wichtigsten Gegenstand unseres Briefwechsels ausmacht, sind diese Wochen meines Schweigens nicht verloren. Ich habe – aus größerem Abstand – deinen letzten Brief noch einmal gelesen und gesehen, daß ein Mißverständnis drohte, sich einzustellen. Als du vor einer langen Reihe Wochen zum ersten Mal erwägend von einer Möglichkeit meines Erscheinens in Palästina sprachest, da habe ich das keinen Augenblick so aufgefaßt, als stelle in einem solchen Falle Palästina nur einen – mehr oder minder zweckmäßigen – Aufenthaltsort für mich dar. Weil es nun aber eben diese Auffassung ist, der du – sanft aber bestimmt – als einer meinigen im letzten Briefe entgegentrittst, so kann ich nicht versäumen, sie von mir abzulehnen. Nein – daß sich ein Aufenthalt auf Grundlage einer im ganzen unabgelenkten Arbeitsrichtung für mich realisieren ließe – das habe ich keinen Augenblick für eine im Bereich des Möglichen bestehende Lösung angesehen. Und indem du die Frage meines Kommens nach Palästina überhaupt erhobst, glaubte ich deinerseits eine zwar kühne – aber doch nicht unbedingt leichtfertige – Bereitschaft zu erkennen, die Frage meiner Verbundenheit mit der Sache des Judentums dem Votum der Erfahrung zu unterstellen. Daß wir im übrigen über diese Frage »nach so viel Jahren« wie es in deinem letzten Briefe heißt, nichts wissen können – darin stimme ich dir rückhaltlos bei. Daß aber die Entscheidung für diese Frage – und damit auch für jede wesentlichste der zwischen uns berührten – vor dem Forum des Hebräischen fällt, daran habe ich nie die geringsten Zweifel gehabt, so schwer die Umstände mirs machen, das mit Worten, die wohl oder übel fadenscheinig aussehen müssen, zu bekunden. Ich tue es dennoch, nicht zum wenigsten, um dieses Forum gegen andere, an die man denken könnte, abzuheben. Denn offensichtlich: keiner von uns beiden wird sich dazu hergeben wollen, etwa meine »Verbundenheit mit der Sache des Zionismus« zu untersuchen; so wenig sicher wie eine etwaige mit der orthodoxen Lebensform eines Ernst David oder dem Gottesglauben der Käthe Ollendorf. Das Ergebnis könnte ja nur vollkommen negativ ausfallen. Zusammenhänge leugne ich nicht. Aber wichtig scheint mir, nach deinem letzten Briefe, dir zu sagen, daß ich die Perspektive deines vorletzten keinen Augenblick anders als durch die Fluchtlinien des Hebräischen bestimmt sah.

Um übrigens auf Ernst David zurückzukommen, so war ich beim Empfang deiner Nachricht erstaunt, einen sehr scharfen Abdruck seiner Erscheinung und Physiognomie in meinem Gedächtnis vorzufinden. Seiner Frau zu schreiben, habe ich schwerlich die Möglichkeit; wenn du ihr aber, was ich andeutete, mit wenigen Worten sagtest, so wäre es durchaus in meinem Sinn.

Was mich betrifft, so liege ich auch jetzt wieder krank und leide an einer sehr schmerzhaften Entzündung am Bein. Ärzte, ja auch nur Medikamente sind hier nicht aufzutreiben; denn ich wohne ja ganz auf dem Lande, auch vom Dorf San Antonio noch dreißig Minuten entfernt. Kaum auf den Füßen stehen, dazu die Landessprache kaum sprechen zu können, dazu womöglich noch arbeiten zu müssen, führt manchmal unter so primitiven Lebensverhältnissen dicht an die Grenze des Erträglichen. Sowie ich wieder hergestellt bin, werde ich nach Paris fahren. Aber ich weiß nicht, wie lange [es] dauern wird. Schreibe jedenfalls vorläufig weiter hierher, ich lasse meine Post nachsenden. Sogleich nach meiner Ankunft in Paris werde ich dir von dort Nachricht geben.

Inzwischen ist der Rest meines Archivs, der vor allem meine politischen Literaturarbeiten enthält, aus Deutschland heraus und in Paris eingetroffen. Die Überführung ist mit solcher Diskretion erfolgt, daß ich selbst nicht weiß, wer sie bewerkstelligt hat. Ein langjähriger Bekannter, der ungefähr gleichzeitig mit mir Berlin verlassen hat, hatte sich erboten, für die Sache zu sorgen. Die Sorge für meine Bibliothek dagegen besteht fort. Hier handelt es sich ja in allererster Linie um eine finanzielle Frage. Selbst wenn ich in Paris eine vertrauenswürdige Person finden könnte, bei der sie sich aufstellen ließe, wüßte ich nicht, woher die Mittel nehmen, um Verpackung und Transport zu finanzieren.[2]

Daß ich im übrigen dem pariser Aufenthalt mit jeder Reserve entgegensehe, brauche ich dir schwerlich zu versichern. Es geht dort das Wort: »Les émigrés sont pires que les boches« und es dürfte einem wohl einen zutreffenden Begriff von der Gesellschaft geben, die dort auf einen wartet. Ich werde versuchen, ihr diese Beschäftigung ebenso erfolglos zu gestalten, wie sie es – was mich betrifft – bisher gewesen ist.

Einigermaßen bedrückt bin ich durch den Umstand, daß ich dir die versprochene sprachphilosophische Betrachtung noch immer nicht geschickt habe. Es fällt mir ebenso schwer, sie unredigiert aus der Hand zu lassen wie sie zu redigieren. Sowie es mir besser geht, werde ich wohl imstande sein, diesen gordischen Knoten zu zerhauen. En attendant bitte ich dich, dich noch ein ganz klein wenig zu gedulden.

Sollte diese Entschuldigung dich günstig gestimmt haben, so wäre Raum für ein paar Bitten frei. Zunächst wirst du wohl einsehen, daß ich mich unmöglich an einem kritischen Widmungsgedicht zur »Einbahnstraße« desinteressieren kann. Vielmehr bitte ich dich, mir davon baldigigtst[!] eine beglaubigte Abschrift zu senden – einschließlich aller Verdächtigungen und Sarkasmen. Da ich aber bei diesem Zweig deiner Produktion bin, möchte ich sehr die Bitte um eine Abschrift deines Gedichts über den Angelus Novus erneuern. Ich habe hier eine Frau kennengelernt, die sein weibliches Gegenstück ist[3] und der ich die schöne Begrüßung, die ihr Bruder durch dich gefunden hat, nicht vorenthalten möchte. Des weiteren erwarte ich mit äußerster Spannung deine Glosse über die Vertreibung der Juden aus Spanien.

Die von dir gesendeten Drucksachen und rückgesendeten Stücke aus deinem Archiv meiner Sachen werden inzwischen hoffentlich längst in deinen Händen sein. Die Arbeit an dem Gedenkaufsatz über Wieland hat mich lange von Dingen, die mir angelegen sind, abgehalten. Jetzt habe ich ein neues Stück der »Berliner Kindheit um 1900« unter dem Titel »Der Mond« abgeschlossen.[4]

Schreibe mir bitte, ob du inzwischen Wiesengrunds »Kierkegaard« gelesen hast.

Lebe herzlich wohl und laß dich alsbald vernehmen

Dein Walter

1 Seine Erkrankung war also noch keine Malaria, wie manchmal vermutet worden ist; siehe dazu meinen in Anmerkung 5 zum vorigen Brief erwähnten Aufsatz, S. 92-93.

2 Ein großer Teil der Bücher gelangte später nach Svendborg und Paris, wo ich sie 1938 sah.

3 Diese Formulierung, die meinem Gedächtnis entfallen war, trifft überraschend mit der überein, die er am 13. August in der Aufzeichnung »Agesilaus Santander« gebrauchte. Dort sagt er, daß der Engel, von dem er dort handelt, »seine weibliche Gestalt der männlichen im Bilde [Angelus Novus von Paul Klee] auf dem längsten, verhängnisvollsten Umweg nach[schickte], obwohl doch beide einmal, nur kannten sie einander nicht, aufs innigste benachbart gewesen waren«. In meinem Kommentar zu dieser Aufzeichnung habe ich diesen und die anderen Sätze, die dort von dieser Frau handeln, auf Jula Cohn bezogen, der Jahre hindurch seine Liebe galt (siehe S. 115-119 meines Aufsatzes in »W.B. zu ehren«), wo ich auch die Möglichkeit erwog, daß die später folgenden Sätze sich auf eine Mehrheit von Frauen, die einen Bann über ihn hatten, beziehen könnten. Mit dem vorliegenden Brief erscheint nun die Möglichkeit, daß die Aufzeichnung sich nicht (oder nicht nur) auf Jula Cohn bezieht, sondern auf eine bisher nicht identifizierte Frau (vielleicht Hélène Léger?),

die er »hier«, also auf Ibiza, erst kennengelernt hatte. Von ihr spricht er auch am Ende seines folgenden Briefes (Nr. 33). Auf sie könnten sich auch recht gut die beiden Fassungen des Schlußsatzes von »Agesilaus Santander« beziehen. Freilich bliebe auch meine frühere Deutung dieses Schlußsatzes (siehe dort S. 125) auf seine Erfahrung mit Jula Cohn möglich. Hatte er doch noch kurz vorher (am 2. Juli 1933) einen Brief geschrieben (Briefe II, Nr. 224), der von seiner fortdauernden Bindung an sie zeugt. Die ganze rätselhafte Problematik dieser Sätze bedarf jedenfalls erneuten Durchdenkens.

4 In einem undatierten Brief an Gretel Adorno (Briefe II, S. 591), der offenbar in der zweiten Hälfte des August 1933 geschrieben ist, steht er, seiner Angabe nach, noch vor dem Abschluß dieses Stückes (GS IV, 300-302).

32 Scholem an Benjamin

4. September 1933

Lieber Walter,

Dein Brief vom 31. Juli brauchte mehr als zwei Wochen um in meine Hände zu gelangen und dann ließ ich ihn, nach der Abreise meiner Kousine Loni ganz in Arbeit versunken, andere zwei Wochen liegen, und das Resultat ist dies hier. Inzwischen wirst Du ja wohl noch einen weiteren Brief von mir, der sich mit dem Deinen gekreuzt haben muß und vor allem die Palästinafrage behandelte, erhalten haben. Deine Gesundheit, das möchte ich vor allem herzlichst wünschen, ist wohl wieder besser. Im Prager Tagblatt sah ich ein langes Feuilleton über Ibiza von einer Schreibkollegin von Dir, um die Ecke wohnhaft, anscheinend, woraus ich zwar noch nichts über Dich wohl aber über die fortschreitende Verweltlichung eures Paradieses erfuhr. Ich darf aber nach Deinem letzten Brief wohl in jedem Fall annehmen, daß wenn Du völlig wiederhergestellt sein wirst, sowieso Deines Bleibens dort nicht mehr lange sein wird. Aus den freudigeren Nachrichten über die erfolgte Einladung nach Paris, wie auch über die vorläufig geglückte Paßverlängerung – gerade heute las ich die Liste der 35 ersten Glücklichen, denen man die Last solcher Staatsbürgerschaft genommen hat, nicht ohne auch gleich deren Vermögen zu stehlen – folgere ich daß Du den Winter wohl in Frankreich sein wirst. Ich erneure bei dieser Gelegenheit meinen sehr dringenden Rat an Dich, rechtzeitig, und wie bald kann es zu spät sein, für restlose Überführung Deiner Papiere ins Ausland Sorge zu tragen. Wenn Du keinen sicheren festen Platz hast, bin ich stets bereit, soweit möglich Dinge für Dich in Verwahrung zu nehmen. Es kann ja sein, daß Du dies Angebot brauchen kannst. Auch Deine Bibliothek, für deren Unterbringung ich freilich keinen Rat oder Vorschlag weiß, sollte die längste Zeit der Möglichkeit ausgesetzt gewesen sein, eines Tages für irgendwelche Sünden Deiner oder Deiner Familie Vergangenheit, Gegenwart und Zukunft verauktioniert zu werden.

Besteht eine Aussicht, die »Berliner Kindheit« französisch als Buch herauszubringen? Und was arbeitest Du sonst? Zu Deinem Aufsatz über George möchte ich nur sagen, daß ich es begrüßen würde, wenn Du Deine doch recht aktuelle wenn auch nicht gerade zur Zeit anerkannte, Ansicht an einem neutralen Ort direkt und ohne alle Abschwächung und Diplomatie auszusprechen versuchen würdest. Schließlich, so oder so, liegt hier und nirgends anders der Hund des dritten Reichs begraben, und die Perspektiven, die sich nun angesichts des traurigen Sieges einem nachdenklichen Beobachter wie Dir in diesem Werk eröffnen dürften, sollten nicht durch Zensurrücksichten gebrochen oder abgeschwächt werden.

Hier ist, im Unterschied zu Spanien, der August sehr schön und recht kühl gewesen. Die drei Wochen, die meine Kousine hier war – sie ist inzwischen nach Rom zurückgekehrt – waren in jeder Hinsicht angenehm und erfreulich. Wir reisten auch im Lande herum und sie war ganz hingerissen und schied als begeisterte Zionistin, soweit so etwas bei einer »Nardeg« (»Nichtarierin im Sinne des Gesetzes«, der beliebteste Terminus des den Verhältnissen entsprechenden neuen Jargons), will sagen einer Halbjüdin, denkbar ist (und natürlich ist es das). Am Tag nach ihrer Abreise aus Jaffa war ich in Rechowoth bei Steinschneiders, wo ich Kitty Marx Deine Grüße und Ankündigungen ausgerichtet habe und mich auch sonst viel über Dich unterhielt. Man ist dort, wie überall in Palästina, mit dem Herüberbringen der Angehörigen aus Deutschland sehr beschäftigt. Nur die Angelegenheiten meiner eigenen Familie sind vorderhand ganz unklar. Meine Mutter war kurze Zeit zur Erholung in Frankreich und schrieb von dort ausführlich über die (trostlose) Lage meines Bruders [Werner] und noch mehr meiner Schwägerin, die auch die ganze Familie mit bedroht. Sie haben mit einem jedem andern völlig unfaßbaren Leichtsinn und ohne das geringste Gefühl für die mit Hitlers Machtergreifung geschaffene Situation gehandelt, in der Vorstellung, der Faszismus sehe eben so aus wie unter Brüning und es könne ihnen nichts geschehen. Was werden soll, ist ganz ungewiß, man muß aber mit Schlimmem rechnen. Meine Mutter will zur Zeit nicht weg. Mein Bruder Erich dagegen lernt schon angeblich eifrig Hebräisch.

Ich arbeite, und fühle mich dabei recht gut. Sobald der Aufsatz über Spanien erschienen ist, schicke ich ihn Dir zu, sonst schreibe ich, den Umständen angemessen, gerade Hebräisch. Durch die deutsche Katastrophe ist für meine Arbeit an der Universität insofern eine Erleichterung eingetreten, als es höchstwahrscheinlich ist, daß ich die Vorlesungen etc. über jüdische Philosophie nicht werde zu übernehmen brauchen, sondern wohl Julius Guttmann aus Berlin herberufen werden wird. In diesem, mir sympathischsten, Fall würde ich auf der, infolge der vielen Verhandlungen über Erweiterung der Universität und Neuberufungen von August auf Dezember verschobenen Kuratoriumssitzung nur mit einer Professur für Kabbala allein versehen werden, nach allem Hin und Her. Damit wäre die Möglichkeit mich meiner eigentlichen Arbeit wieder voll zuzuwenden, geschaffen, und ich habe jedenfalls schon mit einem großen Seufzer der Erleichterung meine Vorlesungsankündigung über jüdische Philosophie annulliert. Ich habe dann größere Arbeitsrosinen im Kopf, zur Ausbeutung meiner kostbaren Reiseandenken vom vorigen Jahr. Darüber schreibe ich Dir noch, sobald die hiesigen Angelegenheiten klarer sind. Übrigens war auch Studium der mittelalterlichen arabisch-jüdischen Philosophen, mit dem ich einen großen Teil des vergangenen Jahres hingebracht habe, keineswegs ohne Nutzen für meine eigentlichen Anliegen, und meine Bibliothek hat [von] dieser Abteilung vor allem profitiert.

Ich hoffe bald von Dir zu hören.

Herzlichste Grüße und Wünsche für Deine Gesundheit und das neue Jahr überhaupt, das hier wenigstens in 14 Tagen beginnt.

Dein Gerhard

33 Benjamin an Scholem

[ca. 10/12. September 1933]

Lieber Gerhard,

einen niederdrückenden Zustand, in dem ich zu nichts als zum Briefschreiben und Diktieren imstande bin – und auch zu ersterem kaum, da ich meinen Füllfederhalter verloren habe, und mich aufs mühseligste behelfen muß – benutze ich, um jene lang versprochene Sendung an dich abzufertigen. Das etwas verminderte Verantwortungsgefühl, das die Begleiterscheinung ununterbrochener Schmerzen und des Mangels an tröstlichen Perspektiven ist, kommt in diesem Fall als Erleichterung hinzu. Wer weiß, wann ich mich unter andern Umständen dazu entschlossen hätte, das Beiliegende – oder Beifolgende – abzusenden.

Daß ich noch je imstande sein werde, den unmaßgeblichen methodischen Gedanken, die ich dir – und sonst niemandem – vorlege[1], die bescheidensten Anfänge einer Exemplifizierung folgen zu lassen, ist ja durchaus nicht anzunehmen. So verstaue sie also in der entlegensten Dunkelkammer deines Archivs.

Wann ich imstande sein werde, nach Paris zu fahren, weiß ich nicht. Hier liege ich, auf dem Lande, so gut wie ohne Hilfe, ohne Arzt, ohne die Möglichkeit, anders als mit den größten Schmerzen ein paar Schritt zu machen. Eine traurige Lage. Die Sache selbst ist nicht so sehr bedenklich; viele Wunden, kleine, die sich entzündet haben und – sei es der Hitze, sei es der problematischen Ernährung dieser letzten Monate wegen – offenbar keine Heilkraft.

Andere Neuigkeiten gibt es seit meinem letzten Brief kaum und ich weiß nicht einmal, ob der noch in einem wesentlich anderen Zustand geschrieben worden ist. Was diesen betrifft, so mußt du zu allem andern bedenken, daß jedes einzelne Wort aus einem Fliegenschwarm herausgeboren ist.

Begreiflicherweise lese ich in diesem Zustand viel durcheinander. Mangels brauchbarer Kriminalromane[2] sogar Theologie.[3] An Hand eines – ganz ordentlichen – französischen Buches über Luther[4] habe ich nun wohl zum fünften oder sechsten Mal im Leben begriffen, was es mit der Rechtfertigung aus dem Glauben auf sich hat. Es geht mir aber damit wie mit der Infinitesimalrechnung: kaum habe ich es für ein paar Stunden begriffen, so verschwindet es mir wieder auf ebensoviel Jahre.

Ob du schon weißt, in welchem Zeichen sich die literarische Emigration im Rahmen einer Amsterdamer Zeitschrift zu sammeln beginnt? Nun, genau in dem Zeichen, das ihr gebührt – nämlich unter der Chefredaktion von Klaus Mann. Sein Onkel eröffnet das erste Heft[5] mit einer Polemik gegen das Regime, deren Hilflosigkeit schon provokatorisch wirkt. Auch den Tag sehe ich kommen, an welchem ich mich darum bewerben werde, in dieser Umgebung gedruckt zu werden.[6]
Die Aktivität der deutschen Verleger hat sich, was mich betrifft, im letzten Winter damit begnügt, mich um sämtliche Exemplare meiner »Berliner Kindheit« zu bringen, die ich mir nun mit großen Kosten in Paris neu werde herstellen lassen müssen. Sie umfaßt jetzt 34 Stücke. Die »Loggien« sandte ich dir und hätte wohl gern ein Wort von dir darüber gehört. Ich betrachte sie als mein Selbstporträt. Ein neues Stück, das kürzlich fertig wurde, heißt »Der Mond«.
Bis zu dieser Stelle fehlte diesen Zeilen nichts als eine sinnfällige Beigabe zur Kennzeichnung meines Zustands.[7] Diese hat sich nun umseitig bei Gelegenheit des Unternehmens, mir meine Verbände zu erneuern, eingefunden. Die unglaublichen Schwierigkeiten, die die Beschaffung dieses Wassers gekostet hat, lassen mich seine unangebrachte Verwendung noch viel mehr bedauern als meinen Formverstoß.
Mein letzter Brief enthielt einige Bitten, die ich im Auszug wiederhole; vor allem die um die beiden Gedichte: zur »Einbahnstraße« und zum »Angelus Novus«. Letzteres erwartet hier hohe Ehrung, indem ich es dem einzigen Subjekt zu unterbreiten gedenke, welches ich – in den Jahren seit Erwerbung des Angelus – neu in diesen schmalen, aber mir einzig vertrauten Sektor der Angelologie einzuführen gedenke.[8]
Wenn du wüßtest, wie schlecht die schlechteste Matratze der Erde ist, auf der ich liege, würdest du den Zustand, den dieser Brief bekundet, vergleichsweise einen euphorischen nennen.
Alles Gute. Schreibe bald. Herzlichst Dein Walter

1 Die kurze Arbeit über das mimetische Vermögen.

2 Wie stets in diesen Jahren las er vor allem, was ihm von Georges Simenon in die Hand kam – auf Ibiza waren es sechs Bände.

3 Er las Albert Mirgeler, Geschichte und Dogma, das er seit 1928 rezensieren wollte, und Detlev Nielsen, Der geschichtliche Jesus.

4 Gemeint ist Lucien Febvre, Martin Luther, Paris 1928.

5 »Die Sammlung«, deren erstes Heft von Heinrich Mann eingeleitet wurde.

6 Vergleiche dazu in den »Briefen«, II, S. 657, über das Scheitern seiner Mitarbeit an einer höheren Honorarforderung für seine (schon gesetzte) Rezension von Brechts »Dreigroschenroman«.

7 Die erste Briefseite durchzieht ein Wasserstreifen, der infolge der Einwirkung der Tinte das Papier bläulich verfärbte.

8 Siehe dazu Brief Nr. 31, Anmerkung 3. Diese so deutliche Wiederaufnahme seiner Andeutung in jenem Brief legt die Vermutung nahe, daß die in Ostberlin liegenden Korrespondenzen an W.B. nähere Aufklärung über diese »große Unbekannte« bringen könnten.

34 Scholem an Benjamin

Jerusalem, den 19. September 1933

Lieber Walter,

vorigen Freitag erhielt ich Deinen Brief vom 1. September, den ich mit größter Anteilnahme las, nach verhältnismäßig so langer Pause. Am Sonntag früh fuhr ich nach Tel Aviv, um einen Aufsatz über die provenzalischen Anfänge der Kabbala, den ich in diesen Wochen mit großem Vergnügen verfaßt habe, zum Druck abzuliefern und als ich zurückkam, fand ich einen Brief von Kitty mit einem von Dir an sie verbunden vor, dessen für mich bestimmte Bemerkungen also ihren Adressaten später erreicht haben als der direkte Brief zehn Tage später. Inzwischen habe ich Dir schon einmal geschrieben, und hoffe nun daß die Pünktlichkeit mit der ich Dir sogleich antworte, Dich zu ähnlichen Leistungen ansporen wird.

Es würde mich sehr bedrücken, wenn meine Äußerungen zur Frage der Möglichkeit, daß Du hier leben könntest, Deine Mißstimmung erweckt haben sollten. Gewiß würde ein Aufenthalt von Dir in Palästina so zu beurteilen sein, wie Du es formulierst, nämlich die Frage Deiner Verbundenheit mit der Sache des Judentums dem Votum der Erfahrung zu unterstellen, aber ich vermag die äußern Schwierigkeiten nicht zu übersehen: bei der Intensität mit der Du die Arbeit zu ergreifen pflegst, wird entweder Dir die Arbeit für das Hebräische keinen Raum lassen für andere – und ich sehe zur Zeit keine andere als jene die Dich zur Zeit ernährt, wie schlecht immer – oder umgekehrt wird eben jene Arbeit und die Notwendigkeit der materiellen Existenz die andere verdrängen. Das ist eine grade bei Deiner besonderen persönlichen Lage und Art durchaus gewichtige Überlegung. Es ist ja leider keine Möglichkeit Dir eine Existenz hier zu garantieren, in der Richtung der Universität fürchte ich ist nichts mehr zu hoffen, also wie könnte man da einen Weg finden, der Dir das Leben hier nicht sofort verbittert. Darüber und über diese äußeren Lebensmöglichkeiten selber zerbreche ich mir den Kopf. Daß darüber hinaus eben, wie ich wohl schrieb, die Dauer Deiner Existenz hier selbst wenn sie möglich wäre, eben von noch anderen Mächten abhängt, nennen wir sie wie wir wollen, es kommt doch immer auf eines hinaus.

Deine fortgesetzte Krankheit macht mich fürchten, daß etwa irgend etwas Ernsteres dahinter steckt. Hast Du inzwischen einen Arzt gesehen? Wir wünschen Dir die vollständigste Wiederherstellung und Gesundheit!

Von der Emigration in Paris, unter der hiesigem Vernehmen nach schreckliches Elend herrschen soll, von einer Minderheit abgesehen, habe ich keinen Begriff. Vielleicht gibst Du mir einen, wenn Du dort einen Einblick gewonnen hast.

Den Aufsatz über Spanien im Schocken Almanach schicke ich Dir sobald ich ihn in der Hand habe. Das Buch erscheint wohl in diesen Tagen. Ich harre unterdessen tapfer und unverzagt der Notizen über Sprache, indem ich überzeugt bin, daß die Schlußrezension desto bemerkenswerter ausfallen wird. – *Meine* philologischen Neigungen sind wieder einmal in ganzer Gewalt ausgebrochen, als ich einen Aufsatz begann, in dem ich einen Brief von 30 Zeilen aus den Anfängen der Kabbala zu interpretieren unternahm, und das Werk auf ebenso vielen Seiten ohne jede Reue über den Exzeß abschloß.[1] Der Reiz solcher Arbeit an der scharfen Interpretation eines Textes ist unvergleichlich. Die Folgen solcher Tätigkeit bestehen nun in diesem: ich bin nun im August (habe es aber erst jetzt erfahren) zum Professor für jüd. Mystik eventll. auch jüdische Religionsgeschichte ernannt worden, Du kannst also gratulieren. Geld bedeutet das freilich nicht, da bleibt alles unverändert, aber sonst ist es ganz gut: ein persönliches Ordinariat, da das andere für jüdische Philosophie (mit meiner freudigen und erleichterten Zustimmung) nun doch an Julius Guttmann von der Hochschule für die Wissenschaft des Judentums in Berlin gegeben worden ist, (der zwanzig Jahre älter ist als ich). Ich bin mit dieser Lösung, die mich doch für meine wirkliche Arbeit frei läßt und das Gesamtfach zudem voll macht, sehr zufrieden. So weit heute. Du wirst diesen Brief Jom Kippur erhalten, dem Tag, an dem ich zehn Jahre in Palästina bin. – Die Gedichte liegen bei. Was ist unter einer Angela Nova-Dame zu verstehen?[2] Mehr das nächste Mal.

Dein Gerhard

Da ich gerade hier bin & Recherchen (& = und) auf Wunsch von Herrn Prof. Scholem (lies Gerhard) angestellt habe, muß ich Ihnen mitteilen, daß meine Nachrichten über »Gerhard & die Mutter« unrichtig sind & verweise auf die Verlautbarungen des besagten Gerhard selbst, welcher vorgibt Ihnen mitgeteilt zu haben daß die Mutter [von Brecht] ihn kalt läßt. Da ich bereits begonnen habe, in meinem Schreiben an Sie die jüdischen Feiertage zu erwähnen, so möchte ich also auch noch wie mein Vorschreiber bemerken, daß dies Sie wohl am Jaum Kippur erreichen wird, was sicher Ihr höchstes Interesse erregt.

Ihre liebe Frau Steinschneider

Gruß vom Angelus

Ich hänge edel an der Wand
und schaue keinen an
Ich bin vom Himmel her gesandt
Ich bin ein Engelsmann.

Der Mensch in meinem Raum ist gut
und interessiert mich nicht
Ich stehe in des Höchsten Hut
und brauche kein Gesicht.

Der ich entstamme, jene Welt
ist maßvoll, tief und klar.
Was mich im Grund zusammenhält
erscheint hier wunderbar.

In meinem Herzen steht die Stadt
in die mich Gott geschickt.
Der Engel der dies Sigel hat
wird nicht von ihr berückt.

Mein Flügel ist zum Schwung bereit
ich kehrte gern zurück
denn blieb ich auch lebendige Zeit
ich hätte wenig Glück.

Mein Auge ist ganz schwarz und voll
Mein Blick wird niemals leer
Ich weiß was ich verkünden soll
und weiß noch vieles mehr.

Ich bin ein unsymbolisch Ding
bedeute was ich bin
Du drehst umsonst den Zauberring
Ich habe keinen Sinn.

An Karl und Kitty
Mit einem Exemplar der »Einbahnstraße«

Ob dies das Landschaftsbild der Einbahnstraße ist,
die Ihr durchlaufen wollt?
Ich darf es fast bezweifeln. Aber wißt,
wohin Ihr sollt.
So viele Straßen haben Rückfahrtwege,
die man nicht sieht.
Und kommt man mit der Richtung ins Gehege:
Es ist nicht wahr, daß einem nichts geschieht.
Bei Kollisionen wird hier nicht verhandelt;
der Blitz schlägt ein.
Und findest Du Dich plötzlich ganz verwandelt:
Es ist kein Schein.
In alten Zeiten führten alle Bahnen
zu Gott und seinem Namen, irgendwie.
Wir sind nicht fromm. Wir bleiben im Profanen
und wo einst Gott stand, steht: Melancholie.

1 Der (am Anfang schon erwähnte) Aufsatz erschien 1934 in der (hebräischen) Festschrift zum 60. Geburtstag des Dichters Ch. N. Bialik.
2 Diese sehr persönliche Frage blieb unbeantwortet.

35 Benjamin an Scholem

Paris XVI, 6, rue de la Tour
Hotel Regina de Passy
16. Oktober 1933

Lieber Gerhard,

wenn diese Glückwünsche viel zu spät zu Rosch ha-schanah[1] kommen, so doch immer noch rechtzeitig zu der von dir erstrebten und erreichten Anordnung deiner akademischen Obliegenheiten, den Professor nicht zu vergessen.

Ehe ich dies oder jenes aus unserm letzten Schriftwechsel berühre, ein kurzes Situationsbild. Ich bin schwerkrank in Paris angekommen. Das will sagen, daß ich auf Ibiza überhaupt nicht mehr gesund gewesen bin und der Tag meiner endlichen Abreise fiel mit dem ersten einer Folge schwerster Fieberanfälle zusammen. Die Reise habe ich unter unvorstellbaren Umständen gemacht. Und hier wurde dann gleich nach meiner Ankunft Malaria festgestellt. Eine energische Chininkur hat mir inzwischen meinen freien Kopf, wenn auch durchaus noch nicht meine Kräfte wiedergegeben. Diese sind überhaupt durch die vielfachen Unbilden – nicht zum wenigsten die trostlose Ernährung – meines ibizenkischen Aufenthalts sehr geschwächt.

Daß ich hier vor soviel Fragezeichen stehe wie Paris Straßenecken hat, wird dich nicht überraschen. Fest steht mir eigentlich nur, daß ich nicht beabsichtige, den aussichtslosen Versuch zu machen, in Frankreich mein Geld durch Schriftstellerei für französische Organe zu verdienen. Kann ich gelegentlich – und wie zweifelhaft ist selbst das – in repräsentativen Organen (Commerce, NRF) etwas von mir plazieren, so wird mir das des Prestiges wegen willkommen sein. Dagegen französische Schriftstellerei zur Existenzgrundlage machen zu wollen, wäre ein Versuch, der mich in kurzem nach einer Reihe fühlbarer Fehlschläge um den Rest meiner – nicht mehr unbegrenzten – Initiativkraft bringen würde. Ich werde jede, scheinbar subalterne Beschäftigung dem Antichambrieren in Boulevardblatt-Redak-

tionen vorziehen. Was ich mir im günstigsten Fall erhoffe, ist eine Möglichkeit durch bibliographische, bibliothekarische Hilfsarbeit etwas zu verdienen.
Noch habe ich kaum das Bett verlassen und so meine hiesigen Beziehungen noch nicht aktivieren können. Kannst du diese in irgend einer aussichtsreichen Hinsicht erweitern, so wäre mir das willkommen. Ist etwa Robert Eisler in Paris?[2]
Mein Archiv ist, wenigstens was den handschriftlichen Teil betrifft, zum überwiegenden Teile durch Freunde hierher verbracht worden. Von den handschriftlichen Dingen fehlt im wesentlichen nur der Nachlaß der Heinles.[3] Was die Sicherung meiner Bibliothek angeht, so ist das vor allem eine Geldfrage, als solche wäre sie schon schwierig genug. Hinzukommt, daß meine Wohnung möbliert vermietet ist, und daß ich die Bibliothek als ein wesentliches Inventarstück wohl nicht ohne weiteres herausziehen kann. Allerdings zahlt der Mieter nichts als die Miete, die der Hauswirt fordert.
Mit einigem Unbehagen erwarte ich noch immer die Bestätigung des Empfangs der Notizen über die Sprache, die ich dir von Ibiza aus in Schreibmaschinen-Ausfertigung gesandt habe. Du mußt sie wohl kurz nach dem 19ten September, dem Datum deines letzten Briefes, erhalten haben. Meinerseits erwarte ich deinen Beitrag im Schocken Almanach. Dein Gedicht zum Angelus Novus habe ich wieder mit unverminderter Bewunderung gelesen. Ich versetze es unter die besten, die ich kenne. – Die Widmung der »Einbahnstraße« las ich mit Anteil[4], der belebt wurde durch eine neue briefliche Nachricht von K. M.-St. Bitte sage ihr bei der nächsten Gelegenheit sehr herzliche Grüße und versichere sie, daß ein Brief sie alsbald verständigen soll, wenn ich wieder etwas zu Kräften gekommen sein werde.
Haas gibt in Prag ein Blatt heraus, das »Die Welt im Wort« heißt. Ich wäre eher bereit, dir auf Wunsch die erste Nummer davon – die soeben bei mir eintrifft – zu senden als mich sonst ausführlich darüber zu äußern. Selbst diese drei Zeilen aber betrachte bitte als vertraulich.
Ob ich in Paris die ursprünglich von Frau von Goldschmidt-Rothschild mir angetragene Unterkunft werde beziehen können, ist durch eine Reihe von Versehen und Verschiebungen, die darzustellen viel zu umständlich wäre, recht fraglich geworden.[5]

Außerdem scheint sich herauszustellen, daß sie keineswegs kostenfrei ist.
Nimm es dir zu Herzen, daß dies der erste längere Brief seit meiner Krankheit ist und laß mich baldigst vieles und gutes von dir hören. Dein Walter

1 Rosch ha-schanah – das jüdische Neujahr.

2 Über Robert Eisler (1882-1949) siehe Scholem, W.B., S. 162-164, sowie »Von Berlin nach Jerusalem«, S. 162-169. Er war damals längst wieder in Österreich.

3 W.B. verstand unter »mein Archiv« hier offenbar etwas anderes als die Gesamtheit der bei ihm in Berlin vorhandenen Papiere und Korrespondenzen, von denen das meiste, wie schon erwähnt, verloren ist.

4 Unverkennbar ist die Reserve in dieser Formulierung.

5 Es kam auch nicht dazu.

36 Scholem an Benjamin

Jerusalem, 24. Oktober 1933

Lieber Walter,
ich habe seit langem nichts von Dir gehört und bin darüber sehr beunruhigt. Ich fürchte, daß es mit Deiner Gesundheit, auf deren Wiederherstellung ich mit Sicherheit hoffte, noch immer nicht zum Besten bestellt ist, ja daß es Dir bis zum Schreibüberdruß schlecht geht. Ich muß darnach auch noch annehmen, daß Du in Ibiza bist, vorläufig. Ich wundere mich, daß bei der Fülle von jüdischen Ärzten aus Deutschland, die jetzt in Spanien sind, noch keiner bis Ibiza vorgedrungen ist, und Deine Behandlung übernehmen konnte. Bis Palma sind auch die mir bekannten schon vormarschiert. Bitte, gib mir bald Bericht von Deinem Zustand, und von Deiner Lage überhaupt. Hat das neue deutsche Pressegesetz das wir hier gesehen haben, schon direkte Rückwirkungen für Dich, oder stehst Du als bloßer Mitarbeiter noch außerhalb jenes ganzen Schwindels von Maulkörben? Ich habe seit längerem, mit Ausnahme eines Stückes aus der »Berliner Kindheit« nichts Gedrucktes von Dir erhalten. Ich vermute, daß Du im Fall einer Mitarbeit an im Ausland erscheinenden deutschen Zeitschriften zu wählen haben wirst, ob Du auf Arbeit innerhalb Deutschland verzichten willst, selbst wenn Dir [das] nicht ohnehin unmöglich gemacht werden sollte.
Das Buch von Wiesengrund – dessen Namen ich jetzt mit 50

andern in der offiziellen Frankfurter Absetzungsliste las – über Kierkegaard habe ich bisher etwa zu zwei Dritteln gelesen, es verbindet, meinem Erachten nach, ein sublimes Plagiat Deines Denkens mit einer ungewöhnlichen Chuzpe, und wird, sehr im Unterschied von Deiner Analyse des Trauerspiels, für eine sachliche Betrachtung K's künftighin nicht viel bedeuten. Ich bedaure, daß ich darin vielleicht anderer Meinung bin als Du. Wenn, mit Verlaub, Du selbst Dich der Mühe unterzogen hättest, dieses Buch, als eine Art »angewandte Einbahnstraße in die Melancholie hinein«[1], zu schreiben, so wäre doch unendlich viel mehr Reelles und etwas weniger »Schnokes« herausgekommen, ich habe an vielen Stellen direkt gedacht: *utinam Walter ipse scripsisset!*[2] Du hättest Dir nämlich, dessen bin ich gewiß, das Vergnügen gewisser »Entlarvungen« nicht gemacht, die diesen Autor besonders zu entzücken scheinen. Vieles ist natürlich auch sehr gut, anderes habe ich einfach und ohne Umschweife nicht verstanden.

Hier ist viel Bewegung. Von mir persönlich schrieb ich Dir ja schon: Professur etc. Ich habe zugleich die Möglichkeit erhalten, über jüdische Religionsgeschichte zu lesen, wovon ich später zu gelegener Zeit Gebrauch machen werde. Das Semester beginnt nächste Woche und ich werde mit viel Vergnügen an die Arbeit gehen. Unter den letzten Besuchern, von denen ich hier Genaueres über die deutschen Universitätszustände erfuhr, ist der (nicht entlassene) Baumgardt[3], der diesen Winter über hier bleibt, wenn nicht etwa gleich ganz. Ich habe ihn 16 Jahre nicht gesehen, werde aber Gelegenheit haben, mir mein Urteil zu bilden. Er hat grade einen neuen Wälzer veröffentlicht, dessen Lektüre nicht eigentlich in meinem Programm liegt.

Ich bin sehr bei meiner Kabbala, und unterhandele zur Zeit mit Schocken über Publikationen von mir. Den »Almanach« des Verlages Schocken, den ich Dir zuzusenden versprach, habe ich noch immer nicht erhalten, Pakete gehen lange. Du bekommst ihn dann gleich.

Was macht Dein Bruder? Der meine, von dem ich neulich einen langen Brief hatte[4], sitzt nun ein halbes Jahr in Moabit und wartet darauf, ob man einen Prozeß wegen Hochverrat gegen ihn macht oder nicht.

Vor 14 Tagen war ich in Rechowoth, wo man sich sehr nach Dir erkundigte. Ich habe diesen Sabbath die Familie Steinschneider zu Gast hier, als Attraktion werde ich die Rektoratsrede von Herrn Heidegger[5] zu Ende deklamieren.

Ich sandte Dir alle gewünschten »Poesien« von mir. Die Angela Nova als Leserin des Angelus Novus möchte ich gern vorgestellt bekommen.[6]

Herzlichste Grüße von uns allen Dein Gerhard

1 Eine Anspielung auf das am Ende von Brief Nr. 34 mitgeteilte Gedicht über die »Einbahnstraße«.

2 »O, wenn doch Walter selber das geschrieben hätte« (nämlich weniger preziös).

3 David Baumgardt (1890-1963), der 1924-1935 an der Universität Berlin Philosophie dozierte, war seit den Tagen der »Neopathetiker« (1912-1914) mit W.B. bekannt. Ich lernte ihn 1918 kennen. Sein im Folgenden erwähntes Werk hieß »Der Kampf um den Lebenssinn unter den Vorläufern der modernen Ethik«.

4 Ich besitze diesen Brief noch, den letzten, den ich von meinem Bruder Werner erhielt.

5 Heideggers Rektoratsrede vom 27. Mai 1933: »Die Selbstbehauptung der deutschen Universität«.

6 Auch diese wiederholte Anfrage blieb unbeantwortet.

37 Benjamin an Scholem

Paris VI, 1, rue du Four, Palace Hotel
31. Oktober 1933

Lieber Gerhard,

mit Vergnügen habe ich die Zeilen aus Rechowoth empfangen. Dagegen noch immer keine Bestätigung der Ankunft und Aufnahme der Notiz »Über das mimetische Vermögen«.

Heute setze ich die Unschlüssigkeit, die durch tiefe und nicht unbegründete Depressionen unterhalten wird, beiseite, um eine kurze Anfrage zu formulieren. Sie geht von einer Information aus, die ich durch Dora erhielt. Diese schreibt:

»Eine Frau Schoschanah Persitz, russische Jüdin, Engländerin von Nationalität, macht in Jerusalem eine Erweiterung eines schon bestehenden Verlages, der Palestine Publishing Co. Und zwar soll, in Vereinbarung mit englischen und deutschen Verlegern, die Publikation von Werken erfolgen, die zur Zeit in Deutschland nicht erscheinen können, und zwar in englischer und deutscher, vorläufig aber erst mal in hebräischer, Sprache (Übersetzung).«

Es soll sich um wissenschaftliche Literatur handeln. Hältst du es für möglich, dort einen Auftrag für mich zu erwirken. Eine Geschichte der gegenwärtigen deutschen oder französischen Literatur? Oder dergleichen. An die Möglichkeit, meine gesammelten Essays hebräisch erscheinen zu lassen, ist wohl kaum zu denken? Bitte schreibe mir, ob du hier irgendwelche Möglichkeiten siehst.

Ich bin inzwischen umgezogen. Meine Gesundung hat gute Fortschritte gemacht. Ich habe auch ein neues Stück der »Berliner Kindheit« geschrieben. Aber noch ist es mir in keiner Weise gelungen, festen Fuß hier zu fassen und ich habe alles zu fürchten.

Soviel für heute. Gib mir baldigst Nachricht.

Herzlichst Dein Walter

38 Scholem an Benjamin

10. November [1933]

Lieber Walter,

ich hatte Dir gerade ausführlich noch nach Ibiza geschrieben – Du wirst den Brief ohne Zweifel inzwischen erhalten haben – als Dein erster Brief aus Paris ankam. Soeben erhalte ich Deinen zweiten, dessen Angaben über Deine fortschreitende Gesundung mich wenigstens in diesem wichtigen Punkte beruhigen. Ich beeile mich Dir postwendend zu antworten, muß mich freilich sehr dranhalten, denn es ist Ende des Posttages.

Deine Aufzeichnungen habe ich richtig und mit größtem Dank erhalten – Du inzwischen hoffentlich auch den Schocken Almanach, den ich Dir sogleich nach dem Eintreffen sandte – und wenn ich mich noch nicht zu ihnen äußere, so nur aus dem Grunde, daß ich mich noch ernstlich bemühe sie zu verstehen. Das scheint mir nicht ganz leicht. Bis dahin gewähre mir noch ein Moratorium.

Die »Welt im Wort« brauchst Du nicht zu schicken, da sie hier der Bibliothek zugeht. Das Geheimnis, das Du um Deine Mitteilung des Faktums ihres Erscheinens und Deinen Wunsch Dich nicht darüber zu äußern [machst] – ich wüßte auch gar nicht was man über eine so gleichgültige Sache äußern könnte – habe ich, ehrlich gestanden, nicht recht begriffen. Ich verstehe nicht worauf sich Dein Wunsch nach einer Diskretion bezieht, wo Du mir gar nichts außer einem notorischen Faktum mitteiltest. Ich halte diesen Haas für ein Aas.

Nun von Frau Persitz[1]. Das ist eine Dame, die äußerst großspurig auftritt, links und rechts alles was ihr gerade in den Kram ihrer eigenen Rechnung paßt, verspricht und von der noch keineswegs sicher ist a) ob aus ihrem mit Riesen-Tamtam ins Werk gesetzten Verlagsunternehmen mehr wird als ein Bluff b) ob selbst gesetzt die Sache käme in Bewegung und man beginnt dort in Tel Aviv zu drucken, Du jemals ein Honorar, und darum handelt es sich doch, sehen würdest. Ich selbst bin der Dame zwar bekannt, schätze sie aber nicht und kann nur zur Vorsicht raten. Sie sucht vor allem »Namen«, Leute von poliertem Glanz, im letzten Grunde hege ich sogar (dies unter uns!) die stille Vermutung daß alles auf Hochstapelei hinausläuft[2], wobei zweifellos ist, daß die Dame *sehr* tüchtig und aktiv ist und sich auf ihren Vorteil und das in-Szene-Setzen ausgezeichnet versteht. Von einer persönlichen Intervention meinerseits ist, falls Du also in Verbindung mit ihrem Unternehmen treten willst, nichts zu hoffen, eventuell kann man direkt mit ihr in Verbindung treten. Wenn Du an sie direkt schreibst, Mrs. Schoschanah Persitz, Tel Aviv, kommt es an, da sie bekannt ist wie ein bunter Hund und halb Tel Aviv sie für die eigentliche Seele des jüdischen Volkes hält. Eine Übersetzung Deiner Essays dürfte ihre Schwierigkeiten haben. Sie werden in diesem Leserkreis niemand interessieren, da sie schon rein bildungsmäßig eine viel zu weit vorgeschobene Position beziehen. Solltest Du einmal für solche Leser schreiben wollen, so müßtest Du Dich gänzlich anders ausdrücken – was bei einer Bearbeitung der neuern deutschen Literatur, falls Du so was im Sinne hast – sehr fruchtbar sein könnte. Das Hebräische kann auch schon rein sprachlich z. T. mit Deiner Ausdrucksweise nicht ganz mit[3].

Ob eine andere Möglichkeit für mich besteht, Dir konkret zu helfen, wie ich möchte, wird sich zeigen, wenn ich die Möglichkeit erhalte, [Salman] Schocken der Ende des Jahres nach Palästina auf einen kurzen Besuch zu seiner hierher übersiedelnden Familie kommt, zu sprechen. Wenn er überhaupt kommt, sehe ich ihn sicher, und ich werde dann das Gespräch auf Dich brin-

gen, und sehen ob da was zu machen ist. Sein Sohn [Gustav] schien freilich kein großer Anhänger Deiner Literatur zu sein, ich bemühe mich aber, da einen Umschwung hervorzubringen.
Soviel in Eile für jetzt. Das Semester hat begonnen und ich habe eine Menge neue Studenten und Arbeit.
Schreibe baldigst und ausführlich. Herzlichste Grüße

Dein Gerhard

1 Frau Persitz (1893-1969) war als Verlegerin und Politikerin sehr tätig.

2 Diese Vermutung war unbegründet, wenn auch aus der Sache selbst nichts wurde.

3 Das literarische Hebräisch von 1930 hatte noch nicht die Biegsamkeit erreicht, die es fünfzig Jahre später besitzt.

39 Dora Sophie Benjamin an Scholem

[Berlin], 29. 11. 1933

Lieber Gerhard!
Zum Geburtstag sende ich Dir diesmal nur die schönsten Wünsche sowie herzliche Grüße für Dich und Escha. Denn ich kenne Deine Desideratenliste nicht. Ich weiß nicht, wer von uns beiden der Schreibfaulere ist, will aber gern die Schuld auf mich nehmen und Besserung geloben, wenn mir das zu einem Briefe von Dir verhilft. Ihr seid ja sicher inzwischen mit Heimatsgenossen überschwemmt, aber an denen, die sich von hier entfernen, sehe ich, daß dieser Zuwachs nicht immer einen Gewinn bedeuten muß. In der vorigen Woche ist allerdings auch meine Schwester samt Gatten nach Haifa übersiedelt, von Wien aus – eine ganz respektable Leistung für ein Ehepaar in diesem Alter – sie ist 48, er 66![1]
Ich habe an Frau Persitz geschrieben, die in Tel Aviv eine Publishing Co. aufgemacht oder vergrößert hat, und sie will mir eventuell zu einem Redaktionsposten verhelfen. Ich hatte ein oder die andre gute Idee. In diesem Falle würde ich hinkommen. Sonst hat es gar keinen Sinn. Stefan geht es in der Schule sehr gut, er ist der Beste und hat nicht zu leiden; ich habe hier das Haus[2], das ich immer mehr verbessere, sodaß es mir doch einmal einen Überschuß bringen wird, der natürlich illusorisch wird, wenn ich weg bin; außerdem ist es sehr schwer zu verkaufen, falls ich auf die Dauer weggehen würde. Trotzdem

möchte ich weg, aber nur mit einer Erwerbsmöglichkeit. Ich bin sicher, daß Du mir beistimmst. Vorläufig lerne ich sehr eifrig mit Stefan Italienisch, da das doch wohl die nächste Station sein wird; wir haben erst vier Wochen Stunde und schwatzen schon wie die Elstern (le gazze). Du wirst natürlich sagen, daß es besser wäre, Hebräisch zu lernen, aber das will ich erst tun, wenn ich es brauche. Vorläufig ist es mir auch für Stefan, der Latein und Griechisch, Englisch und Italienisch hat, zu schwer.

Wie geht es Euch immer? Seid Ihr mit dem Hause zufrieden? Ich höre öfters indirekt von Euch, durch die Schwester von Erna Mayer.[3] Aber direkt wäre mir lieber. Ich habe nun schon alle Scheerbarts, glaube ich, sogar die von Dir entführte »Mondrevolution« ist wieder eingetrudelt.

Daß Walter die Malaria hatte und jetzt sehr reduziert in Paris sitzt, wirst Du wohl wissen, wir schreiben uns wieder regelmäßig. Die Erzählungen von Georg damals waren natürlich unwahr, wie ich gleich an Walter schrieb. Ich bemühe mich jetzt sehr, etwas für ihn zu tun. Sogar die Redakteure bezeichnen ihn schon als »besten lebenden Schriftsteller in d. Sprache« – freilich nur die jüdischen.

Nochmals alles Gute und schreibt bald Eurer Dora

1 Doras Schwester Paula Arnold (1885-1968) schrieb sehr gutes Englisch und war viele Jahre eine angesehene Mitarbeiterin der zionistischen Presse in englischer Sprache. Sie stand mit Dora nicht auf gutem Fuß.

2 In der Delbrückstraße 23, wo sie nach der Trennung von W.B. geblieben war.

3 Erna Mayer war die Frau von Dr. Max Mayer, bei dem W.B. 1929 Hebräisch zu lernen begonnen hatte. Er war 1932 nach Palästina übersiedelt und stand in Jerusalem in engem Kontakt mit mir.

40 *Benjamin an Scholem*

Paris VI, 1, rue du Four
7. Dezember 1933

Lieber Gerhard,

es kommt jener 15te Dezember heran, nach dem auch mir altem Fuchs die Pressetrauben höher gehängt werden und was über die scherbenbesäten Mauern des dritten Reichs noch herüberwinkt, muß mit sehr flinker Schnauze abgerupft werden. Dieses schnöde Papier mußte ich wählen, um den engen zeitlichen Rahmen, der

meinem Brief gesteckt ist, mir räumlich gegenwärtig zu halten. Und es gäbe doch viel zu sagen. Könnte ich die Dinge ihrer wahren Gestalt nach vorbringen, so hätte ich auch gewiß nicht nötig, längeren Schweigens wegen dich um Entschuldigung zu bitten: du würdest verstehen. So aber kann ich nur andeutend sprechen und sagen, daß jemand aus Brechts und meinem engsten Kreise in Berlin in die Hände der Staatspolizei geriet. Durch eine Intervention, die wiederum von unserm Kreise ausging, frei – sodann hierherkam und über Gefahren, die den wenigen uns noch Nahestehenden, drohten, uns unterrichtete. Alles auf die verhängnisvollste Weise dadurch kompliziert, daß eines Tages mit der Möglichkeit gerechnet werden mußte, die Denunziationen nähmen von einem Mann in Paris, welchen wir alle kennen, ihren Ausgang. Die Frage ist noch keineswegs geklärt, die möglichen Folgen noch nicht kalkulierbar. Aber indem die letzten Tage ein wenig ruhiger verlaufen sind, kann ich die Zeit zu diesen kurzen Formulierungen aufbringen.[1]
Anderes will ich ebenso kursorisch berühren und dich zunächst über den Versuch informieren, meine Bibliothek zu retten. Ob die Hilfe, die Freunde dafür aufbringen können, stark genug ist und sonst sich keine Schwierigkeiten erheben werden, steht noch dahin. Wenn das Unternehmen sich als durchführbar erweist, so würde ich die Bibliothek nach Dänemark dirigieren, wo ich gegen Ende des Winters hinzugehen gedenke.[2] Brecht sowie einige andere Leute sind dort; es soll in der betreffenden Kleinstadt nicht sehr viel teurer als in Ibiza sein und die Transportkosten dorthin sind relativ gering.
Seit Monaten habe ich nun zum ersten Mal wieder eine Bibliothek zur Verfügung und ich war erstaunt, wie schnell ich mich in den komplizierten Apparat der Bibliothèque Nationale wieder hereingefunden habe. Zwei größere Aufträge werden zunächst zu bearbeiten sein: das eine ein Sammelreferat über neue Literatur zur Philosophie der Sprache; das andere eine Analyse des Werkes von Eduard Fuchs, des bekannten Verfassers sitten- und kunstgeschichtlicher Werke. Fuchs ist zur Zeit hier; seine Sammlungen sind in den Händen der Polizei. Er ist ein bemerkenswerter und achtunggebietender Typ, nach dem man sich einen Begriff von den Männern bilden kann, die zur Zeit des Sozialistengesetzes Sozialdemokraten waren.

Ich bin dir noch Dank für deine Auskunft über Frau Persitz schuldig. Sie haben mich abgehalten, mich an sie zu wenden wie ich das ohnehin sehr ungern getan hätte. So brüske Anknüpfung zeitigt selten Ergebnisse. Inzwischen hat das Unternehmen vielleicht schon festere Konturen bekommen und du zeichnest sie mir gelegentlich ab.
Ist Schocken bereits gekommen? Ich danke dir sehr für die Sendung seines Almanachs. Neben deinem Kabbala-Aufsatz haben mich Stücke aus dem jüdischen Lesebuche erfreut. Bald werde ich dir ausführlicher schreiben. Gib mir aber so schnell du kannst eine Nachricht.
Mit den herzlichsten Grüßen Dein Walter

PS: Hörst du etwas von Erich Gutkind?[3] Ich habe heute nacht so lebhaft von ihm geträumt.

1 Die Umstände, auf die sich diese Mitteilungen beziehen, sind mir nicht bekannt, obwohl doch anzunehmen ist, daß sie in Papieren oder Erinnerungen aus dem Brechtkreis aufgeklärt werden können. Vielleicht geben auch andere Briefe von oder an W.B. Aufschluß über die hier ungenannten Personen.

2 Er unternahm die Reise zu Brecht erst viel später, im Sommer 1934.

3 Erich Gutkind (1877-1965) war ein alter Bekannter W.B.s, seit 1916, der in den »Briefen« oft vorkommt. 1920 wohnten Benjamins mehrere Monate bei Gutkind in der Siedlung Falkenberg bei Grünau.

41 Scholem an Benjamin

24. Dezember 1933

Lieber Walter,
seit langem wartete ich auf eine Nachricht von Dir, und konnte mir das Schweigen, das Dich befallen hat, nicht erklären. Nun habe ich vorige Woche doch Deinen kurzen Kartenbrief erhalten, der mir wenigstens einen halben Fingerzeig gibt. Verstanden freilich habe ich überhaupt nichts. Ich weiß nicht, was eigentlich Ihr so furchtbar fürchtet, daß auch Du einen pragmatischen Bericht über konkrete Erlebnisse nicht dem Briefpapier der französischen Post anvertrauen willst. Mir ist das alles ganz dunkel, und ich hoffe, daß Du bald ein Mal einen Abend findest, an dem Du mir wenigstens zum Hausgebrauch sozusagen, erklären kannst, was eigentlich Dich dort betroffen hat und

warum man das nicht zu Papier bringen durfte. Bis dahin muß ich mich mit Deinen Andeutungen nolens volens begnügen. Vor allem will ich Dir meine Freude darüber zum Ausdruck bringen, daß Du Deine spanische Malaria oder was immer es war, wieder los zu sein scheinst. Daß durch die deutschen Gesetze Deiner journalistischen Tätigkeit in deutschen Zeitungen endgültig ein Ende gemacht worden ist, höre ich ohne Überraschung. Und was nun? Wo publizierst Du größere Arbeiten? Ich habe in der Tat seit langer Zeit, es sind wohl 4 Monate her, keinerlei Zusendung für mein Archiv Deiner Produktion erhalten. Sind die verschiedenen Pseudonyme so schnell gestorben? Unklar ist mir, warum Du nicht versuchst, in Beziehungen zum Prager Tagblatt zu treten, das z. Z. wohl eine der gelesensten deutschen Zeitungen ist. Der Feuilleton-Teil wird dort von Max Brod geleitet, über den Du denken darfst, was Du willst, der aber ohne jeden Zweifel (das weiß ich direkt) die größte Hochachtung vor Deinen Produkten hat, sehr empfänglich für sie ist und meines Erachtens dort etwas für Dich tun kann. Das scheint mir annoch wesentlich reeller als Frau Persitz.

Die Aussicht, daß Du Deine Bibliothek nach Dänemark retten kannst, hat mich sehr gefreut. Ich hoffe von Dir noch zu hören, wie sich diese Aktion, hoffentlich zum besten Ende, entwickelt. Vielleicht ist es dann auch möglich, bei irgend einer Gelegenheit (d. h. wenn wir hier die Gelder haben) die Frage wieder aufzunehmen, ob die Bibliothek nicht Deinen vollständigen Baader erwerben könnte, über den wir schon einmal vor einer Reihe von Jahren korrespondiert haben. Zugleich mit diesem Brief geht an Dich ein Bändchen Agnonscher Erzählungen ab, die zu zwei Drittel von mir übersetzt sind.[1] Vielleicht hast Du etwas davon.

Ich arbeite sehr viel und mit Vergnügen. Zu den letzten Entdeckungen, die meine Erkenntnis bereichert haben, gehört der Nachweis der Existenz des »Ur-Bahir«, dessen Reste ich in einer römischen Hs. vorige Woche gefunden habe und womit eine meiner geliebtesten Hypothesen über die Ursprünge der Kabbala einen gänzlich unerwarteten Tatsachenboden gewonnen hat.[2] Von dieser Woche an halte ich alle 14 Tage in Tel Aviv eine 2stündige Vorlesung zur Einleitung in die Kabbala, wofür ich zur Zeit eine Art Manuskript herstelle. Außerdem widme ich mich, mit gutem Grund, dem Studium manichäischer Religion. Es wird Dir vielleicht nicht bekannt sein, daß soeben eine der größten Sensationen, die die Religionsgeschichte seit langem erlebt hat, ihren tragischen Zusammenbruch erlebt: die Entdeckung unzweifelhaft echter Originalschriften Manis und seiner ersten Schüler in koptischen Papyri, die in einem furchtbaren Zustand vor die Welt gekommen sind, erfüllt viele Herzen mit sehr berechtigten Erwartungen.[3] Da aber der einzige Mensch, der den Papyrus in den 1½ Jahren, die bis zu seinem endgültigen Zerfall in Staub noch bleiben, durch Konservierung retten kann – das Berliner Buchbinder-Genie [Hermann] Ibscher – todkrank ist, und der einzige Mensch, der ihn lesen kann, ein russischer Jude ist[4], den die preußische Regierung hinauszuwerfen entschlossen ist, getreu den besten Traditionen der alten Germanen aus der Völkerwanderungszeit, so werden die Teile, die nicht in englischem Besitz sind, und die einen unwiederbringlichen Schatz enthalten (die authentischen Briefe Manis und sein Hymnenbuch), in kurzer Zeit vor den Augen der berliner Akademie der Wissenschaften der sie gehören, sich ins Hylische auflösen. Der in den Sitzungsberichten 1933 der Akademie erschienene Bericht darüber ist eine der empfehlenswertesten Kriminalgeschichten der letzten Zeit – neben allem was er sonst noch ist. Nimm ihn Dir mal in der Nationalbibliothek vor!

Hier waren viele Leute. (A propos, sind in diesem Jahr 40 000 Juden ins Land gekommen, worunter ein Viertel aus Deutschland.) Ich habe Baumgardt getroffen, den ich seit 1918 nicht gesehen habe, ein ausgezeichnetes Stück eines Oberlehrers der Philosophie, der übrigens nicht entlassen ist. Gutkind, nach dem Du fragst, ist seit Monaten ganz nach Amerika übersiedelt, wie ich von mehreren Seiten, die genaueres über ihn wußten, hörte.[5] Schocken ist noch nicht hier, wohl erst im Februar.

Bitte schreibe bald. Die herzlichsten Grüße Dein Gerhard

1 »In der Gemeinschaft der Frommen« (1933), sechs Erzählungen, von denen drei von mir übersetzt und in der Monatsschrift »Der Jude« in einer früheren Fassung am Anfang der 1920er Jahre erschienen waren.

2 Über die hier berichtete Entdeckung siehe mein Buch »Ursprung und Anfänge der Kabbala«, Berlin 1962, S. 94-109. Das Buch Bahir, der älteste erhaltene kabbalistische Text, war der Gegenstand meiner 1920-21 in München verfaßten Dissertation, die 1923 im Druck erschien.

3 Über die wissenschaftliche Sensation berichtete die 1933 erschienene Akademie-

Veröffentlichung von Carl Schmidt und H. J. Polotsky »Ein Manifund in Ägypten«, auf die am Ende dieses Briefes Bezug genommen wird.

4 Hans Jakob Polotsky (geb. 1905), der 1934 an die Universität Jerusalem berufen und dann eine der bedeutendsten Autoritäten der ägyptischen und koptischen Linguistik wurde.

5 Gutkind war eng befreundet mit dem bekannten amerikanischen Schriftsteller Upton Sinclair, der ihm und seiner Frau zur schnellen Übersiedlung nach New York verhalf, wo sie bis zu ihrem Tod unter dürftigen Umständen lebten.

42 Benjamin an Scholem

Paris, 1, rue du Four
[31. 12. 1933]

Lieber Gerhard,

du hast zwar lange nichts von dir hören lassen, aber ich will die Glückwünsche, die du mir so regelmäßig für Rosch ha-schanah zukommen läßt, dir an der Schwelle des europäischen Neujahrs zurückgeben. Allerdings mußt du damit in Kauf nehmen die tiefe Müdigkeit des Augenblicks. Aber diese Augenblicke reihen sich nun schon längst zu Tagen und die Tage zu Wochen. Und zu verwundern ist es nicht, daß der Zwang, täglich drei neue Eisen ins Feuer zu legen, zu großer Müdigkeit führt. Ich leiste in meiner verzweifelten Lage nicht viel – und dies in der Überzeugung, nicht mehr viel von mir verlangen zu können. Unter dem Wenigen, das bleibt, wäre wohl das erste ein Ortswechsel. Paris ist viel zu teuer und dieser Aufenthalt in viel zu grellem Kontrast mit meinem frühern an dieser Stelle. Um mich herum ist nichts Ermutigendes zu sehn und den einzigen Menschen, der mich hier angeht, gehe ich weniger an.[1] Im übrigen ist, nach der Abreise von Brecht[2], die Stadt für mich ausgestorben. Er möchte, daß ich ihm nach Dänemark nachkomme. Das Leben soll billig sein. Mir graut aber vor diesem Winter, vor den Reisekosten und vor dem Angewiesensein auf ihn allein.[3] Immerhin wird der nächste Entschluß, zu welchem ich mich etwa noch bewegen kann, mich dahin führen. Das Leben unter den Emigranten ist unerträglich, das einsame nicht erträglicher, eines unter Franzosen nicht herbeizuführen. Es bleibt also nur die Arbeit, aber nichts gefährdet sie mehr als sie so deutlich als einziges inneres Auskunftsmittel zu erkennen. (Ein äußeres ist

sie ja nun auch nicht mehr.) Ich habe mir von »Monde« den Auftrag zu einem Artikel über den Seinepräfekten Haussmann geben lassen[4]; für die Zeitschrift für Sozialwissenschaft habe ich ein Referat über neuere Sprachphilosophie zu machen[5]; dazu den großen Aufsatz über Eduard Fuchs.[6] Aber all das ist im Stadium schleichender Vorbereitung. Und die einzige Arbeit, zu der es mich manchmal zieht, die Fortführung der »Berliner Kindheit um neunzehnhundert«, darf ich mir nicht erlauben.
Ich habe diesen beschränkten Bogen gewählt im deutlichen Bewußtsein, einen größern nicht zu füllen. Es bleibt noch reichlich Raum für die Unterschrift. Hoffentlich höre ich von dir Besseres als ich in der Lage zu melden bin.

Herzlichst Dein Walter

1 Die Andeutung dürfte sich wohl auf die Frau beziehen, die er in Ibiza kennengelernt und als das »weibliche Gegenstück« zum Angelus Novus bezeichnet hatte (Brief Nr. 31). Nicht unmöglich wäre aber auch, daß sich die Bemerkung auf Margarete Steffin, die Freundin Brechts bezieht, die damals längere Zeit in Paris war und von der W.B. sehr viel hielt. Marg. Steffin stand aber sehr freundschaftlich zu W.B., und ich neige daher eher zu der ersten Deutung.

2 Brecht war einige Wochen in Paris gewesen (siehe Klaus Völker, Bertolt Brecht, eine Biographie, München 1976, S. 206-212) und versuchte, W.B. zur Übersiedlung nach Dänemark zu überreden. Er stellte ihm vor, er würde dort mit 60 Mark im Monat auskommen.

3 Auch an Gretel Adorno schrieb er einen Tag früher in gleichem Sinn (Briefe, S. 596).

4 Der Aufsatz kam nicht zustande (siehe Briefe, S. 602). Über Haussmann handelte er aber in »Paris, Hauptstadt des 19. Jahrhunderts« (Schriften I, 419-422; in der Ausgabe der GS für Bd. V vorgesehen).

5 Erschien 1935 als »Probleme der Sprachsoziologie« (GS III, 452-481).

6 An diesem Aufsatz verbrachte (oder viel mehr zögerte) er mehr als drei Jahre, wie die folgenden Briefe dokumentieren.

43 Benjamin an Scholem

Paris VI, 1, rue du Four, Palace Hotel
18. Januar 1934

Lieber Gerhard,
zu einem längeren Briefe ausholend, mache ich mir Mut durch das querköpfige Format. Vor allem danke ich dir für den Brief vom 24ten Dezember und für das Buch. Du weißt, mit welchem außerordentlichen Anteil ich alles lese, was mir von Agnon

zugänglich ist. Auf diesen Band, den ich eben beendet habe, werde ich noch öfter zurückgreifen. Zunächst weise ich darauf hin, wo es mir im Gespräch möglich ist. Schöneres habe ich nicht in ihm gefunden als »die große Synagoge«, die ich als ein gewaltiges Meisterstück ansehe. Dann scheint mir noch die Geschichte vom Bücherwart ganz besonders bedeutsam. Meisterhaft ist Agnon in jedem Stück und wenn ich »ein Lehrer in Israel«[1] geworden wäre – aber ebensoleicht hätte ich wohl ein Ameisenlöwe werden können – so hätte ich mir eine Rede über Agnon und Kafka nicht nehmen lassen.[2] (Ich bemerke hier, daß, sollte ich je wieder in den Besitz meiner Bibliothek kommen, der »Prozeß« darin fehlen wird. Man hat ihn mir schon vor Zeiten gestohlen. Wenn du ihn auftreiben könntest, so wären die schlimmsten Verwüstungen gut gemacht, die der Hochstapler seinerzeit bei mir angerichtet hat. Das andere unverschmerzbare Stück – Brechts »Hauspostille« im ersten Druck, von dem es nur 25 Stück gibt, habe ich hier dem Autor im Wege schwieriger Verhandlungen abgewonnen.) Welchen Fortgang es im übrigen mit meiner Bibliothek nehmen wird, weiß ich nicht. Es würde 16 Seiten erfordern, den Tatbestand darzulegen. Jedenfalls besteht eine Hoffnung, daß ich ihrer wieder habhaft werde. Mehr (oder weniger) werde ich vielleicht in einiger Zeit sagen können.[3]

Kafkas Name veranlaßt mich, dir zu schreiben, daß ich hier einen – distanzierten – Umgang mit Werner Kraft aufgenommen habe.[4] Er sah mich auf der Bibliothèque Nationale und wandte sich daraufhin schriftlich an mich. Ich war überrascht, von ihm einige Arbeiten zu lesen, denen ich weder Zustimmung noch Respekt versagen kann. Zwei von ihnen sind Kommentar-Versuche zu kurzen Kafkaschen Stücken, zurückhaltende und keineswegs einsichtslose.[5] Kein Zweifel, daß er sehr viel mehr als Max Brod von der Sache verstanden hat.

Es gibt unter den Maximen und Reflexionen, die sich in Goethes Nachlaß gefunden haben und von deren wichtigsten man wohl raten [kann], warum er sie nicht veröffentlicht hat, diese bemerkenswerte: »Gebranntes Kind scheut das Feuer; ein oft versengter Greis scheut sich zu wärmen.«[6] Auf sie spiele ich an, um ohne viel Worte sagen zu können, welches die Stimmungen sind, gegen die ich – oft wochenlang – zu kämpfen habe, um zu einer Initiative zu kommen, die auf die Plazierung meiner Schriften gerichtet ist. Selten hat deren Überwindung in letzter Zeit zu etwas anderem geführt als meinen Hemmungen Recht zu geben. Auf besonders empfindliche Weise im Fall von Brod, dem ich – auf deinen Anstoß und sogar unter Hinweis auf diesen – eine Arbeit einschickte. Nicht genug mit der Ablehnung, hat er keinen Anstand genommen sie – ohne meine Genehmigung einzuholen – Willy Haas zuzustellen. Da dieser Bursche mir bisher für zwei Beiträge (deren einer inzwischen wohl in deinem Besitze ist) überhaupt kein Honorar geschickt hat, so werde ich von Glück sagen können, wenn das Manuscript wieder in meinen Besitz kommt.[7] Andere Versuche ähnlicher Art und ähnlichen Ausgangs aufzuzählen, darf ich unterlassen. Interessanter – wenn auch kaum aussichtsvoller – als sie schien es mir, die »Berliner Kindheit um neunzehnhundert« an Hermann Hesse zu schicken, was ich denn auch kürzlich getan habe.[8]

Schrieb ich dir, daß mein Bruder zu Weihnachten aus dem Konzentrationslager Sonnenburg entlassen worden ist? Soviel ich weiß, schwebt aber noch ein Hochverratsverfahren gegen ihn. Wirtschaftlich ist er mit seinem einjährigen Sohn[9] zur Not durch seine Schwiegereltern gesichert. Im übrigen muß ich es für fast sicher halten, daß er auf die eine oder die andere Weise die illegale Arbeit wieder aufnimmt.[10] Dies natürlich im strengsten Vertrauen. Im übrigen magst du aus dieser Stelle entnehmen, daß es in keiner Weise Angst vor einer Zensur – vor welcher? – ist, die mich gelegentlich von meinen eignen Dingen mit einigem Lakonismus sprechen läßt. Was mich dazu veranlaßt sind die überaus bedrückenden Umstände. Und ich rede da nicht allein von den äußern. Ich bin kaum je so vereinsamt gewesen wie hier. Wenn ich Gelegenheiten suchen würde, mit Emigranten im Café zu sitzen – die wären leicht beschaffbar. Aber ich meide sie. Vergegenwärtige dir, wie außerordentlich bedeutsam – aber auch wie außerordentlich klein – der Kreis war, der mein Dasein in den letzten berliner Jahren bestimmte. Von den Menschen, die sein Zentrum bildeten, ist – jetzt, nachdem die Hauptmann, Brechts Sekretärin, nach Amerika gefahren ist – nicht einer, von denen die seine Peripherie bildeten, sind zwei hier.[11]

Die Reise nach Dänemark schiebe ich nicht nur der Jahreszeit wegen auf. So nah ich Brecht befreundet bin, so hat doch das ausschließliche auf-ihn-angewiesen-sein, welches mir dort in Aussicht steht, seine Bedenken. Dazu kommt, daß man bei völliger Mittellosigkeit doch gut tut, jene Anonymität zu suchen, die einem eine große Stadt gibt. Im übrigen hat man jetzt für mich Schritte bei der Alliance Israélite Universelle unternommen und es kann sein, daß ich für kurze Zeit zu einer Unterstützung komme, die freilich nach meinen Informationen nur ganz geringfügig sein kann. Daß ich eine Beziehung zu der Zeitschrift »Monde« aufgenommen habe, schrieb ich dir vielleicht. Ich werde dort in einem umfangreichen Artikel eine kritische Darstellung von Haussmanns pariser Aktionen geben, über die ich, schon in früheren Jahren, interessante Materialien gesammelt habe.

Deine Mitteilung über das Mani-Manuscript hat mich neugierig gemacht. Ich werde versuchen, mir den betreffenden Akademiebericht zu verschaffen. Neben der eben genannten Arbeit beschäftigt mich übrigens zur Zeit Sprachphilosophie. Ein zusammenhängendes Literaturreferat über das Gebiet, das ich mir von der »Zeitschrift für Sozialforschung« übertragen ließ, gibt mir Gelegenheit dazu. Kennst du die »Sprachphysiognomie« von Heinz Werner, die 1932 bei Barth erschienen ist? Ich studiere sie gegenwärtig.

Kommst du wieder nach Rechowoth, dann sage dort meine schönsten Grüße. Ebenso gib sie an Escha weiter. Schreibe bald.

Dein Walter

1 Ein jüdischer (dem Hebräischen entnommener) Ausdruck sehr hoher Anerkennung.

2 Das war ein Wink mit dem Zaunpfahl an mich. Ich hatte einmal geschrieben, daß in den Schriften von Agnon die Revision des Kafkaschen »Prozeß« verhandelt werde.

3 Er erhielt in der Tat die »wichtigere Hälfte« (wenn auch die kleinere) seiner Bibliothek, wie er an Brecht schrieb (Briefe, S. 602).

4 Zwischen 1921 und 1933 hatten keine Beziehungen zwischen Benjamin und Kraft bestanden.

5 Gemeint sind Krafts Arbeiten »Über Franz Kafkas ›Elf Söhne‹« und »Der neue Advokat«, die W.B. noch im Manuskript gelesen hatte (wieder gedruckt in Krafts »Franz Kafka«, 1968, S. 13-16, 49-62). Siehe die Bibliographie in GS II, S. 1247.

6 Maxime Nr. 931. In Artemis, Bd. 9, S. 620. Auch in der Max Heckerschen

Ausgabe der »Maximen und Reflexionen« von 1907, neu vorgelegt insel taschenbuch Bd. 200, S. 168. Die Maxime ist eingeordnet in beiden Ausgaben unter »Aus dem Nachlaß. Über Literatur und Leben« und heißt: »Ein gebranntes Kind ...«.

7 In der Haas'schen Zeitschrift »Die Welt im Wort« erschienen im Oktober und November 1933 die zwei Beiträge »Erfahrung und Armut« (GS II, 213-219) und eine Äußerung über J. P. Hebels Schatzkästlein (GS II, S. 628). Da die Zeitschrift einging, zahlte sie auch die fälligen Honorare nicht, und die von W.B. an Brod eingeschickten Stücke erschienen wirklich, wie ursprünglich von ihm beabsichtigt, im Prager Tagblatt (GS IV, 757-761).

8 W.B.s Brief vom 13. Januar und Hesses sehr positive Antwort sind inzwischen in einer Veröffentlichung des Suhrkamp Verlages über Hesse (1975), S. 83-84, gedruckt. Hesse zählt zu den sehr wenigen Schriftstellern, die sich für W.B. eingesetzt haben; Hesse versuchte zwei Verleger, S. Fischer und Albert Langen, für Benjamins Werk zu interessieren und machte später einen holländischen Emigrationsverlag auf Benjamin aufmerksam.

9 Michael Benjamin, geb. am 27. Dez. 1932.

10 Siehe dazu in Hilde Benjamins Biographie ihres Mannes (Leipzig 1977), S. 223-239.

11 Wen Benjamin hier im Auge hatte, weiß ich nicht. Wer die Menschen im Zentrum des Berliner Kreises um Brecht waren, kann man in Klaus Völkers schon genanntem Buch über Brecht lesen.

44 Scholem an Benjamin

[Anfang Februar 1934]

Lieber Walter,

Deine letzten Nachrichten sind alle recht entmutigend und ich verstehe daß Du je länger desto tiefer dort in eine Stimmung der Trostlosigkeit hineingerätst von der Du nicht viel Ermunterung zur Äußerung entnehmen wirst. Ich habe keinerlei Bild von der Art jenes Pariser Lebens, das Du zur Zeit zu führen genötigt bist, und sehe nur daß auch bei Vermeidung der Berührung mit den deutschen Emigrantenkreisen, wovon Du schreibst, Deine pariser Existenz sich diesmal ganz grundlegend und zwar nicht zum Guten von der früheren vor ein paar Jahren unterscheidet. Haben sich Deine französischen Türen denn auch geschlossen? Ist von jener Seite seit dem Überansturm eine besondere Zurückhaltung hervorgetreten, die früher nicht so hemmend war? All dies scheint, wenn ich nach dem Tenor Deiner spärlichen pariser Äußerungen urteilen soll, überaus quälend auf Dir zu lasten. Ich zerbreche mir den Kopf, in welcher Richtung Deine bisherige Art literarischer Tätigkeit noch mit irgendeinem Sinn und einer Aussicht einer bestimmten Wirkung durchgeführt werden kann. Das was Du über Deine Erfahrung mit Brod andeutest, hat mich sehr enttäuscht und ich werde keineswegs unterlassen, diese meine Gefühle in nachdrücklicher Form zu Brods Kenntnis gelangen zu lassen. Aber wohin wirklich mit Deinen Arbeiten? Und noch mehr: *woher* sollen sie fließen, wenn diese Lage anhält. Daß ich die Absicht habe, Deine Angelegenheit vor [Salman] Schocken aufs Tapet zu bringen und festzustellen, ob es in dieser Richtung irgend eine Möglichkeit gibt, etwas zu erreichen, ist Dir bekannt. Der Mann ist jetzt auf kurze Zeit hier, und siedelt im Herbst ganz und gar hierher über. Wenn es mir gelingt, den Kontakt, den ich mit ihm habe, zu festigen, so werde ich mit meinen Anregungen herauskommen. Wenn das jetzt noch nicht möglich ist, oder zu keinen vernünftigen Beschlüssen führen kann, so läßt sich doch schon feststellen, ob überhaupt eine Aussicht besteht, den Mann für Deine Arbeit zu interessieren. Der Ausgangspunkt für solch Unternehmen ist Deine Wahlverwandtschaften-Arbeit. Sei jedenfalls versichert, daß ich keine Minute die Möglichkeit aus dem Auge lasse, dort etwas zu unternehmen.

Mir geht es recht gut, abgesehen von der sehr wenig dazu passenden Krankheit Eschas. Sie liegt nämlich seit 6 Wochen mit einem schweren Anfall von Ischias und leidet sehr. Machen läßt sich dabei anscheinend nur sehr wenig. Es ist auch die klimatisch unangenehmste Periode dafür. Sonst arbeite ich viel und bin sehr mit kabbalistischen Analysen beschäftigt. In 14 Tagen ist das Wintersemester beendet und ich werde dann ein paar Tage durchs Land fahren. – Du siehst Kraft, wie Du schreibst, ich dagegen sehe mitunter seinen kleinen Sohn, der in einem halben Jahr aus einem Hannoveraner ein sehr netter Hebräer geworden ist. Er spricht mit erstaunlicher Leichtigkeit und Auffassung Hebräisch – ich muß selbst lachen, wenn ich mit dem Sohn eines Rudolf Borchardt-Anhängers Hebräisch nicht nur rede, sondern sogar reden muß, da das Kind einen ganz heftigen Widerwillen bekundet, deutsch zu sprechen! Das muß Kraft passieren!

Solltest Du Deine Bibliothek in die Hände bekommen, wozu ich Dich herzlichst beglückwünschen würde, so bitte ich Dich noch einmal zu überlegen, ob Du Deinen Baader unserer Bibliothek verkaufen willst. Ich schrieb Dir schon vor langer Zeit, daß dies Œuvre hier fehlt und die Bibliothek es falls erschwingbar gern kaufen würde.

Vorgestern war Kitty Steinschneider bei uns und ich habe ihr Deine Grüße ausgerichtet. Es scheint, daß sie von Rechowoth weggehen werden.

Daß Dein Bruder wieder frei ist, habe ich mit Freude gehört. Von dem meinigen kann ich dergleichen leider nicht mitteilen. Es ist auch bisher keinerlei Anzeichen für irgend eine Entwicklung der Sache zu sehen. Er sitzt seit 10 Monaten in Untersuchungshaft – und war ein einziges Mal vor dem Untersuchungsrichter.

Schreibe bitte so ausführlich Du kannst. Herzlichsten Gruß

Dein Gerhard

45 Benjamin an Scholem

Paris VI, 1, rue du Four, Palace Hotel

3. März 1934

Lieber Gerhard,

ich benutze eine Nachtstunde, um auf deinen letzten Brief zu antworten.

Ihm entnehme ich, daß – mögen die Nachrichten, auf die du ihn gründest, auch spärlich sein – dein Bild meines Daseins zutreffend ist. Es ist so prekär wie nur möglich und hängt – um dasselbe vorsichtiger zu sagen – tagtäglich vom lieben Gott unmittelbar ab. Damit meine ich nicht nur die Hilfe, die mir von Zeit zu Zeit zuteil wird, sondern ebenso meine eigne Initiative, die mehr oder weniger auf das Wunder gerichtet ist.

Hier meiner Arbeitskraft die angemessene Verwertung zu finden – dazu wäre beinah ein Wunder nötig. Mein neuestes Experiment in dieser Richtung habe ich durch die Ankündigung eines Vortragszyklus über die »Avantgarde allemande« unternommen[1], für den man mir einen kleinen Raum in Gestalt eines Kunstsalons und einige französische Subscribenten in Aussicht stellen will. Das alles im kleinsten Rahmen und noch ganz im Projektstadium. Zumindest wäre solche französische Vortragsfolge sprachlich ein gutes Training.

Um auf die »Hilfe« zurückzukommen, so ist der einzige schmale Anhalt, den ich augenblicklich habe, eine Unterstützung von 700 frz frcs, die ich – bis zum April – von der Alliance Israélite Universelle habe, an deren Präsidenten Sylvain Lévy ich persönlich empfohlen wurde. Eine Verlängerung dieser Unterstützung ist eine vitale Angelegenheit für mich. Nach meiner Kenntnis der Dinge könnte ich sie aber nur erwarten, wenn ein neuer Faktor ins Spiel käme. Gibt es für dich da irgendeinen Weg?

Sylvain Lévy wird dir dem Namen nach – als Indologe – vielleicht bekannt sein.[2] Ich werde ihn in der nächsten Zeit auf(zu)suchen, um ihm von gedachtem Vortragszyklus zu sprechen und ihm meine Arbeit über die gegenwärtige französische Literatur zu überreichen, die auch dir in der nächsten Zeit zukommen wird. Von einer Verlängerung der Unterstützung aber werde ich nicht wagen können, ihm zu sprechen. Für den Fall, daß du – mittelbar oder unmittelbar – eingreifen könnte[st], würde das die Lage ändern.

Ich erwähne, daß Jean Richard Bloch ein Neffe von Sylvain Lévy ist. Daß du den erstern auf seiner Palästinareise kennen gelernt hast, glaube ich in einem deiner Briefe gelesen zu haben.[3]

Zwischen mir und dem Schicksal ist zur Zeit die Passagen-Arbeit der *tertius gaudens*. Ich habe nicht nur die Studien in letzter Zeit sehr voranbringen können, sondern mir – nach langer Zeit zum ersten Male wieder – ein Bild von der Art ihrer Verwertung machen können. Daß dieses Bild vom ersten, ursprünglichen, sehr abweicht, ist verständlich.

In meiner Lage darf man dem Gefühl der Hoffnung nur mit großen diätetischen Vorkehrungen sich überlassen. Möge dir das eine Vorstellung davon geben, was eine erfolgreiche Fürsprache bei Schocken mir für eine Bedeutung hätte.

Die Prager Zeitschrift von Haas ist eingegangen und das ist mir eine Genugtuung. Der sonderbare Brod aber hat mir seinen letzten Roman (den ich gewiß nicht lesen werde) vom Verlage senden lassen. Erfreulicher war ein Brief von Hermann Hesse, dem ich die »Berliner Kindheit um neunzehnhundert« zugesandt hatte. Neben dem Einsichtigen, was er über das Buch sagt, stellt er mir seine Intervention bei S. Fischer zur Verfügung. Leider liegen dort aber Verhältnisse vor, die sie ergebnislos[4] machen müßten und er scheint das auch selbst zu ahnen. Immerhin – der Impuls hat mich nicht getäuscht, aus dem ich mich an ihn wandte.

In dieser Zeit, die tagsüber meine Phantasie mit den entwürdig[end]sten Problemen beschäftigt, erlebe ich nachts, öfter und öfter, ihre Emanzipation in Träumen, die fast immer einen politischen Gegenstand haben. Ich wünschte sehr, einmal in die Lage zu kommen, sie dir zu erzählen. Sie stellen einen Bilderatlas zur geheimen Geschichte des Nationalsozialismus dar.

Von meiner Bibliothek – vielmehr deren wichtigerer Hälfte – weiß ich daß sie nach Skandinavien abgegangen ist, aber noch nicht, ob sie die Grenze passiert und wohlbehalten angekommen ist. Sie geht zu Brecht, der sie unterbringt; hier könnte ich sie weder aufstellen noch Lagergeld für sie aufbringen. Dagegen darf ich hoffen, demnächst hier in Besitz meiner großen »Geschichte des deutschen Buchhandels«[5] zu kommen, über die ich für die »Sammlung« einen Aufsatz schreiben will.

Soviel – und es ist ja nicht wenig – für heute. Ich will nicht schließen ohne herzliche Wünsche für Eschas Heilung. Ich weiß, daß Ischias sehr weh tut – aus der Zeit, da ich sie simulieren mußte.[6]

Die herzlichsten Grüße Dein Walter

PS: Durch einen Zufall habe ich [Nachum] Glatzers »Geschichtslehre der Tannaiten«[7] erhalten. So kurz das Buch in seinen Explikationen ist, so wichtig scheint es mir in seiner Problemstellung. Schreibe mir doch, was du darüber denkst.

1 Er wollte unter andern über Kafka, Ernst Bloch und Brecht sprechen. Der Zyklus kam nicht zustande.

2 Sonderbarerweise ernannte er den berühmten Indologen Sylvain Lévi (1863-1935) in seinen Briefen an Brecht, ohne seinen Namen zu nennen, zum Großrabbiner von Frankreich (»Zur Aktualität Walter Benjamins«, 1972, S. 33). Den damaligen Großrabbiner von Frankreich, Israel Lévi, an den ich ihn hätte empfehlen können, erwähnte er mir gegenüber gar nicht.

3 Jean-Richard Bloch (1884-1947), bekannter französischer Schriftsteller, der auch nach seinem Anschluß an die Kommunistische Partei lebhaftes Interesse für jüdische Angelegenheiten behielt. Ich traf ihn zweimal, als er 1925 in Jerusalem war.

4 Samuel Fischer konnte in seinen letzten Lebensmonaten – er starb am 15. Oktober 1934 – den Verlag nur reduziert leiten. »Der Vierundsiebzigjährige war seit

längerem leidend, seine geistigen Kräfte waren im Schwinden«, schrieb Thomas Mann in seinen Erinnerungen an S. Fischer über eine Begegnung im Mai 1934. Die Stellung der beiden damaligen Hauptpersonen des S. Fischer Verlages, G. Bermann-Fischer und Peter Suhrkamp, war wohl unklar.

5 Diese Rezension wurde nicht geschrieben. Wahrscheinlich bezog W.B. sich auf Kapp-Goldfriedrich, »Geschichte des deutschen Buchhandels. Im Auftrag des Börsenvereins der deutschen Buchhändler, herausgegeben von der Historischen Kommission desselben«; Bd. I von Friedrich Kapp, Bd. II-IV und Registerband von Johann Goldfriedrich, Leipzig: Börsenverein 1886-1923.

6 Im Mai und Juni 1917. Die Zweifel bei Werner Fuld, Walter Benjamin, 1979, S. 81, sind ganz grundlos.

7 »Untersuchungen zum Geschichtsbild der Tannaiten«, Berlin 1932.

46 Benjamin an Scholem

Paris XVI, 25, rue Jasmin
8. April 1934

Lieber Gerhard,
wie ich hoffe sind die Gründe deines langen Schweigens nicht in deiner Gesundheit gelegen. Gerade jetzt habe ich deine Nachrichten, die ja auch wohl die Antwort auf meinen letzten Brief Sylvain Lévy betreffend enthalten hätten, vermißt.
Untenstehend wirst du meine Adresse finden, die sich seit einigen Wochen verändert hat. Das Hotel konnte ich nicht mehr aufrecht erhalten; meine Sachen sind teilweise noch dort und müssen ausgelöst werden. Ich habe ein ganz provisorisches Unterkommen bei meiner Schwester gefunden. Auch das ist mir nicht an der Wiege gesungen worden.[1] Im übrigen wird es auch von dort bald wieder fortgehen, denn das Zimmer, in dem ich bin, ist vermietet.
Meinen Aufenthalt in Paris habe ich in den letzten Wochen ausschließlich der Vorbereitung eines Vortrags gewidmet, der in einem recht angesehenen Privathause geladnen Gästen den Ausgangspunkt einer Reihe von Betrachtungen über die gegenwärtige deutsche Literatur hätte vertraut machen sollen.[2] Es war geplant, an diesen Vortrag, wenn möglich, conférencen anzuschließen, welche zum Unterschied von dieser ersten entgeltlich hätten sein sollen. Nun, kurz vor dem anberaumten Termin, erfahre ich, daß der Veranstalter – ein sehr bekannter Gynäkologe – an Lungenentzündung erkrankt ist. Alles mußte

abgesagt werden. Und die gedruckten Einladungen waren bereits verschickt.[3]
So kommt es, daß ich die Gestaltung der kommenden Wochen noch garnicht übersehen kann. Sollte es später zu dem geplanten Vortrag kommen, so ist es doch noch fraglicher, als es von Haus aus war, geworden, ob sich weitere an ihn anschließen könnten. Vielleicht wird die Saison dann schon zu weit vorgerückt sein. Ehe ich aber dem Gedanken an die Abreise näher trete, müssen alle Chancen, wenigstens diesen ersten Schritt vor ein pariser Publikum zu tun, versucht werden.
Meinen Aufsatz über die gegenwärtige gesellschaftliche Lage des französischen Schriftstellers habe ich dir vor ein paar Tagen – zusammen mit einem Artikel über Kommerells Jean-Paul-Buch gesandt.[4] Der geplante Vortrag sollte zu jenem Aufsatz das Gegenstück darstellen: Courants politiques dans la littérature allemande actuelle. – Ein umfangreiches Sammelreferat über »Probleme der Sprachsoziologie« habe ich für die Zeitschrift für Sozialforschung fertiggestellt.[5] Übrigens hat deren Redaktion sich bemüht, mir ein service de presse bei mehreren großen pariser Verlegern zu beschaffen. Diesem Bemühen helfe ich zur Zeit mit eignen démarchen nach und so hoffe ich in einiger Zeit wieder eine kleine französische Bücherei zur Stelle zu haben. Meine ursprüngliche ist, zusammen mit einem erheblichen Teil meiner übrigen Bibliothek kürzlich in Dänemark eingetroffen. Aus gewissen Gründen mußte ich die Hälfte der Bücherei in Berlin lassen; die minder wertvolle.
In den nächsten Tagen hoffe ich, von Sylvain Lévy empfangen zu werden. Aus deinem Schweigen entnehme ich, daß du bei ihm nichts bewirken könntest. Was ich selbst diesmal bewirken kann, muß dahingestellt bleiben.
Ein anderer Schritt aber dürfte im Bereich deiner Möglichkeit liegen. Aus Berlin schreibt mir Wiesengrund, daß Erich Reiß ein lebhaftes Interesse an der »Berliner Kindheit um neunzehnhundert« bekunde. Nun aber sei der Verlag neuerdings durch eine zionistische Linie bestimmt. Darin erblickt Wiesengrund, wohl mit Recht, eine gewisse Schwierigkeit. Diese zu überwinden bestünde vielleicht dann eine gewisse Aussicht, wenn du ihm, gutachtlich sozusagen, gewisse jüdische Seiten meines Buchs darlegen könntest.[6]

Du wirst keinen Augenblick annehmen, daß ich das schreibe, ohne mir darüber klar zu sein, daß es sich dabei um einen *tour de force* handeln würde. Aber die Tatsache deiner Äußerung allein würde bereits die gute Hälfte einer Argumentation darstellen. Und für die andere gibt dir vielleicht deine Weisheit, wenn nicht dein Archiv meiner Arbeiten, einigen Anhalt.
Ob du einen solchen Brief – falls er für dich in Frage kommt – an Erich Reiß direkt (seine Adresse kenne ich nicht) oder über mich senden willst, ist eine Nebenfrage.
Das zunächst durchaus vage Projekt darf man vielleicht deswegen nicht von der Hand weisen, weil gerade für diese »Berliner Kindheit« die Publikationschancen durchaus minimal sind. Übrigens gilt, glaube ich, von den Erfolgschancen nicht das Gleiche.
Zu den, zunächst in Dänemark bei Brecht, geborgenen Büchern gehört auch die Reihe der Kafkabände. Und damit wird der Verlust des »Prozesses«, den ich vor wenigen Jahren durch Diebstahl einbüßte, von neuem aktuell. Vielleicht hast du Gelegenheit, ihn irgendwo – etwa durch Vermittlung von Kitty Steinschneider, der ich in Berlin von diesem Verlust sprach – für mich zu schnorren?!
Dieses und die Bitte um recht baldige Antwort für heute

Dein Walter

PS: Der Zustand des Arztes hat sich verschlechtert. An die Vorträge ist im Augenblick nicht mehr zu denken.

1 Dora war schon 1934 nach Paris gezogen, wo sich zuerst wieder engere Verbindungen zu seiner Schwester ergaben, mit der er vorher in gespannten und konfliktreichen Beziehungen gestanden hatte.

2 Dieser Plan war an die Stelle des im vorigen Brief erwähnten Projekts getreten.

3 Es ist mir nicht bekannt, ob sich ein Exemplar dieser Einladung erhalten hat.

4 »Der eingetunkte Zauberstab« (GS III, 409-417) erschien unter dem Pseudonym K. A. Stempflinger in der Frankfurter Zeitung vom 29. März 1934.

5 GS III, 452-480.

6 Siehe dazu in Brief Nr. 48.

47 Scholem an Benjamin

11. April 1934

Lieber Walter,

die Wochen sind vergangen, ohne daß ich auf Deinen Brief vom 3. März geantwortet habe. Deine Lage hat mich inzwischen freilich mehr beschäftigt als ein so langes Schweigen verraten würde. Zu einer Intervention bei dem mir ganz unbekannten Sylvain Lévy fand ich keinerlei passablen Weg, das eine, oder die zwei Mal, die ich hier mit seinem Neffen vor ich weiß nicht wievielen Jahren zusammen war, sind keine tragfähige Brücke. Dagegen habe ich eine nicht geringe Intensität darauf verwandt, Deine Produktion resp. Dich dem Herrn [Salman] Schocken zu empfehlen. Leider wäre es übertrieben, hierüber große Illusionen zu haben. Er scheint nicht heran zu wollen. Inzwischen ist er, vorläufig, wieder abgereist, und zwar plötzlich während ich in Tiberias bei Escha war, so daß ich keine abschließende Unterhaltung mit ihm mehr hatte, aber ich glaube, er will sich nicht darauf einlassen. Ich hatte mehrere längere Unterhaltungen mit ihm darüber, bei denen er sich über das, was er von Dir gelesen hatte, mit einem Gemisch von Hochachtung Bewunderung und entschiedener Ablehnung äußerte, von dem Meisten aber beharrlich nichts zu verstehen erklärte. So steht das also leider. Wie sich Deine Lage aber nun wirklich weiter gestalten soll, das wird mir immer unklarer. Was aus den verschiedenen Projekten geworden ist, die Du in Deinem letzten Brief berührst, Vorträge, S. Fischer, Passagen-Arbeit – das hoffe ich noch von Dir zu erfahren. Zur Überführung Deiner Bibliothek, die inzwischen wohl zustande gebracht sein wird, meine herzlichen Glückwünsche. So wird sie Dir doch nicht ganz verloren sein.

Von hier ist zu berichten, daß leider Escha mit ihrer Ischias, die schon mehr den Namen einer Eschias verdient, noch immer gänzlich ungeheilt liegt. Sie war sechs Wochen in Tiberias zur Badekur, aber vorläufig ist alles vergebens und sie leidet sehr. Erst die jetzt wohl einsetzende sommerliche Wärme wird da wirklich nützen können. Ich arbeite und lese viel, besonders das letztere nimmt mich sehr in Anspruch. Während ich im Allgemeinen an kabbalistischer und mystischer Literatur sitze – ich habe begonnen, Schriften von Jacob Boehme zu lesen, eine recht merkwürdige Lektüre – habe ich en passant auch zwei

Bände der Briefe von Rilke in die Hand bekommen, die mich tief bewegt haben. Es sind erstaunliche Stücke darunter. Man sagt übrigens daß ein neues Buch von Julien Green erschienen sei. Weißt Du etwas davon?

Die Schrift von Glatzer, nach der Du fragst, kenne ich. Sie ist in der Fragestellung recht gut und schön, in der Ausführung schwächlich und unbeholfen, und z. B. auch gänzlich falsch. Es ist etwas reichlich viel Vernebelung sachlicher Unzulänglichkeiten dabei. Die »Historisierung« unhistorischer Bibelstücke in der talmudischen Denkweise hat er m. E. völlig falsch gedeutet, und das ist ein Hauptstück.

In diesen Tagen ist es ein volles Jahr, daß mein Bruder in Haft ist. Schrieb ich Dir, daß seine Frau geflohen ist? Sie war »vorläufig« entlassen.[1] Jetzt sitzt er natürlich dreifach in der Tinte.

Hier herrscht unverändert lebhafte Bewegung. Zur Zeit befindet sich hier, soweit ich verstehe, hart an der Grenze des Irrsinns, Else Lasker-Schüler, die in jedes andere Land der Welt wohl besser paßt als in den wirklichen Orient.[2] Immerhin bleibt sie eine wirklich verblüffende Erscheinung. Sie hat eine halbstündige Unterredung mit dem König David gehabt, über die sie nun von mir kabbalistischen Aufschluß verlangt. Und ich bin leider nicht einmal überzeugt, daß sie ihn wirklich gesehen hat.[3] Andere Koryphäen der Literatur umgehe ich zielbewußt und vorsichtig.

Herzlichsten Gruß Dein Gerhard

1 Meine Schwägerin Emmy Scholem (1896-1968) ging wenige Tage nach der Entlassung über die Grenze nach Prag, und später nach London. Sie versuchte vom Ausland aus Hilfe für meinen Bruder zu organisieren.

2 Sie kam etwa am 10. März 1934 in Jerusalem an.

3 Ich war seit der Unterhaltung darüber bei ihr in Ungnade und hieß »Herr Disput«. Ich hielt ihre Vision für Literatur.

48 Scholem an Benjamin

19. April 1934

Lieber Walter,

ich schrieb Dir wenn ich nicht irre genau vor einer Woche, natürlich noch an Deine alte Adresse, und schilderte Dir darin wenigstens in Andeutungen die Geschichte meiner Bemühungen für Dich bei Schocken. Vor drei Tagen erhielt ich nun die letzten Drucksachen von Dir und heute Deinen Brief (vom 8. – also war er auffällig lange unterwegs!). Ich beeile mich Dir zu antworten und Dir auch Mitteilung von verschiedenen Schritten zu machen, die ich unternommen habe.

Erstens habe ich Dr. Robert Weltsch, den mir gesinnungsmäßig einigermaßen nahestehenden Chefredakteur der »Jüdischen Rundschau«, der in den letzten Wochen in Jerusalem war, intensiv auf Dich hingewiesen und ihm den Rat gegeben, Dich zur Mitarbeit aufzufordern, für das kritische Referat literarischer Erscheinungen etc. Die J. R., die in sehr großer Auflage erscheint (40 000), würde in der Lage sein, Honorar zu zahlen. Die einzige *konkrete* Anregung, die ich ihm für Dich geben konnte, war: von Dir und niemand anderem einen Artikel zum *zehnten* Todestag von Franz Kafka zu fordern, der im Juni oder Juli ist und der J. R. Anlaß zu einem intensiven Hinweis auf K. ist. Er (W.) versicherte mir, er würde Dir nach seiner Rückkehr nach Berlin schreiben. Seine Anfragen: ob Du nicht auf der schwarzen Liste der ihm a priori zum Druck verbotenen Autoren ständest, konnte ich ihm durch den gerade angekommenen pseudonymen Aufsatz in der Fr.Z. nur unvollkommen beantworten. Er sagte, er würde Dich drucken, wenn er nicht direkt ein Verbot vorgelegt bekäme, woran er aber, Deines esoterischen Stils halber, nicht glaubt, solange Du nicht etwa ausdrücklich als Mitarbeiter an politischen Emigrantenzeitschriften und Zeitungen gestempelt bist. Ich glaubte, ihm grade dies Letztere verneinen zu dürfen. Im übrigen könne er, sagte Weltsch, natürlich nur in Abständen von Dir etwas drucken, da »kein Mensch« unter den Lesern Dich verstünde, es also nur eine Sache für einen kleinen (freilich vorhandenen) Kreis von geistig und sprachlich Bemühten sein könnte[1], was ich nicht in Abrede stellen wollte, wie die Dinge liegen. Viel größer ist, im Ernstfall, die Schwierigkeit des Themas, da die »Rundschau« [von der Zensur] an jüdische Themen gebunden ist. Ich möchte glauben, daß Dir ein wirklich schönes Essay über Kafka dort sehr nützen könnte. Du wirst dabei aber einer auch expliziten und formulierten Beziehung aufs Judentum Dich nicht gut entziehen können.

Zweitens: ich habe den Redakteur der Schocken-Bücherei[2], jener kleinen jüdischen Insel-Bücher, Dr. M[oritz] Spitzer in Bensheim, Hunsrückstr. 22 gefragt, ob er Dich nicht für einen oder mehrere Bändchen heranziehen könnte. Er würde das *sehr gern* tun, wenn er *Vorschläge* wüßte: wofür. Die Bücherei hat einen relativ populären Charakter, und er: Er bittet mich in seinem letzten Brief, Dich doch zu veranlassen, falls Du Dir Vorschläge dafür überlegen könntest, die sich für den Charakter der Bücherei eigneten, sie ihm zu schicken. Ich hatte den Vorschlag gemacht, Dich eine Auswahl aus Molitor[3] besorgen zu lassen. Das ist ihm aber eben zu unpopulär-exklusiv. Wenn Du eine Idee hast, so rate ich Dir sehr, mit ihm in Verbindung zu treten, er hat eine hohe Meinung von Dir.

Nun zu Deinem Brief: Ich verabscheue Herrn Reiß, einen fetten Berlin-W-Juden, halb Jobber, halb Snob und bin nicht sehr entzückt über die mir von Dir eröffnete Aussicht einer Intervention bei ihm. Andererseits ist es mir unklar, ob er Dein Buch gelesen hat oder ob das alles nur eine Idee des Herrn Wiesengrund ist. Daß Reiß mit Macht auf der zionistischen Welle schwimmt, ist bekannt, aber diese Welle ist nicht so die meinige als die der Herrn Joachim Prinz, Kastein[4] oder ähnlicher Zeitgenossen. Wie Du Dir denkst daß ich an Deinem Buch *zionistische* Qualitäten etwa gutachtlich entdecken soll, ist mir ganz unklar und Du mußt mir da schon sehr mit Hinweisen an die Hand gehen. Die einzige »jüdische« Stelle in Deinem Manuskript war die, die ich Dich seinerzeit dringend bat zu sekretieren[5], und wenn Du nicht etwa imstande bist, einige direkt in dies Gebiet *stofflich* – nicht nur einer dem Herrn Reiß sicher totgleichgültigen metaphysischen *Haltung* zufolge – einschlagende Stücke zuzufügen, weiß ich nicht, wie Du Dir die Prozedur denkst. Du überschätzt leider meine Weisheit bedeutend, wenn Du annimmst, daß ich die »jüdische Seite« Deines Buches, die mir selbst sehr dunkel ist, dem Verleger klar machen könnte. Übrigens kenne ich Herrn Reiß nicht etwa persönlich. Es versteht sich von selbst, daß ich falls der Verlag sich *seinerseits* mit einer Anfrage an mich wendet, mich aufs nachdrücklichste für Dich einsetzen werde, das versichere ich Dir, aber [ob] Du es für tunlich hältst, mich bei ihm als etwaige »Autorität« aufzugeben, das muß ich mit einiger Skepsis Dir selbst überlassen.

Willst Du nicht in Paris einmal einen kühnen Schritt machen und Leo Schestow[6] aufsuchen? Das könnte doch so schwierig nicht sein.
Den Aufsatz aus der Zeitschrift für Sozialforschung habe ich bisher nicht verstanden. Soll das ein kommunistisches Credo sein? Und wenn nicht, was eigentlich ja? Ich muß Dir gestehen, daß ich in diesem Jahr schon überhaupt nicht mehr weiß wo Du stehst. Es ist mir nie gelungen, trotz all jener Versuche, an die Du Dich erinnern wirst, auch früher zu einer Klärung dieser Deiner Stellung mit Dir zu gelangen. Und jetzt, nach dem Anbruch des neuen Äon, wo Du schon durch Deine so schreckliche äußere Lage am wenigsten dazu prädisponiert scheinst, wird es mir leider noch weniger gelingen. Und das ist überaus beklagenswert. Aber Du weißt das alles ja viel besser als ich. Du hast ja all meine intensiven Fragen, die mir durch keine Brechtschen »Versuche« beantwortet worden sind, in Deiner inneren Registratur.[7]
Den »Prozeß« versuchen manche für Dich zu erlangen – bisher ohne Erfolg. Übrigens will Schocken, wie er mir sagte, sämtliche Vertragsrechte an K's Büchern aufkaufen und alles neudrukken.
Escha geht es leider sehr schlecht. Sie ist sehr mitgenommen. Wenn es nicht besser wird, muß sie wohl ins Krankenhaus. Sie läßt Dich sehr herzlich grüßen und Dir danken.
Ich hoffe, daß Deine Pariser Demarchen irgend einen Erfolg haben. Schreibe mir möglichst umgehend.
Als letzter Gast ist zur Zeit in Palästina, wie ich Dir vielleicht schon schrieb, Else Lasker-Schüler. Eine Ruine, in der der Wahnsinn weniger haust als gespenstert.
Alles Herzliche für heute Dein Gerhard

1 Als ich 1946 die Reste jüdischer Bibliotheken (privaten und öffentlichen Ursprungs) in Deutschland zu untersuchen hatte, um ihre Sicherstellung für jüdische Instanzen vorzubereiten, fand ich klare Beweise für die Existenz solcher Leserschaft Benjamins. Ich sah sorgfältig eingeheftete Ausschnitte aus der Jüdischen Rundschau, die W.B.s Kafka-Aufsatz enthielten. Ein solches Exemplar habe ich mir selbst zum Andenken ausbedungen und besitze es noch jetzt.

2 Die Schocken-Bücherei war eine der wichtigsten Erscheinungen des geistigen Lebens der Juden in Deutschland 1933-1938 (bis der Schocken Verlag Monate nach der Kristallnacht geschlossen wurde). Es erschienen 93 Bände von ungleichem, aber oft beträchtlichem Wert und Rang. Der Redakteur, der Indologe Moritz Spitzer (geb. 1900) lebt in Jerusalem.

3 Franz Joseph Molitor, Philosophie der Geschichte oder Über die Tradition, Band 1-4, Münster 1827-1857, das von einem christlichen Theosophen und Anhänger Franz von Baaders stammende, bemerkenswerteste deutsche Werk über die Kabbala. Band I erschien 1827, aber in einer zweiten Auflage fast doppelten Umfangs 1857.

4 Der Rabbiner Joachim Prinz (geb. 1902) und der Schriftsteller Josef Kastein (1890-1946) waren damals sehr einflußreiche Redner und Autoren. 1931 veröffentlichte Prinz eine populäre »Geschichte der Juden«, Kastein (Pseudonym für Katzenstein) »Eine Geschichte der Juden«, die beide mit großer Bravour eine strikt zionistische Linie vertraten und, besonders nach 1933, viele Leser fanden. Kastein ging nach 1933 nach Palästina.

5 Siehe Anmerkung 3 zu Brief Nr. 11.

6 Lew Schestow (Schwarzmann, 1866-1938); ein russisch-jüdischer Religionsphilosoph und Autor von großenteils auch ins Deutsche übersetzten Werken (z. B. »Auf Hiobs Wage«, 1929), die mich beeindruckt hatten. Er lebte seit 1922 in Paris.

7 Diese Annahme, die der übernächste Brief bestätigt, stellte sich dennoch, zu meiner nicht geringen Überraschung, als gänzlich irrig heraus. Er hatte meinen Brief vom 30. März 1931, dessen Original er aus dem Konvolut meiner Briefe herausgenommen und extra verwahrt hatte, unter seinen Pariser Papieren, die später nach Frankfurt kamen. Aber er hatte ihn vergessen (resp. Max Rychner zugeschrieben), und so auch unsere daran anschließenden zwei Briefe. Alle einschlägigen Dokumente siehe in »Briefe« II, 522-533, sowie im Anhang meines Buches über W.B., S. 283-292.

49 Benjamin an Scholem
[nicht abgesandter Entwurf zum Anfang des Briefes vom 6. Mai 1934][1]

Paris XIV, 28, place Denfert-Rochereau
Hôtel Floridor, den 28. April 1934

Lieber Gerhard,
ungewohnt prompt und in ungewohnter Form schreibe ich Dir. Ich möchte die seltene Konstellation, die mir eine Maschine zur Verfügung stellt, nicht unbenutzt lassen; um soviel weniger, als Dein Brief vom 19. d. Mts. mich lebhaft beschäftigt hat.

Lebhaft und schmerzhaft. Ist unsere Verständigung wirklich gefährdet? Ist es einem so guten Kenner meiner Entwicklung, wie Du es bist, einem so großen Kenner der weitaus meisten Kräfte und Verhältnisse, die diese Entwicklung beeinflußt haben, unmöglich geworden, sich auf dem laufenden zu halten? Sollte es Dir und mir drohen, daß Dein Anteil eines Tages die Farbe des Mitleids annimmt?

Ein Briefwechsel, wie wir ihn unterhalten, ist, das weißt Du, etwas sehr Kostbares, aber auch etwas Behutsamkeit Erheischendes. Diese Behutsamkeit schließt keineswegs aus, daß schwierige Fragen berührt werden. Aber das können sie doch nur als persönlichste. Soweit das geschehen ist, sind die betreffenden Stücke – das kannst Du sicher sein – in meiner »inneren Registratur« wohl aufbewahrt. Auf der anderen Seite habe ich manchmal den Eindruck, daß Du die Fragen nicht als die persönlichsten, welche es sind und bleiben, sondern mehr als Stücke einer Kontroverse aufrollst.
Nur so kann ich es mir erklären, wenn Du den letztgesandten Aufsatz mit der Frage erwiderst: »Soll das ein kommunistisches Credo sein?« Du weißt doch sehr gut, daß ich – vielleicht von verschwindenden Ausnahmen abgesehen – immer meiner Überzeugung gemäß, geschrieben habe, nie aber – es sei denn in ganz außerordentlichen Fällen und wohl nie anders als mündlich – den Versuch gemacht habe, das widerspruchsvolle und bewegte Ganze, das meine Überzeugungen in ihrer Vielheit ausmachen, zum Ausdruck zu bringen.
Und da sollte mir eine schäbige Literatur-Übersicht den Anlaß zu einem Credo geben?! Der Materialismus ist, noch in seiner vulgärsten Form, den Fragen, die das Studium der heutigen Belletristik aufwirft, gewachsen. [bricht ab]

1 Dieser Briefentwurf in Maschinenschrift befindet sich unter W.B.s Papieren in Ostberlin und kam mir zugleich mit den Kopien meiner eigenen Briefe zu.

50 Benjamin an Scholem

Paris XIV, 28, place Denfert-Rochereau
Hôtel Floridor, 6. Mai 1934

Dies, lieber Gerhard, stellt nicht den ersten Versuch dar, auf deinen letzten Brief dir zu antworten. Wenn aber der wiederholte Ansatz auf eine Schwierigkeit deutet, so liegt sie nicht im inhaltlichen Bescheid, den du forderst, sondern in der Gestalt deiner Forderung. Du kleidest sie in eine – vielleicht rhetorische – Frage: »Soll das ein kommunistisches Credo sein?«
Solche Fragen ziehen – so scheint mir – auf dem Wege über

den Ozean Salz an und schmecken dann dem Gefragten leicht bitter. Daß es mir so ergeht, leugne ich nicht. Ich kann es mir nicht vorstellen, was der fragliche Aufsatz dich eigentlich Neues über mich hätte lehren können. Daß du nun gar in ihm eine summa – oder ein credo, wie du es nennst – finden willst, setzt mich in großes Erstaunen.

Aus Erfahrung wissen wir beide, welche Behutsamkeit der bedeutsame Briefwechsel fordert, den wir einer jahrelangen Trennung abringen. Diese Behutsamkeit schließt keineswegs aus, daß schwierige Fragen berührt werden. Aber das können sie doch nur als persönlichste. Soweit das geschehen ist, sind die betreffenden Stücke – des kannst du sicher sein – in meiner »inneren Registratur« wohl aufbewahrt. Deiner letzten Frage kann ich das nicht versprechen: sie scheint mehr einer Kontroverse zu entstammen als unserm Briefwechsel.

Daß wir den kontrovers nicht führen können, liegt auf der Hand. Und wenn in seinem Verlaufe Bestandstücke auftauchen, die so eine Behandlung nahe legen, so gibt es – scheint mir – hier für seine Partner kein anderes Verfahren, als sich an das lebendige Bild zu wenden, das einer von dem andern in sich trägt. Ich denke, daß das meinige in dir nicht das von einem Manne ist, der leicht und ohne Not sich auf ein »Credo« festlegt. Du weißt, daß ich wohl immer meiner Überzeugung gemäß geschrieben, selten aber, und nie anders als im Gespräch, den Versuch unternommen habe, den ganzen widerspruchsvollen Fundus, dem sie in ihren einzelnen Manifestationen entspringt, zum Ausdruck zu bringen.

Und da sollte mir eine Übersicht über französische Literaturprodukte das Stichwort bieten?! – Das Stichwort ist mir, soweit ich zurückdenken kann, freilich einmal gegeben worden. Es konnte als ein solches gelten, weil es im Raume einer Kontroverse fiel. Ich fand es in Gestalt eines Briefes, den Max Rychner vor einigen Jahren an mich gerichtet hatte. Es sollte mich nicht wundern, wenn du die Kopie meiner Antwort seinerzeit von mir geschickt bekommen hättest.[1] Wenn nicht, so kann ich das jetzt nicht nachholen – dieser Brief liegt bei anderen Papieren in Berlin.

Was sollte aber auch dieser dir Neues sagen?! Daß mein Kommunismus von allen möglichen Formen und Ausdrucksweisen am wenigsten die eines Credos sich zu eigen macht, daß er – um den Preis seiner Orthodoxie – nichts, aber garnichts ist, als der Ausdruck gewisser Erfahrungen, die ich in meinem Denken und in meiner Existenz gemacht habe, daß er ein drastischer, nicht unfruchtbarer Ausdruck der Unmöglichkeit des gegenwärtigen Wissenschaftsbetriebes ist, meinem Denken, der gegenwärtigen Wirtschaftsform, meiner Existenz einen Raum zu bieten, daß er für den der Produktionsmittel ganz oder fast beraubten den naheliegenden, vernünftigen Versuch darstellt, in seinem Denken wie in seinem Leben das Recht auf diese zu proklamieren – daß er dies alles und vieles mehr, in jedem aber nichts anderes als das kleinere Übel ist (siehe den Brief von Kraus an jene Gutsbesitzerin, die sich über Rosa Luxemburg äußerte)[2] – habe ich nötig dir das zu sagen?

Nun wäre ich freilich bestürzt, wenn du in diesen Worten etwas fändest, was einem Widerruf auch nur ähnlich sieht. Das Übel ist – im Vergleich zu denen, die uns umgeben – ein so viel kleineres, daß es in jeder praktischen, fruchtbaren Gestalt zu bejahen ist – nur in der unpraktischen, unfruchtbaren des Credos nicht.

Und diese Praxis – im Falle des von dir bezichtigten Aufsatzes eine wissenschaftliche – läßt der Theorie – dem Credo, wenn du willst – eine ungleich größere Freiheit als die Marxisten ahnen. Leider scheinst du in diesem Falle ihre Ahnungslosigkeit gutzuheißen.

Du zwingst mich, es auszusprechen, daß jene Alternativen, die offenkundig deiner Besorgnis zu Grunde liegen, für mich nicht einen Schatten von Lebenskraft besitzen. Diese Alternativen mögen im Schwange gehen – ich leugne nicht das Recht einer Partei, sie kund[zu]geben – es kann mich aber nichts bewegen, sie anzuerkennen.

Wenn vielmehr etwas die Bedeutung kennzeichnet die das Werk von Brecht – auf das du anspielst, zu dem du aber, soviel ich weiß, dich zu mir nie geäußert hast – für mich besitzt, so ist es eben dies: daß es nicht *eine* jener Alternativen aufstellt, die mich nicht kümmern. Und wenn die nicht geringere Bedeutung des Werkes von Kafka für mich feststeht, so ist es nicht zum wenigsten, weil nicht *eine* der Positionen, die der Kommunismus mit Recht bekämpft, von ihm eingenommen wird.

Soviel zu deiner Frage. Und hier liegt nun der Übergang zu jenen Anregungen deines Briefes nahe, für die ich dir vielen Dank sage. Wie viel mir an einem Auftrag, Kafka zu behandeln, gelegen wäre, brauche ich nicht zu sagen. Müßte ich seine Position im Judentum explizit behandeln, so wären mir dafür Fingerzeige von anderer Seite freilich unentbehrlich. Ich kann meine Unwissenheit da nicht zu Improvisationen ermutigen. Bisher hat Weltsch freilich noch nichts von sich hören lassen.

Daß deine Bemühung bei Schocken vergeblich war, das beklage ich für uns beide, ohne es überraschend zu finden. Und ebensowenig überraschend fand ich deine Charakteristik von Reiß, der mir kein Begriff war, nun aber einer geworden ist und – wie ich gern gestehe – genau der, der in mir für ihn bereit lag. Ich habe inzwischen von der Sache nichts weiter gehört.

Für die kleine Bücherei, die Spitzer ediert, würde ich mich gewiß gern tätig erweisen; nur ist mir bisher kein brauchbarer Gedanke gekommen. Auf der andern Seite erspare ich es uns, dir eine Aufzählung der vielen – zum Teil gewiß geringwertigen – Versuche zu geben, mir hier eine Existenzgrundlage zu schaffen. Sie haben mich nicht gehindert, einen längern Essay »Der Autor als Produzent« zu schreiben, der zu aktuellen Fragen der Literaturpolitik Stellung nimmt. Ob er gedruckt erscheinen wird, weiß ich noch nicht.[3]

Mit dem »Visionnaire« von Green habe ich eine große Enttäuschung erlebt. Zur Zeit beschäftigt mich eine *elende* Studie über Flauberts Ästhetik, die, in recht pretentiöser Gestalt, bei Klostermann in Frankfurt erschienen ist und von einem gewissen Paul Binswanger stammt.[4] Auf der andern Seite habe ich Freude an Brechts neuem politischen Drama »Die Rundköpfe und die Spitzköpfe«[5], das ich im endgültigen Manuscript vor einigen Tagen erhalten habe. Im übrigen erhalte ich eine rechte Menge Bücher, da mir eine Anzahl von größeren Verlagen eine Art von service de presse eingeräumt haben.

Welche Vorstellungen du mit deinem Vorschlag an mich, Leon Schestow hier aufzusuchen, verbindest, bitte ich dich, mir wenigstens anzudeuten. Aus dem was ich etwa in der »Kreatur«[6] von ihm gelesen habe, sind mir nicht genügend Anhaltspunkte für solchen Schritt geblieben. Ich kann keine konkreten Daten, die ihn betreffen, in meinem Gedächtnis vorfinden.

Darf ich an dieser Stelle noch, Weltsch betreffend, einen Nachtrag machen? Unabhängig von dem Kafka-Aufsatz wäre mir bei weitem das Liebste, wenn die Rundschau mir ein regelmäßiges Buchreferat übertragen würde, am liebsten eines, das in der Übersendung von Rezensionsexemplaren zum Ausdruck kommt. Und das sage ich weniger im Interesse meiner Bibliothek als aus der Erfahrung heraus, daß solche Referate sich dem Redaktionsbetrieb am reibungslosesten einzupassen fügen. Das regelmäßige Referat muß ja nicht unbedingt ein häufiges sein. Ich wäre sehr froh, wenn du Weltsch dies nahelegen könntest. Das scheint mir für die Dauer auch darum der einzige Weg weil der jüdische Bezug so zumindest im Thema festgelegt ist.
Die ganze Frage hat eine gewisse Bedeutung, weil selbst für einen beweglichen Schriftsteller die Mitarbeit an Organen, die in Deutschland erscheinen, zu der in Emigrationsblättern immer mehr in einen unvereinbaren Gegensatz tritt. Auch Pseudonyme bieten hier nur eine Ausflucht auf kurze Sicht. Ich suche, was mich betrifft, die Entscheidung so lange als möglich hintanzuhalten, wie sich das in meiner Lage verstehen läßt; aber die Anzeichen mehren sich, daß sie in absehbarer Zeit gefällt werden muß.[7]
Über das, was ich von Eschas Gesundheitszustand durch dich erfahre, bin ich recht betrübt. Ich hoffe sehr, daß du bald Besseres zu berichten hast und bitte dich indessen, ihr meine lebhaftesten Wünsche für ihre Genesung zu sagen.
Und die herzlichsten Grüße! Dein Walter

1 Max Rychner (1897-1965), Schweizer Literaturkritiker, mit dem W.B. Briefe wechselte. Der hier erwähnte Brief an R. a. a. O., S. 522-524. W.B. hatte mir seinerzeit eine Kopie dieses Briefes eingesandt. Siehe meine Antwort im dort folgenden Brief.

2 Kraus' fulminante Erwiderung auf die »Antwort an Rosa Luxemburg von einer Unsentimentalen« in der »Fackel« Nr. 554 (Nov. 1920), S. 6-12.

3 Dieser Essay war einer der profiliertesten marxistischen Texte, die W.B. geschrieben hat. Es war ein Vortrag, den er am 27. April 1934 abschloß und der im »Institut pour l'étude du fascisme«, einer kommunistischen Frontorganisation, gehalten werden sollte, aber nicht zustande kam. Versuche, die er damals machte, ihn drucken zu lassen, gab er später auf. (GS II, 683-701, sowie dort 1460-1461).

4 GS III, 423-425.

5 Brechts Vorspruch zum Stück für »Versuche«, Heft 8, 1933 (von dem nur der Umbruch des Stücks vorliegt), lautet: »Das Schauspiel ›Die Spitzköpfe und die Rundköpfe oder Reich und Reich gesellt sich gern‹ ist der 17. der ›Versuche‹.« Das

Stück erschien erstmals im Malik Verlag London, 1938. Enthalten in Brecht, Gesammelte Werke, Bd. 2, Frankfurt 1967.

6 Die von Buber, Viktor von Weizsäcker und Joseph Wittig 1926-1930 herausgegebene Vierteljahresschrift, in der auch W.B. schrieb.

7 Tatsächlich gelang es W.B., bis zum Juni 1935 unter dem Pseudonym Detlef Holz Beiträge in der Frankfurter Zeitung unterzubringen.

51 Benjamin an Scholem

Paris XIV, 28, place Denfert-Rochereau
Hôtel Floridor, 15. Mai 1934

heute in Eile nur wenige Zeilen. Und zwar, um dir zu sagen, daß die erwartete Aufforderung von Weltsch gekommen ist. Ich habe ihm meine große Bereitwilligkeit erklärt, die Arbeit über Kafka zu übernehmen. Aber ich schrieb ihm[1], daß ich es für loyal und zweckmäßig halte, ihm zu sagen, daß meine Interpretation Kafkas von derjenigen Brods abweicht. Ich tat das, weil ich es für richtig hielt, in diesem Punkt Klarheit zu schaffen, um zu vermeiden daß eine Arbeit, an die ich in jedem Falle meine ganze Kraft zu wenden habe, etwa aus Gründen, die in meiner Sache liegen, abgewiesen wird.

Die Antwort ist noch nicht erfolgt; ich will sie aber nicht abwarten, um dir zu sagen, daß ich dich bitte, mich soweit möglich bei dieser Arbeit zu unterstützen. Das könnte auf zwei Weisen geschehen. Einmal weiß ich nicht, wieweit es mir hier möglich sein wird, die wichtigsten Bücher von Kafka zu versammeln; sie sind zum Teil, wie du weißt, nicht einmal im Buchhandel zu erhalten. Sollten alle Stränge reißen, so würde ich dir unter Umständen die wichtigsten mir fehlenden dem Titel nach telegrafieren – d. h. dich bitten, sie mir wenn möglich zu borgen. (Leider ist diese technische Seite der Sache durch die knappe Frist recht erschwert.) Auf der andern Seite aber wären – wie ich das schon im letzten Brief glaube angedeutet zu haben – deine besonderen, aus den jüdischen Einsichten hervorgehenden Anschauungen über Kafka mir bei diesem Unternehmen von größter Bedeutung – um nicht zu sagen nahezu unentbehrlich. Kannst du mir von ihnen einen Begriff geben?

Ich habe – aber auch das schrieb ich wohl – einen Essay ab-

geschlossen, den ich für nicht unwichtig halte. Sowie ich von den wenigen verfügbaren Exemplaren eines frei machen kann, erhältst du es.[2] Er heißt »Der Autor als Produzent«.
Dies für heute mit den herzlichsten Grüßen und allen guten Wünschen für Eschas Gesundheit. Dein Walter

1 Der Brief an Weltsch ist in »Briefe« II, S. 607-608 gedruckt.
2 Es kam nie zu der Übersendung, wohl nicht so zufällig, wie es in diesen Briefen den Anschein hat. Noch als ich ihn 1938 in Paris im Verlauf unserer großen Auseinandersetzung über seine Version des Marxismus darum bat, sagte er offenherzig: »Ich glaube, ich gebe es dir lieber nicht« (siehe mein Buch über W.B., S. 250).

52 Benjamin an Scholem

Paris XIV, 28, place Denfert-Rochereau
Hotel Floridor, den 2. Juni 1934

Lieber Gerhard,
es tut mir leid, daß deine Antwort auf meinen vorletzten Brief, der doch wichtig war, immer noch aussteht. Der Grund dieser Zeilen ist nun freilich nicht, sie anzumahnen – du wirst ihren Zeitpunkt selbst finden – sondern die Befürchtung, mit meinem letzten Brief, der heute ja wohl auch schon seit einer Woche in deiner Hand sein wird, dich in irgenwelche Verlegenheit, was Kafka betrifft, gebracht zu haben.
Natürlich wäre es mir ungeheuer wertvoll, von dir Aufzeichnungen über Kafka zu erhalten. Auf der anderen Seite will ich dir aber mitteilen, daß meine Arbeit virtuell ungefähr abgeschlossen ist. Ich muß dir in der Tat für den Anlaß, den du mir sie zu schreiben gegeben hast, dankbar sein. Nicht umsonst stellte sie mir einen jahrelangen Vorsatz dar.[1] Was für die Sache ein Vorteil ist, ist freilich für den Anlaß ein Nachteil. Der Aufsatz verspricht nämlich, sehr umfangreich zu werden, sodaß an seine geschlossene Aufnahme in der Jüdischen Rundschau wohl kaum zu denken ist. Ich hoffe aber, nicht ohne leise Verzweiflung, für deren Zwecke eine Redaktion zustandezubringen, die etwa ein Drittel seines eigentlichen Umfangs umfassen würde.
Nun wie gesagt, noch liegt der Text nicht vor, und ich würde dich nicht von der Sache unterhalten, läge mir nicht daran, die gegenwärtig doppelt kostbare Möglichkeit, dir zu schreiben, zu

verwerten. Doppelt kostbar, indem ich nämlich auf der einen Seite durch die genannte Arbeit vollkommen beansprucht bin und zu keinem Privatleben oder -denken komme, ehe sie fertig ist, zweitens aber zufällig gerade eine Sekretärin zur Verfügung habe.

Ich muß diese Gelegenheit um so mehr ausnutzen, als es vielleicht für einige Zeit die letzte ist. Denn ich werde Mitte des Monats zu Brecht nach Dänemark fahren, wo ich den Sommer über sein werde.

Was der Aufenthalt dort tragen wird, steht dahin. Jedenfalls habe ich meine Bücher dort; und das Leben soll besonders billig in Dänemark sein. Mit meiner Ankunft dort wird auch die Frage der Baader-Gesamtausgabe akut, von der ich mich natürlich unter den heutigen Umständen trennen muß, wenn Jerusalem sie zu einem entsprechenden Preis kaufen will. Ich wäre dir sehr dankbar, wenn du deinen früheren Andeutungen entsprechend in dieser Richtung etwas bewirken könntest.

Dagegen bin ich in der Lage, dich bezüglich des Kafka'schen Prozesses zu entlasten. Durch einen Zufall habe ich das Buch in einer französischen Buchhandlung zum alten Originalpreis gefunden, den ich erlegt habe, so nebelhaft auch die Zeiten zurückliegen, in denen ein Buch zu kaufen mir etwas Selbstverständliches war. Da ich aber meine, daß Palästina insbesondere auch in der Person von Kitty Marx, auf deren Treue und Findigkeit ich große Stücke gehalten habe, bisher in der Kafka-Frage nicht rühmlich abgeschnitten hat, so möchte ich nicht unterlassen zu sagen, daß immer noch viel späte Ehre derjenige bei mir einlegen könnte, der mir von dort ein Exemplar der »Betrachtung« verschaffen würde, die in meiner Bücherei fehlt.

Aus dem letzten Briefe von Weltsch entnehme ich, daß Schocken eine Gesamtausgabe Kafkas vorhat.[2] Mag er nun im übrigen zu meinen Hervorbringungen stehen wie er will, so hoffe ich, daß du ihm, mit dem besten Gewissen, meinen Kafka-Aufsatz eines Tages so wirst zu Gesicht bringen können, daß er sich zu einem Ehrenexemplar der Gesamtausgabe an meine Adresse veranlaßt sieht.

Soviel, und die Hoffnung, noch vor meiner Abreise Nachricht von dir hierher zu bekommen. Post wird mir im übrigen nachgesandt werden; dabei bitte ich dich freilich zu berücksichtigen,

daß, unter Umständen, Briefe von Frankreich nach Dänemark via Deutschland gehen könnten. Meine dänische Adresse schreibe ich dir, sowie ich drüben bin.
Die herzlichsten Grüße und weitere gute Wünsche für Eschas Besserung

Dein Walter

1 Umfangreiche Notizen zu einer solchen Arbeit hat Hermann Schweppenhäuser im Apparat zu GS II, 1190-1270, veröffentlicht.

2 Diese Ausgabe erschien in 6 Bänden 1935-37. (Der erste Band erschien in Wirklichkeit schon Ende 1934.)

53 Scholem an Benjamin

20. Juni 1934

Lieber Walter,
Deine letzten 3 Briefe liegen vor mir, und auch ein Brief an Dich, der durch Deinen letzten gegenstandslos geworden ist und mich also zur erwünschten Abfassung eines neuen drängt. Daß Du die Arbeit über Kafka übernommen hast, freut mich sehr, aber mich selbst zur Sache zu äußern, sehe ich in diesen Wochen keine Möglichkeit. Du wirst Deine Linie ja zweifellos am besten ohne die mystischen Vorurteile, welche allein ich auszustreuen imstande bin, verfolgen, und kannst noch dazu auf große Resonanz bei dem Publikum der »Rundschau« rechnen. Warum sollte die »JR« übrigens Deinen Aufsatz nicht ungekürzt in Fortsetzungen bringen? Ich halte das gar nicht für aussichtslos, besonders bei der Persönlichkeit des Chefredakteurs. Daß Du den »Prozeß« schon hast, betrübt und freut mich in einem – ich hatte nämlich, wie ich in meinem Briefe Dir gerade mitgeteilt hatte, als Deine letzte Nachricht einlief, Hoffnung, ihn für Dich aus dem Nachlaß von Ernst David zu erhalten. Dagegen kann ich nur von vornherein sagen, daß ich Dir irgendeine Aussicht auf ein Exemplar der »Betrachtung« schon deshalb nicht machen kann, weil ein solches rares Ding vorerst an mich selbst gehen würde, der schon viele Versuche gemacht hat, eines zu erlangen.[1] Erst jetzt habe ich wenigstens jemand in Jerusalem gefunden, der das Buch besitzt, wenn es auch nicht zu erschnorren oder zu kaufen ist. Daß Du die Gesamtausgabe von Schocken bekommst, dafür verbürge ich mich, vor allem

aus dem Grund, daß Weltsch ja Deinen Aufsatz (nachdem der zehnjährige Todestag schon am 3. Juni war) am ehesten nach Erscheinen der (für die nächste Zeit angekündigten) Neuausgabe bringen wird; wobei Du es von der JR als Rezensionsexemplar kriegen kannst. Jedenfalls wird es daran nicht fehlen.

Zu Deinem *Baader*-Vorschlag bedaure ich sehr, daß Du in den letzten Jahren niemals auch nur eine negative Antwort gegeben hast, als ich Dir namens der Bibliothek konkrete Angebote machte. Ich bin natürlich unbedingt dafür, daß die Bibliothek die Ausgabe kauft, und sehe die Lage folgendermaßen: Ich *garantiere* Dir einen Preis von *16 englischen Pfund*; die Bibliothek hat zur Zeit *gar nichts*, wohl aber ist es, wie ich im Gespräch mit [Hugo] Bergmann feststellen konnte, durchaus denkbar, daß wenn wir die Bände hier haben und also einem Touristen, der daher kommt, *direkt vorzeigen* können und ihn darum bitten, den Check für den Ankauf zu zahlen, das Geld auf einmal bekommen, wobei ich es für *eventuell* möglich halte, bis zu 20 Pfund zu bekommen. Ich bin der Meinung, daß das Buch in der Bibliothek sein sollte, da ich aber eben keine 100prozentige Sicherheit besitze, so erkläre ich, daß ich mich verpflichte, wenn Du das Buch schickst, und die Bibliothek es dann nicht kaufen kann, Dir meinerseits 16 £ dafür zu zahlen. Dies vor allem, um Dich zu veranlassen, Dich sofort zu entscheiden, und das Buch im positiven Fall sogleich in einigen Paketen herschicken zu lassen. Die Transportkosten, die bei einer Sendung von, wenn ich nicht irre, 16 oder 17 Bänden (ich denke 16), nicht den Betrag von 2 £ übersteigen können, würden Dir ersetzt werden. Ich bin der Meinung, daß es falls Du die Bücher sehr bald schickst, möglich ist, das Geld für ihren Ankauf zu Gunsten der Bibliothek von einer Dame zu erhalten, die sich zur Zeit in Jerusalem aufhält, und schon mehrfach uns in solchen Fällen geholfen hat. Von dieser Dame würde ich 18–20 £ verlangen.[2] Bitte, teile mir Deine Entscheidung möglichst bald mit. Die Bücher kannst Du an die Bibliothek oder an mich persönlich gehen lassen, Du mußt mir nur jedenfalls mitteilen, welchen Weg Du wählst.

Was aber Deinen Brief vom 6. Mai angeht, so finde ich mich in einer sonderbaren Situation. Es müssen Dir viele Tatsachen unseres Briefwechsels außer Gedächtnis gekommen sein, daß

Du dessen keine Erinnerung bewahrt hast, was auch Dich einmal, vielleicht nur vorübergehend, zu einer Erklärung Deiner Lage zu ziehen schien. Du schreibst, nur einmal sei dir das echte Stichwort gegeben worden, und zwar in Gestalt eines Briefes, den Rychner vor einigen Jahren an Dich gerichtet hätte und »es sollte mich nicht wundern, wenn du die Kopie meiner Antwort seinerzeit von mir geschickt bekommen hättest«. Ach lieber Walter, die Hauptsache liegt etwas anders, nicht Herr Rychner hat einen Brief an Dich gerichtet – das war nur eine kurze wenn auch inhaltschwere Frage[3] – wohl aber ich selbst als Antwort auf Deinen mir damals in der Tat zugeschickten Brief an ihn, den ich in besonderem Maße als an mich gerichtet empfand. Und auf diesen Brief, der Deinem Bewußtsein so entschwunden ist, aber damals bei Dir ganz anders einschlug[4], warte ich noch heute auf die Antwort, zu der Du Dich damals als unfähig erklärt hast. Wir diskutieren mit verstellten Fronten, und das ist für mich nicht angenehm wahrzunehmen. Ich warte seit Jahren auf eine Exposition über so explizite Fragen wie ich sie damals an Dich stellte, inzwischen hast Du sie längst vergessen, und wenn ich auf der Suche nach dieser Antwort sie zweifelnd in einem immerhin doch mit vorzüglichster Präzision geschriebenen und von mir in der Tat als verantwortliche Äußerung aufgefaßten Aufsatz zu finden glaube, so bist Du verwundert, um das mindeste Wort zu nehmen, und verweist mich als echten Ausdruck Deiner Situation noch einmal auf jenen Brief, der vor dreieinhalbem Jahr meine so prinzipielle Kritik ja gerade auf sich gezogen hat. Ich habe schon damals nichts von Deiner Haltung verstanden, und bin inzwischen, bei dem radikalen Ausbleiben jener damals von Dir so stark als notwendig empfundenen Antwort, auch nicht klüger geworden. Ich möchte hoffen, daß der mir von Dir versprochene Aufsatz über den Autoren als Produzenten, dessen Titel ja nach einer solchen Antwort zu schmecken scheint, – freilich habe ich ihn bisher nicht erhalten – mich da einmal ein großes Stück weiterbringt. Auf das Nähere einzugehen, verbietet mir zu diesem Zeitpunkt das Nachwort Deines Briefes, in dem Du schreibst, daß ich mit der Möglichkeit rechnen muß, daß dieser Brief Dich nicht mehr in Paris antrifft.[5] Ich werde mich also vorerst nach Deiner Adresse richten.

Was ist das: ein service de presse für große Verläge? Kannst Du meiner Unwissenheit abhelfen?
Wenn Dir der Gedanke an Schestow nichts Konkretes besagt, entfällt natürlich der Sinn meiner damaligen Anregung. Ich dachte es wäre Dir das Schrifttum des Mannes besonders gegenwärtig und eindrucksvoll, aber es ist natürlich ohne Sinn, zu ihm zu gehen, mit der blassen Vorstellung eines Autors der »Creatur«. Ich halte viel von dem Mann.
Hier ist jetzt grade das Semester zu Ende und ich kann für einige Monate meiner Arbeit nachgehen. Das werde ich auch reichlich tun. Eschas Ischias ist in den letzten 14 Tagen besser, sie arbeitet wieder drei Stunden täglich, aber es ist noch weit von Heilung. Vielleicht werde ich, ja wahrscheinlich, im Sommer auch verschiedenes Deutsch schreiben, so daß ich Dir etwas anzubieten habe; meine Literatur ist im Allgemeinen jetzt hebräisch. In diesen Tagen konnte ich das seltene Jubiläum begehen, den Abschluß eines Aufsatzes zu erleben, den ich hier in einer Zeitschrift in dem bescheidenen Umfang von 15 Bogen publiziert habe, eine Analyse der Entwicklung bestimmter mystischer Termini. Ich plane, über religiösen Nihilismus zu schreiben.[6] Um mich dabei erst mal sicher zu stellen, habe ich einen Platz in einer Synagoge »auf Lebenszeit« erworben, ermiß daraus, wie heikel das Thema ist![7]
Bitte, schreibe aus Skandinavien! Kannst Du mir, eventuell auf meine Kosten, ein Exemplar von Brechts »Heiliger Johanna der Schlachthöfe« schicken?
Die herzlichsten Grüße Dein Gerhard

1 Auch mir gelang es erst nach dem Weltkrieg, ein Exemplar von Kafkas »Betrachtung« zu erwerben.

2 Die Dame war Vera Bryce Salomons (1888-1969), eine Frau, die sich große Verdienste um kulturelle Institutionen in Jerusalem erworben hat.

3 Er sandte W.B. einen Artikel von sich ein, der sich kritisch mit einer marxistischen Schrift Bernhard von Brentanos »Kapitalismus und schöne Literatur« befaßte und an W.B. die Frage richtete – in der Form eines mittelalterlichen lateinischen Sprichworts – »Dic cur hic« (»Sage, warum du hier stehst«, nämlich auf dem Boden des Marxismus).

4 Wie aus W.B.s Brief an mich vom 17. April 1931 hervorgeht, hatte dieser mein Brief (Briefe II, 525-529) großen Eindruck auf ihn gemacht.

5 Gemeint ist W.B.s Warnung vor möglicher Interception der Briefe in Deutschland.

6 Diese Arbeit schrieb ich schließlich im Sommer 1936 auf Hebräisch, ein umfangreiches Essay zum Verständnis der sabbatianischen messianischen Bewegung (1666-67) und ihrer Folgen im Judentum des 17. und 18. Jahrhunderts.

7 Tatsächlich besuchte ich während der zwei Jahre, die ich an diese Arbeit wandte, die Sabbatgottesdienste in dieser Synagoge, wenn auch nicht gerade aus dem hier eher ironisch angegebenen Grunde.

54 Benjamin an Scholem

Skovbostrand per Svendborg, Dänemark
bei Frau Raahange
3. Juli 1934

Lieber Gerhard,
dein Schweigen kann ich mir nicht erklären, sondern nur hoffen, daß die Umstände, die ihm zugrunde liegen, bald behoben sein mögen.

Von Moritz Spitzer erhielt ich eine, zunächst noch allgemein gehaltene Aufforderung zur Mitarbeit an der Bücherei des Schocken-Verlages, die mir sehr lieb war. Wozu sie führen wird ist im Augenblick noch nicht übersehbar, da »der empfindliche Brod« vor »dem Erscheinen seiner Biographie einer andern Veröffentlichung über K.« als eine »Grenzverletzung« betrachten würde.[1]

Ich brauche nicht zu wiederholen, daß ich deine Äußerung zu meinem »Kafka« mit Spannung erwarte.

Weltsch sandte eine vorläufige Empfangsbestätigung und hat sich die Entscheidung darüber vorbehalten ob er den Abdruck über das Ganze oder einen Teil erstrecken wird.

Zu meiner Freude bin ich hier wieder in den Besitz eines Teiles meiner Bibliothek gelangt; dabei befindet sich auch der Baader. Ein Angebot auf ihn durch die Bibliothek von Jerusalem wäre mir, wie du weißt sehr willkommen.

Ich rechne darauf, unter der obigen Adresse bald deine Nachrichten (und das Kafka-Manuscript) zu erhalten.

Mit herzlichen Grüßen Dein Walter

1 Offenkundig Zitate aus Spitzers Brief.

55 Benjamin an Scholem

[9. Juli 1934]

Lieber Gerhard,
ich habe nun deine nach Paris gerichteten Zeilen vom 20ten Juni bekommen. Aus ihnen entnehme ich zunächst, daß mein Gedächtnis sich eine Blöße gegeben hat. In der Tat war ihm der fragende Brief entschwunden, auf welchen du dich beziehst. Das ist zu bedauern, wenn es auch zu erklären ist. Ein Gedächtnis, welches die Eindrücke unabsehbar wechselnder Lebensumstände zu verarbeiten hat, wird selten so zuverlässig wie eines sein, das durch deren Stetigkeit unterstützt wird. Auf der andern Seite lassen Fragen sich wiederholen. Ob das auch in diesem Fall das Richtige ist, kann freilich ich nicht entscheiden. Denn eine Gewähr dafür, daß ich heut in der Lage bin, sie dir in schriftlicher Form zu beantworten besteht nicht. Und du wirst meine Ansicht teilen; es wäre unklug, die Aussichten einer – wenn auch vielleicht noch entfernten – mündlichen Aussprache durch unzulängliche Versuche schriftlicher Auseinandersetzung zu vermindern.

Es stehen uns neben dem unmittelbaren so viele mittelbare Wege zur Verfügung. Und so scheue ich mich – einen dieser Wege beschreitend – nicht, dir die Bitte, Einiges über deine Reflexionen zu Kafka mir mitzuteilen, trotz deiner letzten Abweisung zu wiederholen.[1] Sie ist umso fundierter, als meine eignen Überlegungen zu diesem Gegenstande dir ja nun vorliegen. Wenn sie in ihren Hauptzügen auch dargelegt sind, so haben sie, seit meiner Ankunft in Dänemark, mich weiter beschäftigt und wenn ich mich nicht irre wird die Arbeit an ihnen noch für eine Weile aktuell bleiben. Mittelbar ist diese Arbeit durch dich veranlaßt; ich sehe keinen Gegenstand, in dem unsere Kommunikation näher liegend wäre. Und mir scheint nicht, daß du meine Bitte abschlagen kannst.[2]

Im übrigen werden mich die verschiedenartigsten Dinge beschäftigen müssen. Da es im Zuge meiner pariser Aktionen liegt, im nächsten Winter mit einem Artikel in der Nouvelle Revue Française zu erscheinen und man mir zu diesem Zweck das Thema Bachofen nahe gelegt hat, so wird Bachofen zu studieren sein.[3] Anderes ist für die Zeitschrift für Sozialforschung in Angriff zu nehmen; insbesondere wird sich die Studie über Eduard

Fuchs, so sauer sie mir fällt, nicht auf die Dauer umgehen lassen.

Wie Du weißt habe ich einen Teil meiner Bibliothek hier und er ist bei meinem Nachbarn wohl untergebracht; freilich handelt es sich nur um die knappe Hälfte meiner Bücher. Es sind aber nicht sie allein, die mir im Laufe der nächsten Monate die Arbeit erleichtern werden; vielmehr sind durch eben diese Nachbarschaft die unmittelbarsten Sorgen von mir genommen und ich kann wieder Luft schöpfen. Die Weigel[4], an die ich dich meine Post zu adressieren bitte, verhält sich denkbar freundlich zu mir; ihr Mann ist leider kurz vor meiner Ankunft ins Krankenhaus gekommen und liegt noch dort. Sehr reizend sind die beiden Kinder von zehn und drei Jahren, mit denen ich große Freundschaft geschlossen habe.[5]

Mit gleicher Post gehen zwei unter den vier Paketen an dich ab, in denen ich dir den Baader schicke. Er hat nun 19 Jahre in meinem Besitz gestanden; möge er in Israel einen noch festeren Standplatz beziehen, sei es in deiner, sei es in der jerusalemer Bibliothek. Sieh, was du tun kannst und nimm in jedem Fall meinen Dank. Wie ist das mit Schestow? Ich wüßte gern näheres. Kannst du mir Bücher von ihm nachweisen? mir unter Umständen welche borgen? – Um ein Exemplar des erbetenen Dramas werde ich mich bei meinem Nachbarn bemühen sowie er aus dem Krankenhaus zurück ist. Auf irgend einem Wege ist es bestimmt beschaffbar.

Deine Nachfrage nach »service de presse« hat einen Traum zur Folge gehabt, in welchem es mir entzogen wurde; ich beeile mich, dir die Erklärung zu geben so lange ich noch in seinem Genuß stehe. Es gibt verschiedene Arten des service de presse: solche, mit denen bestimmte Redaktionen oder Kritiker automatisch in den Besitz jeder Neuerscheinung gesetzt werden – das ist mein Fall aber nicht – und solche, mit denen der Verlag sich verpflichtet, dem betreffenden Blatt oder Rezensenten seine Neuerscheinungen jeweils auf Nachfrage zur Verfügung zu stellen: so steht es für mich.

Soviel für heute. Denn was den »Autor als Produzenten« betrifft, muß ich dich bitten, noch Geduld zu haben; ich habe von dieser Arbeit zu wenig Exemplare herstellen lassen, so daß jetzt keines zu meiner Verfügung ist.

Schreibe bitte baldigst. Mit herzlichen Grüßen und allen guten Wünschen für Eschas weitere Genesung Dein Walter

PS: Im ersten Bande des Baader, den ich an dich, aber unter der Adresse der Hebrew University Library geschickt habe, ist die – natürlich sehr seltene – Subscriptionseinladung, die ich lange nach dem Erwerb des Baader zufällig einmal gefunden habe. Wenn du das Exemplar an dritter Stelle zu präsentieren hast, so kann sie dir dienlich sein.

1 Ich hatte einige solche Reflexionen in dem Brief vom 1. August 1931 angestellt, den er in Paris unter seinen Kafka-Papieren bei sich hatte, der aber ebenfalls wohl seinem Gedächtnis entschwunden war. Siehe den Abdruck in meinem Buch W.B., S. 212-213. Schon 1928 hatte er noch am Anfang seiner »Notizen zu Kafka« beschlossen, die damals geplante Arbeit »Gerhard Scholem zu widmen« (GS II, S. 1190).

2 Ich antwortete mit dem weiter unten gedruckten, damals noch unveröffentlichten Gedicht, das ich Anfang 1933 geschrieben hatte.

3 Der französisch geschriebene Aufsatz über Bachofen wurde von der NRF abgelehnt und erschien erst viele Jahre nach seinem Tod (GS II, S. 219-233, und im Apparat dort, S. 963-967).

4 Helene Weigel, Bertolt Brechts Frau.

5 Stefan und Barbara.

56 Benjamin an Scholem

Poststempel: 11. Juli 1934

Lieber Gerhard,

gestern sind die beiden ersten Pakete des Baader eingeschrieben auf deinen Namen aber zur Adresse der Bibliothek der Universität an dich abgegangen, morgen folgen die beiden andern.
Bitte avisiere mir ihr Eintreffen sogleich. Das Kafka-Manuscript ist hoffentlich schon an mich abgegangen. Ich benötige es umso mehr als ich es einer sehr eingehenden Umarbeitung unterzogen habe, so daß das deinige in einigen Beziehungen überholt ist.
Trotzdem erbitte ich neuerlich deine eingehende und – wenn nötig – eingreifende Kritik.
Herzlichen Gruß Dein Walter

57 Ende eines bisher nicht aufgefundenen Briefes von Scholem an Benjamin

.......[1] mir sehr problematisch, problematisch in jenen letzten Punkten, die hier mit entscheidend sind. Zu 98 %, möchte ich sagen, leuchtet sie ein, aber das Sigel fehlt, und Du hast es gespürt, denn Du hast mit der Interpretation der Scham (und da hast Du ins Schwärzeste des Schwarzen getroffen) und des Gesetzes (da bist Du ins Gedränge geraten!) jene Ebene verlassen. Die *Existenz* des geheimen Gesetzes macht Deine Interpretation kaputt: es dürfte in einer vormythischen Welt chimärischer Vermischung nicht dasein, ganz zu schweigen von der so besonderen Art, in der es seine Existenz noch gar ankündigt. *Da* bist Du mit der Ausschaltung der Theologie viel zu weit gegangen, das Kind mit dem Bade auszuschütten.
Aber das müßte noch erörtert werden. Heute nur dies in Eile und um Dir meinen innigen Dank zu sagen.
Und eine Frage: von wem stammen nun eigentlich diese vielen Erzählungen: hat Ernst Bloch sie von Dir oder Du von ihm? Der auch bei Bloch[2] erscheinende große Rabbi mit dem tiefen Diktum über das messianische Reich bin *ich* selber; so kommt man noch zu Ehren!! Es war eine meiner ersten Ideen über die Kabbala.
Sei herzlichst gegrüßt Dein Gerhard

Beilage zu 57
[auf besonderem Bogen]

Mit einem Exemplar von Kafkas »Prozeß«

Sind wir ganz von dir geschieden?
Ist uns, Gott, in solcher Nacht
nicht ein Hauch von deinem Frieden,
deiner Botschaft zugedacht?

Kann dein Wort denn so verklungen
in der Leere Zions sein –
oder gar nicht eingedrungen
in dies Zauberreich aus Schein?

Schier vollendet bis zum Dache
ist der große Weltbetrug.
Gib denn, Gott, daß der erwache,
den dein Nichts durchschlug.

So allein strahlt Offenbarung
in die Zeit, die dich verwarf.
Nur dein Nichts ist die Erfahrung,
die sie von dir haben darf.

So allein tritt ins Gedächtnis
Lehre, die den Schein durchbricht:
das gewisseste Vermächtnis
vom verborgenen Gericht.

Haargenau auf Hiobs Wage
ward gemessen unser Stand,
trostlos wie am jüngsten Tage
sind wir durch und durch erkannt.

In unendlichen Instanzen
reflektiert sich, was wir sind.
Niemand kennt den Weg im ganzen,
Jedes Stück schon macht uns blind.

Keinem kann Erlösung frommen,
dieser Stern steht viel zu hoch,
wärst du auch dort angekommen,
stündst du selbst im Weg dir noch.

Preisgegeben an Gewalten,
die Beschwörung nicht mehr zwingt,
kann kein Leben sich entfalten,
das nicht in sich selbst versinkt.

Aus dem Zentrum der Vernichtung
bricht zu Zeiten wohl ein Strahl,
aber keiner weist die Richtung,
die uns das Gesetz befahl.

Seit dies trauervolle Wissen
unantastbar vor uns steht,
ist ein Schleier jäh zerrissen,
Gott, vor deiner Majestät.

Dein Prozeß begann auf Erden;
endet er vor deinem Thron?
Du kannst nicht verteidigt werden,
hier gilt keine Illusion.

Wer ist hier der Angeklagte?
Du oder die Kreatur?
Wenn dich einer drum befragte,
du versänkst in Schweigen nur.

Kann solch Frage sich erheben?
Ist die Antwort unbestimmt?
Ach, wir müssen dennoch leben,
bis uns dein Gericht vernimmt.

1 Es ist besonders bedauerlich, daß gerade das erste Blatt (oder die erste Seite) dieses Briefes verlorengegangen oder bisher im Benjamin-Archiv der Ostberliner Akademie der Künste noch nicht wieder aufgefunden worden ist. Etwa um den 10.-12. Juli geschrieben, enthielt er die Bestätigung des Manuskripts über Kafka sowie meine erste Stellungnahme dazu, die sich mit seinem Brief vom 9. Juli (Nr. 55) gekreuzt hat. Auch in den folgenden Briefen wird von uns beiden auf diesen Brief und das dort beiliegende (hier erhaltene) Gedicht Bezug genommen. Vielleicht fördern erneute Nachforschungen das fehlende Stück noch zutage? (vgl. S. 323).

2 In Ernst Blochs »Spuren« wird von einem »wahrhaft kabbalistischem Rabbi« derselbe Satz zitiert, der von W.B. (GS II, S. 432) einem »großen Rabbi« zugeschrieben wird. Schon 1932 hatte er es aber, und zwar wörtlich in der von mir stammenden Fassung: »Alles wird sein wie hier – nur ein ganz klein wenig anders«, als einen »Spruch der Chassidim von der kommenden Welt« in das Stück »In der Sonne« (GS IV, S. 419) übernommen. Ich habe daran gelernt, welche Ehren man mit einem apokryphen Satz einlegen kann.

58 Scholem an Benjamin

17. Juli 1934

Lieber Walter,

mein Plan Dir an Deinem Geburtstag zu schreiben und Dich so mindestens auf symbolische Weise gebührend zu ehren, ist nicht zur Ausführung gekommen. Denn inzwischen kam, wie Du vielleicht sogar aus den Zeitungen erfahren haben kannst, der plötzliche Tod Ch. N. Bialiks, dessen Beerdigung in Tel Aviv an Deinem Geburtstag war. Der Eindruck dieses unerwarteten Todes der zweifellos moralisch bedeutendsten Figur Palästinas und der zionistischen Bewegung ist ungeheuer. Auch mir persönlich geht dieser Tod sehr nahe; war doch dieser Mann – der Autor jener Abhandlung über »Halacha und Aggada« an deren Übersetzung durch mich Du Dich vielleicht noch aus unserer berner Zeit erinnern wirst, es war ein sehr bedeutendes Stück Literatur[1] – einer der Menschen, mit denen ich am meisten Kontakt hatte. Sein geistiges Wesen hat unsere Landschaft sonderbar erhellt, er war der produktivste Sprecher dieses Landes – und das will viel, sehr viel sagen, wenn man die hiesige Atmosphäre kennt, in der es an solchen Menschen keineswegs ganz mangelt. Er war ein »Lehrer« genau in dem Sinn, in dem man sich die großen Talmudisten, einen Rabbi Akiba oder Jochanan, vorstellt. Als ich aus Tel Aviv zurückkehrte, fand ich Deinen Brief, der sich mit dem meinen in Sachen Kafka gekreuzt hat. Du wirst inzwischen schon gesehen haben, daß Dein Vorschlag, bevor er mir noch zu Ohren kam, von mir aufgegriffen war, und ich kann heute die Linie, die ich in jenen ersten Bemerkungen hielt, nur bekräftigen. Die Welt Kafkas ist die Welt der Offenbarung, freilich in jener Perspektive, in der sie auf ihr Nichts zurückgeführt wird. Deiner Leugnung dieses Aspektes – wenn ich es wirklich als eine Leugnung ansehen soll und es nicht nur ein Mißverständnis ist, welches durch Deine Polemik gegen Schoepsen und Bröder[2] hervorgerufen wird – kann ich mich keineswegs anschließen. Die *Unvollziehbarkeit* des Geoffenbarten ist der Punkt, an dem aufs Allergenaueste eine *richtig* verstandene Theologie (wie ich sie mir, in meine Kabbala versunken, denke und Du ihren Ausdruck ja gerade in jenem offenen Brief gegen Schoeps, den Du kennst, einigermaßen verantwortlich gegeben finden kannst) und das was den

Schlüssel zu Kafkas Welt gibt, ineinanderfallen. Nicht, lieber Walter, ihre *Abwesenheit* in einer präanimistischen Welt, ihre *Unvollziehbarkeit* ist ihr Problem. Hierüber werden wir uns zu verständigen haben. Nicht so sehr Schüler, denen die Schrift abhanden gekommen ist – obwohl auch das schon keine sehr Bachofensche Welt ist, in der das passieren kann! – als Schüler, die sie nicht enträtseln können, sind jene Studenten, von denen Du am Ende sprichst. Und daß eine Welt, in der die Dinge so unheimlich konkret und jeder Schritt so unvollziehbar wird, einen *verworfenen* Anblick und keineswegs einen idyllischen bieten wird (was Du unverständlicherweise für einen Einwand gegen die »theologische« Deutung zu halten scheinst, da Du erstaunt fragst, seit wann ein Gericht der höhern »Ordnung« je so sich präsentiert habe wie das auf den Dachböden tagende), das freilich scheint mir überaus zwingend. Andererseits hast Du natürlich in sehr weitem Maß recht in Deiner Analyse der Gestalten, die in solcher Weise sich allein behaupten können; ich bin durchaus nicht bereit, das zu bestreiten, es ist etwas von der »hetärischen« Schicht darin und Du hast das ganz unglaublich meisterhaft herausgeholt. Einiges habe ich nicht verstanden – was Du von Kraft zitierst, schon gar nicht. Aber ich hoffe vielleicht auf einzelnes in dem Essay, wenn Du mir das Manuskript läßt, noch einzugehen, speziell auch was das »Jüdische« hier angeht, das Du mit Haas in Ecken suchst, wo es doch in dem Hauptpunkt so sichtbar und ohne Umschweife sich erhebt, daß man Dein Schweigen darüber als rätselhaft empfindet: in der Terminologie des Gesetzes, die Du so hartnäckig nur von ihrer *profansten* Seite aus zu betrachten Dich versteifst. Und dazu war kein Haas nötig! Die *moralische Welt der Halacha* und deren Abgründe und Dialektik lagen Dir dort doch unmittelbar vor Augen.[3] Ich schließe heute, weil dies abgehen soll. Über Baader (dessen erste Sendungen schon avisiert sind) hörst Du natürlich noch, sobald ich Dir einen Bescheid geben kann. Ich danke Dir herzlich für Alles und grüße mit in Eschas Namen, die leider noch immer krank ist. Dein Gerhard

1 Der Aufsatz erschien in »Der Jude« (IV (1919), 125-130). W.B. benutzte ihn in mehreren seiner Arbeiten.

2 »Autoren wie Schoeps und Brod«.

3 Dies bezieht sich auf die in Kafkas »Prozeß« selber gegebenen, einander widersprechenden Deutungen, die der »Geistliche« im Dom der Parabel »Vor dem Gesetz« gibt. (Ich war der Meinung, der Geistliche im Dom sei ein chiffrierter Halachist, ein Rabbi, der wenn schon nicht das »Gesetz«, so doch die von einer Parabel darüber umlaufenden Traditionen zu überliefern weiß. Nicht umsonst sei er ein Beamter, wenn auch im Range eines Gefängniskaplans, des »Gerichts«, das ja einiges mit dem »Gesetz« zu tun habe, wie immer man diese Begriffe auffasse.)

59 Benjamin an Scholem

Skovbostrand per Svendborg
c/o Helene Weigel
20. Juli 1934

Lieber Gerhard,

gestern kam nun die lange erwartete Bestätigung meines »Kafka« von dir. Sie war mir vor allem durch das sie begleitende Gedicht höchst wertvoll. Seit Jahren habe ich die Grenzen, die uns zur Zeit durch die aufs Schriftliche beschränkte Kommunikation auferlegt sind, nicht mit so großem Ungenügen empfunden wie hier. Ich bin sicher, daß du dieses Ungenügen verstehst und nicht annimmst, ich könnte dir unter Verzicht auf die mannichfachen Experimente der Formulierung, die nur das Gespräch ermöglicht, etwas Entscheidendes über das Gedicht sagen. Verhältnismäßig einfach liegt nur die Frage nach der »theologischen Interpretation«. Ich erkenne nicht nur an diesem Gedicht die theologische Möglichkeit als solche unumwunden an sondern behaupte, daß auch meine Arbeit ihre breite – freilich beschattete – theologische Seite hat. Gewandt habe ich mich gegen den unerträglichen Gestus des theologischen professional, der – wie du nicht bestreiten wirst – die bisherige Kafka-Interpretation auf der ganzen Linie beherrscht und uns seine süffisantesten Manifestationen noch zugedacht hat.

Um meine Stellung zu deinem Gedicht – das sprachlich dem von mir so hoch gestellten auf den Angelus Novus nichts nachgibt – wenigstens noch etwas eingehender anzudeuten, will ich dir nur die Strophen nennen, die ich mir ohne Vorbehalt zu eigen mache. Das sind 7 bis 13. Vorher einige. Die letzte wirft das Problem auf, wie man im Sinne Kafkas die Projektion des jüngsten Gerichts in den Weltlauf sich zu denken habe. Macht

diese Projektion aus dem Richter den Angeklagten? aus dem Verfahren die Strafe? Ist es der Hebung oder dem Verscharren des Gesetzes gewidmet? Auf diese Fragen hat Kafka, so meine ich, keine Antwort gehabt. Die Form aber, in der sie sich ihm stellten und die ich durch meine Ausführungen über die Rolle des Szenischen und Gestischen in seinen Büchern zu bestimmen suchte, enthält Hinweise auf einen Weltzustand, in dem diese Fragen keine Stelle mehr haben, weil ihre Antworten, weit entfernt, Bescheid auf sie zu geben, sie wegheben. Die Struktur dieser, die Frage weghebenden Antwort ist es, die Kafka gesucht und manchmal wie im Fluge oder im Traum erhascht hat. Jedenfalls kann man nicht sagen, er hat sie gefunden. Und darum scheint mir die Einsicht in seine Produktion unter anderem an die schlichte Erkenntnis gebunden, daß er gescheitert ist. »Niemand kennt den Weg im Ganzen / jedes Stück schon macht uns blind.« Wenn du aber schreibst: »Nur dein Nichts ist die Erfahrung, die sie von dir haben darf«, so darf ich meinen Interpretationsversuch gerade an dieser Stelle mit den Worten anschließen: ich habe versucht zu zeigen, wie Kafka auf der Kehrseite dieses »Nichts«, in seinem Futter, wenn ich so sagen darf, die Erlösung zu ertasten gesucht hat. Dazu gehört, daß jede Art von Überwindung dieses Nichts wie die theologischen Ausleger um Brod sie verstehen, ihm ein Gräuel [!] gewesen wäre.
Ich glaube, dir geschrieben zu haben, daß diese Arbeit noch eine Weile mir aktuell zu bleiben verspricht; darin besteht denn auch der Hauptgrund meiner Bitte um Rücksendung des Manuscripts. Das in deinen Händen befindliche ist schon jetzt an wichtigen Stellen überholt; denn, wie ich dir bereits geschrieben habe, hat mich die Arbeit hier weiter beschäftigt. Ich bin aber bereit, dir ein Manuscript der endgültigen Fassung für das Archiv zuzusagen.[1]
Da wir nun, zu meiner Freude, gemeinschaftlich in der »Jüdischen Rundschau« erscheinen sollen, so wäre für dich durch diesen Umstand vielleicht die Möglichkeit gegeben, auf Weltsch im Sinne der Modalität des Abdrucks einzuwirken – eine Möglichkeit, die dir ja schon durch den Umstand gesichert ist, daß eben du der Anreger meiner Arbeit bist. Die Einsicht in das endgültige Exemplar – das ich dir nach Rücksendung des gegenwärtig bei dir befindlichen schicken werde – wird dich noch mehr als

jede allgemeine Reflexion davon überzeugen, wie unbefriedigend ein Teilabdruck für mich sein würde. Vielleicht darf ich in dem Umstand, daß die »Jüdische Rundschau« halbwöchentlich erscheint, doch einen Anhaltspunkt für die Möglichkeit erblicken, die Arbeit in Fortsetzungen vollständig erscheinen zu lassen. Bitte überlege dir, ob du bei Weltsch dafür etwas tun kannst.[2]
Die Frage ist, wie du dir denken kannst, auch nach der Honorarseite wichtig für mich.

Ich hoffe baldigst, die Bestätigung des Empfangs des Baader von dir zu erhalten. Auf der einen Seite würde ich mich freuen, ihn in deiner Bibliothek wenigstens *in imagine* mir erhalten zu sehen, auf der andern haben die wirtschaftlichen Fragen im Augenblick eine so schreckliche Aktualität erreicht, daß der Mehrbetrag, den ein Ankauf durch die Bibliothek gegebenenfalls mit sich bringen würde, für mich ungeheuer ins Gewicht fiele. Eine kleine Unterstützung deutscher Freunde, dank derer ich in den letzten Monaten lavieren konnte, ist – offenbar im Gefolge der deutschen Ereignisse[3] – ausgeblieben. Da ich mein letztes Geld daran gewendet habe, meine pariser Bücher per Fracht hierher kommen zu lassen, um nicht auch noch die Bibliothek durch Verzettelung über Europa einzubüßen, so stehe ich zur Zeit ohne die Spur einer Reserve da und bin in einer Ausschließlichkeit, die doch eines Tages prekär werden könnte, auf B's Gastfreundschaft angewiesen.

Ich denke dir geschrieben zu haben, daß ich begonnen habe, für die Nouvelle Revue Française einen Aufsatz über Bachofen vorzubereiten. So komme ich zum ersten Male dazu, ihn selbst zu lesen; bisher war ich vorwiegend auf Bernoulli und Klages[4] angewiesen gewesen.

Zu den großen Annehmlichkeiten Svendborgs gehört ein Radio, das man jetzt besser brauchen kann als je vorher. So habe ich die Reichstagsrede von Hitler vernehmen können, und da es das erstemal überhaupt war, daß ich ihn hörte, so kannst du dir ein Bild von der Wirkung machen.

Dies für heute. Denn die Herkunft der Geschichten aus dem »Kafka« bleibt mein Geheimnis, das zu lüften dir nur bei persönlicher Anwesenheit gelingen würde[5], wo ich dir dann allerdings noch eine ganze Anzahl gleich schöner versprechen könnte. Grüße Kitty Marx und mache sie darauf aufmerksam, daß ich den Pfeil, den sie durch Nichtbeantwortung meines letzten Briefs gegen mich gezielt hat, immer noch in der Brust trage.

Herzlichst Dein Walter

1 In der Tat erhielt ich die neue Version (siehe Brief Nr. 66). Denkbar wäre, daß ich es nach dem Erscheinen der Arbeit in den »Schriften«, wenn keine handschriftlichen Änderungen W.B.s darin waren, nicht aufbewahrt habe. Jedenfalls finde ich es nicht mehr unter meinen Papieren.

2 Ich intervenierte ohne Erfolg.

3 Eine Anspielung auf die »Röhm-Aktion« Hitlers und ihre Folgen. Wer die »deutschen Freunde« waren, ist vielleicht aus den Korrespondenzen an W.B. in Ostberlin noch festzustellen. Ich vermute darunter Fritz und Jula Radt.

4 C. A. Bernoulli, »Johann Jacob Bachofen und das Natursymbol« (1924); siehe GS III, S. 43-45, und »Briefe« I, S. 409-410 über B. und Klages.

5 Aus Puschkins »Anekdoten und Tischgespräche«, München 1924, S. 42.

60 Scholem an Benjamin

26. Juli 1934

Lieber Walter,

der Baader ist vollständig und gut angekommen, und ich habe alle Schritte unternommen, um die Bibliothek zum Ankauf zu veranlassen, der auch zweifellos erfolgen wird. Nun etwas Technisches, das ich Dich bitte zu erledigen: die Bibliothek benötigt als Unterlage für ihre Buchungen eine von Dir unterschriebene Rechnung über das gekaufte Werk. Ich lege Dir eine Rechnung bei, die ich Dich zu unterschreiben und umgehend zu returnieren bitte. Der Betrag wird Dir dann gleich nach Erhalt der Rechnung zugesandt werden. Ist Deine *dänische Adresse* noch richtig? Ist die Überweisung durch Check passend, es ist die von uns bevorzugte Art. Postanweisung gibt es von hier *nicht* nach allen Ländern, außerdem dauert es sehr lange. Die Portokosten sind nach den Briefmarken eingerechnet worden, aber einige Marken fehlten und wir haben nachgewogen, was es von hier aus nach D. kosten würde, plus Einschreibegebühr. Sollte dennoch der Betrag höher sein, so stelle die Rechnung richtig und schreibe sie nochmals ab. Mehr als 16 £ für die Bücher als solche kann die Bibliothek nicht zahlen. Ich hoffe also, daß diese Sache zu beiderseitiger Zufriedenheit erledigt ist, und begrüße einen

so wertvollen Autor mit Achtung und Freude in der Universitätsbibliothek.
Meine beiden Briefe über Kafka wirst Du haben. Andere Bemerkungen will ich noch machen. Ich schreibe Dir in Eile, da ich grade den für Dich wichtigen Bescheid erhalte, während ich im Begriff stehe, nach Tel Aviv zu fahren, wo ich mich an der Beschneidung von Kitty Steinschneiders erstgeborenem Sohn, der vor einer Woche erschienen ist, mit Agnon beteiligen will.
Herzlichsten Gruß Dein Gerhard

61 Benjamin an Scholem

Skovbostrand per Svendborg
c/o Helene Weigel
26. Juli 1934

Lieber Gerhard,
heute nur ganz wenige Zeilen.
Aus Paris bekomme ich eben deine Abhandlung gegen Breuer, die ich mit großem Genuß gelesen habe.[1] Du kannst am besten ermessen, wie unkundig ich in den mannichfachen Beziehungen bin, auf die dieser Essay abzielt. Trotzdem habe ich – auch das wird dir hoffentlich einleuchten – die Grundfrage begriffen, um die es hier geht. Wenigstens scheint es mir, daß im Mittelpunkt deines Angriffs die Idee einer gegen die Profangeschichte gleichsam immunisierten Theokratie und Heilsgeschichte steht. Wie sehr ich solchem Angriff beipflichte, ist nicht nötig hervorzuheben.
Das Exemplar, das ich las, ist eine Leihgabe; bitte versorge mich baldigst mit einem eignen. An dieser Stelle wiederhole ich die Bitte um Rücksendung des Kafka; es geht dir danach alsbald der mannichfach [!] veränderte definitive Essay zu.
Von Weltsch habe ich leider in dieser Sache noch immer nichts Definitives.
Sehr bedauerlich sind die langen Fristen, die der Postverkehr zwischen Dänemark und Palästina beansprucht. Nur so kann ich es mir erklären, daß die Bestätigung über den Empfang des Baader, der in vier eingeschriebenen Paketen an dich abging, noch nicht in meiner Hand sich befindet.

Und wie wichtig ist die Sache. Nun, daß es aussieht, als ob auch eine kleine Unterstützung, auf die ich von deutscher Seite bisher noch zählen konnte, im Gefolge der Ereignisse ausbleibt.[2] So droht die Lage meinem Gastfreund gegenüber über kurz oder lang recht schwierig zu werden.

Ich bin mit einem Bachofen-Essay für die Nouvelle Revue Française beschäftigt. Im übrigen natürlich – in anderem Sinne – durch die politischen Ereignisse, die mir durch einen vorzüglichen Radioapparat nahegebracht werden. Der gestrige Nachtempfang war – anschließend an die Ermordung von Dollfuß – eine Sensation, die sich mit dem Empfang der Hitlerrede vom 17ten Juli messen konnte. Ich denke, dir wird diese Informationsmöglichkeit ebenfalls offen stehen und du solltest sie zu gewissen Gelegenheiten – an denen in nächster Zeit schwerlich Mangel sein wird – nicht verschmähen.[3]

Bitte gib mir rascheste Nachricht. Sei herzlichst gegrüßt

Dein Walter

1 Isaak Breuer (1883-1946) war ein literarischer Hauptsprecher der extremen jüdischen Orthodoxie in Deutschland. Gegen sein 1934 erschienenes Werk »Der neue Kusari, ein Weg zum Judentum«, das zum ersten Mal in der jüdisch-theologischen Literatur in deutscher Sprache auf die Kabbala als Zentrum der jüdischen Gedankenwelt zurückgriff, richtete sich mein Aufsatz »Politik der Mystik«, der von der »Jüdischen Rundschau« (17. Juli 1934) in ziemlich großer Aufmachung veröffentlicht wurde. Er erschien auch in einem Sonderdruck.

2 Diese Unterstützung kam wohl von Fritz und Jula Radt, die damals noch in Berlin wohnten, sie wurde anscheinend bis zu ihrer Auswanderung nach Holland fortgesetzt. Dies geht aus Briefen W.B.s hervor, die von ihrem Sohn Professor Stefan Radt aufgefunden und mir erst kurz vor der Drucklegung übergeben wurden.

3 Ich verfügte über keinen Radioapparat.

62 Benjamin an Scholem

[4. August 1934]

Lieber Gerhard,

heute nur wenige Zeilen. Um dir zu danken und die Rechnung zu begleiten.

An erster Stelle möchte ich dir erzählen, daß ich von Weltsch, trotz zweimaliger Bitten über den Kafka noch immer keinen endgültigen Bescheid habe. Gewiß ist seine Tätigkeit unter den heutigen Umständen keine sorgenfreie. Aber in anderthalb Monaten sollte er doch seinen Entschluß haben fassen können. Es handelt sich dabei weniger um die Frage der Annahme – diese hat er mir zugesagt – als um die Dispositionen einen vollständigen oder teilweisen Abdruck betreffend. Natürlich liegt mir sehr viel an einem vollständigen.

Ich schreibe dir das, weil ich für möglich halte, daß du in mehr oder weniger regelmäßiger Verbindung mit ihm stehst.[1] In diesem Falle tätest du mir einen Gefallen, wenn du ihm die Sache in Erinnerung brächtest.

Übrigens habe ich Weltsch – ebenso wie dich – gebeten, mir das Manuscript wieder einzusenden, damit ich es auf seinen gegenwärtigen Stand bringen kann. Wenn ich die gleiche Bitte auch heute wieder an dich richte, so geschieht es in der Hoffnung, daß das deine schon unterwegs ist.

Vielleicht interessiert es dich, daß Dora im Begriffe scheint, sich beruflich in Italien zu installieren.[2] Stefan ist vorläufig noch in Deutschland, wird es aber, soviel ich sehe, vor Jahresende verlassen, um ebenfalls nach Italien zu gehen.

Der hiesige Sommer hat seine Licht- und seine Schattenseiten. Zu den letzteren gehören die klimatischen Verhältnisse, sowie alles was mit den gewohnten sommerlichen Annehmlichkeiten – als Spazierwegen, Badegelegenheit, Wanderungen – zusammenhängt. Meinen Gastfreunden[3] liegen dergleichen Naturfreuden noch weniger als mir und die, an sich hübsche, Lage ihres Bauernhauses schneidet sie und als ihren Nachbarn auch mich fast gänzlich von solchen Behaglichkeiten ab. Dies macht sich jetzt allmählich in meinem Befinden bemerkbar, das zwar nicht in physischer wohl aber in psychischer Hinsicht zu wünschen übrig läßt. Und dies, obwohl das Einvernehmen und der Umgang mit B's in jeder Weise angenehm ausfällt.

Vielleicht hat an meinem gegenwärtigen Mißmut auch die Gestaltung der politischen Verhältnisse Anteil, indem der sehr bescheidne Optimismus, zu dem ich gelegentlich im Laufe der letzten Woche die Möglichkeit zu haben glaubte, einer weniger zuversichtlichen Beurteilung der heimischen Verhältnisse gewichen ist.

Dies, wie gesagt, nimm nur als Begleitwort zu meinem Dank. Ausführlicher schreibe ich dir, wenn ich eingehender von dir gehört habe. Im Anschluß an die Übersendung meines Kafka zweiter Fassung werde ich auch auf die neueren Bemerkungen eingehen, die du zu dem Gegenstand machst. Daß ich ihre Fortsetzung ungeduldig erwarte, brauche ich dir gewiß nicht zu sagen. Herzliche Wünsche für Eschas Genesung und die schönsten Grüße

Dein Walter

PS: Das Geld erbitte ich per Check an die gewohnte Adresse bei Frau Raahange

1 Diese Annahme war irrig. Ich sah Robert Weltsch, wenn er nach Jerusalem kam, stand aber, außer in dieser Sache, in keinem Briefwechsel mit ihm.

2 Sie eröffnete Anfang Herbst eine Pension »Villa Verde«, in der sie W.B. öfters, sogar monatelang, Unterkunft bot und sein Leben dadurch nicht wenig erleichterte.

3 Brecht und Helene Weigel. W.B. war ein großer Freund langer Spaziergänge, was auch J. Selz geschildert hat. Ich habe viele solcher Spaziergänge mit ihm gemacht.

63 Benjamin an Scholem

[11. August 1934]

Lieber Gerhard,
den Augenblick, da ich die – nun wohl endgültig letzte – Hand an den »Kafka« lege, benutze ich, um explizit auf einige deiner Einwendungen zurückzukommen, auch Fragen, deinen Standort betreffend, anzuschließen.
Ich sage »explizit« – denn implizit geschieht dies in einigen Hinsichten durch die neue Fassung. Ihre Veränderungen sind erheblich. Das in deinem Besitz befindliche Manuscript ist, wie schon gesagt, überholt. Ich erwarte es täglich. Das revidierte kann ich dir aus technischen Gründen unmöglich schicken, ehe das ursprüngliche in meiner Hand ist.
Einige dringende Bitten voraus: 1) wenn irgend möglich mir »Hagadah und Halacha« von Bialik baldigst zugänglich zu machen; ich benötige die Lektüre. 2) den Brief an Schoeps, an den du mich erinnerst, als Unterlage der zur Zeit zwischen uns anhängigen Aussprache mir zu senden.
Nun die paar Hauptpunkte[1]:
1) Das Verhältnis meiner Arbeit zu deinem Gedicht möchte ich versuchsweise so fassen: du gehst vom »Nichts der Offenbarung«

aus (vgl. unten 7), von der heilsgeschichtlichen Perspektive des anberaumten Prozeßverfahrens. Ich gehe von der kleinen widersinnigen Hoffnung, sowie den Kreaturen denen einerseits diese Hoffnung gilt, in welchen andererseits dieser Widersinn sich spiegelt, aus.

2) Wenn ich als stärkste Reaktion Kafkas die Scham bezeichne, so widerspricht das meiner sonstigen Interpretation in keiner Weise. Vielmehr ist die Vorwelt – Kafkas geheime Gegenwart – der geschichtsphilosophische Index, der diese Reaktion aus dem Bereich der Privatverfassung heraushebt. Das Werk der Thora nämlich ist – wenn wir uns an Kafkas Darstellung halten – vereitelt worden.[2]

3) Hiermit hängt die Frage der Schrift zusammen. Ob sie den Schülern abhanden gekommen ist oder ob sie sie nicht enträtseln können, kommt darum auf das gleiche hinaus, weil die Schrift ohne den zu ihr gehörigen Schlüssel eben nicht Schrift ist sondern Leben. Leben wie es im Dorf am Schloßberg geführt wird. In dem Versuch der Verwandlung des Lebens in Schrift sehe ich den Sinn der »Umkehr«, auf welche zahlreiche Gleichnisse Kafkas – von denen ich »das nächste Dorf« und den »Kübelreiter« herausgegriffen habe, hindrängen. Sancho Pansas Dasein ist musterhaft, weil es eigentlich im Nachlesen des eignen wenn auch närrischen und donquichotesken besteht.

4) Daß die Schüler – »denen die Schrift abhanden gekommen ist« – nicht der hetärischen Welt angehören, ist von mir anfangs betont worden, indem ich sie gleich den Gehilfen zu denjenigen Kreaturen stellte, für die, nach Kafkas Wort, »unendlich viel Hoffnung« vorhanden ist.

5) Daß ich den Aspekt der Offenbarung für Kafkas Werk nicht leugne geht schon daraus hervor, daß ich – indem ich sie für »entstellt« erkläre – den messianischen für sie anerkenne. Kafkas messianische Kategorie ist die »Umkehr« oder das »Studium«. Richtig vermutest du, daß ich der theologischen Interpretation an sich nicht den Weg verlegen will – praktiziere ich sie doch selbst – sondern nur der frechen und leichtfertigen aus Prag. Die auf das Benehmen der Richter gestützte Argumentation habe ich als unhaltbar zurückgezogen (sogar noch ehe deine Vorstellungen eintrafen).

6) Kafkas stetes Drängen auf das Gesetz halte ich für den toten

Punkt seines Werkes, womit ich nur sagen will, daß es gerade von ihm aus interpretativ mir nicht zu bewegen scheint. Mit diesem Begriff will ich mich in der Tat explizit nicht einlassen.[3]

7) Ich bitte dich um Erläuterung deiner Umschreibung, Kafka stelle »die Welt der Offenbarung in jener Perspektive dar, in der sie auf ihr Nichts zurückgeführt wird«.

Soviel für heute. Die Rechnung, die ich dir sandte, wird inzwischen in deiner Hand sein. Gute Besserung für Escha, alles Herzliche für dich

Dein Walter

PS: Von Weltsch immer noch kein Bescheid definitiver Art! Von Spitzer auf einen langen Brief mit meinen Vorschlägen keine Zeile!

1 Notizen zu diesem »Kafkabrief« an Scholem sind aus dem Nachlaß in GS III, 1245-1246 gedruckt. Sie stimmen nur zum Teil wörtlich mit dem abgesandten Brief überein, beziehen sich auch (wie der letzte Satz in Par. 6 des gedruckten Briefes) auf Ausführungen von mir in dem verlorenen Teil von Brief Nr. 57. Auch ein Satz in Par. 5 nimmt darauf Bezug.

2 In den Notizen ist hier noch ein Satz zugefügt, der im Brief selber nicht mehr steht: »Und alles, was einst von Moses geleistet wurde, wäre in unserm Weltzeitalter nachzuholen.«

3 Auch in diesem Punkt ist die Formulierung in den Notizen ausführlicher: »Sollte er [der Nachdruck, den Kafka ständig auf ›das Gesetz‹ legt] in Kafkas Werk dennoch eine Funktion haben – was ich dahingestellt sein lasse – so wird auch eine Interpretation, die von Bildern ausgeht – wie die meinige – auf sie führen.«

64 Scholem an Benjamin

14. August 1934

Lieber Walter,

gestern kam Dein Brief vom 4. hier an. Man wird die Bezahlung (durch Check) möglichst beschleunigen und Du kannst rechnen, daß sie schon diese Woche an Dich abgeht – direkt von der Bibliothek durch Einschreibebrief. Auch Deine kurzen Zeilen vom 26. Juli und die Zeitungsausschnitte sind glücklich angekommen – ich habe sowohl das Kafka-Manuskript[1] an Dich, schon vor 10 Tagen, wie verlangt zurückgeschickt, und auch an Robert Weltsch in der Sache geschrieben. Ich möchte fast vermuten, daß er abwarten will, ob er nicht Deinen Essay als

Beitrag nach dem Erscheinen der neuen Kafka-Ausgabe des Schocken Verlages bringen kann.[2] Ob er es ungekürzt bringen kann, scheint auch mir sehr unsicher. Jedenfalls habe ich ihm dazu geraten. Freilich müßtest Du dann wohl an einigen Stellen Dich deutlicher explizieren, ich glaube, im zweiten Kapitel besonders, aber auch z. T. im dritten, ist der Vortrag so summarisch, daß er m. E. zu Mißverständnis oder Unverständnis fast herausfordert. Das erste Kapitel ist, dem Vortrag nach, unbedingt das beste und geradezu durchschlagend, später ist z. T. zu viel Zitat, z. T. auch zu wenig Interpretation. Überragend ist das Stück über das Naturtheater. *Völlig unverständlich* dagegen für alle, die Deine Produktion auch in ihren verborgeneren Teilen nicht kennen, die Andeutungen über das Gestische. Das mußt Du mir glauben, so viel Abbreviatur ist aufreizend.
Zu erwägen wäre, den Essay zu etwa doppeltem Umfang auszuarbeiten. Die Auseinandersetzungen mit andern Auffassungen und die Zitate noch etwas deutlicher zu gestalten, und das Ganze etwa als besondere kleine Schrift dem Verlag Schocken anzubieten. Freilich dürfte da ein Kapitel über die halachische und talmudische Reflexion wie sie in dem »Thürhüter vor dem Gesetz« so zwingend hervortritt, nicht fehlen. Die Berufungen auf Kraft sind übrigens leider ganz unverständlich, und nicht förderlich, sie wären es vielleicht, wenn Du näher auf sie eingehen würdest.
Übrigens berichten alle, die Kafka persönlich gekannt haben, daß *in der Tat* sein Vater eine Figur war wie die im »Urteil«. Er soll ein besonders grausiger und auf seiner Familie unsagbar lastender Mensch gewesen sein. Vielleicht interessiert dich das.
Deine mehrfache Empfehlung an mich, den Rundfunk zu benutzen, um mich über deutsche Ereignisse zu unterrichten, kann bei mir auf keine Resonanz rechnen. Ich benutze dies Instrument weder zu meiner politischen noch zu irgend einer anderen Erbauung und möchte vermuten, daß Du Deine optimistische Meinung darüber zusammen mit den andern optimistischen Hoffnungen, von deren Aufgabe Du letzthin schreibst, begraben wirst. Ich habe einmal zehn Minuten eine Rede Hitlers im Radio mit angehört, und habe seitdem keinen Sinn mehr für derartige akustische Genüsse. Da ich außerdem unverändert und durch keine Mordtaten und ähnliches abgelenkt, die

pessimistischste Beurteilung der deutschen Dinge hege und jede andere für völlig illusionär halte, kannst Du Dir denken, daß ich Deinen Eifer für Informationen dieser Ordnung nicht gut teilen kann. Was unsereiner eine Woche später von den Ereignissen hört, deckt noch immer alle illegitimen Ansprüche an Aktualität mehr als genug.

Daß Du meinen Aufsatz über Breuer schon gelesen hast, beraubt mich der Überraschung, die Dir mit der Zusendung des (jetzt hier mitfolgenden) Separatums zugedacht war. Wenn ich auch nicht hoffen kann, daß Dir die Welt dieser Diskussion anders als obsolet erscheint, soll doch das seltene Schauspiel meines Auftretens in Deutsch Dir nicht verborgen bleiben. Der Aufsatz hat, wie zu erwarten und teilweise auch beabsichtigt war, großen Skandal gemacht, und ich habe jetzt die Korrespondenzkosten zu zahlen. Übrigens bin ich an dem prangenden Titelüberfluß völlig unschuldig, den hat Weltsch mir verliehen, für den Straßenverkauf anscheinend.[3]

Daß Deine »Berliner Kindheit« immer noch in die »Frankfurter Zeitung« hineintropft, sehe ich aus dem letzten Ausschnitt, der mir bekannt vorkam. Was ist denn eigentlich aus der französischen Übersetzung geworden, die Du seinerzeit in Ibiza mit einem Anonymus zusammen in Arbeit hattest? Nie mehr habe ich davon gehört.

Ich las: Fr. Borkenau »Der Übergang vom feudalen zum bürgerlichen Weltbild«, ein dicker marxistischer Wälzer über Pascal und Descartes.[4] Kennst Du das? Ein warnendes Beispiel für Marxisten und solche die es werden wollen. Dieses »Institut für Sozialforschung«, das so etwas publiziert, scheint doch eine Neigung zum rechtgläubig aufgemachten intelligenten Geschwätz zu haben. Viel sensationeller ist da die plötzlich mit 320 Seiten wiedererschienene »Fackel«[5] – ja was sagen Sie dazu? Und ich hatte sie mir schon abschließend binden lassen!! Zugleich mit ihr erschien in Jerusalem Werner Kraft[6], den ich aber noch nicht gesehen habe.

Soeben bringt man Deinen Check! Ich lege ihn bei.

Herzlichste Grüße Dein Gerhard

Von Dora habe ich seit einem Jahr nichts gehört. Was macht sie denn in Italien? Und wo?

1 Im Brief habe ich versehentlich »das Kraus-Manuskript« geschrieben.
2 Der Aufsatz erschien wirklich als Hinweis auf das bevorstehende Erscheinen dieser Ausgabe.
3 Der öffentliche Straßenverkauf der »Jüdischen Rundschau«, die damals auch von Nichtjuden viel gelesen wurde, war noch nicht verboten, was später geschah.
4 Siehe dazu oben Brief Nr. 11 und den folgenden Brief.
5 Das war das berühmte Heft 890-905 »Warum die Fackel nicht erscheint«.
6 Kraft war ein besonders intensiver Leser der »Fackel«.

65 Benjamin an Scholem

15. September 1934

Lieber Gerhard,
ich gestehe, eigentlich vorgehabt zu haben, mit Schreiben auf die Bestätigung der letzten, numerisch eingeteilten Bemerkungen zu Kafka durch dich zu warten. Aber nun verbietet mir schon die fällige dankende Bestätigung des Cheks für den Baader, diese Zeilen länger hinauszuschieben. Auch bin ich dir Dank für den Sonderdruck der Kritik an Breuer und die Abschrift des an Schoeps gerichteten Briefes schuldig. Aber ich muß mich für diesmal schon ausdrücklich auf diese äußern Anlässe beziehen, da meine augenblicklich sehr exponierte innere Verfassung mir alle übrigen Impulse zum Schreiben nimmt. Ein günstiger Zufall hat andererseits gerade jetzt, durch eine interimistische Abwesenheit der B's gänzliche Einsamkeit um mich geschaffen. Ich wende sie so gut es geht der neuen – dir schon notifizierten? – Arbeit für die »Zeitschrift für Sozialforschung« zu: einem zusammenfassenden Rückblick auf die Kulturpolitik der »Neuen Zeit«.[1] Das Thema hat seine handlichen Seiten und seine Unbequemlichkeiten. Daß es nicht zu denen gehört, die mir eine Fee an der Wiege zusang hat es mit der Lebensepoche gemein, in die die Arbeit an ihm eingebettet ist. Wenn ich dir aber mitteile, daß Weltsch geglaubt hat, mir für den fragmentarischen – und um die Hälfte zu kürzenden – Abdruck des Kafka ein Honorar von 60 Mk aussetzen zu sollen, so wirst du verstehen, daß die eingehende Beschäftigung mit Gegenständen der reinen Literatur für mich in Gestalt der Kafka-Arbeit zunächst ihren Abschluß gefunden haben dürfte.
Damit soll nicht gesagt sein, daß ihn der Kafka selber gefunden hat. Vielmehr gedenke ich ihn weiter aus einer Reihe von

Betrachtungen zu speisen, die ich inzwischen fortgesponnen habe – und in denen mir eine bemerkenswerte Formulierung in deinem Brief an Schoeps weiteres Licht zu geben verspricht. Sie heißt: »nichts … ist, auf historische Zeit bezogen, mehr einer Konkretisation bedürftig als … die … ›absolute Konkretheit‹ des Offenbarungswortes. Ist doch das absolut Konkrete das Unvollziehbare schlechthin.«[2] Damit ist gewiß eine Kafka unbedingt betreffende Wahrheit ausgesprochen, gerade damit auch wohl eine Perspektive eröffnet, in der der geschichtliche Aspekt seines Scheiterns am ersten sinnfällig wird. Bis aber diese und anschließende Überlegungen eine Gestalt finden, die sie definitiv mitteilbar macht, wird wohl noch einige Zeit hingehen. Und dir wird das umso verständlicher sein, als die wiederholte Lektüre meiner Arbeit wie auch meine brieflichen Glossen zu ihr, dir greifbar gemacht haben werden, daß gerade dieser Gegenstand alle Eignung hat, sich als Kreuzweg der Wege meines Denkens herauszustellen. Bei seiner gründlicheren Markierung werde ich übrigens auf den Aufsatz von Bialik bestimmt nicht verzichten können. Wäre es nicht möglich, das betreffende Heft des »Juden« leihweise für mich ausfindig zu machen?
Um noch einen Augenblick bei äußeren Fragen zu verweilen – denn nach innen werde ich heute nicht weiter vordringen – so habe ich nichts anderes tun können als Weltsch – selbst auf dieser Honorarbasis! – den Abdruck zuzugestehen. Ich habe ihn aber, in der höflichsten Form, gebeten, seinen Honorarentscheid zu revidieren. Hoffentlich wird wenigstens die Gesamtausgabe zu ihrer Zeit bei mir eintreffen. So düster im übrigen das Schicksal meiner Bibliothek ist – hier in Svendborg steht ja nur ein Bruchteil von ihr – so ermanne ich mich hin und wieder doch zu einer Demarche; soeben habe ich mich z. B. an S. Fischer gewandt, um den Versuch, in den Besitz der neuen »Volksausgabe« von Hofmannsthal zu gelangen, nicht ungetan zu lassen. – Ob im übrigen Verlaß auf Dr. Spitzer besteht, ist mir unbekannt. Er hat einen eingehenden Brief, in dem ich ihm – ungeachtet seiner Mitteilung, der Schocken Almanach könne kein Honorar zahlen – eingehende Vorschläge für Beiträge zu diesem Almanach gemacht habe, überhaupt nicht beantwortet!
Ja, die letzte »Fackel« ist auch in meine Hände gekommen. Aber nach dieser Berührung könnten wohl auch die eines Ga-

lizianers ihre Beredtsamkeit einbüßen – von meinen Lippen garnicht zu reden. Hier ist wirklich ein neuer Timon[3] aufgestanden, der den Erwerb seines Lebens hohnlachend unter die falschen Freunde verteilt!
Zum Schluß: Du bist so gut, dich der französischen Übersetzung der »Berliner Kindheit« zu entsinnen. Davon bestehen 5 Stücke; an ihre Verwertung ist aber darum nicht zu denken, weil ich mit dem Mitarbeiter mich überworfen habe, aus Umständen die höchst pittoresk aber brieflicher Darstellung nicht zugänglich sind – im übrigen nichts mit dieser Arbeit zu tun haben.[4] Aber vielleicht wird es uns doch noch einmal so gut [gehen?], daß ich dir Glanz und Elend des letzten ibizenkischen Sommers in abendlicher Ruhe vormalen kann.[5]
Soviel für heute. In der Hoffnung auf recht baldige Nachrichten und mit herzlichen Grüßen, die Wünsche für Eschas Gesundheit – wie steht sie? – nicht zu vergessen Dein Walter

1 Wenn ich nicht irre, stand bei Brecht eine vollständige Serie der »Neuen Zeit«, der ideologischen Zeitschrift der Sozialdemokratischen Partei. Die Arbeit selbst kam über Vorarbeiten nicht hinaus, wird aber in Briefen W.B.s aus dieser Zeit viel erwähnt.

2 Dieser Satz hatte W.B. schon bei der ersten Lektüre meines »Offenen Briefes« beeindruckt; siehe Nr. 12.

3 W.B. bezieht sich auf Shakespeares »Timon von Athen«, ein Lieblingsstück von Karl Kraus; siehe auch W.B.s Brief an Kraft in »Briefe« II, S. 623.

4 Jean Selz, dessen Version der Umstände dieses Abbruchs der Beziehungen im Bd. 250 der edition suhrkamp »Über Walter Benjamin« (1968), S. 47 ff., zu lesen ist. Sie fand im März 1934 statt, und W.B.s hier angedeutete Erklärung stimmt nicht zu Selz' Erzählung. Aber Selz' Bericht über den wohl einmaligen Rausch (oder eine alkoholische Vergiftung) Benjamins auf Ibiza, deren Zeuge er war, trägt alle Zeichen der Authentizität (was von manchen anderen Details seiner Erinnerungen nicht mit gleicher Überzeugung gesagt werden kann, es sei denn, daß W.B. ihm bewußt Lügen aufgetischt hätte).

5 Auch dieser Satz spiegelt den Hintergrund wider, aus dem die Aufzeichnung »Agesilaus Santander« zu verstehen sein dürfte.

66 Scholem an Benjamin

20. September 1934

Lieber Walter,
Dein letzter Brief ist vom 11. August datiert und muß sich mit einem von mir gekreuzt haben. Zugleich befanden sich damals

und seitdem auf dem Wege an Dich sowohl das zurückerbetene Kafka-Manuskript wie ein Scheck über den Betrag, den Du für den Baader von der Bibliothek erhieltst. Seitdem aber habe ich gar nichts weiter von Dir gehört, und verschob das Schreiben an Dich von Tag zu Tag, weil ich Deine Empfangsbestätigung erwartete, und so vergingen die Wochen und ich mache mich, wie nur billig, am Tage nach dem Versöhnungstag daran, Dir endlich zu schreiben. Inzwischen habe ich zweimal Drucksachensendungen Deines Detlef Holz bekommen und aus Frankreich von einer mir unbekannten Adresse das umgearbeitete Manuskript Deines »Kafka«, für welch alles ich Dir herzlich danke. Ich selbst habe seit Monaten nichts von Weltsch gehört, und weiß nicht, wie die Angelegenheit der Publikation Deiner Arbeit nun steht. Auch auf meinen Brief in dieser Sache erhielt ich keine Antwort. (Man sagt mir, von einer Seite die es wissen muß, daß die J. R. sich in politisch außerordentlich heikler Lage gegenüber dem Régime befindet und unter den größten Schwierigkeiten manövriert, aber ich weiß nicht, ob das der Grund für Weltschs Schreibunlust ist.) Die Umarbeitung hat mich sehr beschäftigt, ich wünschte in der Tat, sie läge nun der öffentlichen Diskussion vor.[1] Ich habe in diesen Wochen den Aufsatz von Rang junior über Kafka gelesen[2], den Kraft mir geliehen hat, und fand mich bei der Lektüre derart entrüstet und empört, daß ich es gar nicht schildern kann. Solcher Art der Interpretation, die für mich genau so viel Interesse hat wie eine jesuitische Untersuchung darüber hätte wie Laotse sich zur Welt des Dogmas der Kirche verhält, und solchem stumpfem Geschwätz gegenüber ist freilich schon die Ehre der Erwähnung des Guten zu viel. Ich hatte bei der Lektüre ein Gefühl des Neides auf die verachtete Zeit des verständlichen Feuilletons, das jetzt durch so hochtrabende Nichtigkeiten abgelöst ist. Deine Interpretation wird zum Eckstein einer vernünftigen Diskussion werden, wenn solche überhaupt möglich ist. Ich finde mich in vielem wirklich davon erhellt und belehrt, in der Unmöglichkeit freilich, mit ihr den jüdischen Zentralnerv dieses Werkes so wesentlich abschwächen zu können, mich bestärkt. Du kommst nicht ohne flagrante Gewaltsamkeiten durch, Du mußt andauernd gegen Kafkas Zeugnisse interpretieren, nicht nur in der Sache des Gesetzes, worüber ich Dir schon schrieb, sondern auch etwa in der der Frauen, deren Funktion Du so großartig, aber völlig einseitig und gegen die offenbarsten Zeugnisse, aus dem Bachofenschen Aspekt allein bestimmst, während sie doch noch andere Sigel an sich tragen, mit denen Du Dich zu wenig aufhältst. Das Schloß oder die Behörde, mit der sie in so grauenhaft undefinierbarer aber doch genauer Verbindung stehen, ist eben nicht nur (wenn überhaupt) Deine Vorwelt – welch Rätsel hätte denn dann um jene Beziehung der Frauen zu ihr zu sein brauchen, es wäre ja alles klar, während es doch gerade das Gegenteil ist und ihr Verhältnis zu einer Behörde höchst aufregend, die (durch den Mund des Kaplans etwa) ja noch dazu vor ihnen warnt! – sondern etwas, worauf die »Vorwelt« erst bezogen werden muß.

Du fragst, was ich unter dem »Nichts der Offenbarung« verstände? Ich verstehe darunter einen Stand, in dem sie bedeutungsleer erscheint, in dem sie zwar noch sich behauptet, in dem sie *gilt*, aber nicht *bedeutet*. Wo der Reichtum der Bedeutung wegfällt und das Erscheinende, wie auf einen Nullpunkt eigenen Gehalts reduziert, dennoch nicht verschwindet (und die Offenbarung ist etwas Erscheinendes), da tritt sein Nichts hervor. Es versteht sich, daß im Sinn der Religion dies ein Grenzfall ist, von dem sehr fraglich bleibt, ob er realiter vollziehbar ist. Deine Meinung, daß es eines sei, ob die »Schrift« den Schülern abhanden gekommen ist oder ob sie sie nicht enträtseln können, kann ich gar nicht teilen, und sehe darin mit den größten Irrtum, der Dir begegnen konnte. Eben die Differenz dieser beiden Stände ist es, die ich mit meiner Äußerung vom Nichts der Offenbarung treffen will.

Was machst Du in Dänemark? Ich hoffe, von Dir bald einmal eine genauere Erzählung aus Deiner Biographie zu erhalten. Ich kann von mir melden, daß ich viel arbeite. Jeden Tag saß ich in diesen drei Monaten eifrig am Schreibtisch und habe mich um die spekulative Ergründung der Kabbala in Safed bemüht. An europäischen Besuchern habe ich mehrfach zwei getroffen, die Du kennst: Kraft und Ludwig Strauß.[3] Beide suchen eine Möglichkeit, hier zu bleiben. Von Dir hörte ich wenig durch Kraft, er erzählte mir nur von einem Besuch, den ihr bei einem französischen Schriftsteller gemacht hättet und Deinen bewunderungswürdigen Fähigkeiten im Französisch-Sprechen.[4] Aber sonst wurde ich in meiner Kenntnis Deiner Umstände nicht sehr bereichert. Schrieb ich Dir, daß Krafts Sohn [Scha'ul] so ungefähr das interessanteste Phänomen einer völligen Entrückung aus dem deutschen Sprachkreis und Einwurzelung im Hebräischen ist, das mir an den Kindern der deutschjüdischen Intellektuellen je vorgekommen ist? Ich habe nie ein Kind gesehen, das mit solcher Harmonie die radikale Ausscheidung seiner deutschen Vergangenheit beantwortet hat. Das ist eine seltene Glückschance.

In einem Monat beginnen die Vorlesungen wieder. Ich habe eine Gruppe von jungen Studenten, mit denen ich die ganzen Ferien durch gearbeitet habe, jeden Tag eine Stunde Soharlektüre, und die mir seit zwei Jahren sehr treu geblieben sind.[5] Um deren Erziehung gebe ich mir große Mühe, und das macht mir viel Freude.

Ich las einen dicken marxistischen Wälzer über Descartes, Pascal und Gassendi, der mir trübe Gedanken machte.[6] Ich wollte einmal sehen, wie Pascal sich im Licht des Klassenkampfes ausnimmt.[7] Na, ich wünsche Dir jedenfalls bessere Kollegen. Als ich die 600 Seiten gelesen hatte, fand ich mich so dumm wie vorher und lese seitdem, zur Reaktion reuig zurückgekeht, die obskurantischen Schriften von Saint-Martin, die ich mir zum Teil verschafft habe. Ich wollte eigentlich auch die neuen Mythologeme von Thomas Mann über unseren gemeinsamen Ahnen Jakob lesen[8], habe aber beschlossen, damit zu warten, bis ich einmal krank bin und viel Atem habe.

Sind Dora und Stefan nun eigentlich nach Italien übersiedelt? Ganz?

Ich möchte fast vermuten, daß das Schweigen des Schockenschen Lektors, über das Du Beschwerde führst, durch die Weigerung der Devisenstelle bedingt ist, den im Ausland befindlichen Autoren des Schocken-Verlages Honorare ins Ausland zu transferieren. Das ist eine neue Periode.

Bitte schreibe bald und nimm die herzlichsten Grüße fürs neue Jahr
Dein Gerhard

1 Der Kafka-Aufsatz erschien erst drei Monate später, am 21. Dezember 1934.

2 Bernhard Rang (der Sohn von W.B.s Freund Florens Christian Rang): »Franz Kafka« in der Zeitschrift »Die Schildgenossen«, Jahrgang XII (1934), Heft 2-3, S. 107-119.

3 Der Dichter Ludwig Strauß (1892-1953) stand mit W.B. schon in den Jahren 1913-14, als seine ersten Gedichte erschienen, in Verbindung, wovon W.B.s Briefe aus diesen Jahren zeugen. In diesen Jahren hatten sie auch einen noch erhaltenen Briefwechsel über den Zionismus, dem Strauß anhing. Ich selber kannte Strauß (der später Bubers Schwiegersohn wurde) seit 1917.

4 Kraft hat diesen Besuch bei Charles Du Bos (1882-1939) in seinen Erinnerungen »Spiegelung der Jugend«, S. 80, beschrieben.

5 Zu dieser Gruppe gehörten meine spätere Frau Fania Freud und Chajim Wirszubski (1915-1977), einer meiner hervorragendsten Schüler und späterer Freund und Kollege.

6 Siehe am Schluß von Nr. 64. Borkenau vollzog später einen radikalen Bruch mit dem Marxismus.

7 Denselben Versuch hat, mit ebenso geringem Erfolg, dreißig Jahre später Lucien Goldmann (1913-1970) unternommen.

8 »Die Geschichten Jaakobs« (1933).

67 *Benjamin an Scholem*

Skovbostrand per Svendborg
17. Oktober 1934

Lieber Gerhard,
mit Kafka geht es immer weiter, und ich bin dir darum dankbar für deine neuen Bemerkungen. Ob ich den Bogen jemals so werde spannen können, daß der Pfeil abschnellt, ist natürlich dahingestellt. Während aber meine sonstigen Arbeiten recht bald den Terminus gefunden hatten, an dem ich von ihnen schied, werde ich es mit dieser länger zu tun haben. Warum, deutet das Bild vom Bogen an: hier habe ich es mit zwei Enden zugleich zu tun, nämlich dem politischen und dem mystischen. Das soll übrigens nicht heißen, daß ich mich in den letzten Wochen mit der Sache befaßt hätte. Vielmehr wird die in deinem Besitz befindliche Fassung für eine Weile unverändert ihre Geltung behalten. Ich habe mich darauf beschränkt, zur späteren Reflexion einiges bereitzustellen.

Von Weltsch habe ich weiterhin nichts gehört; ihm zu schreiben scheint mir bei der gegenwärtigen Lage seines Unternehmens nicht ersprießlich.

Ich habe wohl Recht, wenn ich annehme, daß unsere beiden letzten Briefe sich gekreuzt haben. Jedenfalls muß der – in einen langen Bericht verflochtene Dank für den Chek doch längst in deinem Besitz sein. Wie ich aber im übrigen deiner

Nachfrage nach biographischen Fresken und Kolossalgemälden entsprechen soll, weiß ich nicht recht. Das Offenkundige der Existenz ist für mich so prekär geworden, daß ich es nicht ohne Notwendigkeit berühre; und von dem was, ohne minder prekär zu sein, weniger offenkundig ist, geben dir von Zeit zu Zeit meine Sachen einen Begriff. Im übrigen will ich nicht verschweigen, daß gerade jetzt eine Aussprache zwischen uns besonders ersprießlich sein könnte. Ich rüste mich innerlich – die äußeren Zurüstungen hängen von mir nicht ab – das dir wohl in vagster Gestalt bekannte Projekt der »Pariser Passagen« unter nachhaltig veränderten Aspekten wieder aufzunehmen. Eine meiner nächsten Arbeiten wird die Durchsicht des sehr beträchtlichen Materials sein, das meine Studien bisher getragen haben. Leider ist es fast ausgeschlossen, dir im Brief einen Begriff sei es von meinen Absichten, sei es von den Schwierigkeiten bei dieser Arbeit zu geben. Im übrigen dürfte es unmöglich sein, sie anderswo zu schreiben als in Paris. Einen Aufenthalt dort aber kann ich zur Zeit nicht bestreiten.
Bedrohlich ist die Tatsache, daß das Institut für Sozialforschung nach Amerika übersiedelt. Eine Lösung, ja nur Lockerung meiner Beziehung zu seinen Leuten könnte leicht davon die Folge sein. Was das bedeutet, will ich nicht ausführen. – Wenn du das Buch von Borkenau gelesen hast, so bist du übrigens mit der Aktivität des Instituts wohl besser vertraut als ich. Denn die Kreise, mit denen ich diesen dicken Band bisher von weitem umstrichen habe, enger zu ziehen, kommt nach deinem Bericht nun für mich wohl kaum mehr in Frage.
Ich bin 14 Tage von hier fort, in Kopenhagen und einer kleinen Provinzstadt gewesen, wo ich eine Bekannte aus Deutschland getroffen habe. Leider war ich die meiste Zeit meiner Abwesenheit bettlägerig. Immerhin habe ich in Kopenhagen das Etablissement eines Tätowierkünstlers entdeckt und die kleine Sammlung von Bilderbogen, die ich nach der Trennung von den Kinderbüchern mir angelegt habe[1], um einige herrliche Original-Tätowier-Vorlagen, von der Künstlerhand des Meisters, vermehrt.
Mein Nachbar ist in London. Die »Johanna«[2] konnte ich leider für dich nicht bekommen, weil hier selbst großer Mangel an Exemplaren herrscht. Vielleicht kannst du sie dir über Wien

verschaffen – der Preis ist ohnehin minimal. Ich besitze sie hier auch nicht; meine Sammlung der »Versuche« mit dem von mir handschriftlich kommentierten ersten Heft ist in Berlin geblieben. Aber eine neue Ausgabe von B's Werken im Malik Verlag ist in Vorbereitung. Dieser Tage wird ferner der »Dreigroschenroman« erscheinen, den du von mir gegebenenfalls leihweise erhalten kannst. Vielleicht aber wird dich noch mehr interessieren, daß ein neuer Band der Arsène Lupin-Serie – des berühmten gentleman-cambrioleurs – in Gestalt einer neuen Schrift von Ernst Bloch erscheint.[3] »Erbschaft dieser Zeit« – ich bin sehr gespannt, erstens überhaupt, zweitens auf das, was ich von dem Meinigen als Zeitkind hier erben werde. Ich hoffe Bloch demnächst zu begegnen.

Von hier nämlich fahre ich in drei Tagen ab. Und zwar gehe ich zu Dora, die in San Remo ein Etablissement übernommen hat. Stefan ist noch in Deutschland, soll aber im nächsten Frühjahr ebenfalls herunterkommen.

Ich schreibe mit klammen Fingern in einem eiskalten Zimmer und kann nicht mehr viel hinzufügen. Solltest du Kraft sehen, so sage ihm bitte Dank für seinen Brief und daß ich ihm von Paris aus schreiben werde.

Deine Neujahrsglückwünsche erwidere ich spät aber herzlich und habe umso triftigeren Grund, dir die denkbar beste Gesundheit zu wünschen, als du – deiner Äußerung nach – den Jaakobsroman lesen willst, wenn du krank wirst. Dein Walter

1 Benjamins Sammlung von Kinderbüchern kam bei den finanziellen Auseinandersetzungen nach der Scheidung in den Besitz von Dora und ist noch jetzt im Besitz der Witwe ihres Sohnes.

2 Brechts »Heilige Johanna der Schlachthöfe«.

3 Diese bittere Bemerkung ist eine weitere Fortsetzung vieler gleichartiger Beschwerden über Bloch in W.B.s Briefen an mich in den Jahren vor 1933. Diese Vorbehalte stellten eine nicht geringe Belastung des fortdauernden Verhältnisses W.B.s zu Bloch dar.

68 Scholem an Benjamin

22. November 1934

Lieber Walter,

ich habe Deine beiden letzten Briefe schon lange bekommen, aber ich war eine längere Zeit lang krank und jetzt, wo ich hätte schreiben können und wollen, begann (vor 4 Wochen) das neue Studienjahr und es tut sich hier sehr viel diesmal. So komme ich erst jetzt dazu Dir zu danken und zu antworten. Wie schwierig sich Deine Lage im Äußern gestaltet, je weiter sich die europäischen Verhältnisse in der Linie fortentwickeln, die sie jetzt eingeschlagen haben, das vermag ich mir auch aus Deinem Schweigen und Deinen Andeutungen zu konstruieren. Ich sehe nicht, wie man hier herausfinden kann. Es ist ein schrecklicher circulus vitiosus. Jeder scheint sich nur noch zu fragen, in welchem Land er sich grade befinden soll, wenn der Krieg losgeht – an dessen Nähe ich übrigens nicht glaube. Ich hoffte, von Dir mindestens eine kurze Notiz mit Deiner neuen Adresse in San Remo zu bekommen, aber da ich nicht weiter zögern will, schreibe ich Dir nach Dänemark und hoffe, daß Dich die Post auch auf diesem Umweg erreicht. Zugleich ist auch an dieselbe Adresse als Drucksache ein Aufsatz an Dich abgegangen[1], in dem ich Dir doch endlich wieder einmal etwas deutsch Geschriebenes vorlegen kann, wenn es auch etwas ist, was mehr in die Provinzen Deines Freundes Ernst Bloch einschlägt, von dessen neuesten Anleihen auf literarischem Gebiet ich bald von Dir zu hören mich für berechtigt halten darf.

Bleibst Du über den Winter in San Remo? Ich bin leider nicht in Preparation einer neuen Europareise, wer weiß, wie lange es dauern mag, bis ich das wieder einmal ins Auge fassen kann. Ich habe doch, was meine Arbeit anlangt, auf meinen beiden großen Reisen alles gesehen, und statt zu reisen, kann ich mir jetzt alles photographieren lassen. Und das einzige ist, daß ich einmal nach Polen fahre, um Galizien zu sehen, aber das ist weit im Feld.[2] Und bis ich meine mir sehr am Herzen liegende Absicht, die Handschriften in New York zu sehen, ausführen kann, muß es in Amerika wieder Geld geben um Leute wie mich einladenswert zu finden. So bleiben wir wohl lange ohne die Möglichkeit einer persönlichen Aussprache, es sei denn umgekehrt, es würde einmal gelingen, eine Reise von Dir hierher zu finanzieren. Das würde immer noch zu erwägen sein: ich frage mich ob es nicht eine Möglichkeit gäbe das zu realisieren, für sagen wir drei bis vier Wochen. Palästina selbst würde Dich kaum etwas kosten, da läßt sich manches arrangieren, bleibt die Frage, ob Du nicht eine besonders billige Überfahrt, etwa in einem Frachtdampfer oder sonstwie, von Genua oder Triest oder Marseille aus erkunden könntest. Eine Retourfahrt an Deck eines Schnelldampfers ist meines Wissens sogar noch billiger. Ich würde gern mit Dir in eine Diskussion über solchen Reiseplan eintreten, wenn es irgend eine Möglichkeit dazu in Gestalt der Überfahrt für Dich gibt. Denke noch einmal darüber nach. Der Sommer wäre hierfür eine sehr günstige Zeit.

Nachdem, wie ich gelesen habe, in Deutschland in diesem Jahr *sechzehn* Juden auf die Universitäten (alles in allem) als erste Semester neu zugelassen wurden, wirkten wir schon ganz phantastisch. Es hat ein ziemlicher, in seinen Tendenzen reichlich unklarer Zustrom eingesetzt: viele hunderte neuer Studenten füllen unsere paar Institute und Fächer. Auf dem Papier sogar 1000! (In Wirklichkeit kommt ein großer Teil davon nicht zu uns, sondern begibt sich vom Hafen lustig auf Arbeit.)[3] Das Fach der jüdischen Philosophie in seinen beiden Teilen Rationalismus und Kabbala ist nunmehr endlich durch die beiden Herren Professoren Guttmann und Scholem aufs glücklichste besetzt und zieht dementsprechend an. Ob Julius Guttmann (ein ausgezeichneter Sachkenner und Vortragender, auch auf Hebräisch) endgültig hier bleibt, ist noch unsicher, aber wahrscheinlich. Wir ergänzen uns sehr angenehm, indem er den Typus eines Liberalen von 1880-1890 (nur um sehr vieles intelligenter und gediegener als die Leute damals wirklich waren) darstellt, und die Studenten so die interessante Wahl zwischen zwei sehr verschiedenen Pathoi haben, denn nachdem nun auch die »Gegenseite« angemessen vertreten ist, lege ich mir in meinen historisch-philosophischen Betrachtungen vor der studierenden Jugend sehr viel weniger Zurückhaltung auf als früher, wo ich doch nicht eine einseitige Stellungnahme prononcieren wollte. Ich habe eine kleine Gruppe sehr interessierter Schüler, die sich ordentlich entwickeln. Dein Baader hat neulich seinen ersten Dienst in meinem Seminar geleistet. Daß ich Saint Martin lese, schrieb ich Dir wohl schon. Eine wirklich dialektische Lektüre, zermürbend und phantastisch in einem. Zum Teil greulich.

Kraft sitzt hier in Jerusalem ziemlich unglücklich und man weiß nicht, was aus ihm werden soll. Er ist wenig gelenkig und steht der ganzen Atmosphäre hier doch sehr fremd gegenüber. Ich habe einen sehr energischen Versuch gemacht, ihn Schocken

als Sekretär wünschenswert scheinen zu lassen, aber Schocken hat ihn richtiggehend examiniert und erklärte ihn für gänzlich ungenügend, obwohl ihm K's Aufsatz über Kafka ganz ausgezeichnet gefiel. Das war die einzige große Chance die ich bisher für ihn entdecken konnte.
Bitte schreibe mir bald. Von Escha kann ich außer besten Grüßen auch mitteilen, daß sie zur Zeit aus der Ischias doch endlich ganz heraus zu sein scheint. Mit herzlichsten Grüßen

Dein Gerhard

1 »Der Begriff der Kawwana in der alten Kabbala« aus der »Monatsschrift für Geschichte und Wissenschaft des Judentums« 78 (Breslau 1934), 492-518.
2 Zu dieser Reise kam es leider nie.
3 Zu den Wegen, nach dem englischen Mandatsland Palästina zu gelangen (bevor die illegale Einwanderung in größerem Maßstab einsetzte bzw. organisiert wurde), gehörte die, für viele relativ leicht zu erlangende, Bestätigung der Universität Jerusalem (damals der einzigen des Landes), daß man als Student angenommen sei. Die Regierung gab daraufhin ein Studentenvisum, was in sehr vielen Fällen fiktiv war. Der damalige zuständige Departmentsleiter, der für die Lage der Juden Verständnis hatte (Eric Mills, einer der höchsten Beamten des Landes) machte die Augen zu.

69 Benjamin an Scholem

San Remo, Villa Verde
26. Dezember 1934

Lieber Gerhard,
dein nach Dänemark an mich gerichteter Brief hat vor zwei Wochen endlich den Weg zu mir gefunden. Nicht so eine in ihm angekündigte deutsche Arbeit, die sich verloren haben muß. Ich hoffe sehr, daß es dir möglich ist, mir ein anderes Exemplar von ihr sehr bald hierher zu senden. Ich müßte sonst auf den Gedanken kommen, daß eine obere Kraft beflissen sei von den Quellen des mystischen Schrifttums mich abzuschneiden – und nicht nur den lautern sondern auch den getrübteren. Da ist zum Beispiel seit Wochen Blochs »Erbschaft dieser Zeit« erschienen. Aber glaubst du, ich hätte das Buch zu Gesicht bekommen? Nur soviel weiß ich, daß Unruhe und Gezänk im Schoße der Getreuen darüber sich vorbereitet, indem ich teils zu den im Text mir erwiesenen Ehren beglückwünscht, teils gegen die – angeblich in denselben Stellen enthaltenen – Schmähungen in Schutz ge-

nommen werde. Auch vom Verfasser selbst ist schon ein Brief eingetroffen. Nur eben fehlen die Unterlagen, die mir erlauben würden, aus dem allen mir einen Vers zu machen.
Am wenigsten aber wirst du zögern dürfen, mich mit authentischen Dokumenten zu versehen, wenn ich dir anvertraue, daß ich ins Hauptquartier der wirklichen Zauberjuden gefallen bin. Es hat nämlich [Oskar] Goldberg[1] sich hier ansässig gemacht und seinen Schüler [Adolf] Caspary in die Cafés, die »Wirklichkeit der Hebräer«[2] in den hiesigen Zeitungskiosk delegiert, während er selbst – wer weiß – im Casino die Probe auf seine Zahlenmystik anstellt. Überflüssig zu sagen, daß ich nach dieser Seite keine Kommunikationen aufgenommen habe. Weniger selbstverständlich – aber leider nicht weniger wahr – daß solche auch nach sonst keiner Richtung hier für mich bestehen oder absehbar sind.
Die völlige, in ihren Auswirkungen auf die Dauer sehr kritische Einsamkeit, in der ich meine Tage hier zubringe, ist seit kurzem durch die Anwesenheit von Stefan unterbrochen, aber das nur für wenige Tage. Er geht mit Schulanfang nach Berlin zurück, um Ostern – so jedenfalls ist es geplant – in eine hiesige Schule einzutreten. Ich habe, nach bald zweijähriger Trennung, von ihm den besten Eindruck erhalten, was Ruhe und Sicherheit des Urteils betrifft. Er ist jetzt sechzehn Jahre und ein ernsthafter Partner in – leider – meist ernsthaften Gesprächen.
Den Worten, mit denen dein letzter Brief meine Lage streift, läßt sich ein Irrtum nicht nachsagen. Das Schlimmste ist, daß ich müde werde. Und dies ist weniger eine unmittelbare Einwirkung meiner ungesicherten Existenz als der Isolierung, in die deren Zufälle mich versetzen. Sie war kaum je vollendeter als hier, in einem Bade- und Fremdenpublikum, von dem für mich schwerlich etwas Ersprießliches zu erwarten ist, zu dem ich aber die Distanz, unter den obwaltenden Umständen, täglich von neuem herzustellen habe.
Es bedürfte nicht soviel, um mir eine Reise nach Palästina als erwünscht erscheinen zu lassen; in der Tat wäre ja nichts angezeigter, als wenn wir die Fundamente unseres Briefwechsels, der mit den Jahren zu einem Wolkenkratzer herangewachsen ist, einmal gemeinsam inspizieren würden. Auch würde ich das Fahrgeld am Ende zusammenbringen, wenn die – Hin- und

Rückreise bestreitende – Summe sich auf einen genügenden Zeitraum verteilen ließe. Schreibe mir bitte gelegentlich näher, wie du die Gestaltung der Sache dir denken würdest, ob ich sie mit Vorträgen kombinieren könnte usw.

In diesen Tagen ist, wie du gewiß gesehen hast, der erste Teil des »Kafka« erschienen und was lange gewährt hat, ist nun leidlich geworden. Mir wird diese Publikation ein Anstoß sein, demnächst das Dossier von fremden Einreden und eigenen Reflexionen zu öffnen, das ich mir – ein in meiner Praxis durchaus neuer Fall – zu dieser Arbeit angelegt habe.[3] In absehbarer Zeit wird nun auch wohl in der »Zeitschrift für Sozialforschung« mein großes Sammelreferat zur Sprachtheorie erscheinen, das ich – wie du vielleicht schneller merken wirst als mir lieb ist – als ein Lernender geschrieben habe. Immerhin habe ich aus diesem *coram publico* erfolgenden Lehrvorgang Nutzen gezogen, und zwar noch ganz neuerdings durch die Bekanntschaft mit Karl Bühlers »Sprachtheorie«.[4]

Um auf das Archiv für Sozialforschung zurückzukommen, so hast du vielleicht – durch mich oder von anderer Seite – bereits gehört, daß dessen Leitung sich nach Amerika hinauf gezogen hat – und zwar zu einem Zeitpunkt, wo mir *rebus sic stantibus* eine Besprechung mit seinen Leitern besonders angelegen war. Ich kann nicht daran denken, vor einer solchen die großen Materialien, die ich im Sommer, bei meinem Studium der »Neuen Zeit« bereitgestellt habe, zu verwerten.[5]

Inzwischen bin ich mit Intermedien befaßt: zur Zeit mit einer Rezension des »Dreigroschenromans« von Brecht, dessen Lesung ich dir sehr nahe legen möchte. Einen kleinen Zwischenscherz, der neulich in der Frankfurter Zeitung erschien, findest du beiliegend.[6]

Sehr schade, daß deine Bemühung für Kraft ergebnislos blieb! Ich entnehme seinen Briefen, daß es ihm in Palästina nicht leicht geht.

An Spitzer schrieb ich vor kurzem, um ihm die Übersendung meines Kafkamanuscripts, das er erbeten hatte, anzukündigen. Gleichzeitig konnte ich ihm den Empfang des Schocken Almanachs bestätigen, in dem unter mehreren lesenswerten Stücken ein kleiner Abschnitt aus der Mischne Tora[7] einen gewaltigen Eindruck auf mich machte.

Ich sage dir die herzlichsten Wünsche zu dem in seinem ersten Drittel nun schon vollendeten Semester und Escha zu ihrer Heilung Dein Walter

1 Siehe oben Brief Nr. 29, Anmerkung 5.

2 Goldbergs Hauptwerk (1925). Adolf Caspary (geb. 1898) war ein Hauptschüler G's (»Die Maschinenutopie«, Berlin 1927).

3 Das Dossier der eigenen Reflexionen W.B.s ist in Frankfurt erhalten und im Apparat zu Bd. II der GS gedruckt. Ob die nicht von mir stammenden »fremden Einreden« in Ostberlin unter den Briefen an W.B. erhalten sind, weiß ich nicht, halte es aber für wahrscheinlich.

4 Siehe GS III, 454-455, 468-471.

5 Siehe die in »Briefe« II, 621-622, 625-627, gedruckten zwei Briefe Horkheimers.

6 Es handelt sich um das Stück »Auf die Minute« (GS IV, 761-763), das in der Frankfurter Zeitung am 6. Dezember 1934 erschienen war.

7 Dem Hauptwerk des Moses Maimonides. Es war das Stück »Von der Lebensführung des Weisen« (in N. Glatzers Übersetzung gedruckt im »Almanach des Schocken Verlags auf das Jahr 5695« (1934-35), S. 37-44). (Auch im Band 27 der Schocken-Bücherei »Rabbi Mosche ben Maimon, ein systematischer Querschnitt durch sein Werk«, 1935, S. 87-92.)

70 *Scholem an Benjamin*

6. Februar 1935

Lieber Walter,

Dein letzter Brief, vom 26. Dezember, ist lange ohne Antwort geblieben. Inzwischen kann wieder von vielem neuem berichtet werden, leider nicht durchwegs Gutem. Zuerst einmal hat sich (und das ist einer der Gründe für die Verzögerung dieses Briefes) Eschas Eschias (wie man die Krankheit besser benamst) wieder gemeldet und das ist in vielen Beziehungen sehr unangenehm. In einigen Tagen fährt sie nach Tiberias, hoffentlich nützen dort drei Wochen Bäder mehr als letztes Jahr. Dann aber haben wir auch, im Zusammenhang mit unserem letzten Briefwechsel, hier verschiedene Überlegungen über eine etwaige Reise von Dir zu uns angestellt, in welcher Sache ich – bevor ich Dir schrieb – bestimmte Entschlüsse über meine Arbeit abwarten wollte, die dafür von Bedeutung sind. Ich will Dir nun die Sachlage darstellen, wie sie jetzt absehbar ist. Ich bin vom *1. Juli* ab bis etwa 1. November der Welt entzogen: in dieser Zeit (den Sommerferien) will ich für Schocken ein Buch schreiben, mindestens es zu einem großen Stück fördern, das nun fällig ist und all meine Konzentration für einige Monate erfordern wird: Eine Art Grundriß der Kabbala, irgendwo zwischen 500 und 1000 Seiten Umfang, in dem ich eine knappe Darlegung der Resultate meiner Studien aus diesen 15 Jahren geben will. Vor den Ferien werde ich nicht die zum Anfangen nötige Sammlung haben. Während dieser Zeit nun hätte es, das sehe ich klar, keinen Sinn Dich aufzufordern, herzukommen, ich wäre geistesabwesend und käme nicht dazu, mit Dir fruchtbar etwas besprechen zu können. In Betracht kommen daher, wie wir denken, entweder die Zeit vorher oder nachher. Vorher – das hieße etwa vom 15. Mai bis 1. Juli. Wenn Du noch länger hier bliebest, etwa ohne Dich mit mir zu befassen, wäre das natürlich eventuell möglich, aber an sich nicht sehr empfehlenswert, denn der Juli ist kein guter Monat für Gäste. Oder aber Du könntest später, im Winter kommen. Unser Freund Senator[1] würde Dich, falls er seine Wohnung bis dahin wieder familienfrei hat, sehr gern bei sich wohnen sehen. Falls Eschas Gesundheit es erlaubt, so würden wir beide uns ebenso freuen, Dich einige Wochen bei uns einzuladen. Die Senatorsche Wohnung (½ Minute von unserm Haus) hat die größere Abgeschlossenheit und Bequemlichkeit voraus. Immerhin wäre das unseres Erachtens keine Schwierigkeit und wir glauben, daß Du bei einem Aufenthalt von 4 bis zu 8 Wochen keine Ausgaben für Wohnung und Station haben würdest. Im Winter – im Sommer *keinesfalls*! – wäre unserer Meinung nach vielleicht etwas mit einem privaten Vortragszyklus zu machen, der ein paar Pfund Taschengeld einbringt, das kann man nur kurz vorher feststellen. Öffentliches Auftreten auf Deutsch kommt in Jerusalem nicht in Frage, es sei denn ein Mal in einem Einzelvortrag. Privat ließe sich vielleicht etwas machen. Vorzuziehen wäre aber entschieden, daß Du Dich auf solche Einnahmequelle nicht von vornherein einrichtest, denn hierzulande kommt immer alles anders als man es plant. Ich wiederhole: wenn Du Dich etwa entschließen würdest im *Frühjahr* herzukommen, so würden wir uns um eine Regelung bemühen, die Dich bei uns, Bergmanns[2] oder Senator auf eine Dir angenehme Weise unterbringt. Wenn also ein sagen wir zweimonatlicher Aufenthalt mit freiem Leben in Jerusalem unschwer zu ordnen ist, so können wir Dir freilich nicht Reisen im Lande finanzieren, das ist eine Sache der guten Gelegenheit, und eventueller Aussichten. Es ist *sehr* wahrscheinlich, daß sich verschiedene solche Gelegenheiten ohne Unkosten für Dich sehr natürlich ergeben, aber ich will dies nicht als Gewißheit erklären. Daß ich mich, gesetzt Du kämst, in dieser Richtung interessieren würde, brauche ich nicht zu sagen. Was das *Visum* angeht, so glaube ich läßt sich von hier aus bei der Regierung ein Touristenvisum *ohne* den sonst geforderten Barbetrag von 60 Pfund erlangen, wenn wir Dich dort als von uns zu einem Gastbesuch und Vortrag eingeladen erklären. In diesem Fall müßten wir Deine genauen Personalien haben. Mai und Juni pflegen sehr schön und warm zu sein. Also denke bitte ernstlich über den Vorschlag nach.

Wie steht es mit einer Publikation des Kafka-Essays, von der Du andeutest, daß es bei Schocken Aussichten dafür gibt?

Den »Dreigroschenroman« habe ich nicht gelesen, ich habe seit fast einem halben Jahr nur sehr wenig nicht-gelehrtes Zeug zu mir genommen, und das dann nur, wenn es sich grade bot. Die Popularität von Brecht in Palästina ist aber auf außerordentlich dünne Gruppen beschränkt, und damit auch die Exemplare seiner Schriften, und zum Ankauf dieser Literatur entschließe ich mich nur sehr selten, da meine Kabbala-Sammlung mir interessantere bibliographische Aufgaben stellt. Von Blochs neuem Buch habe ich außer durch Dich noch nie gehört. Hast Du es inzwischen bekommen und Dich darin porträtiert gefunden?

Ich hoffe bald von Dir und Deinen Plänen zu hören.

Es wäre sehr schön, wenn wir Dich bald sähen.

Herzlichsten Gruß Dein Gerhard

Lieber Walter,

es wäre sehr sehr schön, wenn Sie das ermöglichen könnten. Die Reise selbst wird freilich vielleicht mehr interessant als schön sein, denn Sie werden sie sicher auf einem von unruhigen Juden bevölkerten Auswandererschiff machen müssen. Wenn Sie aber erst einmal hier sind, kann ich Ihnen Ruhe und Bequemlichkeit beinahe versprechen. Die großen Hitzen werden noch nicht da sein und die Mücken auch noch nicht und Jerusalem ist eine großartige und schöne Angelegenheit, und bis auf den heutigen Tag komme ich mir verreist vor, wenn ich spazieren gehe.

Ich hoffe Sie sagen bald zu, damit man die Paßgeschichten und sonstigen Vorbereitungen rechtzeitig in Angriff nehmen kann.

Beste Grüße Escha

Zur vollen Klarheit: ich glaube sicher, daß ich gesund genug sein werde, um Sie bei uns aufnehmen zu können. Aber auch bei unseren Freunden hätten Sie es sehr angenehm und z. T. noch schöner.

1 Werner Senator (1896-1953), der mir gesinnungsmäßig nahe stand, war damals Mitglied der Exekutive der »Jewish Agency«, der verantwortlichen Leitung der jüdischen Aufbauarbeit im Lande, und später Chef der Verwaltung der Hebräischen Universität.

2 Der Philosoph Hugo Bergmann aus Prag (1883-1974), Direktor der Jüdischen Nationalbibliothek, wurde im Sommer 1935 der erste Rektor der Universität. Senator und Bergmann verfügten über größere Wohnungen als wir und waren von der Aussicht, einen Mann wie W. B. in Jerusalem als Gast beherbergen zu können, angetan.

71 Benjamin an Scholem

San Remo, Villa Verde
22. Februar 1935

Lieber Gerhard,

ich war sehr froh, nun endlich eingehend von dir zu hören. Aus Anlaß von Eschas Rückfall sage ich auch die Exordien und Lamentationen, die unter andern Umständen, sei es auch nur als Repressalien für frühere reziproke Fälle unbedingt nach so langer Unterbrechung unserer Korrespondenz am Platze gewesen wären, ab. Und setze vielmehr an deren Stelle herzliche Wünsche für Eschas baldige Besserung und für ihre Nachschrift den schönsten Dank.

Nun zur Frage meines Erscheinens. Vor allem danke ich Euch beiden herzlich für die wiederholte und präzisierte Einladung. Und ich hoffe, es ist Euch nicht unwillkommen, wenn ich, wohl gegen Eure Erwartung, mich für den Winter entscheide. Dies aus zwei Gründen, von denen einer sehr triftig ist. Das Genfer Institut, in dessen Dachgestühl, wie du weißt, mein so überaus strapazierter Lebensfaden sich verliert[1], ist, wie ich dir schon mitteilte, nach Amerika übersiedelt. Da ich den persönlichen

Kontakt mit dessen Leitung unter allen Umständen aufrechtzuerhalten suchen muß, so stellt die Europareise eines oder zweier maßgebender Verbindungsleute, die ich dort habe – es sind die Direktoren oder jedenfalls Mitglieder der Leitung[2] – einen Termin dar, den ich nicht vergessen darf. Vor kurzem erfuhr ich, daß diese Reise für den Mai vorgesehen ist. Selbstverständlich können die Dispositionen verschoben werden; da ich aber von ihnen abhängig bin, kann ich eigene für diese Zeit nicht treffen.

Dazu kommt – nebenbei – daß in einer Geschichts- und Lebensspanne, die die endliche Sammlung meiner unendlich verzettelten Produktion weniger absehbar, ja unwahrscheinlicher als jemals erscheinen läßt, eine, selbst vage, Chance, persönlich – und sei es in einem bescheidnen Umfang – für meine Arbeit eintreten zu können, für mich einen großen Wert hat. Und so wichtig ein Vortragszyklus – gesetzt er ließe sich machen – mir aus finanziellen Gründen erscheinen würde, so sind – paradoxerweise – unter Umständen, die diese ersten besonders beredt machen, die andern, in der Sache gelegnen, noch viel gewichtiger. Auch sie sprechen für den Winter.

Wie ich mich übrigens den Sommer über einrichten werde, kann ich noch nicht übersehen, insbesondere ist sehr ungewiß, ob ich über Ostern hinaus hierbleiben werde.[3] – Vorher wird höchstwahrscheinlich Stefan hierher übersiedeln. Wenn möglich werde ich im Hochsommer wohl wieder zu Brecht nach Dänemark fahren.

Hinter den wallenden Schleiern mehr oder weniger nachhaltiger Depressionen geborgen habe ich in der letzten Zeit einige Arbeiten beendet; vor allem den französischen Essay über Bachofen, der nun bei der Leitung der Nouvelle Revue Française liegt[4] und sodann eine größere Anzeige des Dreigroschenromans.[5] Ein größeres Sammelreferat über sprachtheoretische Literatur der letzten Jahre wird dir in absehbarer Zeit wohl gedruckt zukommen. Dagegen muß die französische Übersetzung von Haschisch in Marseille, die kürzlich in den marseiller Cahiers du Sud erschienen ist[6], vorläufig als Desiderat in deinem Archiv figurieren.

Mit recht bewölktem Gemüt sehe ich den Augenblick herankommen, da ich – nach einer zweijährigen Spanne listen- und sinnreichen Aufschubs – der vom Institut dringlich angeforderten größern Darstellung der Studien und Sammlungen von Eduard Fuchs nicht mehr werde entgehen können.[7] Über die letztern, wären sie nicht unzugänglich oder wohl eher zerstört, ließe sich reden; es aber über die ersten mit Anstand zu tun, ist für mich eine harte Nuß, wie du unschwer begreifen wirst. Hoffentlich muß ich sie nicht gar zwischen die Zähne nehmen, sondern kann mir, indem ich sie auf der Bibliothèque Nationale behandle, einen nußknackerartigen Behelf schaffen.

Vorläufig ist es noch nicht so weit und ich habe die Übersendung des ersten Bandes der gesammelten Schriften von Kafka zum Anlaß genommen, mich wieder meinem Manuscript zuzuwenden und zunächst den zweiten Teil einer Erweiterung und Umgruppierung unterzogen. Bei weitem die eingreifendsten Änderungen sind für das vierte Kapitel vorgesehen; aber das sind die schwierigsten und ich bin mit ihnen noch nicht im Reinen.[8]

Noch weniger bin ich es mit Spitzer, dem ich das Gesamtmanuscript in der dir bekannten Gestalt auf seine Bitte gesandt habe und der es, ohne auf die zunächst von ihm selber angeschnittene Frage einer Publikation einzugehen, mit einigen höflichen Worten zurücksandte, gleichzeitig aber mich um Verlagsvorschläge bat. Ich kann mir darauf keinen rechten Vers machen.

Erfreulicherweise haben deine Beziehungen zu Schocken eine weit konkretere Gestalt. Ich nehme als gewiß an, daß du das Buch, um das es sich handelt, hebräisch abfassen wirst. Immerhin kann ich vielleicht, wenn wir uns nun in absehbarer Zeit sehen, einigen mündlichen Aufschluß von dir über seinen Charakter erhoffen.

Hier fällt seit zwei Tagen ein sanfter Regen, der den Blumen und dem Gemüt wohl tut – weniger vermutlich dem Nizzaer Karneval, dessen Bekanntschaft ich daher wohl in einem für ihn wenig glänzenden Augenblick machen werde. Ich fahre heute herüber, um über eine Ausstellung »L'Enfance« einen Bericht zu machen.[9]

Soviel für heute. Ich hoffe sehr, daß deine letzte mehrmonatliche Briefpause in unserer Korrespondenz eine Episode bleibt, die einem wohltuenden Vergessen anheimfällt.

Teile mir das nächstemal doch bitte mit, welche von meinen

Personalien du brauchst, um zur gegebnen Zeit die administrativen Details meines Kommens zu ordnen.
Mit den herzlichsten Grüßen und nochmaligen guten Wünschen für Eschas Wiederherstellung Dein Walter

1 Die Anspielung auf Kafkas »Prozeß« ist offenkundig; der Vergleich mit dem Institut für Sozialforschung läßt seine Gefühle oder seine Befürchtungen etwas deutlicher zum Ausdruck kommen als etwa anderen gegenüber.

2 Gemeint sind Max Horkheimer und Friedrich Pollock.

3 Am 8. April war W.B. jedenfalls noch in San Remo und Nizza, wie ein Brief an Horkheimer bezeugt.

4 Die N. R. F. nahm den Aufsatz nicht an.

5 Wie sorgfältig W.B. bei seinen Mitteilungen verfuhr, erhellt daraus, daß er drei Tage vorher in einem Brief an Horkheimer die Bachofen-Arbeit zwar erwähnt, nicht aber die (überaus rühmende) Anzeige von Brechts »Dreigroschenroman«, da H. nicht zu den Verehrern von Brecht gehörte. (Gedruckt GS III, 440-449).

6 Cahiers du Sud 22 (1935), S. 26-33 (nicht von W.B. selber übersetzt).

7 Davon spricht der eben erwähnte Brief an Horkheimer.

8 Hierdurch lassen sich einige der im Apparat zur Kafka-Arbeit (in GS II) gedruckten umfangreichen Aufzeichnungen wohl genauer datieren.

9 »Gespräch über dem Corso« (GS IV, 763-771).

72 Scholem an Benjamin

29. März 1935

Lieber Walter,
ich danke Dir sehr für Deinen letzten Brief, aus dem ich auch Einiges über Deine Pläne ersehen oder gelernt habe, was mir sehr nahe ging. Daß Du nicht in diesem Sommer herkommst, muß ich und mit mir Escha und andere Interessenten, also zur Kenntnis nehmen, was mir deshalb besonders schade scheint als mir, wie ich die Verhältnisse bei Dir verstehe, noch keineswegs sicher scheint, daß Du im Winter, gegen Ende des Jahres, wirklich in der Verfassung sein wirst zu reisen. Zuviele Umstände sehr wenig vorhersehbarer Art scheinen schon aus zwingenden materiellen Gründen Einfluß und sogar entscheidenden Einfluß auf solche größere Reiseentschlüsse zu haben. Die einzige, die Deine Nachricht von dem vorläufigen Aufschub der Reise freudig aufnahm, war Frau Steinschneider-Marx, die nämlich in den Sommermonaten nach Amerika fährt, und die Dich gerne hier sehen wollte. Was nun also wird, muß sich, wie ich hoffe,

endgültig bis zum Spätsommer klären. Dann, resp. bis dahin werden wir über die eventuell nötigen Formalitäten uns genügende Information verschafft sowie die Möglichkeiten von Vorträgen geklärt haben können (denen ich freilich nach wie vor mit der größten Skepsis nachsinne). Ich wünsche wenigstens, daß Dein Ausharren sich mit Dir angenehmen Verbindungen zu oder Aufträgen von den von Dir erwähnten Herren von dem Institut für Sozialforschung belohnt macht. Daß Du freilich jene Arbeit über Fuchs, über die Du Dich in sehr viel früheren Briefen unendlich positiver und hoffnungsvoller ausgelassen hast, so daß ich sie längst für abgeschlossen hielt, noch gar nicht beendet hast und jetzt wohl scharfe Hemmungen dabei hast, ist eine im Zusammenhang mit dem Institut wohl sehr unangenehme Nachricht. Da ich von [mit] dem Charakter der Studien von Eduard Fuchs, von dem ich nur ein Buch über die Juden in der Karikatur einige Tage durchgesehen habe, völlig unbekannt bin[1], kann ich mir auf Deine großen Nöte in dieser Sache, die Du hervorhebst, nur dunkel einen Vers machen. Während Du Dich also mit wenn ich recht verstehe, solchen Produkten marxistischen Denkens herumschlägst, an denen Du Deine so gänzlich theoretischen Sympathien für jenes Denken Gelegenheit hast, gebührend abzubüßen (was nur gerecht ist), habe ich, der sonst dieser Lektüre mich zu entschlagen entschlossen habe, ein antimarxistisches Buch (oder Pamphlet) von Berdjajew gelesen[2], der sehr interessante Darlegungen über den Charakter des russischen Materialismus und seine Entwicklungen mit sonderbaren mystischen Digressionen verbindet. Ich habe daraus einige sehr interessante Dinge gelernt.
In diesen Tagen erscheint bei Schocken zum Maimonidesjubiläum[3] ein Buch von Leo Strauß[4] (den nach Jerusalem berufen zu lassen ich mich sehr bemüht habe), das – ein bewundernswerter Mut für ein Buch, das von jedem als das eines Kandidaten für Jerusalem verstanden werden muß – mit einem ausführlich (wenn auch völlig irrsinnig) begründeten unverstellten Bekenntnis zum Atheismus als der wichtigsten jüdischen Losung beginnt! Das läßt sogar jene ersten 40 Seiten Deiner Habilitationsschrift hinter sich! Ich bewundere diese Moral und bedaure den offenbar bewußt und gewollt provozierten Selbstmord eines so guten Kopfes. Die Freiheit, für die Berufung eines Atheisten

auf einen religionsphilosophisch firmierenden Lehrplatz zu stimmen, ist hierorts begreiflicherweise nur von höchstens drei Menschen zu erwarten. Ich hoffe, Dir ein Exemplar des Buches verschaffen zu können, wenn es herausgekommen sein wird. Ich habe in den letzten Wochen an einem Büchelchen gearbeitet, das Du hoffentlich bald wirst lesen können. Ich habe nämlich die Erklärung des Sohar über die ersten Verse der Genesis ins Deutsche übersetzt, für Schocken.[5] Diese überaus schwierige und anstrengende Arbeit hat mir drei Wochen jeden anderen Gedanken geraubt, mir aber sehr viel Freude gemacht. Nun haben die Leute einmal etwas Reelles zum Plündern, Ernst Bloch wird bedauern, das nicht früher gehabt zu haben. Ich muß das Büchelchen noch in den Ferien bis Ende April fertig machen. Wenn es gut von der Hand geht, werde ich das für ein gutes Vorzeichen für meine Arbeit in diesem Jahr halten, mit der ich große Rosinen im Kopf habe.

Morgen kommt Buber auf einige Wochen nach Jerusalem, gegen den übrigens von der Ge Sta Po in Preußen ein Redeverbot erlassen worden ist, wie Du vielleicht in Zeitungen gelesen hast. Eine sehr mysteriöse Sache, deren wahre Gründe bisher völlig im Dunkel liegen. Er wird neben uns bei Bergmann wohnen. Anfang dieses Monats ist mein Bruder Werner nach fast zweijähriger Untersuchungshaft in einem großen Prozeß mit ca. 25 Angeklagten vor das »Volksgericht« gekommen, und nach viertägiger geheimer Verhandlung als einer von 4 freigesprochen worden, wurde sofort in Schutzhaft genommen und seitdem fehlt jede Spur von ihm. Zweifellos ist er in irgendein Konzentrationslager gebracht worden.[6] Die Aufregung ist sehr groß, meine arme Mutter, die in dieser Sache schon sehr viele und allzu dramatische Zwischenfälle mitgemacht hat, tut mir noch mehr leid als mein Bruder selbst, dessen Verhalten in den kritischen Tagen ich ja bis an mein Ende nicht begreifen werde. Ob er nun als besonderer Gegenstand des Hasses der Gestapo ad infinitum festgehalten wird wie etwa Torgler[7] oder ob es etwa gelingt ihn herauszubringen, weiß noch kein Mensch. Die Anklage gegen ihn brach, wie wir erfahren haben, durch das Zeugnis eines einzigen anständigen Zeugen, eines »arischen« Rechtsanwalts, zusammen, nachdem sie auf erpreßte und z. T. erkaufte, z. T. erprügelte »Aussagen« von früheren Parteimitgliedern von

ihm aufgebaut worden war. Ist Dein Bruder noch in Deutschland?
Ich habe mich hier schon mehrfach für Kraft, der es sehr schwer hat, bemüht aber noch ohne jeden Erfolg. Es ist irgend etwas an ihm, wie ich habe feststellen müssen, was die Leute erkältet. Er gewinnt nicht so leicht jemanden hier. Die Fremdheit ist doch so groß und fühlbar.
Was wird denn Stefan in Italien unternehmen?
Sei herzlichst gegrüßt. Alles Gute Dein Gerhard

1 Mir war im Schreiben ein Anakoluth unterlaufen.

2 Nicolai Berdjajew, »Wahrheit und Lüge des Kommunismus«, 1934 im Vita Nova Verlag in Luzern erschienen. W.B. stand mit diesem Verlag offenbar schon in Verbindung, er verlegte 1936 seine »Deutsche Menschen«.

3 Es handelte sich um das 800ste Geburtsjahr des Moses Maimonides, der in der jüdischen gelehrten Welt und auch sonst stark gefeiert wurde.

4 Leo Strauß, »Philosophie und Gesetz«.

5 »Die Geheimnisse der Schöpfung. Ein Kapitel aus dem Sohar«, erschien in der Schocken Bücherei (jetzt auch als Inselbuch Nr. 949).

6 Er war zuerst im KZ Torgau, kam später nach Dachau und zuletzt nach Buchenwald, wo er am 17. Juli 1940 ermordet wurde.

7 Der im Prozeß um den Reichstagsbrand freigesprochene kommunistische Reichstagsabgeordnete.

73 Benjamin an Scholem

Paris XIV, 28, place Denfert-Rochereau
Hotel Floridor
20. Mai 1935

Lieber Gerhard,
Du hast recht lange nichts von mir gehört. Die Ursache davon hast du wohl erraten. Es trat mit der Übersiedlung nach Paris wieder eine höchst kritische Periode ein, akzentuiert durch äußere Mißerfolge. Ablehnung des Bachofen durch die NRF, die ihn an den Mercure de France weitergab, wo ich ihn jetzt liegen sehe; Auflösung meiner kurzen und doch zu langen literarischen Beziehung zu Klaus Mann, für den ich den Dreigroschenroman besprochen hatte und der meine Rezension die schon gesetzt war, zurücksandte, als ich ein unqualifizierbares Honorar ablehnte.[1] Und noch dies und jenes der Art: novissima meiner

literarischen Laufbahn, nachdem sie in meiner bürgerlichen nun schon seit geraumer Zeit sich überbieten.

Dann trat, mit einer kleinen Atempause, ein weiterer Umstand ein, der meine gesamte Korrespondenz stillegte. Das Genfer Institut forderte, ganz unverbindlich, aus Höflichkeit, möchte ich sagen, ein Exposé der »Passagen« ein, von denen ich dann und wann raunend etwas hatte vernehmen lassen ohne viel davon zu verraten. Da in die gleiche Zeit die clôture annuelle der Bibliothèque Nationale fiel, so war ich wirklich und seit vielen Jahren zum ersten Male, mit meinen Studien zu den Passagen allein. Und wie Dinge der Produktion oft um so unvorhergesehener eintreten je wichtiger sie sind, so ergab sich, daß mit diesem Exposé, das ich zugesagt hatte, ohne mir viel dabei zu denken, die Arbeit in ein neues Stadium eintrat, das erste, das sie – von ferne – einem Buch annähert.[2]

Ich weiß nicht, wieviel Jahre meine Entwürfe, die einem Aufsatze für den Querschnitt galten, der nie geschrieben wurde, zurückliegen. Ich würde mich nicht wundern, wenn es die klassischen neun Jahre wären, womit dann die Bogenspannung in der Entstehung des Trauerspielbuchs übertroffen würde, wenn dies pariser seinerseits zur Entstehung käme. Das aber ist natürlich die große Frage, da ich über meine Arbeitsbedingungen nicht Herr bin. Die Aussichten etwa das Institut in Genf tätig an diesem Buche zu interessieren sind minimal. Es [Das Buch] gestattet Konzessionen nach keiner Seite und wenn ich überhaupt etwas von ihm weiß, so dies, daß keine Schule sich beeilen wird, es für sich zu beanspruchen.

Im übrigen gebe ich ab und zu der Versuchung nach, in der innern Konstruktion dieses Buches Analogien zum Barockbuch mir zu vergegenwärtigen, von dessen äußerer es recht weit abweichen würde. Und ich will dir soviel andeuten, daß auch hier die Entfaltung eines überkommenen Begriffs im Mittelpunkt stehen wird. War es dort der Begriff des Trauerspiels so würde es hier der des Fetischcharakters der Ware[3] sein. Wenn das Barockbuch seine eigene Erkenntnistheorie mobilisierte, so würde das in mindestens gleichem Maße für die Passagen der Fall sein, wobei ich aber weder absehen kann, ob sie eine selbstständige Darstellung finden noch wieweit sie mir glücken würde. Endlich ist der Titel Pariser Passagen verschwunden und der Entwurf

heißt »Paris die Hauptstadt des neunzehnten Jahrhunderts«[4] und im stillen nenne ich ihn Paris capitale du XIXe siecle. Damit ist eine weitere Analogie angedeutet: wie das Trauerspielbuch das siebzehnte Jahrhundert von Deutschland aus, so würde dieses das neunzehnte von Frankreich aus aufrollen.
Von den Studien, die ich im Laufe so vieler Jahre gemacht hatte, hatte ich einen wer weiß wie großen Begriff und bekomme nun, wo ich etwas deutlicher ahne was ich eigentlich zu machen hätte, einen sehr kleinen von ihnen. Zahlreiche Fragen sind noch ungelöst. Allerdings bin ich in der ihnen entsprechenden Literatur, und bis in ihre bas fonds hinunter, so vollkommen zu hause, daß sich für ihre Beantwortung früher oder später Handhaben finden werden. In den unglaublichen Schwierigkeiten, mit denen ich es zu tun habe, verweile ich manchmal mit nachdenklichem Vergnügen auf der Betrachtung, welche dialektische Synthesis aus Misere und Üppigkeit in diesen immer wieder unterbrochenen und durch ein Jahrzehnt immer wieder erneuerten, in die entlegensten Gegenden vorgetriebnen Studien liegt. Sollte die Dialektik des Buchs sich als gleich solide erweisen, so könnte ichs mir gefallen lassen.
Daß der Gesamtplan nun vor mir steht, ist mittelbar übrigens wohl auch eine Folge meiner Begegnung mit einem der Institutsdirektoren, die gleich nach meiner Ankunft in Paris stattfand. Sie hat zur Folge gehabt, daß ich zunächst einen (!) Monat ohne die landläufigen Tagesprobleme leben konnte. Aber der Monat ist um und ich weiß durchaus noch nicht wie mirs im nächsten gehen wird. Sollte ich gerade jetzt mich in die Arbeit über Fuchs – die um die Wahrheit zu sagen noch nicht einmal angefangen ist – begeben müssen, so wäre mir das freilich doppelt anstößig. Auf der andern Seite aber wäre es ein Glücksfall, mit dem ich auf keinerlei Art rechnen kann, daß das Institut etwa ein materielles Interesse an dem pariser Buch nähme.
Was ich mir wünschte, wäre jetzt eine Reihe von Monaten auf der Bibliothek arbeiten und nach einem mehr oder weniger definitiven Abschluß meiner Studien im Oktober oder November nach Jerusalem gehen zu können. Wenn es aber auch wenige Umstände gibt, die im Weltgeschehen geringere Spuren hinterlassen als meine Wünsche, so wollen wir doch deren zweite Hälfte gemeinsam festhalten. Vielleicht kann ich hier zur gegeb-

nen Zeit das Reisegeld mit einigen Kunststücken doch heranschaffen.
Ich werde mit Spannung die Bücher erwarten, welche du ankündigst; dein Soharbändchen an erster Stelle. Ich fürchte, daß es für Bloch zu spät kommt, wie es ja auch mit meinem Buch wenn es je geschrieben – und gar noch etwa gedruckt – werden sollte, der Fall sein wird. Immerhin wirst du dir, sollte Blochs letztes Buch dir einmal in die Hände fallen, dir unschwer ein Bild davon verschaffen, inwieweit seine Einbruchsversuche bei mir geglückt sind. Mit seinem neuen Genius Karola Piotrkowsky, als seiner Frau wird er wohl demnächst in Jerusalem auftauchen.[5] Ja, ich hätte es fast vergessen: er wird wohl nach Jerusalem mit ihr kommen; sie ist Architektin und will da was bauen.
Auch an dem Buch von Leo Strauß ist mir viel gelegen. Was du mir von ihm sagst, paßt in das angenehme Bild, das ich mir immer von ihm gemacht hatte. – Wenn ich zur Zeit auch nichts außer Quellen lese, so fiel mir doch neulich ein Buch in die Hand, dessen Autor mir von dir gelegentlich signalisiert wurde, die Potestas Clavium von Schestow.[6] Näher konnte ich mich nicht mit ihm beschäftigen sondern nur feststellen, daß die darin befindliche Polemik gegen den platonischen Idealismus kurzweiliger ausfällt als in üblichen Dingen von dieser Gattung. Berdjajew, den dein letzter Brief erwähnt, habe ich nicht gelesen.
Ja, Stefan wird demnächst beginnen, die Schule in San Remo zu besuchen. Mein Bruder dagegen ist nach wie vor in Deutschland, wo seine Frau eine gutbezahlte Stellung bei der berliner Handelsvertretung der Sowjets hat. Er war nach seiner Entlassung aus dem Konzentrationslager einmal im Ausland, aber nur als Erholungsreisender.[7] Er hat einen Sohn, der nach den Bildern, die ich gesehen habe, sehr gut aussieht. Recht elend, daß es um deinen Bruder so traurig steht! Aber wessen Gesichtskreis wäre nicht von derartigen Bildern erfüllt!
Kraft schrieb mir einen beinahe rührenden Brief, in dem er sich erbietet, für mich einen einflußreichen Franzosen[8] zu mobilisieren. Freilich kann ich davon keinen Gebrauch machen, weil die Voraussetzung dieser sehr problematischen Kombination eine Arbeit wäre, die von dem, was mich jetzt beschäftigt, allzuweit abliegt. Er scheint eine weite Reise ins Land gemacht zu haben und schickt mir davon einen schönen Bericht.

Schreibe mir gelegentlich, welche Angaben dir zur Vorbereitung meines Kommens erforderlich wären. Dir und Escha die herzlichsten Grüße Dein Walter

1 Es waren 150 französische Francs, die ihm Klaus Mann angeboten hatte.

2 Vergleiche dazu die beiden Briefe an Adorno (Nr. 260) und Horkheimer (Nr. 261) in »Briefe« II, S. 260-267.

3 Nach dem berühmten Kapitel im ersten Teil des »Kapital« von Marx.

4 Gedruckt in »Schriften« I (1955), S. 406-422 und dann in »Illuminationen«, S. 185-200.

5 Der Besuch fand nicht statt.

6 Schestows Buch erschien deutsch, München 1926.

7 Georg Benjamin war im Frühjahr 1934 in der Schweiz und an den oberitalienischen Seen gewesen (Hilde Benjamins Biographie von G.B., S. 336).

8 Wohl Charles Du Bos.

74 *Scholem an Benjamin*

28. Juni 1935

Lieber Walter,

Dein letzter Brief vom Ende Mai liegt einige Wochen hier, in denen ich mit der Fertigstellung des Bändchens über den Sohar für Schocken ebenso voll zu tun hatte wie mit einem schweren Kehlkopfkatarrh, der mich sehr ärgerlich befallen hat. Heute ist nun die letzte Woche des Semesters und in einigen Tagen werde ich mich hoffentlich dem Beginn meiner großen Arbeit, dem Grundriß der Geschichte der Kabbala zuwenden, mit deren Abfassung in zwei Sprachen ich die nächste Zeit verbringen will, worunter unter nächster Zeit freilich nicht nur die Ferien, sondern wohl ein wesentlich längerer Zeitraum zu verstehen sein wird. Ich beginne mit dem hebräischen Text, den ich aus moralischen Gründen zuerst publizieren will, habe mich aber verpflichtet das Buch dann deutsch neu zu schreiben, da Übersetzungen in solchen Dingen beim Hebräischen nicht empfehlenswert sind. Der Stil ist allzu verschieden.

Die Entwicklungen in dieser Buchsache, aber auch einige andere Faktoren wichtiger Art machen es mir leider sehr zweifelhaft, ob ich noch für diesen Winter die Einladung an Dich aufrecht erhalten kann, wie wir beide, Escha und ich, so gern wollten. Es hängt dies außer mit meiner möglichen Absorption durch die

Arbeit bis zur Fertigstellung des Buches mit Familiendingen zusammen, über die sich nicht ausführlich zu schreiben empfiehlt.[1] Es ist also nicht wahrscheinlich, daß wir Dich, wie besprochen, zwei Monate bei uns aufnehmen könnten. Andererseits ist es hochwahrscheinlich, daß ich im nächsten Jahr auf einige Wochen nach Europa fahre, schon des 70. Geburtstages meiner Mutter wegen. Es ist jedenfalls zur Zeit ganz unmöglich für mich, die Sachlage in meinen persönlichen Zeitdispositionen für den Winter schon so regeln zu können, daß ich Dir bestimmte Zusagen machen könnte. Andererseits verstehe ich aus Deinem Brief, daß Du wirklich dadurch, daß Du jetzt dort geblieben bist, einiges erreicht hast und Deine Arbeit sich, wie die meine, einer bestimmten Kristallisation nähert. Was Du vom neuen Schicksal der Passagenarbeit schriebst, war mir überaus interessant, ich wünsche Dir, daß sich das Institut für die Sache interessiert und Dir den Fuchs dafür erläßt. Irre ich, wenn ich Paris als Deinen Sommersitz betrachte? Oder fährst Du wieder nach Dänemark?
Welchen Inhalt nun eigentlich das neue Werk von Dir haben wird, ahne ich noch nicht einmal, handelt es sich um Geschichtsbetrachtung oder um Theorien über Gegenstände der unscheinbaren Lebenssphären? Oder um eine Fortsetzung jener Gedankengänge des Surrealismus, an die Du früher in dieser Sache anknüpfen wolltest wenn ich nicht irre. Bei mir, das läßt sich viel einfacher sagen, handelt es sich um ein »Lehrbuch«, das den Extrakt der letzten 15 Jahre meiner Arbeit unter völliger Ausschaltung des Beweiselementes geben soll. An Erstaunlichem und Erstaunlichstem wird es dabei nicht fehlen, und der Geschichtsbetrachter wird garantiert auf seine Kosten kommen. Gedacht ist das Ganze als Bilanzankündigung, wenn auch von ziemlichem Umfang.
Das Buch von Bloch habe ich in der Bibliothek, der es (aber keineswegs vom Autor!) geschenkt worden ist, gefunden, aber nicht mehr die Zeit, es jetzt genauer zu studieren. Ich möchte ziemlich sicher voraussagen, daß sein von Dir angekündigtes Auftauchen in Palästina nicht stattfinden wird. Ich glaube sicher, daß er hier auf keinerlei Erfolge wird rechnen können und ich kann mir nicht denken, daß man ausgerechnet seine neueste Frau hier zum Bauen braucht. Aber schließlich habe ich schon so viele

Surprisen hier erlebt, was Besucher anlangt, daß ich unverwüstlich auf alles gefaßt bin – und zudem ja außer am Freitag Abend für weiteres keinen Besuch empfange.
Kraft, der jetzt in einem Haus mit seinem lyrischen Kollegen Ludwig Strauß wohnt, wird sehr große Schwierigkeiten haben, hier eine Existenz zu finden. Er scheint nicht die Göttergabe zu besitzen, sich Freunde zu machen, und ich bin oft ratlos, was da eigentlich werden soll, wenn Hitler mal die Zahlungen einstellt, die er vorläufig noch nach Palästina leistet.[2]
Schestow, von dem Du schreibst, soll in Palästina erwartet werden, die Arbeiterorganisation hat ihn zu Vorträgen eingeladen, von denen ich aber, da sie in russisch gehalten werden dürften, nichts profitieren kann.[3] Das soll alles auch im Winter sein.
Die herzlichsten Grüße und Wünsche für Dich auch von Escha,

Dein Gerhard

1 Es war eine Anspielung auf die vielleicht Tatsache werden würdende Trennung von meiner Frau Escha.

2 Kraft erhielt eine Pension als Bibliothekar.

3 Schestows Vorträge fanden aber, freilich viel später, auf französisch statt und man bat mich, sie einzuleiten.

75 Benjamin an Scholem

[Paris, 5. Juli 1935]

Lieber Gerhard,
wiewohl ich weiß, daß die Zeit, die du deiner großen Arbeit gewidmet hast, gekommen ist, bin ich etwas beunruhigt, keine Zeile von dir – ich weiß garnicht wie lange schon – erhalten zu haben.
Hätte ich jene Laute des Vorwurfes und der Klage zur Verfügung, die dir einst bei vierzehntägiger Verzögerung meiner Antworten über die Lippen strömten, so würdest du heute statt dieser Postkarte ein Dokument erhalten, das würdig wäre, das Schlußstück meiner »Deutschen Briefe« zu bilden.
So aber begnüge ich mich, diese Rakete in den Nachthimmel deines Schweigens aufsteigen zu lassen. Möge sie, als ein Fragezeichen herniedersinkend, wie feurige Kohlen dein Haupt berühren.
Mit herzlichem Gruß Dein Walter

76 Benjamin an Scholem

Paris XV, 7, Villa Robert Lindet
9. August 1935

Lieber Gerhard,
unsere letzten Berichte haben ihre Mittelmeerreise in der Tat sehr langsam zurückgelegt. Hoffentlich führen diese Zeilen wieder den ältern Rhythmus unserer Korrespondenz herauf.

Deine Vermutung meine »Sommerresidenz« angehend, trifft zu. Ich bleibe in Paris solange ich mich hier irgendwie halten kann. Wohin allerdings, wenn das nicht mehr zu machen ist, davon habe ich keine rechte Vorstellung. Die Wintermonate in dem entlegnen dänischen Winkel, wo Brecht haust, wären für mich wohl um so schwieriger zu ertragen, als Brecht selber um diese Zeit seine russischen und englischen Reisen zu machen pflegt. Wie lange ich hier noch bleiben kann ist auf der andern Seite völlig unbestimmt. Die gegenwärtigen, verhältnismäßig recht angenehmen Wochen – angenehm, wenn ich von jedem Blick in die Zukunft absehe – verdanke ich dem Umstand, daß meine Schwester mir in ihrer Abwesenheit ihre Wohnung zur Verfügung gestellt hat.[1]

Ich habe einige Wochen intensiver Arbeit auf der Bibliothek hinter mir. Sie haben die Dokumentation für mein Buch sehr gefördert. Nun aber werde ich sie – ohne ihren Abschluß erreicht zu haben – für eine Zeit unterbrechen müssen. Mich rettet vor der Arbeit über Fuchs kein Gott mehr. Ja, ich habe mehr denn je Grund, mich den Anregungen des Instituts gegenüber gefügig zu zeigen. Denn das Entgegenkommen, das ich bei meinen Verhandlungen im Mai gefunden habe, kam nicht zustande, ohne daß ich die Aussicht, einige Monate in Palästina zu verschwinden und seiner Fürsorge enthoben zu sein, meinem Partner eröffnet hatte. Ihm, wie du dir denken kannst, eine lockende Perspektive, die ihm nunmehr zerstreuen zu müssen mich vor eine bedenkliche Aufgabe stellt. Ich habe, wie gesagt, allen Grund, mich sehr gefügig zu zeigen.

Daß es mir im übrigen aus bessern und menschlichern Gründen sehr leid tut, unsere Begegnung hinausgeschoben zu sehen, wird dich nicht überraschen. Und wir werden uns von einem Wiedersehen in Europa, das doch nur ein flüchtiges sein können wird, nicht das versprechen dürfen, was uns einige Wochen in

Palästina gegeben hätten. Mir den Einblick in dein Wirken und seine Umstände; dir den in meine Arbeit, von deren Charakter dir eine Anschauung zu verschaffen nicht allein brieflich ganz unmöglich, sondern selbst im Gespräch nur dann tunlich wäre, wenn es keine allzu gelegentliche, vereinzelte ist. Dann allerdings dürfte es für uns beide um so viel lohnender sein als dies Buch von mir mit ungewöhnlicher Vorsicht ins Werk gesetzt wird und – je einsamer meine Arbeit an ihm verläuft, im gegenwärtigen Stadium um so mehr gewillt und fähig ist alle Belehrung, die ihm aus freundschaftlichem Gespräch kommen kann, fruchtbar zu machen. Ich glaube, daß seine Konzeption, so sehr persönlich sie in ihrem Ursprung ist, die entscheidenden geschichtlichen Interessen unserer Generation zum Gegenstand hat. Danach bedarf es nicht eines Wortes mehr, um dir anzudeuten, wie gern ich dich mit ihr vertraut machen würde.
Sachlich liegen die Dinge so, daß ein Exposé für das Institut – will sagen zu äußerlichem, ja äußerlichstem, Gebrauch – das seit einiger Zeit vorliegt, mir selbst auf das genaueste den Ort vergegenwärtigt hat, an dem die konstruktive Arbeit, die zugleich die Entscheidung über die schriftstellerische Form und deren Gelingen einschließt, eines Tages ihren Anfang zu nehmen hätte. Dieser Tag ist noch nicht gekommen. Umstände die, so widerwärtig sie sind, mich darin zu ihrem Komplizen haben, verzögern ihn. Wenn ich ihn aber noch je erlebe, so will ich mich nicht mehr über vieles beklagen.
Ich will den Gegenstand nicht verlassen, ohne dir zu sagen, daß die alternativen Vermutungen, welche du an ihn schließt, beide zutreffen. Die Arbeit stellt sowohl die philosophische Verwertung des Surrealismus – und damit seine Aufhebung – dar wie auch den Versuch, das Bild der Geschichte in den unscheinbarsten Fixierungen des Daseins, seinen Abfällen gleichsam, festzuhalten.
Die Adresse meiner Schwester, die augenblicklich die meinige ist, habe ich dir, wenn ich mich recht entsinne, schon auf meiner letzten Karte mitgeteilt. Ohne zu wissen, ob ich bei Rückkunft[2] von Frau Marx-Steinschneider noch hier wohnen werde, bitte ich dich, sie ihr mitzuteilen. Falls ich verzogen sein sollte, erfährt sie bei meiner Schwester oder der concierge meine Adresse. Es tut mir sehr leid, sie verfehlt zu haben. Wie kann sie annehmen,

daß ich mich verleugnen lasse! Paris ist zur Zeit klimatisch sehr angenehm; gesellschaftlich weniger, weil von den wenigen Bekannten entblößt. Selbst die Emigranten nehmen ihre paar Groschen zur Hand und machen Sommer. Ich sehe Ernst Bloch, dem ich mit großer Mühe meinen Standpunkt zu seinem letzten Buch klar gemacht habe.[3] Von dem meinigen spreche ich ihm nicht und warum wirst du wissen, wenn du im seinen den Abschnitt »Hieroglyphen des neunzehnten Jahrhunderts« gesehen hast. [Siegfried] Kracauer schreibt ein Buch über Offenbach und da muß ich dann mit meinen Reflexionen gleichfalls hinter dem Berge halten. Alles das ist nicht einfach und könnte erfreulicher sein.
Ich erwarte dein kleines Soharbuch sehr. Denn das kommt doch, wenn ich mich recht erinnere, im September in deutscher Sprache heraus?
Laß also aufs baldigste von dir hören. Und nimm die herzlichsten Wünsche für dein großes hebräisches Unternehmen. Grüße an dich und Escha Dein Walter

1 W.B.s Schwester hatte spätestens seit etwa Frühjahrsbeginn 1935 eine feste Wohnung in Paris, in der er selber mehrfach ein Zimmer bewohnte. Dora war, wie Hilde Benjamin (S. 232) erzählt, im Sommer 1935 noch einmal zum Treffen mit Georg und Hilde B. nach dem Ostseebad Misdroy gefahren. Sie war aber in diesen Jahren schon schwerkrank.

2 Beide kamen im Oktober 1935 auf der Rückreise von Amerika durch Paris.

3 Über dies Gespräch sind bisher keinerlei Berichte oder Aufzeichnungen bekannt geworden. Wie eine ganze Reihe von Briefen bezeugen, hatte Blochs »Erbschaft dieser Zeit« W.B. nicht wenig erregt. Bloch hat sich viele Jahre gegen die seinem Buch gemachten Vorwürfe und Vorbehalte mehrfach verteidigt. Auf W.B.s Vorwürfe (die ihm in dieser scharfen Form vielleicht gar nicht bekannt waren) ist er kaum eingegangen.

77 *Scholem an Benjamin*

25. August 1935

Lieber Walter,
ich antworte auf Deinen Brief vom 9. August, den ich auch erst am 20. erhielt – noch niemals ist eine Korrespondenz so langsam befördert worden wie die aus Frankreich – und Du sollst nicht sagen, daß ich ein fauler Schreiber bin. Wenn diese Zeilen Dich mitten in der Arbeit an Herrn Fuchs treffen, bei der Du

wie ich verstehe einige Deiner Sünden abbüßen wirst, werden sie auch ihr Gutes haben; in solchen Beschäftigungen läßt man sich ja bekanntlich gern unterbrechen. Wenn ich Dich gut aufgefaßt habe, scheint doch eine Aussicht zu sein oder auch mehr als das, daß Dein anonymer Mäzen, das Institut, Dein Buch über das 19. Jahrhundert herausbringt, worauf man sich ja wohl freuen dürfte. Da sitzen wir also jetzt jeder an einer für ihn sehr wichtigen Sache, denn auch ich habe begonnen, mit nicht geringer Anstrengung, Buchstaben um Buchstaben aufs Papier zu malen, wobei ich mich aus Vorsicht vor Ernst Bloch vorerst der Sprache unserer Väter bediene. Gestohlen wird später noch genug werden. Wie es mir mit diesem Unternehmen, mein historisches Wissen in einen wenn auch ziemlich dicken, Band zu bringen, ergehen wird, läßt sich noch nicht absehen, ich schreibe noch sozusagen hin und her. Leider wirst Du ja nicht Hebräisch lernen müssen um es zu lesen, denn ich werde es nachher nochmals deutsch schreiben. Übrigens à propos Deiner Anregung Blochs wegen: ich habe den von Dir bezeichneten Absatz des Buches noch einmal gelesen, und kann Dir nur sagen, daß Du mir leid tust. Es spricht nicht für den Komfort Deiner Lage, daß Du Dir diese wirklich »rührende« Diebeskameradschaft gefallen lassen mußt und eigentlich finde ich es doch des Guten zuviel. Ich warne Dich: laß diesen Mann nicht etwa hierher reisen oder empfiehl ihm dann lieber nicht, mich zu besuchen, denn ich kriege fertig, ihm meine Meinung zu sagen, aus der er dann folgern könnte, daß sie eben auch nach bekannten Mustern von Dir gestohlen sei. Übrigens erlaube mir zu sagen, daß ich einem verlogeneren und tristeren »Kommunismus« noch selten begegnet bin als in diesem Schmöker. Der Ruhm, von ihm zur Avantgarde gerechnet zu werden, ist Dir ja teuer zu stehen gekommen und ich sage Dir: ich möchte wissen, bei wem Dir solch »tolles, würdeloses Lob« (um eine bekannte Stelle Deiner Schriften zu zitieren[1]) zum Guten angerechnet werden wird.

Ob unser Treffen sich doch noch vor nächstem Sommer hier ermöglichen lassen wird, wie ich ebenso gern hätte wie Du, hängt weitgehend vom Fortschritt meiner Arbeit ab. Ich kann da noch nichts sagen; daß ich es im Auge behalte und besonders Deine Meinung darüber sehr aufgenommen habe, brauche ich kaum zu bemerken.

Am 1. September soll mein kleines Buch bei Schocken erscheinen, ich habe Deine jetzige Adresse angegeben, und ein Exemplar wird Dir direkt vom Verlag aus zugehen. Habe ich Dir eigentlich einen Abdruck des Kafka-Gedichtes geschickt? Ich bin mit mir darüber nicht im Reinen.[2] Du kannst sonst einen bekommen. Von Dir habe ich auch lange nichts Gedrucktes erhalten. Deine Doppelgänger Holz etc sind tot?[3]
Die politische Erregung der italienisch-englischen Krise[4] pflanzt sich bis zu uns fort: das östliche Mittelmeer als ein sehr möglicher Kriegsschauplatz im Falle einer solchen Auseinandersetzung. Italien sucht unter den Arabern schon Verbündete für den Fall eines Konflikts mit England und läßt sich das anscheinend viel kosten. Dennoch geht es uns vorläufig noch einigermaßen friedlich. Weißt Du (ich wußte es nicht) daß im Laufe der letzten drei Jahre sich die Zahl der Juden hier genau verdoppelt hat? Das ist ein Zeichen, das Dir sagt, was sich hier tut! Die Einwanderung hat legendäre Dimensionen angenommen, es kommen 5000 Menschen pro Monat. Obwohl der zahlenmäßige Anteil der Juden aus Deutschland dabei noch gar nicht so groß ist, fällt er doch außerordentlich auf. Übrigens ist es vorläufig doch immer noch eine Einwanderung vorwiegend aus den schon früher zionistischen Gruppen, von den andern spricht man mehr, aber erst sehr allmählich bringt sie der ja jetzt sehr heftige Formen annehmende Terror auch in wachsender Zahl her. Zum Beispiel sind ungefähr alle Genossen meiner zionistischen Jugend hier, und was mir sehr auffällt, (obwohl man so oft das Gegenteil gehört hat) ist eben, wie wenig davon nach andern Richtungen gegangen sind, die ganz und gar weggeführt haben. Vor einigen Wochen sah ich hier die Frau Deines Cousins Hannah Stern, die jetzt in Paris die Kinder für Palästina vorbereitet, ich hatte aber nicht die Empfindung, daß sie in näherer Verbindung mit Dir sein könnte, sonst hätte sie ja wohl auch einen Gruß von Dir gebracht[5], und so unterließ ich es, nach Dir zu fragen. Das war mal eine Glanzschülerin von Heidegger.[6] Dieser Besuch aber ist nur ein Wind gegen einen andern: letzten Sabbath standen plötzlich – Gutkinds, er und sie[7], vor der Tür, die sechs Wochen in Palästina sind, von dem Geld das sie vor ihrer Abreise aus Deutschland noch schnell bei der Cunard-Line für Fahrten eingezahlt haben. Bist Du mit

ihnen ganz außer Kontakt? Ich habe so das Gefühl. Sie fragten nach Dir als ob sie seit Jahren nichts von Dir gehört hätten. Sie leben in New York, wo er sich mit Philosophie-Kursen, teils an einem jüdisch-strengorthodoxen College, teils an der halbkommunistischen New School of Social Science durchbringt. Beide völlig unverändert, er dumm aber witzig, sie ein vornehm gezähmtes, sozusagen flachbusiges Waschweib, die alten Reden fließen munter fort: die Welt geht einem Kataklysma entgegen, Europa zerfällt, von Rußland sind sie ein bischen stille geworden, aber Amerika, Amerika ist Trumpf. Die Juden hat man sich ganz falsch vorgestellt, die Gojim auch ... es ist »etwas Unerhörtes«, na, Du wirst die Terminologie ja kennen. Ich lud drei Gäste ein, alle platzten, es war hoch dramatisch und Escha drückt sich wo sie kann. Ich plane, ihn mit Werner Kraft zusammen zu bringen, das ist freilich ruchlos. Sie fuhren direkt von London hierher zu See, und fahren Anfang September direkt von Neapel nach New York zurück, kommen also nicht über Paris. Er sieht übrigens recht gut aus, nicht anders zu sagen. Bergmann fragte ihn mit wahrhaft tierischem Ernst nach seinen Manuskripten und demnächst erscheinenden Büchern, sie antworteten mit der freundlichen Unbefangenheit, die Kindern und großen Hochstaplern eignet.[8] Dies also war unser vorläufig letzter Besuch.

Mehr gibt es grade nicht. Schreibe wie ein braver Adressat: bald und viel. Wir grüßen Dich aufs herzlichste Dein Gerhard

1 Das Zitat stammt aus W.B.s Bemerkung über Zacharias Werners Sonett über die »Wahlverwandtschaften« (GS I, 143).

2 Das Gedicht erschien in der Jüdischen Rundschau am 22. März 1935.

3 Detlev Holz verschwand mit den Nürnberger Gesetzen aus dem Literaturblatt der Frankfurter Zeitung.

4 Auf dem Hintergrund der Absichten Italiens auf Abessinien.

5 Das bezog sich auf Hannah Arendt, damals die Frau von Günter Stern, dessen Mutter eine Cousine von W.B. war. Ich hatte sie im Oktober 1932 in Berlin kennengelernt.

6 Hannah Arendt war einige Jahre eine bevorzugte Schülerin Heideggers in Marburg, bevor sie nach einer Krise zu Jaspers nach Heidelberg ging.

7 Erich und Lucie Gutkind.

8 Gutkind hatte seit 1911 (»Siderische Geburt«) kein Buch mehr veröffentlicht, schrieb aber damals wirklich das 1937 in englischer Übersetzung erschienene Buch »The Absolute Collective. A philosophical attempt to overcome our broken state«, das auf eine philosophische Begründung gewisser kabbalistischer Thesen hinauslief.

78 Benjamin an Scholem

Paris XIV, 23, rue Benard
24. Oktober 1935

Lieber Gerhard,
der Empfehlung, mich bald vernehmen zu lassen, mit der dein Augustbrief schließt, habe ich trotz des besten Willens nicht entsprechen können. Es war um mich zu düster und ungewiß, als daß ich die dürftigen Stunden inneren Gleichgewichts meiner Arbeit zu entziehen gewagt hätte. Ein neuer Umzug, mit allem, was unter solchen Umständen ihm vorangeht und folgt, fiel in die gleiche Epoche. Endlich konnte mich in etwa die Möglichkeit entlasten, dir einen mündlichen Gruß durch Kitty Steinschneider zukommen zu lassen.

Der unmittelbare Anlaß, dir heute zu schreiben ist, dir für den Empfang des Soharkapitels zu danken. Es kann keine Rede davon sein, daß ich das Buch – von deiner Vorrede abgesehen – von Anfang bis zu Ende gelesen hätte. Wohl aber habe ich genug darinnen gelesen, um dich zu dem, was du zustande gebracht hast, aufs höchste beglückwünschen zu können. Und zwar kann ich das, ohne die – zweifellos immense – technische Kunstleistung, die diese Übersetzung darstellt, im geringsten beurteilen zu können. Denn neben ihr besteht unverkennbar die eminente Humanität, die aus dem erfolgreichen Vorsatz spricht, einen derart hermetischen Text dem ungeschulten, auf nichts als seine Aufmerksamkeit gestellten Verstande in die zweckdienlichste und zugleich überraschendste Nähe zu rücken. Die Übersetzung des dir vorliegenden Textes war bestimmt nicht leichter als die eines vollkommenen Gedichts. Nur verfügen die Übersetzer von Dichtung für gewöhnlich nicht über die Entsagung, die hier Bedingung des Gelingens ist und zugleich die methodische Weisung gibt, mit der Übersetzung den Kommentar zu verbinden. Insofern halte ich deine Leistung für vorbildlich über die Grenzen der Materie hinaus.

Es wird dich hoffentlich nicht überraschen von mir zu hören, daß diese Materie mir noch immer sehr nahe steht, wenn du auch wohl das kleine Programm, in dem dieser Umstand in Ibiza seinen Niederschlag fand – »Über das mimetische Vermögen« – nicht in diesem Sinne verstanden hast. Wie dem auch sei, der dort entwickelte Begriff der unsinnlichen Ähnlichkeit,

findet vielfache Illustration in der Art wie der Soharautor die Lautbildungen, und mehr wohl noch die Schriftzeichen als Depositen von Weltzusammenhängen auffaßt. Freilich scheint er an eine Entsprechung zu denken, die auf keinerlei mimetischen Ursprung zurückführt. Das dürfte mit seiner Bindung an die Emanationslehre zusammenhängen, zu der in der Tat meine Mimesistheorie den stärksten Antagonismus darstellt.
Viele Stellen sind mir schon jetzt aufgefallen, über die ich mit dir sprechen müßte. Gern wüßte ich mehr über die »kleinen Gesichter« der Keruwim. Gern wüßte ich, welche Gedanken du dir über den Ursprung der sehr sonderbaren Mondtheorie p 80/81 machst. Sehr wichtig wäre ferner, sich die Lehre von der Hölle anzusehen. Auf Seite 90 scheint mir in der I Samuel 15:29 entsprechenden erklärenden Klammer ein Druckfehler vorzuliegen.
Im Vorwort hat mich besonders die Ausführung über Moses de Leon interessiert. (Hat über den nicht Pflaum seine Doktorarbeit gemacht??)[1] Und dann die Stelle über die primitiven und volkstümlichen Seiten der Sohar-Dämonologie.
Von diesen finde ich ein heiteres und sozusagen spielerisches Gegenstück in deinen Mitteilungen über Gutkinds. Ja – ich habe schon Jahre vor meinem Aufbruch aus Deutschland die Beziehung zu ihnen aufgegeben. Der Grund war kein anderer als ihre besondere Torheit oder Taubheit in Dingen einfacher menschlicher Beziehung. Mit sehr viel Freundlichkeit und einem nicht geringen Charme (den ich freilich nur Erich zuspreche) verbinden beide doch ein allzu dürftiges Merkvermögen, einen auf die Dauer allzuschwer erträglichen Mangel an Fingerspitzengefühl. Auf der andern Seite laß ich mirs gefallen, daß sie in Amerika ihr auskömmliches und possierliches Dasein haben. Ihr Sinn stand immer ins Weite und sie haben ihre Bekanntschaften klug angesponnen.
Um dich mit Besuchen nicht allzusehr zu verwöhnen, hat das Schicksal gewollt, daß Ernst Blochs geplante Palästinareise nicht unternommen wird. So wird es bei der Kundgebung deines Briefs an mich sein Bewenden haben. Was du über Blochs Produktion darin andeutest, weicht wie du weißt von meiner Meinung nicht ab, und am wenigsten von der, die ich von seinem letzten Buch habe. Auf der andern Seite scheinst du

mir – wenn auch widerstrebend – ebenfalls zu erkennen, daß meinen Interessen in diesem Fall genügt ist, wenn ich jeder Notwendigkeit überhoben bin, diese Meinung in dem, was sie grundsätzliches hat, zu vertuschen. Das ist, wie ich dir schrieb, geschehen. Und so wahr es ist, daß unter derartigen Umständen die Beziehung niemals zu beider vollkommener Satisfaktion ausfallen kann, so darf ich – dessen schwache Seite gewiß nicht im Illusionismus oder der Sentimentalität besteht – angesichts der genauen Einsicht in die Grenzen dieser Beziehung einerseits, angesichts andrerseits der Zerstreuung meiner Freunde, die jeden einzelnen und mich selbst vereinsamt, die Konservierung dieses Umgangs durchaus verantworten. Gegenüber diesen Problemen kommt die Weise, in der sich sein Buch mit meinen Schriften beschäftigt, überhaupt nicht in Frage. Mich wundert nur, daß du ein Lob in ihr erblickst, ohne die teilweise drastischen Vorbehalte in ihr zu spüren.

Dein Kafkagedicht hast du mir im Druck nicht geschickt, und ich würde es gerne haben. Wenn von mir lange nichts gekommen [ist], so liegt das einmal daran, daß so gut wie nichts publiziert wird, zum andern, daß die Blätter wegen der Krise meist nur ein einziges Belegexemplar schicken, so z. B. die Neue Zürcher Zeitung.

Ungeachtet dieser Umstände habe ich, um auch hier das Meine lieber doppelt und dreifach zu tun, einen kleinen Stoß Novellen geschrieben.[2] Eine von ihnen sollte, wenn mich nicht alles täuscht, leicht einen Platz finden und du wirst sie dann von mir geschickt bekommen. Manchmal träume ich den zerschlagenen Büchern nach – der Berliner Kindheit um neunzehnhundert und der Briefsammlung – und dann wundere ich mich, woher ich die Kraft nehme, ein neues ins Werk zu setzen. Freilich mit so vielen Umständen, daß sein Schicksal noch unabsehbarer ist als die Gestaltung meiner eignen Zukunft. Auf der andern Seite ist es doch gleichsam das Wetterdach, unter das ich trete, wenn es draußen zu schlimm wird. Zu diesen Unbilden des draußen gehört auch der Fuchs. Aber mit der Zeit härte ich mich gegen seinen Text ab, dem ich zudem weiterhin nur unter mannichfachen Vorkehrungen mich aussetze. Im übrigen berücksichtige ich seine Bücher ausschließlich soweit er das neunzehnte Jahrhundert behandelt. So entfernt er mich nicht allzusehr von meiner eigentlichen Arbeit.

Diese ist in der letzten Zeit durch einige grundlegende Feststellungen kunsttheoretischer Art in entscheidender Weise gefördert worden. Zusammen mit dem historischen Schematismus, den ich vor ungefähr vier Monaten entworfen habe, werden sie – als systematische Grundlinien – eine Art Gradnetz bilden, in das alles einzelne einzutragen sein wird. Diese Überlegungen verankern die Geschichte der Kunst im neunzehnten Jahrhundert in der Erkenntnis ihrer gegenwärtigen von uns erlebten Situation. Ich halte sie sehr geheim, weil sie zum Diebstahl unvergleichlich besser als die meisten meiner Gedanken geeignet sind. Ihre vorläufige Aufzeichnung heißt »Das Kunstwerk im Zeitalter seiner technischen Reproduzierbarkeit«.

Im Februar werde ich im Institut des Etudes Germaniques einen Vortrag über die Wahlverwandtschaften halten.[3] Wie lange bei alledem meine Widerstandskräfte noch ausreichen werden das weiß ich nicht, denn ich verfüge *höchstens* vierzehn Tage im Monat über das Nötigste. Jede geringste Anschaffung aber ist auf das Eintreten eines Wunders angewiesen. Statt dessen ereignete es sich vor einigen Tagen, daß ich meinen Füllfederhalter – ein kostbares Geschenk – vielmehr Erbstück verlor. Und das war kein Wunder, vielmehr das natürlichste Ergebnis tiefer Verstimmtheit und zudem eine lehrreiche Bestätigung des Satzes, daß dem, der nichts hat, das Seine genommen wird.

Für heute werde ich, wie es scheint, den Weg zu lustigern Betrachtungen nicht mehr zurückfinden, und so kommt der Schluß nicht zu früh. Schreibe mir bald und nimm, mit Escha, die herzlichsten Grüße Dein Walter

1 Heinz Pflaum hatte seine Doktorarbeit über Leone Ebreo (Juda Abarbanel) und dessen »Dialoghi di Amore« geschrieben (Tübingen 1926).

2 Diese Novellen sind enthalten in GS IV, 2, Kleine Prosa (721-787).

3 Ich weiß nicht, ob dieser Vortrag zustande gekommen ist.

79 Scholem an Benjamin

18. Dezember 1935

Lieber Walter,

ich bin diesmal das Karnickel, denn Dein Brief von Ende Oktober, der für mich überaus inhaltsvoll war, hat die ganze Zeit über auf Antwort gewartet. Ich war die ganze Zeit über von einer greulichen Schreibträgheit, und bin auch sonst nicht sehr zufrieden mit mir. Ich sitze seit einigen Wochen allein und ohne Wirtschaft, denn Escha mußte auf längere Zeit Jerusalem verlassen und ist zur Erholung in Tiberias, wo sie ihre Ischias und Gallenbeschwerden abzuwerfen hofft. Gleich dahinter erkrankte unser jemenitisches Mädchen schwer, und ich begann ein Studentenleben, das der Arbeit auch nicht sehr förderlich sein kann. Zugleich kam Eschas Kündigung von der Bibliothek, wo durch den Wechsel in der Leitung seit Bergmanns Abgang (der seitdem als erster Rektor der Universität in die Universitätsangelegenheiten sich hineinzuknien hat) ihre Stellung sowieso überflüssig und unangenehm geworden war. Freilich ist das Zusammentreffen der Notwendigkeit eines doppelten Haushalts mit dem Schwinden der bisherigen Einnahmen fatal, und gerade unsere Pläne in Bezug auf die Möglichkeit der Realisierung Deiner Einladung hierher sind davon sehr betroffen worden, gerade als wir überlegten, was (speziell nach dem, was Kitty Marx über ihr Zusammentreffen mit Dir zu erzählen wußte) in diesem Winter noch in dieser Sache geschehen könnte. Vorläufig bin ich nun ziemlich aktionsunfähig. Dazu kam (und läuft noch) ein letzter Versuch meinerseits, meinen unglücklichen Bruder durch eine besondere Art von Intervention aus dem Konzentrationslager zu retten; über den Ausgang dieses Unternehmens (das ich Dich aber bitte, durchaus niemals zu irgend jemand, wer es immer sei, zu erwähnen) weiß ich noch nichts, und diese etwas schwierige Sache nimmt meine Nerven leider sehr in Anspruch, und die Aussichten sind dabei jetzt sehr gering. So blieb, was noch an Auftrieb da war, für die Arbeit an den Vorlesungen übrig, die jetzt wieder begonnen haben. Ich habe so etwa 15 Studenten, und es ist diesmal eine besonders mannigfaltige Mischung sämtlicher jüdischer Stämme, vor der ich mich zur Zeit über die Zusammenhänge von Mystik und Eschatologie vernehmen lasse.

Daß die Verhältnisse der Universitätsleitung sich außerordentlich geändert haben, wirst Du vielleicht wissen. Magnes ist diesen Sommer gestürzt worden, d. h. von den wirklichen Arbeitsfeldern ausgeschaltet worden, und nur als Dekorationsstück ganz über den Wassern, als »Präsident« belassen. Seine bisherigen

sehr weitgehenden Funktionen sind an zwei Personen verteilt worden, nämlich an Schocken als Kurator und den Rektor, der gewählt wird (wie oben erwähnt, zur Zeit Bergmann). Es soll nun eine größere Entwicklung einsetzen, ob sie durch die Umbesetzung verwirklicht wird, muß die Zeit lehren und ist noch nicht abzusehen. Inzwischen ist es fast sicher, daß Buber, dem in Deutschland (wohl wegen Beziehungen zur kirchlichen Opposition der [Karl] Barthgruppe) der Mund verboten worden ist, eine Berufung nach Jerusalem erhalten wird, fragt sich nur noch, wofür, was noch nicht ganz heraus ist. Daß die Gestapo oder sonst wer die Schockensche Ausgabe der Werke von Kafka verboten hat, als Rache für eine Kritik von Klaus Mann, in der die Tatsache dieser Veröffentlichung durch einen jüdischen Verlag gegen das Régime ausgespielt wurde, wo sonst wohl niemand die Lektüre dieser Bände sich hätte angelegen sein lassen, weißt Du vielleicht, obwohl es in weiten Kreisen unbekannt zu sein scheint. Mir erzählte es Schocken selber, der die weiteren Bände aber fürs Ausland drucken will, was angeblich möglich sein soll, solange das Werk nicht im Inland ausgeliefert wird. Und gerade auf den letzten Band warten wir so gespannt.[1]
Eine Copie meines Gedichtes, die Du erbeten hast, lege ich Dir für Deine Sammlung bei. Als Reiz für weiteres hoffe ich Dir bald ein Exemplar einer Kritik über Oskar Goldbergs Buch über Maimonides[2], ein im unverfälschtesten Zuhälterstil prangendes Elaborat, über das ich doch nicht schweigen wollte, einzusenden.
Mein Büchelchen über den Sohar hat anscheinend viel Erfolg und Leser. Deine Bemerkungen dazu haben mich überaus interessiert. Ich wünschte, in dem gedrungenen Stil meiner Einleitung mein ganzes Buch über Kabbala schreiben zu können, aber ich laboriere da noch schrecklich daran herum. Ich möchte ein besonders gutes Buch schreiben, und stelle fest, daß ich dabei auf Inspiration angewiesen bin, die darin zu bestehen scheint, das erarbeitete Material im Schreibtisch zu vergessen. Das gelingt nicht immer. Zur Zeit, im Semester, komme ich nicht viel zur Arbeit daran; dagegen feile ich in meinen freien Stunden an einem hebräischen Aufsatz über die Ideologie des religiösen Nihilismus im Judentum, als Fortsetzung meiner Cardoso-Arbeiten aus früheren Jahren. Diesen Aufsatz, der Dich sehr

interessieren würde, kann man aber nun einmal nur hebräisch schreiben, wenn man von apologetischen Hemmungen frei bleiben will.[3]

Ich habe hier eine etwas grotesk aussehende Dame kennen gelernt, namens Dr. Franziska Herzfeld[4] . . ., jedenfalls behauptete sie, mit Bloch, Dir, Kracauer sehr wohl bekannt zu sein, und ich habe mich also mit ihr über die Literatur von Bloch unterhalten, wobei sie nicht eben dumme Äußerungen machte.

Da Dich doch Schuler interessiert, will ich Dich darauf hinweisen, daß in der soeben erschienenen Autobiographie des verstorbenen Theodor Lessing[5], einem übrigens grauenhaften Buch bei allem sonst recht interessanten Inhalt, sich sehr vieles über ihn findet. Vielleicht kommt Dir das Buch mal unter, dann lies die betreffenden Kapitel.

Escha bleibt vielleicht den ganzen Winter über in Tiberias. Übermorgen, zu Chanukka, fahre ich ein paar Tage hinauf.

Herzlichste Grüße

Dein Gerhard

1 Dies war der Band VI (Tagebücher und Briefe), der, von Max Brod herausgegeben, aber erst 1937 im Verlag Heinrich Mercy Sohn, Prag, erschien.

2 Goldbergs »Maimonides – Kritik der jüdischen Glaubenslehre« (Wien 1935), ein ungewöhnliches Pamphlet, in dem M. vorgeworfen wird, Götzendienst zu treiben. Die Kritik habe ich schließlich nicht geschrieben, weil das Buch mir die erforderliche Länge nicht wert war.

3 Dieser umfangreiche Aufsatz erschien Ende 1936 auf hebräisch. Erst 1971 erschien er unter dem Titel »Redemption through Sin« in englischer Übersetzung in meinem Buch »The Messianic Idea in Judaism«, S. 78-141.

4 Siehe auch im folgenden Brief. Näheres über Frau Herzfeld habe ich nicht mehr in Erinnerung, glaube aber, sie in München in meiner Studienzeit um 1921 mehrfach getroffen zu haben, wo sie durch eine ungewöhnliche Frisur auffiel. Sie studierte Literatur und Philosophie.

5 Theodor Lessing (1872-1933), »Einmal und nie wieder« (1935). Der Autor wurde von den Nazis 1933 ermordet.

80 Benjamin an Scholem

Paris XIV, 23, rue Bénard
29. März 1936

Lieber Gerhard,

welcher der Götter immer die Korrespondenzen der Irdischen unter seinen Obliegenheiten haben mag, es scheint, daß die

Fäden der unsrigen seinen Händen entglitten sind, um in die Gewalt irgend eines Schweigeteufels zu fallen.
Ich gestehe freilich, daß dessen Walten – soweit mein eigenes Innere ihm zum Schauplatze dient – mir keineswegs undurchschaubar ist. Die vielfältigen und enttäuschenden Schwankungen im Termin unseres Wiedersehens, fallen dabei sehr ins Gewicht. Und sie belasten mich noch mehr, wenn sie in mir die Frage hervorrufen, ob du von der Bedeutung, ja Fälligkeit dieses Wiedersehens im gleichen Maß durchdrungen bist wie ich. Die Zeit, seit der wir es erwarten, stellt einen Fluß mit zunehmendem Gefälle dar, gegen das unsere schriftlichen Botschaften immer schwerer ankämpfen.
Ich meine damit nicht nur die Briefe sondern auch Kommunikationen wie meinen letzten Sonderdruck[1], auf den ich vielleicht nicht zufällig ohne Lebenszeichen von dir geblieben bin.
Und vergegenwärtige ich mir in solchem Zusammenhange das Wagnis, das ich doch meiner neuesten Arbeit noch weniger als manchen vorangegangenen (da sie wichtiger ist) ersparen kann: in die Zone unseres Briefwechsels (und somit auch seiner Latenzzeiten) einzutreten, so kann ich mich der Besorgnis nicht immer erwehren.
Im übrigen ist die Befassung mit dieser Arbeit, die mich im Januar und Februar vollkommen absorbiert hatte, ein Grund, der einen lichten Zug in das Tableau meines Schweigens trägt.
Sie wird zunächst – vielleicht bald, vielleicht erst Ende des Jahres – auf französisch erscheinen und zwar zieht die »Zeitschrift für Sozialforschung«, die sie bringt, die Übersetzung dem Originaltext vor. Dessen Titel lautet: »das Kunstwerk im Zeitalter seiner Reproduzierbarkeit«. Für den Originaltext sehe ich zur Zeit keine Publikationschancen.
Näheres über diese Arbeit – beziehungsweise ihren Text – verschiebe ich für ein späteres Mal. Für heute möchte ich nur die gespannte Frage nach deiner Auseinandersetzung mit Goldbergs Maimonidesbuch an dich richten. Ich würde durch sie zugleich den ersten Begriff von dem Buche selbst bekommen und hoffe baldigst auf sie rechnen zu dürfen.
Über die äußeren Daten meiner hiesigen Existenz will ich mich heute nicht von neuem verbreiten. Das große Buch ist über der neuen Arbeit, die zwar sachlich nicht die leiseste, methodisch

aber die engste Fühlung mit ihm hat, zurückgetreten. Bevor ich es wieder aufnehme, werde ich eine kurze Studie über Nikolai Lesskow schreiben müssen, zu welcher ich mich verpflichtet habe. Den Fuchs habe ich wieder einmal auf seine lange Bank geschoben.

Ich hoffe übrigens, daß du Lesskow, einen der größten Erzähler, gelegentlich gelesen hast. Die Bekanntschaft mit ihm hat, etwa verglichen mit der mit Fränze Herzfeld, die größten Vorzüge.

Welches Ergebnis haben deine Bemühungen um deinen Bruder gezeitigt? Der meine ist weiter, zur Zeit unbehelligt, in Deutschland.

Ich hoffe nun bald eine Nachricht von dir zu erhalten und sende dir die herzlichsten Grüße Dein Walter

1 »Probleme der Sprachsoziologie« (GS III, 452-480).

2 Von Ljesskow hatte ich nichts gelesen, und begann erst nach Erscheinen des Aufsatzes mit der Lektüre einiger Bände, die ich aufzutreiben suchte.

81 Scholem an Benjamin

19. April 1936

Lieber Walter,

Dein Brief hat mich nach so langer Pause und so bewegter Zwischenzeit sehr gefreut, so wenig ich auch mich Deinen Schwierigkeiten, von denen Du in bezug auf unser Treffen sprichst, verschließen kann. Aber es ist schon so, daß ich Dir erst jetzt näheres über die Umstände schreiben kann, die für Dich unerkennbar, mich in diesem letzten Jahr so beschwert haben und denen vor allem, was ich Dir nicht vorher sagen konnte, Deine Reise zu mir zum Opfer gefallen ist. Du wirst meine schwierige Lage verstehen und wie ich hoffe entschuldigen, wenn ich Dir nun sage, daß ich seit kurzer Zeit geschieden bin.[1] Die Trennung von Escha hat mich innerlich und äußerlich in große Schwierigkeiten gebracht, die ich Dir als einem Freund der ähnliches kennt, nicht zu schildern brauche. Die Ausführung dieses Entschlusses zur Trennung, den ich schließlich im vorigen Sommer faßte, hat mich fast 8 Monate gekostet und natürlich mein Leben sehr entschieden verändert. Da ich die Scheidung verlangt habe, so bin ich, wenn Escha nicht wieder heiratet, in eine finan-

ziell für mich recht schwierige Lage versetzt worden, da ich zwei Haushalte zu zahlen habe. Die Folge war (und ist) daß ich meinen Lebensstandard und meine Verpflichtungen sehr einschränken und bedenken mußte, und hier hast Du den unverhüllten Grund, warum ich in dieser Lage Deine Reise hierher nicht, wie wir es dachten, betreiben konnte. Ich hätte Dir in diesen sehr schwierigen Monaten nichts bieten können, und geistig noch weniger als in jedem anderen Bezug. Inzwischen ist nun die Scheidung erfolgt, aber sonst ist noch alles etwas ungeklärt. Escha ist vorläufig noch in Tiberias. Im übrigen haben wir uns so freundschaftlich wie es möglich war, auseinandergesetzt. Wenn es Bergmann gelingt, seine Scheidung zu erlangen (was aber äußerst problematisch ist), würde sie wiederheiraten.
Diese biographischen Umstände haben mich ein Jahr lang fast in meiner Arbeit und meinen Plänen gehindert und ich kann erst jetzt hoffen, wieder ein geregeltes und normales Leben der Arbeit führen zu können. So kann ich Dir denn auch die Goldbergkritik noch nicht vorweisen, die Lähmung in meiner Arbeitskraft war allzu groß. Daß ich unter diesen Umständen zur Zeit aus Geldmangel nicht an eine Europareise denken kann, sondern hier mich stille halten muß, ist eine Konsequenz der Ereignisse. Meine Mutter ist nun vor vierzehn Tagen hergekommen und bleibt sechs Wochen hier, und ich werde auf diese Weise zu ihrem siebzigsten Geburtstag nicht nach Europa fahren. An einen ständigen Aufenthalt meiner Mutter hier erlauben uns die Verhältnisse noch nicht zu denken.
Ein Versuch, meinen Bruder Werner hierherzubekommen, den ich bis zu ziemlich erfolgversprechenden Graden vorgetrieben hatte (Zertifikat nach Palästina, Führung der Freigabeverhandlung durch die britischen Behörden) ist im letzten Stadium, nachdem schon alle, vor allem die Engländer und mein armer Bruder selbst, geglaubt hatten, alles sei gut erledigt, gescheitert. Göbbels braucht ein paar Juden dort, an denen er zeigen kann, daß er den Bolschewismus zertreten hat, und dazu ist anscheinend u. a. mein Bruder ausersehen.[2] Die böse Nachricht erhielt ich erst vor einer Woche, und wir sind nun ganz hoffnungslos. Am 20. April sitzt er nun drei volle Jahre. Irgend eine andere Aktion gibt es nun nicht mehr. Die Schweine hatten meinem

Bruder schon mitgeteilt, daß er frei käme, und er hatte schon einen Brief an seine Frau mit der Nachricht abschicken dürfen, nun wird die Reaktion schrecklich sein, da das sein letzter Hoffnungsanker war. Auch meine Mutter ist von der Sache sehr mitgenommen.

Ich bedaure, daß ich Dir diesmal nichts Erfreulicheres zu melden weiß, aber Du bist so nun jedenfalls über meine Lage völlig auf dem Laufenden. Wie ich mich weiter einrichten werde, speziell ob ich nicht aus dem Haus ziehe, das viel zu teuer für meine Mittel geworden ist, so angenehm es mir zur Arbeit wäre, werde ich Dir sicher bald erzählen können. Im allgemeinen bin ich natürlich vorläufig der Technik des Lebens gar nicht gewachsen. Das wird aber ja wohl besser werden.

Dein Separatum über Sprachsoziologie – denn nur dies kann doch die von Dir gemeinte Sendung sein – habe ich bekommen und mit Fleiß gelesen, aber nicht alles verstanden. Aber ich war bisher geistig nicht ganz aufnahmefähig.

Zu Deiner neuen Arbeit wünsche ich Dir viel Glück, und hoffe, sie bringt Dich auch wieder zur Beendigung der andern großen Sache zurück, von der ich dachte, Du würdest sie jetzt schon der Schlußredaktion unterziehen.

Lesskow kenne ich leider nicht, habe auch noch nie etwas von ihm gesehen.

Ich hoffe, wir erlangen in absehbarer Zeit die Freiheit unserer Bewegungen und Begegnungen zurück. Ich bin überzeugt, daß Du völlig Recht hast, wenn Du diese letztere für dringlich hältst, wenn wir wissen wollen, wo wir stehen und wie wir eigentlich existieren.

Die herzlichsten Grüße Dein Gerhard

1 Siehe Brief Nr. 74, Anmerkung 1.

2 Es stellte sich, als es zur Entscheidung kam, heraus, daß eine Liste von Menschen existierte, die nur mit Goebbels' Erlaubnis freigelassen werden durften, und die Gestapo die ganze Zeit gewußt hatte, daß mein Bruder auf ihr stand. Als meine Mutter zur Gestapo kam, um die endgültigen Abmachungen zu hören oder zu empfangen, wurde sie höhnisch ausgelacht.

Paris XIV, 23, rue Bénard
2. Mai 1936

Lieber Gerhard,
es ist ein trauriger Epilog, den die letztjährige Periode unseres Briefwechsels mit deinem Schreiben bekommen hat. Ein Epilog, bei dem ich dazu nicht mehr als einen stummen Hörenden abgeben kann, der ihm, auch wo er sich in Andeutungen bewegt, zu gut folgen kann, um ihm mit Worten ohne Gewicht in die Rede zu fallen. Das Wenige, das sich aussprechen läßt, lege ich in den Wunsch, daß die Einsamkeit, wenn sie sich einstellen sollte, ihre Befristung von außen und ihre Befruchtung von innen erfahre.

Ist es in dieser letzten Zeit unserm Briefwechsel nicht besser als dir ergangen, so kannst du mir keinesfalls das Zeugnis versagen, ihm mit Geduld zur Seite gestanden zu haben. Es war nicht umsonst, wenn er mit der Zeit etwas von seinem alten Adam zurückgewinnt. Darum müssen wir beide wünschen, daß diejenigen Elementargeister unseres Daseins und unserer Produktion, die ein Anrecht auf unser Gespräch haben, nicht unbegrenzt lange mehr auf der Schwelle zu warten haben. Andererseits darf man freilich ihre Chance nicht außer acht lassen, dank einer fälligen Bereinigung weltpolitischer Differenzen aus unseren Leibeszonen befreit miteinander konversieren zu können.

Für den Augenblick möchte ich hoffen, daß zumindest die palästinensischen Vorgänge mir nur in übertriebenen Berichten vor Augen kommen. Aber auch dann bleibt Bedenkliches allerorten genug übrig. Ich würde, in solchem Bewußtsein, ganz gern die französische Staatsangehörigkeit erwerben, wenn das nicht mit Kosten verbunden wäre, die dahin führen könnten, daß meine neue Staatsbürgerschaft an ein Gerippe fiele.

Die Mitteilungen über das Geschick deines Bruders habe ich mit Entsetzen gelesen. Ich kenne ihn nicht[1]; aber schon einen Namen mit solchem Dasein verbinden zu müssen, ist furchtbar. Auch mein Bruder ist nach wie vor in Deutschland, aber in Freiheit. Er hat, da meine Schwägerin in der russischen Handelsvertretung in Berlin arbeitet, keine unmittelbare Not zu leiden.

Was meine eigne Arbeit betrifft, so wird ihr jeweiliger Stand vor deinen ihr zugewandten Gedanken offenbar stets weit überflügelt. Jedenfalls nehme ich an, daß du unter dem großen Vorhaben, das du erwähnst, die »Pariser Passagen« verstehst. Da bleibt es bei der alten Sache, daß vom eigentlichen Text noch kein Sterbenswort existiert, wenn auch das Ende der Studien zu ihm absehbar geworden ist. Auch liegt im Augenblick der Akzent nicht auf diesen sondern auf der Planung des Ganzen, die ihrerseits ungemein überdacht sein will und gewiß noch lange zu diesen und jenen Versuchen Veranlassung geben wird. Meine letzte Arbeit, deren französische Fassung – »L'œuvre d'art a l'époque de sa reproduction mécanisée« – in drei Wochen erscheinen soll, ist aus diesen Planungen mit hervorgegangen. Sie berührt sich mit der großen Sache thematisch nur wenig, gibt aber für verschiedene ihrer Untersuchungen den Fluchtpunkt an. Unter den erwähnten Versuchen eines Gesamtplans ist bisher nur einer fixiert. Sobald ich mich diesem Gegenstand wieder zuwende, werde ich es mit einem Gegenstück zu diesem ersten versuchen.

Leider entgehe ich diesen Sommer der Arbeit über Fuchs schwerlich; ich habe mir aber in der Zwischenzeit gewisse Freiheiten für sie verschafft.

Ich hoffe sehr bald etwas Näheres über deine große Kabbalaarbeit für Schocken zu hören; von der Goldbergkritik nicht zu reden.

Ist Leo Strauß in Palästina?[2] Ich hätte Neigung, mich mit seinen Büchern in der Zeitschrift »Orient und Okzident« – für die ich den Ljesskow schreibe – zu beschäftigen. Vielleicht siehst du den Autor und kannst du ihn veranlassen, mir die Bücher zu schicken.

Für heute schließe ich mit recht herzlichen Grüßen Dein Walter

1 W.B. hatte meinen Bruder einmal an einem Sederabend im Haus des mir befreundeten Moses Marx im Jahre 1923 getroffen, es aber vergessen.

2 Leo Strauß war damals in England, von wo er dann 1938 in die USA ging.

83 Scholem an Benjamin

6. Juni 1936

Lieber Walter,

die Unruhe der letzten vier Wochen, seit ich Deinen letzten Brief, für den ich sehr dankbar bin, erhielt, hat keinen guten Anlaß, und leider noch weniger Muße zum Schreiben gegeben. Ich weiß ja nicht, wieweit Du dort in Paris zuverlässige Kunde über die Unruhen bei uns den Zeitungen entnehmen kannst, wieviel Sensation mitspielt oder umgekehrt, wie kühl dort diese Dinge etwa behandelt werden.[1] Jedenfalls ist der Zustand der Dinge hier sehr ernst, und eine Probe für starke Nerven. Seit vielen Wochen wird, in stets wachsender Heftigkeit, von arabischer Seite ein richtiger Partisanenkrieg geführt, der eine nicht vorher erwartete Kraft, in allem Terror und Barbarismus, erweist. Der Generalstreik der arabischen Städte wird zwar durch inneren Terror bei ihren eigenen Leuten erzwungen, zum größten Teil auch dessen Finanzierung, aber eben daß er dennoch durchdringt, daß die Gegnerschaft sich nicht durchsetzen kann, beweist starke Disziplin. Da die Juden, statt wie es ja ein Leichtes wäre, mit Gegenterror zu antworten, bisher eine unerwartet disziplinierte Haltung bewahrt haben, die eine moralische Leistung ist, haben sie *bisher* auch eine sehr starke Position in der politischen Sphäre behalten. Wenn die Juden oder Gruppen darunter nicht die Nerven verlieren, was viele der sehr nervenzerreibenden Terror- und Sabotage-Akte offensichtlich bezwecken, so ist nicht abzusehen, wie die Araber das Geringste vor dem Abbruch des Terrors erreichen können. Andererseits wissen sie offenbar keinen Ausweg aus dem Abenteuer, das zweifellos in der Erwartung begonnen worden ist, die englische Regierung mit diesen etwas allzu orientalischen Methoden zur Sistierung der jüdischen Immigration zwingen zu können. Bisher war das nun eine völlige Fehlrechnung, und die Regierung hat sich sehr unnachgiebig verhalten. Freilich dürfte die Rechnung am Ende natürlich doch von uns bezahlt werden, da nach erfolgter »Pazifizierung«, wenn der jetzige Zustand vorüber sein sollte, schon eher mit Konzessionen zu rechnen ist. In der Tat ist der Angriff von 1929 trotz der viel wilderen Massakers an Ernst und Folgen wohl ein Geringes im Vergleich zu dem, was wir erleben. Die Tatsache, daß 400 000 Juden natürlich nicht mehr so leicht zu werfen sind wie 150 000, ist natürlich beiden Teilen wohl bekannt, und übt bei den Juden diesmal mäßigenden Einfluß: man fühlt sich stärker, kann deswegen mehr mit Geduld ertragen. Es herrscht in Jerusalem seit vielen Wochen Belagerungszustand, d. h. nach 7 Uhr abends soll jeder zu Haus sein. Aber es ist keineswegs gemütlich, dann nachts die Schießereien auf den Bergen mit anzuhören. Das Leben geht zwar äußerlich seinen Gang, aber in Wirklichkeit ist doch alles anders. Fast jeder jüngere Mensch, also vor allem auch die Universitätsstudenten, ist zur Verteidigung gegen ja stündlich mögliche (und öfters versuchte) offene Überfälle sozusagen, wenn auch privat, eingezogen. Wenn es noch dauert, werde auch ich mich damit befassen müssen, von einem Dach aus einige Stunden der Nacht in die Landschaft zu blicken. Dies Alles schreibe ich Dir zur Erklärung der bitteren Atmosphäre, in der wir zur Zeit atmen.

Meine Mutter war sechs Wochen hier, sie ist immerhin schon so alt, daß sie die Dinge doch nur etwas undeutlich apperzipiert und das war ja gut so. So war sie denn ganz oder sogar sehr zufrieden. Sie fuhr gerade in der Woche ab, als es besonders schlimm zu werden begann. Sie wird im Herbst siebzig Jahre, aber dieser plötzliche Besuch bei mir ersetzt nun eine Europafahrt. Arbeiten kann ich bei diesem Stand der Dinge, an dem wir alle so vital interessiert sind, keineswegs wie ich möchte. So kann ich Dir heute nichts vom »innern Leben« erzählen. In drei Wochen sind Ferien, und ich wünschte, daß dann doch endlich Beruhigung einträte – aber das scheint mir Pessimisten leider sehr unwahrscheinlich. Ich fürchte, wir werden noch ein paar sehr böse Tage erleben.[2] – Hast Du den Privatdruck meines Buchs von Berlin (Schocken-Verlag) zugeschickt erhalten? Ich gab Dich dafür auf.

Leo Strauß lebt nicht in Palästina, sondern ist seit 2 Jahren in England, in Cambridge. Sehen tu ich ihn also leider nicht. So weit diesmal. Bitte laß von Dir hören! Zur Erwerbung der französischen Naturalisation würde ich Dir dringendst zuraten.

Herzlichst　　　　　　　　　　　　　　Dein Gerhard

1 Es handelt sich um die schweren arabischen Unruhen, die vom Mai bis Ende Oktober 1936 dauerten und auf einen Generalstreik und Aufstand arabischer Guerillas in Palästina hinausliefen.

2 Das traf leider zu. Die drei nächsten Monate waren von schweren arabischen Angriffen auf Orte und Verkehrswege erfüllt, die außerordentliche Spannungen mit sich brachten. Dazu kamen auch lebhafte Diskussionen auf der jüdischen Seite, ob denkbar weitgehende Zurückhaltung geboten sei, die sich auf Verteidigung beschränken solle – dies war die Stellung der verantwortlichen jüdischen Instanzen – oder ob Vergeltungsschläge das Gebot der Stunde seien, wie von einer starken Gruppe gefordert wurde.

84 Benjamin an Scholem

Paris XIV, 23, rue Bénard
25. Juni 1936

Lieber Gerhard,

ich nehme an, dieser Brief wird von Paris aus zunächst der letzte sein. Mitte Juli will ich einen Sommerurlaub nehmen, und zwar möglichst auf mehrere Monate. Das Stadtleben, das jetzt mehr als ein Jahr ohne Unterbrechung für mich andauert, hat mein Bedürfnis nach Erholung erheblich gemacht. Und wenn ich auch nicht hoffen kann, den äußern Schwierigkeiten meiner Existenz durch den Ortswechsel aus dem Wege zu gehen, so darf mich das nicht abhalten. Über die Richtung der Reise steht noch nichts fest: ich schwanke zwischen Dänemark und den Balearen.

Dein Brief vom 6. Juni geht zum ersten Mal auf die politische Lage in Palästina ein, die mich in Gedanken an dich und auch ihrer bloßen Gegebenheit nach im stillen sehr viel beschäftigt hat. Mir fehlen natürlich die Daten zur selbstständigen Urteilsbildung (die in konkreten politicis überhaupt nicht meine starke Seite ist). Um so aufmerksamer bin ich, mir eingehende und möglichst unmittelbare Berichte zu verschaffen. Soweit mir das möglich ist, muß ich einräumen, auf nichts zu stoßen, das deinen Pessimismus zu entkräften geeignet wäre. Vor allem hat mir die voraussichtliche Wirkung der gegenwärtig hier in der syrischen Frage stattfindenden Verhandlungen Eindruck gemacht. Sollte Syrien – wie dies den Anschein hat – zu Frankreich in ein Verhältnis treten, das dem des Irak zu England entspräche, so würde daraus schwerlich eine Entspannung im palästinensischen Konflikt sich ergeben. Und weiter wäre es sehr bedenklich, wenn die Bewegung der Araber wirklich im Orient so populär wäre,

wie man es hier erzählt. Ich fürchte, daß kaum weniger schädlich als die materiellen Aktionen der Araber die psychischen Reaktionen der Juden sein mögen. Und wenn du an Ort und Stelle keinen Ausweg erblickst, so ist es für mich natürlich um so viel weniger möglich.
Die europäische Lage sehe ich, ihrer latenten Struktur nach, nicht zuversichtlicher als die palästinensische an. Sie drängt, wie es scheint, auf eine Entwicklung hin, der man selbst im Besitze der französischen Staatsbürgerschaft fast wehrlos ausgeliefert wäre. Ich habe im übrigen durchaus nicht die materiellen Möglichkeiten, sie mir zu verschaffen. Mein deutscher Paß reicht allerdings bis 1938 und wenn bis dahin die Frage sich noch präsentiert, würde ich versuchen, mit fremder Hilfe eine Aktion mit dem gedachten Ziel in die Wege zu leiten.
Dein Brief hat sich mit der Sendung, die meine letzte Arbeit in ihrem französischen Text enthielt, gekreuzt. Ich weiß nicht, ob er dir mühelos zugänglich ist. Wenn ja, so würde ich mich, ungeachtet der vermutlich sehr reservierten Aufnahme, die er bei dir zu gewärtigen hat, außerordentlich für den Eindruck interessieren, den er in dir erweckt. Inzwischen ist ein neues, nicht ganz so umfangreiches Manuscript abgeschlossen, von dem es mich darum besonders betrübt, dir nicht unverzüglich zu seiner Lektüre verhelfen zu können, weil es dir, nicht nur in sprachlicher Hinsicht, wohl sehr viel genehmer wäre. Es heißt: Der Erzähler Bemerkungen zum Werk Nikolai Lesskows.
Morgen werde ich endlich die Bekanntschaft von Schestow machen.
Den schönen Privatdruck des Soharkapitels erhielt ich, und ich danke dir herzlich dafür.
Trotz aller unserer beiderseitigen Schwierigkeiten werden, wie ich zuversichtlich hoffe, die Dinge, die mein letzter Brief berührte, in unserm Briefwechsel wieder zu ihrem Recht kommen. Und mit dieser Zuversicht will ich für heute schließen.

Herzlichst Dein Walter

85 Scholem an Benjamin

26. August 1936

Lieber Walter,

Deine Karte fand ich vor[1], als ich von einer Reise nach Tel Aviv zurück kam und raffe mich nun gleich zusammen um Dir endlich zu schreiben, denn seit Deinem letzten Brief bin ich wirklich so in verschiedenen Stimmungen versunken gewesen, daß ich einen richtigen Anstoß von außen brauchte um zu antworten. Der Zustand bei uns ist, wie Du wohl wissen wirst, sehr ungemütlich. Zwar soll gerade in diesen Tagen eine Aussicht auf Beendigung des nahe an Anarchie grenzenden Zustandes im Land sein, aber »nichts Gewisses weiß man nicht«. Seit drei Monaten leben wir in Jerusalem unter Belagerungszustand, jeden Abend hört man mehr oder weniger wilde Schießerei und von Zeit zu Zeit verbringt man auf einem »strategischen« Dach am Ende des Viertels einige Stunden mit Wachstehen. Dazwischen wartet man mit Geduld auf die letzten Nachrichten. Der Terror ist recht erheblich, und mit großer Anstrengung ist es bisher den Juden gelungen, sich nicht zu dem sehr naheliegenden und nur allzu praktikablen Mittel des Gegenterrors zu wenden. Aber ich bin nicht sicher, ob es so bleibt. Vor einigen Tagen wurde mein Kollege [Levi Billig], der Dozent für arabische Literatur, in seinem Studierzimmer über dem Buch ermordet, und Du kannst Dir die Aufregung denken. Dabei gewöhnt man sich seine Portion Fatalismus an, denn da niemand weiß, ob nicht an der nächsten Ecke eine Bombe auf ihn geworfen wird, andererseits sich aber herausgestellt hat, daß die allerwenigsten Bomben explodieren oder doch schaden, so wird man schließlich relativ gelassen. Zehn Minuten, bevor ich aus Tel Aviv wegfuhr, wurde auf eine Eisenbahnüberführung, die wir passieren mußten, aus einem Zug eine Bombe geworfen, die Opfer forderte und wir kamen mitten in den größten Sturm, aber im Allgemeinen ist es in den Städten noch ideal im Vergleich zum offenen Land. Hier finden richtige Schlachten statt, teils zwischen dem Heer und arabischen Partisanengruppen, teils zwischen diesen Gruppen und den von ihnen dauernd angegriffenen jüdischen Kolonien. Es wird lange dauern, bis wieder Ruhe herrschen wird. Die Politik der Engländer ist zögernd und unklar, sie haben Angst, sich eines der beiden Völker zu erbitterten

Gegnern zu machen, und hoffen auf ein diplomatisches Wunder. Die Juden sind umso empörter als ihre Empörung sich wie gesagt nicht in wirklichen Gewaltakten Luft macht, sondern sie aus sehr guten politischen Gründen »stillehalten«, was bei den kommenden politischen Verhandlungen von Bedeutung sein wird. Wir werden zweifellos ein sehr aufgeregtes Halbjahr vor uns haben. Andererseits geht inzwischen trotz des arabischen Streiks und Terrors die Einwanderung in immer noch sehr erheblichem Maß weiter, und natürlich hängt davon letzten Endes alles ab. Die Weltlage bringt einen so ungeheuer starken Druck nach Palästina mit sich, daß kaum mit einem wirklichen Versuch, die Immigration für die Dauer zu stoppen, zu rechnen ist. Da jeder die Juden los werden will, ist es heute schwerer als vor 7 Jahren, ihnen das Tor Palästinas zu verschließen. Andererseits wird ein Rückschlag vielleicht auch sein Gutes haben, was die moralische Seite unseres Unternehmens betrifft. – Allgemein ist das Rätselraten, welches Land hinter der arabischen Bewegung steht, Rom, Berlin oder Moskau – oder alle drei. Die Dinge sind sehr undurchsichtig und übrigens, was den Anteil der Kommunisten an der antijüdischen Agitation angeht, einigermaßen aufregend. Die kommunistischen Flugblätter, die ich ins Haus geschickt bekomme, sind der sicheren philologischen Analyse nach, in welcher Sprache immer sie erscheinen, von deutschen Juden verfaßt, die vor kurzer Zeit erst ins Land gekommen sind. Die Feindseligkeit diesen Gruppen gegenüber ist dementsprechend auf jüdischer Seite ungeheuer stark und der Gewissenskonflikt, in den die Leute kommen, die die Namen solcher Mitbürger kennen, nicht gering. Kurz, es ist leider in jedem Betracht dafür gesorgt, daß das Leben hier nicht langweilig wird.

Ich selbst sitze hier und arbeite so gut es geht. Ich habe mehrere Arbeiten geschrieben, darunter eine sehr lange über mystischen Nihilismus im Ghetto, der Dich zwar interessieren würde, aber hebräisch verfaßt ist. Einen kurzen deutschen Abriß davon habe ich für den Schocken-Almanach geschrieben, der Dir nach Erscheinen irgendwie zukommen wird. Jetzt arbeite ich ein wenig an meiner Geschichte der Kabbala. Ich habe so viel im Kopf, aber es geht so langsam! Aber ich bin schon zufrieden, daß ich meine Arbeit wieder aufgenommen habe. Meine Finanzum-

stände sind so, daß ich an eine größere Reise vorläufig nicht denken kann. Meine Mutter ist, wie Du gehört zu haben scheinst[2], direkt nach ihrem Besuch hier auf der Rückreise erkrankt und mußte operiert werden. Aber es scheint alles gut abgegangen zu sein und sie soll auf dem Weg zur vollständigen Wiederherstellung sein. In 3 Monaten ist ihr siebzigster Geburtstag.
Dein Aufsatz[3] hat mich sehr interessiert und ich habe über Photographie und Film in solchen philosophischen Zusammenhängen zum ersten Mal etwas Nachdenkliches erfahren. Zur Beurteilung Deiner Prognosen aber fehlt mir allzu sehr die Sachkenntnis.
Ist Deine Lesskow-Arbeit erschienen? Ich bin übrigens gänzlich ungebildet und habe keine Ahnung, wer das ist. Vielleicht kann ich Bücher von ihm hier auftreiben.
In meinen Mußestunden lese ich zur Zeit Memoiren, was mir viel ergötzlicher vorkommt als schöne Literatur, und bilde mich auf diese Weise etwas fort. Es macht außerordentlichen Spaß, vier oder fünf Memoirenbände aus dem gleichen Kreis zu lesen, so schön lügt kein Dichter wie diese Interessenten.
Bleibst Du längere Zeit in Dänemark?
Sei herzlichst gegrüßt von Deinem Gerhard

1 Diese Karte ist verloren, denn die eine undatierte Postkarte (Nr. 87) aus Ravenna, die vielleicht herpassen könnte, kann ihrem Inhalt nach unmöglich in diese Zeit des Sommers (wo er bei Brecht war) versetzt werden.

2 Eine Bemerkung darüber muß in der verlorenen Karte gestanden haben, da in den vorhandenen Briefen W.B.s kein Hinweis darauf steht.

3 Der Aufsatz über das Kunstwerk, dessen Sonderdruck er mir geschickt hatte. Daß W.B. in meiner kurzen Äußerung Vorbehalte spürte, wie der nächste Brief zeigt, war nicht so falsch. Sie kamen dann in der mündlichen Auseinandersetzung sehr nachdrücklich zur Sprache.

86 Benjamin an Scholem

Paris XIV, 23, rue Bénard
18. Oktober 1936

Lieber Gerhard,
vor mir liegt dein inhaltsreicher Brief vom 26. August. Er hat mich in Dänemark erreicht, wo ich einige Wochen bei Brecht war, ehe ich zu Dora nach San Remo herunterfuhr.

Die Pause, die der Sommer unserer Korrespondenz gebracht hat, scheint mir darum weniger folgenreich als manche frühern, weil die öffentlichen Vorgänge, die den einen oder andern von uns unmittelbar und damit den andern oder einen zumindest mittelbar betreffen und angehen, immer durchgreifendere Gestalt annehmen. So ist dem Bild, das ich mir von deinem Dasein mache, mitunter ein Bericht, den ich von dritten aus Palästina bekam, zu gute gekommen. Und wie es in der mich näheren angehenden, wenn schon nicht umgebenden politischen Welt aussieht, das hast du dir hin [und] wieder auf deine Weise gewiß gleichfalls vergegenwärtigt.
Auf der andern Seite läßt sich wohl nicht verkennen, daß die nun schon sehr lange zwischen uns bestehende räumliche Trennung infolge der ungeheuren, auch ungeheuerlichen Zeitereignisse unsere Kommunikation mehr belastet als es anders der Fall gewesen wäre. Meine Meinung ist, daß wir darum den Arbeiten, die dem einen vom andern zu Gesicht kommen, desto mehr abzugewinnen suchen müssen. Aus diesem Grunde tut es mir leid, daß du mir die im Schocken Almanach erscheinenden Exzerpte deiner Studie über den Nihilismus nicht in bestimmterer Form anzeigst und ich frage mich, ob ich sie am Ende nicht schon müßte erhalten haben. Der Almanach, sollte ich meinen, ist schon erschienen.
Ich will dir, im gleichen Zusammenhange, denn auch gestehen, daß die weitgehende Impermeabilität, die meine letzte Arbeit deinem Verständnis (das Wort nicht im technischen Sinn allein genommen) entgegenzusetzen scheint, mir traurig aufs Herz gefallen ist. Wenn dir in ihr scheinbar nichts mehr in Gedankenbereiche zurückgedeutet hat, in denen wir früher gemeinsam zu Hause waren, so will ich den Grund davon, vorläufig, weniger darin suchen, daß ich eine sehr neue Landkarte einer ihrer Provinzen gezeichnet habe als darin, daß sie dir französisch beschriftet vorlag. Ob ich sie dir allerdings deutsch in gedruckter Form je werde zugänglich machen können, ist eine ebenso offene Frage, als die, ob sie dich dann zur Aufnahme eher gestimmt fände.
In jedem Falle wirst du mehr von einem kleinen Buch haben, das du im Laufe des nächsten Monats bekommst. Die Texte darin sind dir sämtlich, wie ich vermute, bekannt. Es ist die

Sammlung jener Briefe, die ich gegen 1930, anonym erläutert, in der Frankfurter Zeitung habe erscheinen lassen. Der Vita-Nova-Verlag in Luzern gibt sie heraus. Nichts hätte ich mir mehr gewünscht, als diese Sammlung bei Gelegenheit der Buchausgabe auf den doppelten Umfang zu bringen. Aber der Verlag hatte es sehr eilig und die Quellen, auf die [ich] angewiesen gewesen wäre, sind hier fast nicht aufzutreiben.
Noch merke ich an, daß der Titel des Buchs »Deutsche Menschen« unter meiner Feder nur aus dem Interesse, die Sammlung die vielleicht in Deutschland einigen Nutzen stiften könnte, zu tarnen, zu erklären ist.[1] Ich zeichne sie mit dem Pseudonym Detlef Holz.
Wir haben Deutschland erwähnt und so will ich dir mitteilen daß mein Bruder vor wenigen (Jahren) [Tagen][2] zu 6 Jahren Zuchthaus verurteilt worden ist. Meine Schwester hat ihn zweimal gesehen: er soll eine ganz unvergeßliche Mannhaftigkeit und Fassung an den Tag gelegt haben.
Ich weiß nicht, ob dir Hefte der in der Tschechoslovakei erscheinenden »Philosophischen Hefte« – hg. von Maximilian Beck – gelegentlich zukommen.[3] Das letzte enthält im Schluß seines bibliographischen Teils eine Anzeige deiner beiden Publikationen aus dem Sohar. Die Kompetenz der Bemerkungen, die Beck dazu macht (es sind wenn ich mich recht entsinne sehr positiv gemeinte) kann ich nicht beurteilen. Etwas mehr Urteil traue ich mir denjenigen gegenüber zu, die er im gleichen bibliographischen Teil an einige Zitate aus Buberschen Schriften anschließt. Da scheint er mir denn doch ins Schwarze getroffen zu haben. Diese Zitate bezeichnen mit einer Präzision, für die ich mir die Materialien selbst nie habe beschaffen wollen, den Gegenstand meines alten unüberwindlichen Mißtrauens gegen diesen Mann. Es ist beklagenswert, daß die Bestrebungen Schockens im Zeichen dieses Mannes stehen, der die Terminologie des Nationalsozialismus bruchlos in die Debatte jüdischer Fragen zu überführen vermocht hat.[4]
Bei der diesjährigen Dekade zu Pontigny die das Problem der »Volonté du mal« behandelte, soll Buber eine recht zweideutige Figur gemacht haben.[5]
Ich nehme zum Schluß noch einmal die Bitte auf, das Wenige, was mir von deinen Publikationen zugänglich ist, ohne Zeit-

verlust an mich gelangen zu lassen. Ich verspreche für meine zugänglichern das Gleiche.
Deiner Arbeit wird, hoffe ich, der Waffenstillstand, der für Palästina nun wohl zustande gekommen ist, dienlich sein. Berichte mir bald davon. Laß mich auch einmal ein Wort über Agnon erfahren.
Mit sehr herzlichen Grüßen Dein Walter

1 Diese wichtige Erklärung des Titels (statt des eigentlich geplanten »Deutsche Briefe«) gab W.B. auch an Horkheimer (zwei Monate später); siehe GS IV, 948.

2 Am 14. Oktober 1936. Statt *Tagen* schrieb W.B. *Jahren*.

3 Maximilian Beck (1887-1950) war ein Bekannter von mir, mit dem ich in München öfters philosophische und jüdische Diskussionen hatte. Er war ein Hauptschüler von Wilhelm Pfänder und ein sehr scharfsinniger Mann, dem in seiner jüdisch-böhmischen Haut nicht ganz wohl war. Die »Philosophischen Hefte« pflegte er mir zuzuschicken. Die Kritiken über mich und Buber standen in Jahrgang V (1936), Heft 1-2, S. 108-111, 112-115.

4 Ich teilte diese Beurteilung der Buberschen Terminologie nicht, wie ich auch W.B. schrieb.

5 Buber leitete die vierte Diskussion der Entretiens de Pontigny am 29. August 1936 über »La volonté du mal« mit einem Vortrag ein, der in umgearbeiteter Form in seine Schrift »Bilder von Gut und Böse«, Köln 1952, eingegangen ist.

87 Benjamin an Scholem

Ravenna [gegen Ende 1936]

Lieber Gerhard,
von einem, trotz allem stolzen Tag, an dem ich mir einen zwanzigjährigen Wunsch erfüllt und die ravennatischen Mosaiken gesehen habe, diese Kunde und die herzlichsten Grüße. Der Eindruck der Mosaiken auf mich ist übrigens kaum größer gewesen als der ernsten, festungsartigen, von allem Schmuck der Fassaden, den sie hie und da gehabt haben mögen, nun längst entblößten Kirchen. Manche liegen in Bodensenkungen; man steigt Stufen zu ihnen herab; das verdoppelt das Bewußtsein, sich ins Vergangne zu wenden.
Ich danke dir sehr für den Aufsatz über die Zusammenhänge des Messianismus mit der Aufklärung.[1] Er ist schön geschrieben; ich habe ihn mit dem äußersten Interesse gelesen. Ich würde mich über jede Folge freuen, die du dieser Publikation gibst. – Auch über eine baldige genau[e] Nachricht, die ich dich an meine pariser Adresse zu senden bitte. Herzlichst Walter

1 Mein Aufsatz »Zum Verständnis des Sabbatianismus. Zugleich ein Beitrag zur Geschichte der Aufklärung« im Almanach des Schocken Verlages 5697 (1936-37), S. 30-42, war eine sehr bündige deutsche Zusammenfassung der Thesen des großen obenerwähnten hebräischen Aufsatzes.

88 Scholem an Benjamin

Jerusalem, Rehavja, Abarbanelstr. 28
Pension Helena Cohn
29. Dezember 1936

Lieber Walter,
ich mache mich an diesen Brief, wie Du aus der Adresse ersiehst, in einem neuen Milieu, das einige Veränderungen meiner Lebensweise auf kürzeste Weise zum Ausdruck bringt. Ich habe das Haus wo ich bisher saß, verlassen, woselbst jetzt Escha eingezogen ist, die sich inzwischen in eine Frau Bergmann verwandelt hat. Ferner, um auch das gleich gebührend anzuzeigen, habe ich mich vor kurzem wieder verheiratet, mit einem jungen Fräulein aus den Tiefen der sarmatischen Wälder namens [Fania] Freud, von der ich Dir erst eine Vorstellung geben kann, wenn Du sie einmal persönlich kennen lernst, woran ich keineswegs verzweifele. Jedenfalls befinde ich mich also in einem Stadium intensiver Veränderungen meiner privaten Lebensverhältnisse, von denen wir das Beste erhoffen wollen. Eine Wohnung haben wir vorläufig nicht und hausen in einer Pension, es ist für mich sehr schwierig, mit meiner inzwischen so bedeutend angewachsenen Bibliothek, die mich schwer beweglich macht, etwas geeignetes zu finden. Vorläufig stehen die Bücher noch in der alten Wohnung, zum allergrößten Teil. Wie es weiter wird, müssen die nächsten Monate lehren. Irgendwo müssen wir ja unterkommen. Du selbst bist ja wohl ein größerer Experte in solchem Diaspora-Dasein als ich und kannst Dir leicht ein Bild davon machen.

Damit also habe ich die letzte Zeit, seit ich von Dir gehört habe, verbracht. Mit großer Freude habe ich Deine Karte aus Ravenna erhalten, aus der ich doch wenigstens sehe, daß Du noch einiges Vergnügen auf der Welt hast, möchte es doch noch viel mehr sein!

Die Buchausgabe der »Briefe«, die Du mir im Oktober ankündigtest, und auf die ich mit großer Sehnsucht warte, ist noch nicht heraus? Bitte, orientiere mich über den Stand der Dinge. Ich habe mich für Dich und uns Leser sehr über die Aussicht gefreut, das endlich als Buch in der Hand zu halten, und hoffe sehr, daß nichts dazwischen getreten ist.

Von der Verurteilung Deines Bruders hörte ich nur durch Dich, weißt Du näheres über seinen Prozeß? 6 Jahre ist eine schrecklich lange Zeit. Mein eigener Bruder sitzt unverändert ohne jede Aussicht auf Hilfe und Ende. Seit der Verleihung des Nobelpreises an [Carl von] Ossietzky rächt man sich doppelt an den noch gesund gebliebenen politischen Schutzhäftlingen, meine Mutter schreibt mir über viele neue Erschwerungen. Das Schlimmste ist aber die völlige Unabsehbarkeit der Gefangenschaft.

Becks Kritiken – der Autor ist ein alter Bekannter von Escha und mir aus München – über mich und Buber habe ich gelesen, er hat mir die Hefte eingeschickt. Was er über Buber schreibt, habe ich vergessen, es hat mich auch nicht sonderlich interessiert, da er eine alte Aversion gegen alle Zionisten hat, was natürlich nicht hindert, daß er etwa die Wahrheit über irgend einen Unsinn von Buber wüßte. Ich muß sagen, daß ich nach 20 Jahren Beschäftigung mit diesem Buber immer noch keine sichere Antwort auf die Frage wüßte, ob eigentlich etwas im Grunde dran ist oder nicht. Ich habe es nicht so leicht wie ihr, ich sehe zu viel von beiden Seiten. Ich bin der Meinung (derentwillen ich ja auch seine Berufung hierher energisch betrieben habe), daß sich das *endgültig* erst herausstellen wird, wenn er Hebräisch sprechen muß. Ich erwarte mir davon eine wichtige Krise in Bubers Existenz, in die ihn zu stürzen eine gottgefällige Tat wäre. Was Du über seine »nationalsozialistische« Terminologie schreibst, vermag ich aber ehrlicherweise nicht zu unterschreiben. In der Linie habe ich nichts gegen ihn, und glaube nicht, daß das stimmt.

Vor 3 Tagen war zu Franz Rosenzweigs 50. Geburtstag eine Gedenkfeier, bei der wir, vier Redner hoch, und ich als letzter und wildester, uns in eine Kritik des großen Mannes und seines Opus eingelassen haben.

Ich habe die Abhandlung über die Theorie des kabbalistischen Nihilismus, deren These Du in der deutschen Form kurz im

Schocken Almanach erhalten hast, nun sehr ausgeführt auf Hebräisch publiziert – soll ich sie Dir nicht doch lieber schikken? Vielleicht übersetzt es Dir der heilige Geist? Mit dieser Arbeit werde ich zum ersten Mal als hebräischer Schriftsteller einigermaßen bekannt werden, denn sie ist wirklich gut und geeignet, Eindruck zu machen. Vielleicht werde ich doch noch einen entsprechenden deutschen Text bearbeiten, Schocken möchte gern. Aber ich habe dies Jahr überhaupt viel auf dem Programm, so ein deutsches Büchelchen über die Geschichte der Kabbala (im Auszug) bei Schockens Bücherei. Gott gebe es fertig!!

Herzlichsten Gruß

Dein Gerhard

An den im Hause viel gelesenen und viel besprochenen Autor unbekannter Weise viele Grüße

Fania

89 Benjamin an Scholem

[Stempel: 11. Februar 1937]

Lieber Gerhard,

kein Mann von kurzem Atem kenne ich doch Stunden, in denen es mir recht ungewiß wird, ob wir noch einmal einander begegnen werden. Eine Weltstadt wie Paris ist ein sehr gebrechliches Ding geworden und wenn zutrifft, was ich über Palästina vernehme, so weht ein Wind dort, in dem selbst Jerusalem zu schwanken beginnen könnte gleich einem Rohr.

(Von England habe ich die Meinung, daß seit einigen Jahren seine Politik ausschließlich von der Gewißheit determiniert wird, das commonwealth werde nach den ersten achtundvierzig Stunden eines Krieges zu existieren aufgehört haben.)

Um auf das Wiedersehen zurückzukommen, so stelle ich es mir – um nur an seinem Bilde festhalten zu können – bisweilen vor, wie im Sturm das der Blätter von Bäumen, die weit entfernt standen. So muß ich es wohl zufrieden sein, die Grüße deiner Frau vorerst nur mit einem Winken erwidern zu können. –

Stefans Entwicklung hat eine beunruhigende Wendung genommen.[1] Seine Verpflanzung nach Wien (die Dora vor einem

Jahr ohne mich zu informieren, geschweige zu befragen ins Werk gesetzt hatte) hat sich, wie nicht schwer vorauszusehen, als falsch, darüber hinaus aber als besonders bedenklich erwiesen. Wieweit es sich bei Stefan um Störungen handelt, die nur sein moralisches, wie weit um solche die auch sein intellektuelles Verhalten ungünstig beeinflussen, muß sich noch herausstellen. Ich halte das letztere vorläufig für befriedigend. Die moralische Haltung ist es dagegen nicht. Ob er das Abiturium machen wird, ist noch recht unsicher.

Ein Unglück ist, daß San Remo wie Paris, jedes auf seine Weise, als Aufenthalt für Stefan kaum in Betracht kommen. (San Remo hat große Gefahren, die Verpflanzung in ein ganz fremdes Sprachmilieu gegenwärtig kaum minder.) So besteht über das, was zu geschehen hat, noch keine Klarheit.

Meine Gedanken, ob ich sie im nahen oder fernen Umkreis bewege, sind trübe, wie du erkennen magst. Die Arbeit ist zur Zeit nicht geschaffen, sie zu belichten. Sie besteht in der Textverfertigung des Essays über Fuchs, gegen die jede andere zurücktreten muß.

Mein Buch muß inzwischen in deine Hände gekommen sein. Möchte es deiner übrigen Bibliothek bald ein gutes Quartier bereiten! Ich sende dir und deiner Frau meine herzlichen Wünsche für die neue Behausung.

Dein Walter

PS: Sende mir den hebräischen Text über Nihilismus und Aufklärung!

1 Stefan war in Spielerkreise geraten.

90 *Scholem an Benjamin*

Abarbanelstr. 28
1. März 1937

Lieber Walter,

Dein Buch habe ich bekommen und danke Dir sehr herzlich. Ich habe es zum Teil jetzt zum ersten Mal gelesen, da ich die ersten sieben Briefe seinerzeit nicht erhielt. Ich muß sagen, daß die

Lektüre mich sehr ergriffen hat, der Text ebenso wie der Kommentar und ich bedaure nur das Eine, daß Du nicht doppelt so viel bringen konntest. Es ist sehr lebendig, diesen Zug von Briefschreibern so zu verfolgen. Ob die ja doch wohl indirekt polemisch zu verstehende Inschrift »Von Würde ohne Sold usw.« nicht den harmlosen Decknamen aufwiegen und veranlassen könnte, daß das Buch bei Hitler trotz allem verboten wird? Außerdem könnte ja einer doch mal die Idee haben, Deine Bemerkungen dazu zu lesen, die ja unmißverständlich »zersetzend« sind. Aber bisher hast Du von keinen Schwierigkeiten gehört? Ich wünsche Dir den besten Erfolg und gedenke hier dafür Propaganda bei meinen Bekannten zu machen. Meine Frau ist sehr beeindruckt davon.

Dein letzter kurzer Brief war voll Melancholie. Ich bin viel weniger skeptisch als Du, denn einmal glaube ich nicht an den Weltkrieg vor 1940 und zum andern hoffe ich, daß unsere Verhältnisse sich hier so weit bessern werden, daß ich wieder einmal an eine Reise denken kann (zur Zeit fehlt es mir dafür einfach auch an Geld). Freilich habe ich erst in zwei Jahren wieder ein Anrecht auf einen Urlaub für ein Sommersemester (alle sieben Jahre!) aber dies Datum werde ich auch gebührend im Auge behalten. Wenn wir vorher in der Lage sein sollten, Dich etwa wie ich damals wollte einzuladen, so wird das von uns mit Ernst betrieben werden, dessen kannst Du sicher sein. Das Unglück hat es gewollt, daß, wie Du jetzt rückschauend Dir leichter vergegenwärtigen kannst, meine persönlichen Angelegenheiten grade damals, als wir Dich zu sehen hofften, sich so zuspitzten, daß nichts zu machen war. Wir haben jetzt eine Wohnung genommen – in diesem Moment wird sie grade umgebaut – die ich hoffe, nun mit Ruhe eine Zeitlang bewohnen zu können: die nächsten Wochen (also die ganzen diesmaligen Frühjahrsferien) werden mit der Einrichtung und Überführung meiner Bibliothek hingehen. Die Pension, in der wir wohnten, wird aufgelöst und wir haben das Stockwerk übernommen, eine Minute von der alten Wohnung entfernt. Ich habe dieser Tage die Regale ausgeräumt, zur Abmontage, und schreibe Dir diesen Brief aus der alten Wohnung – Escha ist mit Bergmann in Amerika, in Universitätssachen, dadurch habe ich für den Umzug mehr Zeit und Ruhe. In den Sommermonaten muß ich ein

Buch für Schocken fertig machen, mit dem ich Dich dann zu erbauen hoffe.
Die Sammlung Deiner Schriften ist mit großer Sorgfalt schon in die neue Wohnung gewandert. Ich hoffe, Du bringst Deinen verwünschten Fuchs nun mit Tränen hinter Dich und kannst Dich dann anziehenderen Fragen der geistigen Welt zuwenden.
Ich selbst fahre in drei Tagen in ein Dorf im Emek Jesreel, wo man sehr strikt marxistisch ist und von nichts anderem hören mag, und wo ich die Leute dialektisch aufziehen will, und eine Reihe von drei Vorträgen halte über das Thema: Die Kabbala als revolutionierender Faktor in der jüdischen Geschichte. Am Schluß werden wir uns zanken.
Ein Exemplar meiner hebräischen Arbeit über den religiösen Nihilismus lasse ich Dir zugehen. Lerne Dich man daran aus – es ist eine interessante Abhandlung.
Sei aufs herzlichste gegrüßt und ermuntert Dein Gerhard

91 Benjamin an Scholem

Paris XIV, 23, rue Bénard
4. April 1937

Lieber Gerhard,
es hat mich außerordentlich gefreut, daß du Charakter und Intention des Briefbuchs so durchaus verstanden hast. Genau der dir unerfüllt gebliebene Wunsch war der meine: das Buch auf den doppelten Umfang zu bringen. Diesen Wunsch in der Emigration zu verwirklichen, konnte ich nicht mehr hoffen; allenfalls hätte ich es, auf die schweizer Bibliotheken oder die des britischen Museums gestützt versuchen können – in Paris niemals. Es tut mir auch um manchen Kommentars willen leid – schwerlich hätte ich einen lieber geschrieben als den zu dem unvergleichlichen Briefe der Rahel beim Tod von Gentz.[1]
Ich freue mich, daß dein Leben nun bald wieder seinen bestimmten Rahmen haben wird und gratuliere dir und deiner Frau zu der neuen Wohnung. Die Grüße deiner Frau erwidere ich herzlich. Wenn dieses Jahr ohne den Ausbruch des Krieges zu bringen hingeht, so kann man in die allernächste Zukunft vielleicht ein wenig getroster sehen und daß ich in solch hellere Farbe mit

Freude unser Wiedersehen getaucht sähe brauche ich dir nicht zu sagen – sei es, daß die Zinnen Jerusalems sei es daß die graublauen Fassaden der Boulevards seinen Hintergrund ausmachen.

Schmücke mich nunmehr vor deinem geistigen Auge mit einer Heroldsrüstung und versetze mich an den Bug eines die Mittelmeerbrandung pfeilschnell durchschneidenden Viermasters, denn nur so kann die große Kunde gebührend zu dir getragen werden: der »Fuchs« ist beendet. Sein fertiger Text hat nicht ganz den Charakter der Penitenz, als die dir die Arbeit an ihm, mit großem Anschein des Rechts, erschienen ist. Er enthält vielmehr in seinem ersten Viertel eine Anzahl von wichtigen Überlegungen zum dialektischen Materialismus, die provisorisch auf mein Buch abgestimmt sind. Meine folgenden Arbeiten werden sich auf dieses Buch nun wohl unmittelbarer zu bewegen.

Der »Fuchs« hat großen Beifall gefunden. Ich habe keinen Grund zu verschweigen, daß der mit ihm geleistete tour de force ebenso beträchtlich wie unbeträchtlich sein Anlaß ist. Ich hoffe, daß du den Aufsatz vor Ablauf des Jahres noch im Druck erhalten wirst. Mich erfreut jedesmal, von der Obhut zu hören, die du der Sammlung meiner Schriften zuteil werden läßt. Bange Ahnungen sagen mir, daß eine lückenlose Sammlung von ihnen heute vielleicht nur unsere vereinten Archive darstellen könnten. Denn so exakt ich in der Verwaltung des meinen bin, so habe ich durch den überstürzten Aufbruch aus Berlin und die unstete Existenz der ersten Emigrationsjahre vermutlich doch einige Stücke eingebüßt. Freilich von eigenen Arbeiten gewiß nur sehr wenige. Dagegen eine verhältnismäßig vollständige Sammlung der über mich erschienenen öffentlichen Äußerungen vorläufig ganz. Für die kannst freilich auch du keinen Ersatz stellen. Aus der letzten Zeit fehlt die Nummer 5 vom ersten Jahrgang des »Wort« (Moskau), in dem ich einen Essay über faschistische Kunsttheorie habe. Ich gebe meine Bemühungen ihn dir zu verschaffen, noch nicht auf. – Ein kleines Stück der Wahlverwandtschaftenarbeit wird dieser Tage in französischer Übersetzung in den Cahiers du Sud erscheinen.[2]

Der von dir angekündigte hebräische Text steht noch aus.

Hier ist herrliches Wetter. »Ich wollte, daß jemand käme, und mich mitnähme« – hinaus. Es wird aber wohl Sommer werden,

bis ich ins Freie komme. Die Nachrichten, die ich über Stefan habe, lauten neuerdings besser.
Damit will ich für heute schließen. Schreibe recht bald.
Herzlichst Dein Walter

PS: *Sehr* genau wurde ich über die letzten Lebenswochen von Karl Kraus letzthin unterrichtet. Sie sind dieses großen Lebens würdig; und nachdem man von ihnen vernommen hat, erscheint einem das Ende Timons von Athen wie eine Dichtung von Frieda Schanz[3], verglichen mit dem shakespearischen Weltgeist der das von Kraus dichtete.

1 Dies bezieht sich auf Rahels Brief vom 15. Juni 1833 an Leopold Ranke, der zuerst in Varnhagen von Enses Sammlung »Rahel, Ein Buch des Andenkens für ihre Freunde«, 3. Theil, Berlin 1834, S. 576-578 gedruckt wurde.
2 »L'angoisse mythique chez Goethe«, Cahiers du Sud 24 (1937), no. 194, S. 342 bis 348. Deren zentrale Figuren, Jean Ballard (der Herausgeber) und Marcel Brion, waren einige der wenigen Verehrer W.B.s in Frankreich.
3 Frieda Schanz war W.B.s Lieblingsbeispiel für literarische Nichtigkeit.

92 Scholem an Benjamin

28, Abarbanel Road
7. Mai 1937

Lieber Walter,
Dein letzter Brief hat mich umso mehr gefreut, als darin zum ersten Mal seit langer Zeit ein doch etwas hoffnungsvollerer Ton und ein Gefühl von Erleichterung zu spüren waren, die mir besonders nah gingen. Wenn das auch nur auf die endlich erfolgte Abwälzung der Last des Fuchs-Essays, die Dich so lange gedrückt hat, zurückgehen sollte, ist es auch schon etwas wert, um wieviel mehr, wenn Deine politische Prophezeiung sich bewahrheiten sollte. Ich selbst wette ja immer noch auf die ziemlich lange Fortdauer des jetzigen Zustandes in Europa und glaube nicht sehr an das nahe Datum, so vermögen wir ja allmählich auch wieder optimistischere vorläufige Pläne zu schmieden. Ich hoffte inzwischen, von Kraft der wieder aus Paris zurückgekehrt ist (und inzwischen zum ersten Mal eine kleine halbe Anstellung als Sekretär einer hiesigen französischen

Kulturpropagandastelle profanen Charakters gefunden hat[1]), viel Neues von Dir zu hören. Diese Erwartung hat sich aber nicht sehr erfüllt; sei es daß Du, sei es daß er den erwünschten Mitteilungseifer vermissen ließ![2]

Auf die Arbeit über Fuchs bin ich nun, umso mehr als Du selbst am Ende ja nicht mehr so unbefriedigt davon zu sein scheinst, gespannt. Wenn sie anlangt, werde ich mir bei meinem Nachbar, dem Frauenarzt, die Fuchsschen Bände ausborgen, und die Augen aufreißen. Dein Essay im Moskauer »Wort«[3] habe ich hier vergebens mit der ganzen Nummer zu kaufen gesucht. Schade, daß Du mich nicht sofort beim Erscheinen darauf aufmerksam gemacht hast, denn da hätte ich es hier noch leicht frisch auftreiben können. Ich wußte natürlich nichts davon. Ich schicke Dir heute, um Deine Geister anzuregen, den hebräischen Essay über die Lehre des Sabbatianismus, von dem ich glaube, daß etwas daran ist. Vielleicht bearbeite ich die Sache vielleicht doch noch einmal ausführlich auf Deutsch, für Schokken.

Sehr neugierig machen mich Deine delphischen Andeutungen über Dir gewordene genaue Mitteilungen über die letzten Lebenswochen von Karl Kraus. Würde es nicht lohnen, mir einmal eine Stunde zu schenken, und einiges davon nach Zion zu verraten? Ich wäre dafür sehr dankbar. Also raffe Dich einmal morgen Abend zusammen. Die Weltausstellung – von der Du mir übrigens auch noch erklären mußt, ob ihr eine Bedeutung für Deine Biographie zukommt und sei es selbst durch Steigen der Preise in Paris – hat doch noch nicht angefangen, und Du kannst Dich mir widmen.

Wir hier, die vorläufig noch nichts von Kraus wissen, beschäftigen uns, wie Dir klar sein wird, mit den großen Andeutungen über die Lösungen, die die Royal Commission für das Palästina-Problem in die englische Presse lanciert hat. Es herrscht allerorts große Aufregung, je weniger man eigentlich weiß, was nun Reelles hinter dem angeblichen Plan einer Teilung P's in einen Judenstaat unter Dominionstatus und ein arabisches Gebiet steht, wobei wir Jerusalemer noch dazu »Irredenta« werden, nämlich internationalisiert werden sollen.[4] Es heißt schon in witzigen Kreisen, die Universität würde also hier bleiben, um das jüdische Volk *in partibus fidelium* zu vertreten. Ich selbst habe eine Wette abgeschlossen, daß alles nicht wahr ist, obwohl die Sache ziemlich ernst aussieht. Aber vor Ende Juni wird man wohl nichts über die politischen Vorschläge wissen. Die Spannung ist jedenfalls sehr groß. Es gibt Pro-Kantonisten, Kontra- und »unsichere Kantonisten« – zu letzteren ich mich vor der Hand selber rechne.[5]

Unsere Wohnung ist recht schön, und ich möchte Dich darauf aufmerksam machen, daß Platz vorhanden ist, um Dich unterzubringen. Wir werden noch darüber verhandeln, ob dem Platz auch ein Plan folgen kann. Die Sommermonate muß ich ein Buch schreiben und werde kein guter Wirt sein, aber es käme nun ernstlich in Frage, ob Du während des Winters, etwa Dezember-Januar, nicht unser Gast sein wolltest. Die Zeit (1. Dez. bis 1. Febr.) enthält ungefähr 4-5 Wochen besonders schönen Wetters, und dann Regen. Aber wir liefern Zentralheizung. Für Deine Lektüre-Möglichkeiten wäre auch nicht schlecht gesorgt. Du wirst verstehen, daß meine persönlichen Verhältnisse mir diesmal erlauben, nicht mit so ungewöhnlichen Störungen rechnen zu müssen, wie sie damals dazwischen kamen. Meine Frau wird sich sehr freuen, Dich kennen zu lernen – sie ist grade auf einem Ausflug der klassischen Philologen nach Syrien, und kann sich daher nicht direkt melden.

Ich hoffe bald wieder von Dir zu hören.

Sei herzlichst gegrüßt Dein Gerhard

1 Kraft arbeitete 1937-1941 als Sekretär des »Centre de culture française« in Jerusalem, das der mission laïque, einer französischen Regierungsinstitution, unterstand.

2 Das zweite Wiedersehen zwischen W.B. und Kraft endete Ende März 1937 mit einem erneuten Bruch, siehe die Anmerkung zu W.B.s Aufsatz über C. G. Jochmann in GS II, 1398-1403. Beide schwiegen sich mir gegenüber darüber aus.

3 »André Gide und sein neuer Gegner« [Thierry Maulnier] (Jahrgang 1936), GS III, 482-495.

4 Die im Dezember 1936 eingesetzte Royal Commission beendete ihren Bericht, in dem sie eine Teilung Palästinas in einen arabischen und einen jüdischen Staat vorschlug, im Juni 1937. Die von der Kommission lancierten Gerüchte und noch mehr der im Juli veröffentlichte »volle« Report machten ungeheures Aufsehen.

5 Nach der Lektüre des – ein hochbedeutendes Dokument darstellenden – Berichtes schlug ich mich nach langen Überlegungen und Auseinandersetzungen auf die Seite der »Kantonisten«.

93 Benjamin an Scholem

San Remo, Villa Verde
2. Juli 1937

Lieber Gerhard,
leider habe ich die Hoffnungen, die du im Brief vom 7. Mai aussprichst, nicht erfüllen, nicht bald von mir Nachricht, geschweige am Tage nach Eingang deines Schreibens einen Bericht über Karl Kraus geben können.

Die letzten pariser Monate sind etwas turbulent verlaufen; die so richtig von dir vermutete Verschlechterung des ökonomischen Klimas in Paris – mehr eine Folge der französischen Finanzpolitik als der Weltausstellung – hat mir eine Reihe mühseliger Demarchen aufgenötigt. Und ich bin, ihrer ungeachtet, noch immer nicht dazu gelangt, mich der bescheidenen Verbesserung des Lebensstandards, den mir das Frühjahr zu bringen schien, auch weiterhin zu versichern – und sei es in engsten Grenzen. Vielmehr sehe ich beklommen in die Abflucht der nächsten Monate.

Daß dies alles recht eigentlich zu nehmen ist, wirst du verstehen, wenn ich dir erzähle, daß ich bisher noch keinen Schritt auf das Gelände der Weltausstellung getan habe. Was mich in etwa sonst vom Briefschreiben abhalten konnte, wird dir hoffentlich noch in diesem Jahre gedruckt vor Augen kommen. Für diesmal will ich nur berichten, daß die sanremeser Wochen gänzlich dem Studium von C G Jung vorbehalten sind. Es ist mein Wunsch, mir methodisch gewisse Fundamente der »Pariser Passagen« durch eine Kontroverse gegen die Lehren von Jung, besonders die von den archaischen Bildern und vom kollektiven Unbewußten zu sichern. Das hätte neben seiner internen methodischen Bedeutung eine öffentlichere politische; vielleicht wirst du gehört haben, daß Jung neuerdings mit einer eigens ihr reservierten Therapie der arischen Seele an die Seite gesprungen ist. Das Studium seiner Essaybände aus dem Anfang dieses Jahrzehnts – deren einzelne Stücke teilweise ins vorige zurückreichen – belehrt mich darüber, daß diese Hilfsdienste am Nationalsozialismus von langer Hand vorbereitet waren. Ich gedenke bei dieser Gelegenheit der besonderen Figuration des ärztlichen Nihilismus in der Literatur – Benn, Céline, Jung – nachzugehen. Allerdings steht es noch nicht fest, daß ich mir den Auftrag für diese Arbeit zu sichern vermögen werde.

Den »Erzähler« wirst du erhalten haben; der nächste Text, den ich dir zukommen lassen kann, wird vermutlich der »Eduard Fuchs« sein. Da ich an der Vollständigkeit des Archivs meiner Schriften in deinem Besitze begreiflicherweise sehr interessiert bin, möchte ich dich bitten, dir das fehlende Heft des Wort – Jahrgang 1936 No. 5 oder 6 – direkt beim Verlage Moskau Jourgaz-Verlag Strastnoi-Boulevard 11 zu beschaffen.

Wir erwarten Stefan aus Wien. Über seine Entwicklung im Laufe der letzten Monate werde ich eher ein Bild nicht haben als ich mit ihm gesprochen habe. Leider scheint der Termin des Abschlußexamens sich immer weiter für ihn hinauszuschieben.

Der Ausblick auf eine palästinensische Begegnung zwischen uns, den dein Brief mir eröffnet ist – wie brauchte ich das zu sagen? – erfreulich und voll Bedeutung. Ich muß freilich eingestehen, daß ich den Blick nur gleichsam wie durch eine Mattscheibe auf ihn richten darf. Meine Unabhängigkeit dem Institut gegenüber ist nicht mehr die gleiche wie vor zwei Jahren. Ohne daß irgend eine offizielle Bindung bestünde, wäre es doch höchst unklug von meiner Seite, mich auf längere Zeit aus Europa zu entfernen, ohne die Einwilligung von New York dafür zu haben. Ja stünde etwa im Winter – ausgeschlossen erscheint das nicht – ein Besuch aus New York in Aussicht, so würde ich diese nicht einmal einzuholen versuchen.

Das ist die eine Seite der Sache. Die andere jedoch ist, daß mein Paß in einem Jahre abgelaufen sein wird. Es ist überaus fraglich, ob ich einen neuen erhalten werde. Und das spräche sehr dafür, meine Palästinareise in diesen Winter zu verlegen. Denn auf ein französisches Interimspapier – wie ich es wohl in jedem Falle werde erhalten können – das palästinensische Visum zu bekommen, wird vielleicht mit besondern Schwierigkeiten verbunden sein. Inzwischen erführe ich gern von dir, wie es in der großen und in der kleinen Welt Palästinas aussieht. Unter der großen verstehe ich dabei die von den Engländern, unter der kleinen – si licet – die von Buber durchwaltete. Ich habe vernommen, daß er inzwischen seinen Weg dorthin angetreten hat.[1]

Mit vielem Dank bestätige ich dir die Schrift über den Sabbatianismus. Wieviel mehr Dank aber wüßte ich Schocken, wenn er sich zu einer deutschen Ausgabe deiner Schrift entschließen wollte.

Schreibst du gegenwärtig an einem Werk über die Kabbala?

Zum Schluß muß ich deine Erlaubnis dafür erbitten, den Bericht über die letzten Monate von Karl Kraus, trotz allem, unserer endlichen Begegnung vorzubehalten. Es ist an dem, daß ich ihn aus zweiter Hand habe, du also ihn aus dritter erhieltest. Fiele damit zusammen die Umschaltung des Mündlichen in das Schriftliche, so bliebe nur etwas durchaus Entstelltes. Schon mündlich einiges von dem zu übermitteln, das mich noch mehr oder minder lebendig im Berichtenden angesprochen hat, ist kein kleines Wagnis.

Ich bleibe wohl noch vier Wochen in San Remo. Ein recht baldiger Brief von dir hätte Aussicht, nicht nur mich noch hier zu erreichen sondern auch von hier beantwortet zu werden.

Die herzlichsten Grüße, die ich dich bitte, auch deiner Frau zu sagen.

Dein Walter

1 Buber kam erst etwa ein Jahr später endgültig nach Jerusalem. Im Juni 1937 war er zu Besuch hier.

94 Scholem an Benjamin

28, Abarbanel Road
10. Juli 1937

Lieber Walter,

Dein Brief kam vorgestern und Du siehst mich schon hier an der Arbeit! Ich versuche Deine guten Schreibinstinkte durch solches edle Vorbild anzueifern und hoffe Du machst Deine Absicht noch aus San Remo zu schreiben wahr. Inzwischen gibt es verschiedenes zu vermelden! Wie Du ermessen kannst, ist zur Zeit die Aufregung hier und wohl überall in der jüdischen Welt groß, seit vor zwei Tagen der langerwartete Bericht der Royal Commission erschienen ist und feierlich im Wesen von der englischen Regierung als Grundlage ihrer Politik verkündigt wurde, wonach Palästina nochmals geteilt werden soll, wie Du ja aus den Zeitungen weißt. Die Frage des Judenstaates mit allen ihren Implikationen ist nun also, 40 Jahre nach dem 1. Zionistenkongreß und 20 Jahre nach der Balfour-Deklaration in ein historisch entscheidendes und bitter ernstes Stadium getreten.

Hier redet man natürlich von nichts anderem, und vorläufig sind die Meinungen noch nicht klar, auch die meine nicht. Der Bericht (ein historisches Dokument von *höchstem* Interesse in fast jedem Belange, ein dickes Buch übrigens) hat in drei bis vier Punkten die jüdischen Erwartungen (denen es im allgemeinen weitgehend entgegenzukommen sich offensichtlich bemüht) an sehr delikaten Stellen, sozusagen vitalen Ehrenpunkten ersten Ranges, sehr enttäuscht und es hängt wohl für die verteufelt ernste Entscheidung des in vier Wochen beginnenden Zionistenkongresses in Zürich sehr viel davon ab, ob die englische Regierung in diesen Punkten nachgibt. Tut sie es, so werden die Juden der Errichtung eines Judenstaates wohl zustimmen – sie haben dann kaum eine andere Wahl, da die andere Alternative noch viel ungünstiger für sie wäre (Fortdauer des Mandats unter Drosselung der Immigration und des Landerwerbs). Jerusalem soll »zum Schutz der heiligen Stätten« ewiges englisches Mandat bleiben, was noch nicht schrecklich wäre, wenn damit nicht die Empfehlung verbunden worden wäre, ein großer Fehler schon psychologischer Art, in diesem Gebiet die Balfour-Deklaration und die Anerkennung des Hebräischen als offizieller Sprache abzuschaffen. Ganz abgesehen von der Tatsache, daß Jerusalem eine große jüdische Mehrheit hat, ist es klar, daß eine Lösung, die bestehende Rechte in der von allen doch natürlich als *die* Metropole des jüdischen Volkes empfundenen Stadt abzuschaffen, das Gefühl ungeheuer beleidigt, und solche Sachen gibt es noch ein paar. Ich glaube freilich, daß diese Sachen auf dem Verhandlungsweg einigermaßen anständig redressiert werden können, den Engländern liegt offenbar viel daran das Mandat wenn irgend möglich loszuwerden und den Juden unter der etwas zweideutig glänzenden Marke »Judenstaat« die Verantwortung für ihre weitere Zukunft zu überlassen. Irgendwelche wirklich fundierten Voraussagen über die Zukunft, Lebensfähigkeit nach außen und innen, dieses neuen Staates kann niemand machen: es kann ebenso gut ein großer Erfolg sein wie das Gegenteil, es sind lauter zweischneidige Faktoren in der Rechnung. Daß es historisch für die Stellung der Juden in der Welt ein Wendepunkt sein wird, ist klar. Ich persönlich wie manche bin natürlich an sich gegen diese Teilung, weil ich ein arabisch-jüdisches Kondominium im Ganzen

Palästinas für die idealere Lösung halte, aber diese Chance ist uns wohl überhaupt nicht mehr gegeben und die Frage ist zur Zeit nur, ob wenn wir die Teilung ablehnen (und gegen uns kann sie in praxi kaum gemacht werden), etwas besseres erreicht werden kann, und das leider läßt sich kaum mit Ja beantworten. Der Riß für und wider den Judenstaat geht übrigens durch *alle* Lager hier – *ein*deutig *gegen* die Teilung sind von allen jüdischen Parteien in der Welt nur (verständlicherweise) die Antizionisten der assimilatorischen Richtung, deren Befürchtungen aus der staatlichen Anerkennung eines von ihnen stets geleugneten jüdischen Volkes natürlich ebenso heftig und begreiflich sind. Andererseits sind die merkwürdigsten Gruppierungen *für* die grundsätzliche Annahme der Teilung entstanden. Kurz, es geht hier wieder sehr hoch her. Unruhen wird es wohl kaum geben, da die Engländer sie nicht wollen und das unmißverständlich klar zum Ausdruck gebracht haben. Hätten sie vor einem Jahr das auch schon getan, so hätten wir uns vieles ersparen können. Im übrigen sagt das alte jüdische Sprichwort: nichts wird so koscher gekocht wie es gegessen wird, welch Tiefsinn in der Variante Du leicht verstehen wirst. Dies zu den Vorgängen in der großen Welt. Über Buber, nach dem Du Dich erkundigst, kann ich Dir beruhigende Auskunft geben: er hat am Tage nach der Verkündung des Teilungsplanes eine Wohnung hier gemietet, für die nächsten Jahre, fährt jetzt diese Woche nach Deutschland zurück um seinen Umzug (nebst sehr stattlicher Bibliothek!) zu organisieren und erkundigt sich ungefähr ebenso sehr nach Dir wie Du nach ihm. Er ist sichtlich gealtert und verbrachte seine Zeit mit Hebräisch-Lernen, worin er leider Dir wesentlich überlegen ist. Im Winter beginnt er an der Universität zu lesen, und wenn Du wie ich hoffe uns besuchst, wird er Dir nicht erspart bleiben. Ich komme, unter starker Zuhilfenahme meines reinsten Berliner Dialektes und des sonst an mir bekannten Freimutes, sehr gut mit ihm aus und habe auch schon Vernünftiges von ihm gehört. Rosenzweig hat bekanntlich in seinen Briefen (posthum) über Buber die schöne, aber nicht unwahre Variante drucken lassen, er sei ein König *nur* in Unterhosen – dort p. 461 zu lesen! Ich fand das mehrfach bestätigt. Im übrigen ist er wesentlich undurchschaubar: Aufklärungen über den Punkt werden mündlich gratis erteilt.

Ich hoffe Du wirst unsere Einladung ernst nehmen und Dir die Sache überlegen. Neu ist dabei nun folgendes, was für den Fall, daß Du diesen Winter doch nicht kommen kannst, uns eine Möglichkeit des Zusammenkommens sichern kann: ich werde (dies bitte *strikt* vertraulich) höchstwahrscheinlich oder fast sicher in den nächsten Wochen eine Einladung ans Jewish Institute of Religion in New York als Gastprofessor erhalten, für nächstes Frühjahr, was mir die Möglichkeit geben soll, ein halbes Jahr drüben die Kabbalahandschriften durchzusehen: ich würde zwar nur für 2 Monate eingeladen werden, könnte mich aber eventuell so strecken daß es mir finanziell bei großer Bescheidenheit möglich wäre, so lange zu bleiben, bis ich alles gesehen habe (eine ungeheure Arbeit – 1500 Manuskripte etwa, alles in New York und Cincinnati). Ich würde dann hier etwa am 15. Februar wegfahren. Wenn Du vorher herkommst, wäre es schön, sonst würde ich Dich auf der einen Reise ganz kurz und auf der anderen etwas länger in Paris besuchen können. Ich müßte dort 6 Vorlesungen halten, die ich natürlich vorher diesen Winter ausarbeiten und englisch übersetzen lassen müßte, welche Arbeit mit allem Drum und Dran etwas auf unserm Zusammensein hier drücken wird, dennoch glaube ich, werden wir wenn Du kommen kannst, immer noch mehr Zeit im Ganzen haben als in Europa möglich wäre. Du müßtest dann nur etwas früher kommen, denn die letzten vier Wochen vor der Reise hätte es keinen Sinn, daß Du hier bist, es käme zu viel zusammen. Dagegen würden wir Dich in der Zeit vom 15. XI. bis 15. I. sehr gerne als Gast bei uns sehen, wobei wir Dir zwar keine Reise hierher und im Lande, wohl aber den Jerusalemer Aufenthalt garantieren können. Also bis zum Herbst wirst Du ja wohl auch klar sehen und meine Dispositionen werden, falls die Geschichte mit der Einladung stimmt, dann auch festliegen.
Diese Woche fährt Fania nach Polen, zu ihrem Vater, ich bleibe hier und muß arbeiten: ein hebräisches Buch über zwei sabbatianische Hss. und ein deutsches über Kabbala, als Vorläufer eines Wälzers, der all diese Jahre in großem Umfange reift.
»Der Erzähler« ist angekommen und hat mich sehr beeindruckt. Hoffentlich liefern wir uns bald mehr! Jetzt nimm Dich zusammen und schreibe.

Herzliche Grüße

Dein Gerhard

Ich hoffe, daß Sie uns doch diesen Winter besuchen; das wird eine große Freude für Gerhard sein. Gruß Fania

95 Benjamin an Scholem

Paris XIV, 23, rue Bénard
5. August 1937

Lieber Gerhard,

diese Zeilen, die für deinen Brief vom 10ten Juli meinen Dank sagen, schreibe ich in Paris, um 6 Uhr morgens. In Paris, weil ich zu Berichterstattung über den hiesigen Philosophenkongreß von San Remo abberufen wurde; um 6 Uhr morgens, weil eben dieser Kongreß mir tags keine freie Minute läßt.

Es wäre gewiß verführerisch, dir ein paar Worte über diesen Kongreß zu schreiben; weit einladender ist aber von ihm zu reden. Damit komme ich zu dem Teil des Briefes, dem mein Dank an dich und an deine Frau an erster Stelle gilt. Ich käme in der Tat, unter den von dir angegebenen Bedingungen und für die gedachte Frist gern zu dir, gerne nach Palästina. Und ich würde dir heute schon eine Zusage schicken, wäre ich in meinen Dispositionen unabhängig. *rebus sic stantibus* berichte ich dieser Tage ans Institut, was ich vorhabe. Schwierigkeiten – dann allerdings solche, die mich bestimmen würden, den Plan aufzugeben – werden wohl nur entstehen, falls einer der Leiter im Winter Europa zu besuchen gedenkt.

In ungefähr einem Monat hoffe ich dir zusagen zu können.

Konstellationen, deren Darstellung zu weit führen würde, haben es mit sich gebracht, daß ich besonders genau den Tagungen des Sonderkongresses gefolgt bin, den die wiener logistische Schule – Carnap[1], Neurath, Reichenbach – in diesen Tagen abhielt. Moliere n'a rien vu – darf man da sagen. Die vis comica seiner debattierenden Ärzte und Philosophen verblaßt neben diesen »empirischen Philosophen«. Auf dem Hauptkongreß den deutschen Idealisten Arthur Liebert[2] zu hören, habe ich mir nicht nehmen lassen. Er hat kaum die ersten Worte laut werden lassen, da fand ich mich um fünfundzwanzig Jahre zurückversetzt, in eine Luft freilich, in der man alle Fäulnis der Gegenwart schon hätte wittern können. Ihre Produkte saßen

leibhaftig in Gestalt der deutschen Delegation vor mir. Bäumler ist eindrucksvoll: seine Haltung kopiert die von Hitler bis in das Einzelne und sein Specknacken ist das vollendete Komplement einer Revolvermündung. – Leider versäumte ich die alte Tumarkin (aus Bern) zu hören.[3]
Ich fahre mitte nächster Woche für ungefähr einen Monat nach San Remo zurück. Wenn du mir, wie ich es sehr hoffe, bald wieder schreibst, so kannst du den Brief noch an die Villa Verde richten. Von Stefans derzeitiger Verfassung habe ich noch kein ganz klares Bild; soweit Schlüsse erlaubt sind, hat er die Entwicklungskrise teilweise überwunden.
Mir bleibt unter den eingangs erwähnten Umständen nichts übrig als mich kurz zu fassen. Zu der dir bevorstehenden – oder inzwischen erfolgten – Einladung nach New York sage ich dir meine herzlichen Glückwünsche. (Kannst du unter Umständen von dort aus mit mehr Aussichten auf Erfolg etwas für deinen Bruder versuchen?) Mich freut an dieser Einladung vor allem, daß sie uns für den Fall, daß ich nicht sollte kommen können, eine Begegnung in Aussicht stellt.
Daß der »Lesskow« dir etwas sagte, habe ich mit Freude gehört. Dieser Tage erschien ein kleines Fragment meiner Arbeit über die Wahlverwandtschaften auf französisch. Der große Essay über Eduard Fuchs scheint vor der Publikation zu stehen. Ich wende mich einer neuen Arbeit zu, die Baudelaire gilt. *En attendant* habe ich in San Remo begonnen, mich in die Psychologie von Jung zu vertiefen – echtes und rechtes Teufelswerk, dem man mit weißer Magie zu Leibe zu rücken hat.[4]
Soviel für heute. Schreibe doch bitte baldigst. Viel Glück zu den Prolegomena für das Kabbalawerk, von dem mich besonders freut, daß es mir zugänglich sein wird.
Herzlichst Dein Walter

1 In der Ausgabe der »Briefe« S. 735 las ich den Namen als Bernay, was aber nicht nur der Schreibung des großen B bei W.B. widerspricht, sondern auch den Namen von Paul Bernays entstellt. Das C am Anfang des Wortes ist in der auch sonst hier üblichen Form geschrieben. Rudolf Carnap (1891-1954), Otto Neurath (1882-1945) und Hans Reichenbach (1891-1953) waren die anerkannten Häupter des »Wiener Kreises« der logischen Positivisten.

2 Liebert (1878-1946) war lange Redakteur der »Kantstudien« gewesen, bis sie »gleichgeschaltet« wurden.

3 Im Sommer 1918 hatten wir beide Anna Tumarkin in Bern gehört, bei der W.B. ursprünglich doktorieren wollte.

4 Über C. G. Jungs Psychologie hat W.B. sich auch in Briefen an Horkheimer und Adorno (schon seit 1934!) geäußert, aber soweit mir bekannt ist, keine zusammenhängende Kritik in seinen Papieren hinterlassen.

96 Scholem an Benjamin

12. August 1937

Lieber Walter,

ich schreibe Dir gleich auf Erhalt Deines Briefes vom 5. August. Für unser Treffprogramm sind nun zwei Dinge von Wichtigkeit eingetreten, die es eventuell ändern müssen. Erstens habe ich also die (für mich natürlich recht ehrenvolle) Einladung nach New York erhalten, und zwar müßte ich hier aus Jerusalem wohl schon am 1. Februar weg. Da ich aber meine lectures für dort auch erst im Dezember/Januar ausarbeiten kann, so weiß ich nicht, ob es so leicht für uns sein wird, direkt vor der Reise etwas zu arrangieren und ob man es nicht besser anders legen sollte. Ich muß durch die Umstände auch mehr Stunden lesen als ich gedacht hatte. Möglich wäre folgendes von beiden:

1) Du kommst jetzt her, aber nur auf einen Monat, sagen wir vom 15. November bis 15. Dezember. Das wäre die beste Zeit, die ich für Dich haben könnte, wenn es auch natürlich ebenfalls ins Semester fällt. Diese Sache hängt nur von der zweiten eingetretenen Schwierigkeit ab, nämlich *wann* meine Frau aus Polen zurückkommen kann, die dort leider nicht gesund ist. Aber wenn ja, so wäre das der eine Weg.

2) Du kommst nicht diesen Winter, aber ich fahre auf dem Weg nach NY über Paris, und kann dort im Februar etwa drei Tage mit Dir bleiben, und auf der Rückreise (wohl im *August* oder September, wenn nicht doch früher) könnten wir uns, eventuell mit meiner Frau zusammen, 14 Tage in Frankreich treffen. Paris (wo ich etwas zu arbeiten hätte) oder unter Umständen Oberitalien, wohin ich meine Mutter kommen lassen muß, da ja Juden nach Frankreich, wie Du wohl weißt, nicht fahren dürfen. Dann wäre ein ausgedehnter Besuch von Dir bei uns in Jerusalem im Winter *nach* der Reise mit *größerer* Leichtigkeit zu organisieren – die Wohnung (die Voraussetzung für Deine Be-

herbergung) haben wir dann auch noch fest. Du siehst hoffentlich, daß sowohl ein Treffen von uns nun jedenfalls 1938 mit *Sicherheit* ins Auge gefaßt werden kann, dank Stephen Wise's Ruf[1], und daß ich mich bemühen möchte, es so zu organisieren, daß es für Dich, meine Frau und mich am besten sich bewähren kann.
Sage mal, ist Georg Lukács gestorben? Ich hörte so etwas, aber sehr unbestimmt.
Sei also bitte über diese ernsten und gut gemeinten Vorschläge nicht böse.
Herzliche Grüße Dein Gerhard

PS: Da mein Englisch nicht ausreicht, muß ich die Vorlesungen hier *erst* deutsch abfassen und *dann* mit jemandem zusammen Englisch ausarbeiten.[2] Diese Doppelung ist es, die so zeitraubend sein wird.

1 Stephen Wise (1874-1949), eine der bekanntesten Figuren des jüdischen Lebens in USA, war auch der Gründer und Präsident des Jewish Institute of Religion, einer jüdischen Hochschule, die nach allen religiösen Richtungen hin offen war.
2 Ich wollte die Vorlesungen eigentlich hebräisch abfassen, konnte aber damals in Jerusalem niemand finden, der zugleich literarisches Hebräisch und Englisch beherrschte und ein so umfangreiches Manuskript zu übersetzen bereit sein würde. So verabredete ich mich zur Arbeit mit George Lichtheim (1912-1971), der Deutsch und Englisch ausgezeichnet beherrschte und in engem Verkehr mit uns stand.

97 *Benjamin an Scholem*

Paris, 3, rue Nicolo, Villa Nicolo
[Poststempel: 6. September 1937]

Lieber Gerhard,
dein Brief nahm und gab. Ich halte mich an das letztere und freue mich an der sicheren Aussicht auf unser europäisches Wiedersehen im nächsten Jahr. Das palästinensische ist allerdings vollkommen problematisch geworden. Eine Palästinareise von einem Monat fällt für mich wegen der Kosten außer Betracht. Im nächsten Winter werde ich – wie ich dir schrieb – schwerlich mehr einen deutschen Paß haben. Die Dinge sind weiter dadurch, daß ich mir vom Newyorker Institut unter Berufung auf eine Reihe von Umständen eben als deine Zeilen vom 12ten

kamen die Einwilligung verschafft hatte, meinen hiesigen Posten für ein paar Monate aufzugeben, nicht vereinfacht worden. Insbesondere ist es mir nun versagt, die dortige Hilfe in der Konstellation anzugehen, die mich vor fünf Tagen, bei der Rückkehr, erwartete. Man hat mich in meine Wohnung, die ich während der Reise vermietet hatte, nicht mehr hineingelassen. Was das bei der herrschenden Fremdenkonjunktur bedeutete, kannst du dir vielleicht besser vorstellen als ich, der sein blaues Wunder erlebte. Meine provisorische Adresse findest du umstehend.
Zur Zeit schlägt durch den blauen herbstlichen Dunst ein rechter Eishauch, vor dem für diesmal mich das gelobte Land nicht bewahren wird. Und was der liebe Gott, der bei den einheimischen Juden soviel zu tun hat (und soviel gegen die Araber) für mich unternehmen kann, steht dahin.
Soviel für heute. Ich schließe nicht ohne herzliche Wünsche für die Genesung deiner Frau und das Gelingen deines amerikanischen Aufenthalts anzufügen.
Bien à toi Walter

98 Scholem an Benjamin

[ca. 10.-12. November 1937]

Lieber Walter,
ich schreibe Dir an die Adresse die auf Deinem letzten Schreiben vom 6./9. angegeben war und hoffe, daß Du dies erhältst, auch falls Du wie ich Dir sehr wünsche, inzwischen Deine alte Wohnung wieder hast. Deine Mitteilungen über diese Schwierigkeiten waren geeignet, die Phantasie des Lesers mächtig anzuregen, ich hoffe nur daß Dir dort nichts Unangenehmes passiert ist. Ich schreibe vor allem in zwei Angelegenheiten: vor allem muß ich Dir sehr für das Exemplar Deines Aufsatzes über Fuchs danken, das vor einigen Tagen hier einlief und dessen Lektüre mich sehr beschäftigt hat, in mehreren Richtungen. Ich wünschte darüber alsbald mit Dir reden zu können. Die Unadäquatheit des behandelten Autors oder Sammlers zu Deinem Niveau ist von Dir in unübertrefflicher Weise sichtbar gemacht worden, als diplomatisches Stück kann es sich sehen lassen, weniger sichtbar ist für einen unglücklichen Verehrer wie mich der Erfolg der mar-

xistischen Betrachtungsweise, über deren Problematik der Leser Walter Benjamins auch gegen den Willen des Autors immer wieder zu düsteren Betrachtungen veranlaßt wird. Dieselben werde ich mir erlauben in Paris vorzutragen. Es wird dieser Deiner Arbeit, fürchte ich, schaden, daß Du Deine schönsten Einsichten anscheinend dialektischen Säuen vorzuwerfen hast. Man denkt oft, Du hättest lieber dem Fuchs einen Fußtritt gegeben und ihn mit erheblichen Schmähreden bedacht als ihm 35 Seiten gewidmet; dieser Dein Gedanke ist keineswegs bis zur Unkenntlichkeit verschleiert worden. Was mir sehr auffällt, ist dies: marxistische Einsichten bleiben immer im Methodischen stecken, und gelangen (auf *ideologischem* Gebiet – versteht sich) niemals zum Sachlichen. Das Sachliche, wo es auftritt, sprengt den Rahmen der angeblichen Methode. Dein Gefühl für Kunst verträgt sich nur sehr dialektisch mit dem Apparat, den Du da so bewunderungswürdig aufführst. Ohne ihn wäre mir wohler und ich bin leider überzeugt: Dir auch. Es steckt verteufelt viel Selbstverleugnung in dieser Schreibart, die ich hoffentlich bald an eigenem Leibe besser zu würdigen wissen werde – wenn ich meine amerikanischen Vorträge für Dumme zu stilisieren haben werde. Da werde ich diese Tugend nolens volens lernen müssen.

Ich beschäftige mich zur Zeit mit den Reiseplänen. Sollte ich, falls das Schiff fährt, am 16. Februar mit der großen Queen Mary von Cherbourg abfahren (wie ich gern möchte), so würde ich vermutlich am Nachmittag des 15. in Paris ankommen und einen halben Tag mit Dir verbringen können. Es kann aber auch anders kommen. Leider gehen keine Schiffe von hier, die so in Europa ankommen, daß ich zwei oder drei Tage in Paris sein könnte. Mit den Schiffen der Messageries Maritimes kann ich zudem nicht fahren, da sie grauenhaft schlecht und schmutzig sind – in den für mich erschwinglichen Preislagen. Ich komme also aus Triest oder Genua direkt angefahren. Ich hoffe dabei genügend schlafen zu können um Dir frisch in die winterliche Luft Paris' folgen zu können. Eine ganze Woche früher wegzufahren wird für mich aus technischen Gründen wahrscheinlich unmöglich sein. Ich wäre Dir aber auf jeden Fall dankbar, wenn Du mir mitteilen würdest, wieviel mich ein Aufenthalt in Paris um diese Zeit pro Tag etwa kosten würde, ohne jeden

Luxus, aber unbedingt sauber. Ich habe von den Preisverhältnissen in Paris keine Ahnung mehr und falls ich etwa doch 5 oder 6 Tage dort sitzen würde, bevor ich nach N. Y. fahre, muß ich mir einen Begriff machen was ich brauche. Auf der Rückreise im Sommer dachte ich mit meiner Frau dort zusammenzutreffen und Dich dann länger zu sehen.

Mein angefangenes deutsches Buch muß ich in der Mitte liegen lassen, um mich um Amerika zu kümmern, ich habe noch keine Zeile für dort geschrieben und am 1. Januar muß alles fix und fertig sein. Da hast Du also meine Betätigung in den nächsten sechs Wochen.

Ich hoffe bald von Dir und Deinem Ergehen zu hören. Meine Frau ist vor drei Wochen zurückgekommen, gebessert, aber noch nicht ganz in Ordnung.

Sei aufs Herzlichste gegrüßt Dein Gerhard

99 Benjamin an Scholem

Paris XV, 7, Villa Robert Lindet
c/o Dora Benjamin
[20. November 1937]

Lieber Gerhard,

ich vermeide es diesmal auch die kleinste Frist verstreichen zu lassen, ehe ich dir auf den letzten Brief antworte. Er enthielt die Ankündigung deines Kommens und die Kritik am »Fuchs«. Für mich verschränken sich beide Gegenstände – nicht anders als auch für dich. Es wäre in der Tat dringlich, es ist fast unaufschiebbar, daß wir bald miteinander reden. Nicht als ob die Bedenken, die du dem »Fuchs« entgegenhäl[t]st, mich im mindesten überraschen. Aber der Gegenstand dieser Arbeit gibt – gerade durch seine Fadenscheinigkeit – eine Gelegenheit über die durchscheinende Methode zu verhandeln, die sich so günstig vielleicht nicht bald präsentieren wird. Sie ist geeignet, uns den Zugang zu den Bereichen zu erschließen, in denen unsere Debatte ursprünglich zu Hause ist.

Unter diesen Umständen stellen die Termine, die du für deinen europäischen Aufenthalt ins Auge faßt für mich – nach den mannichfachen gescheiterten Projekten meines Erscheinens in

Palästina – eine ganz erhebliche Enttäuschung dar. Kannst du dich darüber wundern, daß mir nach so vielen Jahren und im derzeitigen status der öffentlichen wie unserer eigenen Dinge ein halber Tag als weniger denn nichts erscheint. Zumindest als eine Größe, die sich ohne daß bei einem von uns die Schuld zu suchen wäre, sehr leicht als eine negative herausstellen könnte. Meine Bedenken gegen diesen Vorschlag sind umso gewichtiger als keinerlei Gewähr dafür besteht, daß die für den Sommer geplante Begegnung, falls du sie auf Paris fixierst, stattfinden kann. Ich weiß zur Zeit noch nicht, wo ich im Sommer sein werde; wahrscheinlich ist, daß ich eine Reihe von Wochen bei Dora in San Remo zubringen werde. Auch eine Reise nach Dänemark, von wo ich einen Teil des dortigen Bruchteils meiner Bibliothek nach Paris überführen möchte, steht in Frage.

Hiermit komme ich zu den kurzen Bemerkungen, die ich dem derzeitigen Stand meiner Privatexistenz widmen will. Ich habe mein altes Logis nicht wiederbekommen und mich seit zwei Monaten mit einem jämmerlichen beholfen, das mir unentgeltlich zur Verfügung gestellt wurde. Es liegt zu ebener Erde an einer der Haupt-Ausfallsstraßen außerhalb von Paris und ist von früh bis spät vom Lärm zahlloser Lastwagen umbraust. Meine Arbeitsfähigkeit hat unter diesen Umständen sehr gelitten. Ich bin bei dem »Charles Baudelaire«, den ich vorbereite, über die Durchsicht der Literatur noch nicht hinausgekommen.

Vom 15ten Januar ab läuft meine Miete für eine eigene Wohnung. Sie hat nur ein Zimmer.[1] Dennoch stellt ihre Einrichtung ein durchaus ungelöstes Problem für mich dar. In der Zwischenzeit bitte ich dich, mir an die untenstehende Adresse meiner Schwester eine hoffentlich erwünschtere Nachricht baldigst zu geben. Wenn du täglich 65 bis 70 frcs zur Verfügung hast, so kannst du in Paris recht bequem auskommen.

Herzlichst Dein Walter

1 Das Zimmer war aber, wie ich mich bei meinem Besuch überzeugen konnte, recht geräumig.

100 Scholem an Benjamin

29. November 1937

Lieber Walter,

soeben erhalte ich Deinen kleinen Brief und antworte Dir umgehend. Ich bin bei der Hinreise nicht, wie immerhin nachher im Sommer, unabhängig. Ich muß einerseits bis zu einer bestimmten Frist hier sein, andererseits am 16. Febr. in Cherbourg sein (falls ich mit der Queen Mary abfahre). Und ich bin also an die paar Schiffe gebunden, die in dieser Frist von hier abfahren. Und da ergibt sich, daß ich eben entweder sechs Tage in Paris sein muß oder einen halben, und es ist nicht sicher, ob ich die erste Möglichkeit überhaupt technisch ausnutzen kann. Natürlich wäre es mir außerordentlich angenehm, einen Modus zu finden, der mir erlauben würde, drei Tage in Paris zu bleiben, aber das liefert mir die Weltgeschichte leider nicht. Sobald ich die genaueren Dispositionen meiner Reise kenne, teile ich sie Dir mit, aber diese Sache ist nun eine harte Nuß. Ich müßte ein Schiff finden, das hier am 4. oder 5. Februar wegfährt, das wäre ideal – existiert aber bisher nicht auf der Liste.

Was den Sommer anlangt, so mußt Du Dir keine übertriebenen Sorgen machen. Ich nahm an, daß Du in Paris wärest. Ich selber weiß ja nicht, ob ich im Juli oder erst am 1. September von Amerika zurückkomme, und kann das erst kurz vorher wissen, nicht jetzt: denn es hängt ja einfach von meinen Geldmitteln ab. Ich bleibe, solange das Geld reicht, das ich dort bekomme. Aus eigenem kann ich nichts dazu tun. *Dänemark*, das gebe ich freilich zu, wäre eine sehr schlechte Sache für mich. Aber wenn Du etwa statt in Paris an der Riviera bist oder sonstwo in Italien, so würde das kein notwendiges Hindernis für mich bilden. Ich bin ja sowieso sehr geneigt, falls es mir möglich ist, eine kurze Erholung zu suchen. Das wäre dann also nur eine Sache der gegenseitigen Übereinkunft. In Italien muß ich ja auch meine Mutter treffen, die kein Visum nach Frankreich erhält – wenn ich nicht etwa ein paar Tage in der Schweiz sein sollte. All das können wir jetzt noch nicht abmachen, aber ich rechne bestimmt damit, Dich in Muße zu sehen. Ich will von Rom-Neapel aus zurückfahren – also kann ich im Grunde jeden Ort brauchen, der an der Linie Paris-Rom liegt, falls die Zeit günstig ist.

Meine Beschäftigung besteht zur Zeit in der Abfassung meiner

Vorlesungen in New York, die ich englisch halten muß. Das ist eine sehr ungewohnte Aufgabe, und kostet mich viel Zeit. Die Kunst, kurze Sätze zu schreiben, hat meine Aufmerksamkeit bisher nicht auf sich gezogen. Das muß ich nun nachholen.
Ein kleines hebräisches Buch von mir[1], das jetzt im Druck ist, wird hoffentlich in vier Wochen in Deiner Hand sein.
Ich hoffe Du findest mit der Ruhe der Arbeit in Deiner neuen Wohnung, ja wenn möglich schon eher, zu einem größeren Format des Briefpapiers zurück.[2] Das wäre ein günstiges Zeichen.
In dieser Hoffnung bleibe ich mit herzlichsten Grüßen

Dein Gerhard

1 Es handelte über die Träume und Eingebungen des Mordechai Aschkenasi, eines Anhängers des Sabbatai Zwi, aus den letzten Jahren des 17. Jahrhunderts.
2 Das Format war 13 x 5 cm.

101 Benjamin an Scholem

Paris XV, 10, rue Dombasle
z. Z. San Remo, Villa Verde
31. Dezember 1937

Lieber Gerhard,
mit vieler Freude habe ich von deiner Karte vom 14ten Dezember Kenntnis genommen[1]; auch danke ich dir gleichzeitig für deine Zeilen vom 29ten vorigen Monats. Unser bevorstehendes Wiedersehen läßt es erträglich erscheinen, daß ich bis dato noch nicht zu einem ausgiebigerem Briefformat zurückgekehrt bin. Du wirst mich, hoffe ich, in meiner neuen winzigen Wohnung halbwegs installiert treffen.
Ich bin vor wenigen Tagen nach San Remo gekommen und bleibe ungefähr bis Mitte des Monats. Stefan ist hier. Wir haben die Hoffnung darauf aufgeben müssen, daß er das Abiturium macht. Er arbeitet zur Zeit in der Pension mit. Leider bin ich weit entfernt, sagen zu können, daß ich über die Zukunft seiner Entwicklung beruhigt bin.
Das von dir angekündigte Buch hebräischen Textes ist noch nicht in meinen Besitz gelangt.
Meine pariser Adresse ist Paris XV 10 rue Dombasle.
Soviel für heute. Ich sage dir herzlich auf Wiedersehen. Kann

ich für deine Ankunft nützliche Anordnungen treffen, so laß es mich zeitig wissen. Gib mir bitte in jedem Fall nochmals eine kurze Nachricht. Dein Walter

1 Diese Karte ist bisher in den Berliner Beständen nicht aufgefunden worden.

102 Scholem an Benjamin

Jerusalem, Abarbanelstr. 28
[etwa 20. Januar 1938]

Lieber Walter,
dies ist meine letzte briefliche Nachricht. Ich danke Dir sehr für die letzten Zeilen und bitte Dich, falls an Deine Adresse Post für mich kommen sollte, sie aufzuheben. Ich habe meiner Mutter diese Adresse als meine letzte in Europa mitgeteilt.
Es ist wahrscheinlich, daß ich einen Tag in Zürich bleiben muß, eines Zusammentreffens wegen, das nötig werden kann. Ich würde dann am 9/10 in Zürich sein, und entweder am *10.* abends oder am *11.* in Paris ankommen. Ich kann das nicht vorher bestimmen und würde Dir von Z. aus telegraphieren. Ich hoffe sehr, daß Du mich an der Bahn abholen kannst.
Sollte ich *nicht* über Z. fahren müssen, dann komme ich direkt von Venedig, und bin am 9. Nachmittag/Abend in Paris. In diesem Fall teile ich Dir die genauen Daten meiner Ankunft noch von hier aus mit. Jedenfalls mußt Du vom 9. ab mit der Möglichkeit meiner Ankunft rechnen. Ich möchte ein nicht allzu kleines Zimmer in einem ordentlichen und vor allem auch geheizten Hotel haben und bitte Dich mir wenn möglich eines vorher zu bestellen. Die Gegend ist mir gleich, ich möchte nur direkte Verbindung zur zentralen Stadt sehr nahe haben. Ich nehme an, Du weißt das alles besser als ich. Ich habe auf der Bibliothek zu tun, und möchte mich bei gutem Wetter ganz gern im Zentrum etwas herumtreiben. Am 16. II. morgens muß ich weiterreisen.
Also auf gesundes Wiedersehen in Paris. Bis dahin herzliche Grüße Dein Gerhard

103 Benjamin an Scholem

Paris XV, 10, rue Dombasle
23. Januar 1938

Lieber Gerhard,
hoffentlich erreicht dich diese Karte noch.

Mich erreichte die letzte Karte von dir mit Verspätung, da ich erst vorgestern aus San Remo zurückkam.[1] Meine Adresse ist Paris XV 10 rue Dombasle. Dahin laß dir deine Post c/o Dr W Benjamin schicken, dahin telegrafiere mir den Zug mit dem du ankommst. Sowie ich dein Telegramm erhalten habe, werde ich für dich in meiner unmittelbaren Nähe mieten. Die Verbindungen zur Bibliotheque Nationale sind von dort aus die denkbar besten. Für deine »Kabbala-Forschung« herzlichen Dank.[2] Ich lese sie heute noch.

In der Erwartung unseres baldigen Wiedersehens die herzlichsten Grüße [keine Unterschrift]

1 Es handelte sich hier also um eine weitere Postkarte, die bisher verloren ist. Denn diese Karte erhielt W.B. erst bei der Rückkehr nach Paris, während er die andere noch aus San Remo bestätigte. Offenbar enthielten beide Karten neue Details über die Reisedaten und kurze technische Mitteilungen.

2 Es handelte sich um einen Aufsatz von mir, der in einer Publikation der Hebräischen Universität in mehreren Sprachen erschien und über die Aufgaben meines Forschungsgebiets Rechenschaft gab.

104 Scholem an Benjamin

Jerusalem
25. Januar 1938

Lieber Walter,
dies nur zur kurzen Nachricht. Meine Mutter teilt mir soeben mit, daß sie für einen oder zwei Tage nach Zürich kommt, und ich also dort mit ihr zusammentreffen muß. Nach Paris darf sie nicht. Ich telegrafiere Dir aus Zürich dann den genauen Termin meiner Ankunft in Paris. Wahrscheinlich komme ich also am 11. II. dort an. Aber es kann auch der 10. werden und schließlich ist es ja bis zur letzten Stunde stets unsicher, ob man sie reisen läßt und ich sie wirklich dort vorfinde.

Was die Wohnung anlangt: wäre es denkbar, nicht zu weit von

dem Bahnhof zu wohnen, wo der Zug nach Cherbourg abfährt? Ich möchte nicht mit großem Gepäck lange in der Stadt herumgondeln müssen.
Also auf Wiedersehen.
Ich werde in *Zürich* am 9. vormittags auf die Hauptpost gehen. Wenn Du mir vorher schreiben willst, so bitte poste restante Zürich Hauptpost.
Herzliche Grüße Dein Gerhard

105 Benjamin an Scholem

Paris XV, 10, rue Dombasle
6. Februar 1938

Lieber Gerhard,
ich hoffe, du hast eine angenehme Reise hinter dir, noch mehr, daß die züricher Tage ohne allzuschwere Anspannung deiner Nerven von statten gehen.
Telegrafiere mir so früh als möglich.
Wenn es dir recht ist, werde ich dich – besser als du es in einem erschwinglichen Hotel haben kannst – bei meiner Schwester einquartieren. Sie ist zur Zeit abwesend. Leider geht es ihr nicht so, daß sie dir als meinem Freunde Gastfreundschaft erweisen könnte. (Sie hatte bis vor wenigen Tagen vermietet.) Wenn dir aber 25 frcs für ein geräumiges, ruhiges Zimmer mit Bad, fünf Minuten, zu Fuß, von meiner Wohnung entfernt, nicht zu viel ist, so wäre diese Disposition gewiß die angenehmste.[1]
Auf recht gutes Wiedersehen herzlichst Dein Walter

1 Als ich ankam, war W.B.s Schwester zwar zurück, aber sehr krank, so daß ich doch in ein Hotel sehr nahe bei seiner Wohnung zog.

106 Scholem an Benjamin

Meine Adresse ist:
c/o Library of the Jewish Theological Seminary
Broadway and 122nd Street, New York City
25. März 1938

Lieber Walter,

diese Flut des New Yorker Lebens hat mich so lange ganz unter Wasser gehalten und erst jetzt siehst Du mich auftauchen. Ich habe meine Vorlesungen (mit sehr großem Erfolg) absolviert und bin jetzt ganz mit den Handschriften beschäftigt, und das wird sich nun hinziehen, vermischt mit dem Versuch, etwas von Amerika zu sehen und zu verstehen. Ich lerne sehr viel hier und benutze die Gelegenheit soweit ich kann um diese seltsame Welt ein wenig zu betrachten.

Wichtig ist mir folgendes: ich habe schon das Datum meiner Rückkehr festgelegt und hoffe, daß Du vielleicht doch noch für mich in Europa zu erreichen bist. Ich fahre hier am 23. Juli ab und werde am 1. August in Frankreich sein. Dorthin will ich meine Frau kommen lassen. Ich will dann teils in Paris, teils in der Schweiz, teils in Italien (Meraner Gegend) mehrere Wochen verbringen und Ende September von Rom aus nach Jerusalem zurückkehren. Dies mein Programm. Die Frage ist also, ob wir Dich in Paris sagen wir zwischen *1. und 15. August* treffen können. Dies wäre natürlich sehr in meinem Sinn. Wenn Du das einrichten kannst, wäre es eine ideale Veranstaltung. Dann muß ich mich 4 Wochen lang in die Berge begeben und glaube nicht, daß es mir möglich wäre, nach Dänemark zu reisen. In Italien wäre dagegen ein Treffen wohl zu arrangieren. Ich habe die Absicht dort mit Schocken zusammenzutreffen (falls er in Europa ist) und eventuell wäre da etwas auch mit Dir und ihm zu arrangieren. Zudem will ich nach Bern fahren.

Dies alles zu Deiner Information und damit Du vielleicht bei Deinen Dispositionen für den Sommer daran denkst.

Wiesengrund war nicht auf dem Schiff und hat sich auch nicht gemeldet, dagegen traf ich mit Tillich[1] und Frau zusammen, die mich unbedingt mit Horkheimer und Wiesengrund, mit denen sie, wie [sie] sagten, eng befreundet sind, zusammen bringen wollten, was mich in nicht geringe Verlegenheit setzt. Wir kamen auf Dich zu sprechen. T.'s ergingen sich (wie auch ich, pflichtschuldigst) in den höchsten Tönen und dabei kam freilich ein etwas anderes Bild von Horkheimers Relation zu Dir heraus, als Du in Deinen verschiedenen Warnungen esoterischer Natur vorausgesetzt hast. Ich stellte mich ein wenig an, um T. zum Reden zu bringen. Er sagte, H. habe die *höchste* Meinung von Dir, *sei sich aber völlig klar, es bei Dir* mit einem *Mystiker* zu tun zu haben – dies wäre nun freilich das, was Du, wenn ich Dich recht verstanden habe, ihm grade nicht nahezulegen dachtest. Den Ausdruck brauchte nicht ich, sondern Tillich. Kurz und gut, er sagte etwa so: die Leute seien weder so dumm, nicht zu wissen, wes Geistes Kind Du seist, noch so borniert, sich daran zu stoßen. Sie würden für Dich alles tun, was möglich wäre und dächten auch daran Dich hierher zu bringen. Nun scheint mir angesichts solcher Darstellung, wie T. sie von der Beziehung des Instituts zu Dir gibt, ob Deine Diplomatie nicht offene Türen einrennt. Ich bin so für den Fall einer Begegnung mit den Leuten etwas stark gehandikapt. Vieles was Du als Secretum betrachtest und nicht erwähnt wünschst, scheinen sie längst zu wissen, und *dennoch* ihre Hoffnungen auf Dich zu setzen. Nun wollte ich diese Leute nicht sehen, eigentlich, andererseits kann es, nachdem ich mit Tillich zusammentraf, sehr sonderbar wirken, wenn ich sichtbar einer Begegnung ausweiche, für die T. dort heftige Propaganda gemacht zu haben scheint. Also so steht dies zur Zeit, und meine Verlegenheit ist nicht gering.

Nächste Woche fahre ich für 14 Tage nach Cincinnati und Cleveland. Dann werde ich wohl im Wesentlichen hier bleiben.

Gutkinds, mit denen ich bisher 2mal zusammen war, lassen Dich sehr grüßen. Er hat grade eine fromm-jüdische »Siderische Geburt« veröffentlicht, auf englisch, die mein esoterisches Kopfschütteln erregt.[2] Er ist hier als Redner ganz beliebt und schlägt sich leidlich durch, kaum verändert.

Die Wiener Ereignisse[3] haben hier natürlich auch große Wirkung getan, aber mehr abstrakt – es ist einfach zu weit weg und keiner stellt sich wirklich etwas dabei vor.

Lasse von Dir hören, besonders über Deine Sommerdispositionen!

Alles Herzliche — Dein Gerhard

1 Paul Tillich (1886-1965), der bekannte protestantische Theologe, der als Professor der Philosophie in Frankfurt Wiesengrund-Adorno habilitiert hatte.

2 Es handelte sich um das schon erwähnte Buch »The Absolute Collective. A philosophical attempt to overcome our broken state.« Die »Siderische Geburt« war Gutkinds erstes und bis 1937 einziges Buch, noch vor seiner Wendung zum Judentum.

3 Die Judenverfolgungen nach dem Anschluß Österreichs.

107 Benjamin an Scholem

Paris XV, 10, rue Dombasle
14. April 1938

Lieber Gerhard,
deine erste Nachricht aus Amerika hat geraume Zeit auf sich warten lassen.
Sie enthält vieles, was mich freut.
Zunächst die Mitteilung über den Erfolg deiner Vorlesungen. Der bedeutet ja wohl, daß der Aufenthalt drüben, sprachlich zumindest, von geringerer Problematik für dich ist als du angenommen hast.
In deinen nächsten Mitteilungen hoffe auch ich davon zu profitieren, indem du »Kultur- und Reisebilder« aus den verschiedenen Landstrichen und Bevölkerungsschichten vor mir entrollst. »Reisebilder« von Theodor Dielitz waren eines meiner bevorzugten Knabenbücher, und die handelten auch von drüben.
Weiter erwarte ich von dir ins Geheimnis der jüdischen Sterngeburt eingeweiht zu werden; dem vereinten Zaubrerpaar [Gutkind] freundliche Erwiderung seiner Grüße.
Wirklich hat Mercy auf meine Bitte Brods Kafkabiographie und dazu den Band geschickt, der mit der »Beschreibung eines Kampfes« beginnt. So scheinen meiner nunmehr 6 bändigen Ausgabe nur noch die »Briefe und Tagebücher« zu fehlen. Sind diese bereits erschienen? falls dem so ist: bei wem? Bitte dringend um Antwort.
Ich komme aber auf Kafka an dieser Stelle, weil besagte Biographie in ihrer Verwebung Kafkaschen Nichtwissens mit Brod'schen Weisheiten einen Distrikt der Geisterwelt zu eröffnen scheint, wo weiße Magie und fauler Zauber aufs erbaulichste ineinander spielen. Ich habe übrigens noch nicht sehr viel darin

lesen können, mir aber alsbald die Kafkasche Formulierung des kategorischen Imperativs »handle so, daß die Engel zu tun bekommen« daraus zugeeignet.

Meine Lektüre ist eine intermittierende, weil meine Aufmerksamkeit und Zeit jetzt fast ungeteilt dem »Baudelaire« zugewandt ist. Noch ist kein Wort davon geschrieben; seit einer Woche bin ich aber dabei, das Ganze zu schematisieren. Die Einrichtung ist, wie sich versteht, entscheidend. Ich will Baudelaire, wie er ins neunzehnte Jahrhundert eingebettet ist zeigen, und der Anblick davon muß ebenso neu erscheinen, auch eine ebenso schwer definier[bar]e Anziehung ausüben, wie der eines seit Jahrzehnten im Waldboden ruhenden Steins, dessen Abdruck, nachdem wir ihn mit mehr oder weniger Mühe von der Stelle gewälzt haben, überaus deutlich und unberührt vor uns liegt.

Deine Schilderung des Gesprächs mit den beiden Tillichs hat mein höchstes Interesse erregt, aber in geringerem Maß als du denkst, meine Überraschung. Denn hier geht es gerade darum, daß Dinge, die de part et d'autre derzeit ihre Stelle im Schatten haben, durch jederlei künstliche Beleuchtung ins falsche Licht träten. Ich sage »derzeit«, weil diese Epoche, die so vieles unmöglich macht, dies ganz gewiß nicht ausschließt: daß im historischen Sonnenumlauf auf eben diese Dinge ein rechtes Licht fällt. Ich will weiter gehen und sagen, daß unsere Arbeiten an ihrem Teile Meßinstrumente sein können, die, wenn sie glücklich funktionieren, kleinste Bruchstücke dieses unvorstellbar langsamen Umlaufes messen.[1]

Ich möchte aus diesen Gründen deiner Begegnung mit Horkheimer und mit Wiesengrund, die vielleicht bei Empfang dieser Zeilen schon stattgefunden, wenn nicht sich wiederholt hat, mit einigem Vertrauen entgegensehen. Dies wird gesteigert durch die Begegnung mit dem Mitdirektor des Instituts, die ich vor einigen Tagen hatte und die sich ebenso herzlich gestaltete als sie kurz war.

Ich kann meine sommerlichen Dispositionen noch nicht genau überblicken. Soviel ich sehe, wäre alles ganz einfach, wenn du noch die zweite Augusthälfte für Paris zur Verfügung hättest. Ob ich schon in der ersten aus Dänemark zurück sein kann, ist mir nicht gewiß. – Wir kommen darauf gewiß noch zurück.

Laß mich diesmal nicht entfernt so lange auf Nachricht warten wie das letzte Mal. Berichte mir über »die Wege und die Begegnungen«, die die deinen waren. Richte meinen Newyorker Freunden meine herzlichen Grüße aus, wenn sich das ergibt und vergiß keinesfalls, sie Moses Marx zu sagen.

Alles Herzliche Dein Walter

1 Wenige Stücke (wenn überhaupt eines) in W.B.s Briefen an mich haben einen so unverkennbar esoterischen, wenn nicht geradezu konspirativen Ton wie dieser Absatz über seine Stellung zum Institut für Sozialforschung. Ob mit dem Hinweis auf die Rolle »unserer Arbeiten« seine Arbeiten im Umkreis des Instituts gemeint sind oder aber Arbeiten von Menschen wie er und ich, wage ich nicht zu entscheiden. Damals bezog ich es in dem sonderbaren Zusammenhang, in dem es hier steht (und nach den Gesprächen in Paris) auf uns beide, aber ich bin dessen nicht mehr so sicher.

108 Scholem an Benjamin

New York, Hotel Paris
6. Mai 1938

Lieber Walter,

vielen Dank für Deinen Brief. Meine Dispositionen sind inzwischen so weit geklärt, daß ich folgendes weiß: 1) ich komme am 31. Juli in Paris an, 2) ich kann *nicht* nach Deutschland fahren, wenn nicht in Paris noch ein Wunder geschieht. Das ist in doppeltem Bezug für Dich schade, denn nicht nur hätte ich vielleicht etwas für Deine Bücher tun können, sondern es wäre auch die Zeit für ein Treffen in der 2. Hälfte August leichter gewesen. Jetzt ist das sehr unsicher: ich bezweifle, ob ich solange in Paris bleiben kann. Falls meine Frau nach Paris kommt, kann ich nicht viel länger als 2 Wochen dort bleiben, da ich mit ihr auf vier Wochen in die Schweiz oder Norditalien reisen will. Sollte sie nicht kommen können – ihr Vater ist plötzlich gestorben und sie hat Immigrationsaffären mit ihrer jungen Schwester, die wir nach Palästina bringen wollen – so würde sich mein ganzer Reiseplan freilich verschieben und ich würde dann eventuell direkt in die Schweiz fahren, wenn Du nicht in Paris bist, kann aber nicht gewiß sagen, ob ich zurückkommen kann, um Dich Ende August in Paris zu treffen. Das wäre ja dann das einzig mögliche Arrangement.

Ist Deine Schwester wieder zurück? Wie wäre es im andern Fall mit der Miete ihres Zimmers? Ist es für 2 geeignet oder nur falls ich allein in Paris bin? Sonst wäre ich Dir auch dankbar für die Empfehlung eines saubern Hotels etwa in der Gegend wo ich im Februar wohnte, die für mich recht angenehm lag.
Am 25. September fahre ich von Triest oder Brindisi nach Haifa zurück, eventuell werde ich vorher einige Zeit in Rom verbringen, besonders falls meine Frau kommt.
Dies sind also die Reisepläne. Es wäre mir sehr recht, Dich in Paris zu treffen, wenn es sich irgend einrichten läßt. Wir könnten ein paar ruhige Tage verbringen und etwas für unsere Bildung tun.
Ich möchte Dich an unser Gespräch über Kafka erinnern und daran, daß Du mir einen eventuell präsentablen Brief gelegentlich der Brodschen Biographie schreiben wolltest. Lege das nicht zu sehr aufs Eis, es ist möglich, daß ich in Europa mit Schocken zusammenkomme und es brauchen kann. Wenn Du kannst, schreibe drei bis vier Seiten, die eine Art Programm umschreiben und nicht zu harmlos klingen.
Der Band der Tagebücher ist auch schon erschienen, vor einem Jahr – er wäre für Dich natürlich von großer Bedeutung da das meiste davon ungedruckt war.
Von hier ist zu vermelden, daß ich nun nach allen Irrfahrten durch den Kontinent, im April, wieder hier angelangt bin und nun bis zur Abreise hier bleibe. Meine Postadresse bleibt die Library of the Jewish Theological Seminary, da ich in diesem Hotel das für mich zu teuer ist, nur bleibe, solange ich nichts besseres d. h. billigeres, finde. In Cincinnati sprachen wir beim Sederabend viel von Dir, der vor 15 Jahren mit uns bei Moses Marx gesessen hat. Marx ist ganz unverändert und ich habe mich sehr gut mit ihm verstanden.
Inzwischen sah ich Wiesengrund dreimal und auf sein Drängen auch Horkheimer einmal, vor wenigen Tagen. H. schien sich mit mir (mit guter Miene) totzulangweilen, was ich von Wiesengrund nicht behaupten könnte, mit dem ich sehr menschliche Relationen knüpfen konnte. Er gefällt mir außerordentlich gut und wir fanden uns viel zu sagen. Ich gedenke den Verkehr mit ihm und seiner Frau hier recht lebhaft zu pflegen. Es ist angenehm und aussichtsreich mit ihm zu sprechen, und ich finde eine

Möglichkeit mich mit ihm zu verständigen. Daß wir Deiner sehr viel gedenken, braucht Dich nicht zu wundern.[1] Kurz, ich bin aufs angenehmste von diesem Paar enttäuscht.

Meine Arbeit hier ist ebenso anstrengend wie angenehm. Ich tue schließlich ja nur das, was ich eben gern tue. Wenn ich um 6 Uhr von den Manuskripten zurückkomme, bin ich ziemlich tot. Und hier besteht die Sitte sehr früh zu Abend zu essen, so daß die Einladungen immer für eine unerwartet frühe Stunde erfolgen. Ich suche mir einen Überblick über die New Yorker Judenschaft zu verschaffen (zwei Millionen in einer Stadt!) und komme da also mit mancherlei Leuten zusammen. Darunter kann ich wenigstens von zwei oder drei Leuten sagen, daß ihretwegen die Reise her gelohnt hätte, und das ist doch schon viel[2]. Auch an intellektuellen Hyänen, um mich eines Ausdrucks von Wiesengrund zu bedienen, fehlt es nicht.

Von Cincinnati bin ich im Auto mit Bekannten über die Berge von Virginia hierher gefahren, eine wunderbare Tour in ihrem größern Teil. Ohne Auto etwas hier sehen zu wollen, ist aussichtslos und so bin ich also auf die wenigen Besitzer, die mir erreichbar sind, angewiesen.

Zum Lesen komme ich nur sehr wenig, außerhalb der Studien, und dann lese ich Englisch um mich zu verbessern.

Gutkinds sehe ich manchmal. Sie sind im Umgang noch immer reizend, speziell er, und ich muß das sehr anerkennen. Sie scheinen sich hier sehr wohl zu fühlen.

Schreibe bald von Deinen Plänen und denke bei Deinen Dispositionen auch an mich.

Herzlichste Grüße Dein Gerhard

c/o Library . . . Broadway and 122nd Street, N. Y. City.

1 Wiesengrund-Adornos ausführlicher Bericht über unsere erste Begegnung in einem Brief an W.B. ist erhalten und von Adorno in einem Aufsatz über mich in der Neuen Zürcher Zeitung (2. Dezember 1967) großenteils gedruckt worden.

2 Gemeint waren drei bedeutende Köpfe unter meinen judaistischen Kollegen, Shalom Spiegel (geb. 1899), Henry Slonimsky (1884-1973) und Louis Ginzberg (1871-1954).

109 Benjamin an Scholem

I

Paris XV, 10, rue Dombasle
12. Juni 1938

Lieber Gerhard,
auf deine Bitte schreibe ich dir ziemlich ausführlich, was ich von Brods »Kafka« halte; einige eigene Reflexionen über Kafka findest du anschließend.

Du mußt von vornherein wissen, daß dieser Brief ganz allein diesem uns beiden gleich sehr am Herzen liegenden Gegenstande vorbehalten sein wird; für Nachrichten von mir vertröste ich dich auf einen der nächsten Tage.

Das Buch von Brod ist von dem fundamentalen Widerspruch gekennzeichnet, der zwischen der These des Verfassers einerseits, seiner Haltung andererseits obwaltet. Dabei ist die letztere danach angetan, die erstere einigermaßen zu diskreditieren; zu schweigen von den Bedenken, die sich gegen diese sonst erheben. Die These ist, daß Kafka sich auf dem Wege zur Heiligung befunden habe. (S. 65) Die Haltung des Biographen ihrerseits ist die vollendeter bonhommie. Der Mangel an Distanz ist ihre markanteste Eigentümlichkeit.

Daß sich *diese* Haltung zu *dieser* Ansicht des Gegenstands finden konnte, beraubt das Buch von vornherein seiner Autorität. *Wie* sie es tat, das illustriert z. B. die Redewendung, mit der (S. 127) »unser Franz« dem Leser auf Photo vor Augen geführt wird. Intimität mit dem Heiligen hat ihre bestimmte religionsgeschichtliche Signatur; nämlich den Pietismus. Brods Haltung als Biograph ist die pietistische einer ostentativen Intimität; mit andern Worten die pietätloseste, die sich denken läßt.

Dieser Unreinlichkeit in der Ökonomie des Werks kommen Gepflogenheiten zugute, die der Verfasser sich in seiner Berufstätigkeit hat erwerben mögen. Jedenfalls ist es kaum möglich, die Spuren journalistischen Schlendrians bis hinein in die Formulierung seiner These zu übersehen: »Die Kategorie der Heiligkeit ... ist überhaupt die einzig richtige, unter der Kafkas Leben und Schaffen betrachtet werden kann.« (S. 65) Ist es nötig, anzumerken, daß Heiligkeit eine dem Leben vorbehaltene Ordnung ist, der das Schaffen unter gar keinen Umständen zugehört? und bedarf es des Hinweises darauf, daß das Prädikat der Heiligkeit außerhalb einer traditionell begründeten Religionsverfassung einfach eine belletristische Floskel ist?

Es fehlt Brod jedes Gefühl für die pragmatische Strenge, die von einer ersten Lebensgeschichte Kafkas zu fordern ist. »Von Luxushotels wußten wir nichts und waren dennoch unbeschwert lustig.« (S. 128) Infolge eines auffallenden Mangels an Takt, an Sinn für Schwellen und Distanzen fließen Feuilletonschablonen in einen Text ein, der durch seinen Gegenstand zu einiger Haltung verpflichtet wäre. Das ist minder der Grund als ein Zeugnis dafür, wie sehr jede originäre Anschauung von Kafkas Leben Brod versagt geblieben ist. Besonders anstößig wird dieses Unvermögen, der Sache selbst gerecht zu werden, wo Brod (S. 242) auf die berühmte testamentarische Verfügung zu sprechen kommt, in der Kafka ihm die Vernichtung seines Nachlasses auferlegt. Hier wenn irgendwo wäre der Ort gewesen, grundsätzliche Aspekte von Kafkas Existenz aufzurollen. (Er war offenbar nicht gewillt, vor der Nachwelt die Verantwortung für ein Werk zu tragen, um dessen Größe er doch wußte.)

Die Frage ist seit Kafkas Tod vielfach erörtert worden; es lag nahe, hier einmal innezuhalten. Allerdings hätte sie für den Biographen die Einkehr bei sich selbst mit sich geführt. Kafka mußte den Nachlaß wohl dem vertrauen, der ihm den letzten Willen nicht würde tun wollen. Und weder der Testator noch auch sein Biograph würden bei solcher Betrachtung der Dinge zu Schaden kommen. Aber sie verlangt die Fähigkeit, die Spannungen zu ermessen, von denen Kafkas Leben durchzogen war.

Daß diese Fähigkeit Brod abgeht, erweisen die Stellen, an denen er unternimmt, Kafkas Werk oder Schreibweise zu erläutern. Es bleibt da bei dilettantischen Ansätzen. Die Sonderbarkeit in Kafkas Wesen und Schreiben ist gewiß nicht, wie Brod meint, eine »scheinbare« und ebenso wenig kommt man den Darstellungen Kafkas mit der Erkenntnis bei, daß sie »nichts als wahr« sind. (S. 68) Derartige Exkurse über Kafkas Werk sind danach angetan, Brods Auslegung seiner Weltanschauung von vorneherein problematisch zu machen. Wenn Brod von Kafka aussagt, daß dieser etwa auf der Linie von Buber gestanden habe (S. 241), so heißt das, den Schmetterling in dem Netz suchen, über das er im Hin- und Herflattern seinen Schatten wirft. Die

»gleichsam realistisch-jüdische Deutung« des »Schlosses« unterschlägt die abstoßenden und die grauenhaften Züge, mit denen die obere Welt bei Kafka ausgestattet ist, zugunsten einer erbaulichen Auslegung, die gerade dem Zionisten suspekt sein müßte.

Gelegentlich denunziert sich diese Bequemlichkeit, die ihrem Gegenstande so wenig ansteht, selbst einem Leser, der es nicht genau nimmt. Es ist Brod vorbehalten geblieben, die vielschichtige Problematik von Symbol und Allegorie, die ihm für die Auslegung Kafkas erheblich scheint, am Beispiel des »standhaften Zinnsoldaten« zu illustrieren, der ein vollgültiges Symbol darum vorstelle, weil er nicht nur »viel ... in die Unendlichkeit Verlaufendes ausdrückt«, sondern »uns auch mit seinem persönlich detaillierten Schicksal als Zinnsoldat« nahekommt (S. 237). Man möchte wohl wissen, wie sich das Davidsschild im Lichte einer solchen Symboltheorie ausnimmt.

Ein Gefühl für die Schwäche seiner eigenen Kafka-Interpretation macht Brod gegen die Interpretationen von andern empfindlich. Daß er das nicht so törichte Interesse der Surrealisten an Kafka wie die teilweise bedeutenden Auslegungen der kleinen Prosa durch Werner Kraft mit einer Handbewegung beiseiteschiebt, wirkt nicht angenehm. Darüber hinaus sieht man ihn bemüht, auch die künftige Kafka-Literatur zu entwerten. »So könnte man erklären und erklären (man wird es auch noch tun) doch notwendigerweise ohne Ende« (S. 69). Der Akzent, der auf der Klammer liegt, fällt ins Ohr. Daß die »vielen privaten akzidentellen Mängel und Leiden Kafkas« zum Verständnis seines Werkes mehr beitragen als »theologische Konstruktionen« (S. 213), hört man von dem jedenfalls nicht gern, der Entschlossenheit genug besitzt, seine eigene Darstellung Kafkas unter dem Begriff der Heiligkeit vorzunehmen. Die gleiche wegwerfende Gebärde gilt allem, was Brod bei seinem Zusammensein mit Kafka störend vorkommt – der Psychoanalyse ebenso wie der dialektischen Theologie. Sie erlaubt es ihm, Kafkas Schreibweise der »erlogenen Exaktheit« Balzacs (S. 69) zu konfrontieren (wobei er nichts anderes als jene durchsichtigen Rodomontaden im Sinne hat, die von Balzacs Werk und seiner Größe gar nicht zu trennen sind).

Das alles stammt nicht aus Kafkas Sinn. Brod verfehlt allzu oft

die Fassung, die Gelassenheit, die diesem eigen war. Es gibt keinen Menschen, sagt Joseph de Maistre, den man nicht mit einer maßvollen Meinung für sich gewinnen könnte. Brods Buch wirkt nicht gewinnend. Es überschreitet das Maß sowohl in der Art, in welcher er Kafka huldigt, als in der Vertrautheit, mit der dieser von ihm behandelt wird. Beides hat wohl in dem Roman sein Vorspiel, dem seine Freundschaft zu Kafka als Vorwurf diente.[1] Ihm Zitate entnommen zu haben, stellt unter den Mißgriffen dieser Lebensbeschreibung keineswegs den geringsten dar. Daß in diesem Roman Fernerstehende eine Verletzung der Pietät gegen den Verstorbenen sehen konnten, wundert den Verfasser, wie er gesteht. »Wie alles mißverstanden wird, so auch dies... Man entsann sich nicht, daß Platon sich auf ähnliche, allerdings weit umfassendere Art sein ganzes Leben lang seinen Lehrer und Freund Sokrates als lebendig weiterwirkend, als mitlebenden, mitdenkenden Wegbegleiter dem Tode abgetrotzt hatte, indem er ihn zum Helden fast aller Dialoge machte, die er nach des Sokrates Tode schrieb.« (S. 82)
Es ist wenig Aussicht, daß Brods »Kafka« einmal unter den großen gründenden Dichterbiographien, in der Reihe des Schwabschen Hölderlin, des Bächtholdschen Keller, wird genannt werden können. Desto denkwürdiger ist sie als Zeugnis einer Freundschaft, die nicht zu den kleinsten Rätseln in Kafkas Leben gehören dürfte.

Du ersiehst aus dem Vorstehenden, lieber Gerhard, warum Brods Biographie mir ungeeignet scheint, mein Bild von Kafka – wäre es auch nur auf polemische Weise – in der Befassung mit ihr durchblicken zu lassen. Ob es den folgenden Notizen gelingt, dieses Bild zu skizzieren, lasse ich natürlich dahingestellt. Auf jeden Fall werden sie dir einen neuen, von meinen früheren Reflektionen mehr oder minder unabhängigen Aspekt darauf nahelegen.
Kafkas Werk ist eine Ellipse, deren weit auseinanderliegende Brennpunkte von der mystischen Erfahrung (die vor allem die Erfahrung von der Tradition ist)[2] einerseits, von der Erfahrung des modernen Großstadtmenschen andererseits, bestimmt sind. Wenn ich von der Erfahrung des modernen Großstadtmenschen rede, so begreife ich in sie verschiedenes ein. Ich spreche

einerseits vom modernen Staatsbürger, der sich einer unübersehbaren Beamtenapparatur ausgeliefert weiß, deren Funktion von Instanzen gesteuert wird, die den ausführenden Organen selber, geschweige dem von ihnen behandelten ungenau bleiben. (Es ist bekannt, daß eine Bedeutungsschicht der Romane, insbesondere des »Prozesses«, hierin beschlossen liegt.) Unter den modernen Großstadtmenschen spreche ich andererseits ebensowohl den Zeitgenossen der heutigen Physiker an. Liest man die folgende Stelle aus Eddingtons »Weltbild der Physik«, so glaubt man Kafka zu hören.

»Ich stehe auf der Türschwelle, im Begriffe, mein Zimmer zu betreten. Das ist ein kompliziertes Unternehmen. Erstens muß ich gegen die Atmosphäre ankämpfen, die mit einer Kraft von 1 Kilogramm auf jedes Quadratzentimeter meines Körpers drückt. Ferner muß ich auf einem Brett zu landen versuchen, das mit einer Geschwindigkeit von 30 Kilometer in der Sekunde um die Sonne fliegt; nur den Bruchteil einer Sekunde Verspätung, und das Brett ist bereits meilenweit entfernt. Und dieses Kunststück muß fertiggebracht werden, während ich an einem kugelförmigen Planeten hänge, mit dem Kopf nach außen in den Raum hinein, und ein Ätherwind von Gott weiß welcher Geschwindigkeit durch alle Poren meines Körpers bläst. Auch hat das Brett keine feste Substanz. Darauftreten heißt auf einen Fliegenschwarm treten. Werde ich nicht hindurchfallen? Nein, denn wenn ich es wage und darauf trete, so trifft mich eine der Fliegen und gibt mir einen Stoß nach oben; ich falle wieder und werde von einer anderen Fliege nach oben geworfen, und so geht es fort. Ich darf also hoffen, das Gesamtresultat werde sein, daß ich dauernd ungefähr auf gleicher Höhe bleibe. Sollte ich aber unglücklicherweise trotzdem durch den Fußboden hindurchfallen oder so heftig emporgestoßen werden, daß ich bis zur Decke fliege, so würde dieser Unfall keine Verletzung der Naturgesetze sondern nur ein außerordentlich unwahrscheinliches Zusammentreffen von Zufällen sein ... Wahrlich, es ist leichter, daß ein Kamel durch ein Nadelöhr gehe denn daß ein Physiker eine Türschwelle überschreite. Handle es sich um ein Scheunentor oder einen Kirchturm, vielleicht wäre es weiser, er fände sich damit ab, nur ein gewöhnlicher Mensch zu sein, und ginge einfach hindurch, anstatt zu warten, bis alle Schwierigkeiten sich gelöst haben, die mit einem wissenschaftlich einwandfreien Eintritt verbunden sind.«

Ich kenne in der Literatur keine Stelle, die im gleichen Grade den Kafkaschen Gestus aufweist. Man könnte ohne Mühe fast jede Stelle dieser physikalischen Aporie mit Sätzen aus Kafkas Prosastücken begleiten, und es spricht nicht wenig dafür, daß dabei viele von den »unverständlichsten« unterkämen. Sagt man also, wie ich das eben getan habe, daß die entsprechenden Erfahrungen Kafkas in einer gewaltigen Spannung zu seinen mystischen standen, so sagt man nur eine halbe Wahrheit. Es ist das eigentlich und im präzisen Sinne *Tolle* an Kafka, daß diese allerjüngste Erfahrungswelt ihm gerade durch die mystische Tradition zugetragen wurde. Das ist natürlich nicht ohne verheerende Vorgänge (auf die ich sogleich komme), innerhalb dieser Tradition möglich gewesen. Das Kurze und Lange von der Sache ist, daß offenbar an nichts Geringeres als an die Kräfte dieser Tradition appelliert werden mußte, sollte ein Einzelner (der Franz Kafka hieß) mit *der* Wirklichkeit konfrontiert werden, die sich als die unsrige theoretisch z. B. in der modernen Physik, praktisch in der Kriegstechnik projiziert. Ich will sagen, daß diese Wirklichkeit für den *Einzelnen* kaum mehr erfahrbar, und daß Kafkas vielfach so heitere und von Engeln durchwirkte Welt das genaue Komplement seiner Epoche ist, die sich anschickt, die Bewohner dieses Planeten in erheblichen Massen abzuschaffen. Die Erfahrung, die der des Privatmanns Kafka entspricht, dürfte von großen Massen wohl erst gelegentlich dieser ihrer Abschaffung zu erwarten sein.

Kafka lebt in einer *komplementären* Welt. (Darin ist er genau mit Klee verwandt, dessen Werk in der Malerei ebenso wesenhaft *vereinzelt* dasteht wie das von Kafka in der Literatur.) Kafka gewahrte das Komplement, ohne das zu gewahren, was ihn umgab. Sagt man, er gewahrte das Kommende, ohne das zu gewahren, was heute ist, so gewahrt er es doch wesentlich als der *Einzelne* von ihm betroffene. Seinen Gebärden des Schrekkens kommt der herrliche *Spielraum* zu gute, den die Katastrophe nicht kennen wird. Seiner Erfahrung lag aber die Überlieferung, an die sich Kafka hingab, allein zugrunde; keinerlei Weitblick, auch keine »Sehergabe«. Kafka lauschte der Tradition, und wer angestrengt lauscht, der sieht nicht.

Angestrengt ist dieses Lauschen vor allem darum, weil nur Undeutlichstes zum Lauscher dringt. Da ist keine Lehre, die man lernen, und kein Wissen, das man bewahren könnte. Was im Fluge erhascht sein will, das sind Dinge, die für kein Ohr bestimmt sind. Dies beinhaltet einen Tatbestand, welcher Kafkas Werk nach der negativen Seite streng kennzeichnet. (Seine negative Charakteristik wird wohl durchweg chancenreicher sein als die positive.) Kafkas Werk stellt eine Erkrankung der Tradition dar. Man hat die Weisheit gelegentlich als die epische Seite der Wahrheit definieren wollen.[3] Damit ist die Weisheit als ein Traditionsgut gekennzeichnet; sie ist die Wahrheit in ihrer hagadischen Konsistenz.

Diese Konsistenz der Wahrheit ist es, die verloren gegangen ist. Kafka war weit entfernt, der erste zu sein, der sich dieser Tatsache gegenüber sah. Viele hatten sich mit ihr eingerichtet, festhaltend an der Wahrheit oder an dem, was sie jeweils dafür gehalten haben; schweren oder auch leichteren Herzens verzichtleistend auf ihre Tradierbarkeit. Das eigentlich Geniale an Kafka war, daß er etwas ganz neues ausprobiert hat: er gab die Wahrheit preis, um an der Tradierbarkeit, an dem hagadischen Element festzuhalten. Kafkas Dichtungen sind von Hause aus Gleichnisse. Aber das ist ihr Elend und ihre Schönheit, daß sie *mehr* als Gleichnisse werden mußten. Sie legen sich der Lehre nicht schlicht zu Füßen wie sich die Hagada der Halacha zu Füßen legt. Wenn sie sich gekuscht haben, heben sie unversehens eine gewichtige Pranke gegen sie.

Darum ist bei Kafka von Weisheit nicht mehr die Rede. Es bleiben nur ihre Zerfallsprodukte. Deren sind zwei: einmal das Gerücht von den wahren Dingen (eine Art von theologischer Flüsterzeitung, in der es um Verrufenes und Obsoletes geht); das andere Produkt dieser Diathese ist die Torheit, welche zwar den Gehalt, der der Weisheit zueigen ist, restlos vertan hat, aber dafür das Gefällige und Gelassene wahrt, das dem Gerücht allerwegs abgeht. Die Torheit ist das Wesen der Kafkaschen Lieblinge; vom Don Quijote über die Gehilfen bis zu den Tieren. (Tiersein hieß ihm wohl nur, aus einer Art von Scham auf die Menschengestalt und -weisheit verzichtet haben. So wie ein vornehmer Herr, der in eine niedere Kneipe gerät, aus Scham darauf verzichtet, sein Glas auszuwischen.) Soviel stand ohne

Frage für Kafka fest: erstens, daß einer, um zu helfen, ein Tor sein muß; zweitens: eines Toren Hilfe allein ist wirklich eine. Unsicher ist nur: verfängt sie am Menschen noch? Sie hilft vielleicht eher den Engeln (vergl. die Stelle VII, S. 209[4] über die Engel, die etwas zu tun bekommen) für die es auch anders ginge. So ist denn, wie Kafka sagt, unendlich viel Hoffnung vorhanden, nur nicht für uns. Dieser Satz enthält wirklich Kafkas Hoffnung. Er ist die Quelle seiner strahlenden Heiterkeit.

Ich überliefere dir dieses auf gefährliche Weise perspektivisch verkürzte Bild umso ruhiger, als du es durch die Ansichten verdeutlichen magst, die von andern Aspekten her meine Kafkaarbeit in der »Jüdischen Rundschau« entwickelt hat. Was mich heute gegen diese am meisten einnimmt, ist der apologetische Grundzug, welcher ihr innewohnte. Um Kafkas Figur in ihrer Reinheit und in ihrer eigentümlichen Schönheit gerecht zu werden, darf man das Eine nie aus dem Auge lassen: es ist die von einem Gescheiterten.[5] Die Umstände dieses Scheiterns sind mannigfache. Man möchte sagen: war er des endlichen Mißlingens erst einmal sicher, so gelang ihm unterwegs alles wie im Traum. Nichts denkwürdiger als die Inbrunst, mit der Kafka sein Scheitern unterstrichen hat. Seine Freundschaft mit Brod ist für mich vor allem ein Fragezeichen, das er an den Rand seiner Tage hat malen wollen.

Damit wäre für heute der Kreis geschlossen, und ich setze die herzlichsten Grüße an Dich in seinen Mittelpunkt.

Dein Walter

1 Max Brods Roman »Zauberreich der Liebe« (1928).

2 Diese Identifikation hatte W.B. aus dem Terminus technicus »Kabbala« übernommen, was wörtlich »Tradition« bedeutet und W.B. bekannt war.

3 Der Satz steht in B.s Essay »Der Erzähler«, GS II, 442.

4 Gemeint ist mit Band VII der Kafka-Ausgabe die Biographie Kafkas von Brod. Die gemeinte Stelle ist schon in W.B.s Brief vom 14. April 1938 (oben Brief Nr. 107) zitiert.

5 Dieser Aspekt erscheint schon in W.B.s Briefen an mich vom Sommer 1934, siehe z. B. oben in Brief Nr. 65.

II

Paris XV, 10, rue Dombasle
12. Juni 1938

Lieber Gerhard,
um das beiliegende Schreiben präsentabel zu machen, hielt ich es für geraten, es von Persönlichem zu entlasten.
Das schließt nicht aus, daß es, als Dank für deine Anregung, zunächst dir persönlichst zugedacht ist. Im übrigen kann ich nicht beurteilen, ob du es für zweckmäßig hältst, es tel quel Schocken zu lesen zu geben. Immerhin glaube ich, mich darin so tief mit dem Komplex Kafka eingelassen zu haben, als es mir im Augenblick überhaupt möglich ist. In der Folge muß zunächst alles gegen meine Baudelaire-Arbeit zurücktreten.
Ich habe mit Vergnügen gesehen, daß manches gut geht, sowie ich den Rücken kehre. Welche Beschwerden wurden mir seinerzeit über dich oder über Wiesengrund de part et d'autre nicht unterbreitet! Und nun stellt sich heraus, daß es blinder Lärm war. Niemand ist darüber zufriedener als ich.
Dieser Tage schreibe ich an Wiesengrund und werde den Kafka-Brief ihm gegenüber erwähnen. Natürlich kannst du ihn ihm mitteilen; dagegen der verlegerischen Perspektiven, die sich etwa an ihn anschließen könnten, bitte ich dich nur mit äußerster Vorsicht und als deine eigenen, mir *nicht* bekannten Erwähnung zu tun. Ob du das aber nicht besser überhaupt *ganz* unterläßt, das zu beurteilen hängt von deiner Würdigung der Sachlage ab. Die Sache will insofern wohl überlegt sein, als der halboffizielle Charakter des Briefes Wiesengrund gegebenenfalls nicht entgehen wird. Allenfalls könntest du ihm erklären, daß du den Brief für dein Archiv meiner esoterischen Schriften von mir erwirkt hättest. Ich fürchte, diese Erklärung würde der Wahrheit äußerst nahekommen.
In jedem Falle habe ich mir durch das Schriftstück Anrecht auf einen baldigen und sehr ausführlichen Bericht deiner Kreuz- und Querfahrten durch die New Yorker Judenheit erworben. Diesen Bericht bitte ich dich, umsoweniger lakonisch abzufassen, als nach deinem letzten Brief vom 6. Mai und nach meinen eigenen Dispositionen die Chancen unserer Begegnung noch ungewiß bleiben.

Meine Reise werde ich wider Erwarten erst am 21. Juni antreten können, und mein frühester Rückreisetermin wäre demnach wohl, ab Dänemark, der 6. August. Wenn deine Frau nach Paris kommt, so hättest du wohl für die erste Woche nichts dagegen einzuwenden, die Sehenswürdigkeiten der Stadt, um meine Person vermindert, ihr vorzuführen. Wenn aber nicht?
Ich möchte deine Gesinnung hierüber genau erfahren.
Es ist äußerst wahrscheinlich, daß du ein standesgemäßes und preiswertes Quartier – eine Wohnung mit Bad, die für zwei Personen vollkommen ausreicht – in meiner unmittelbaren Nähe, bei meiner Schwester haben könntest. Unter Umständen ist es, falls ich nach Dänemark fahre, zweckmäßig, daß du dich über alles Weitere unmittelbar mit ihr verständigst: Dora Benjamin, Paris XVe, 7, Villa Robert-Lindet.
Über das, was du mir von Moses Marx schriebst, habe ich mich besonders gefreut. Daß keine Grüße von Gutkinds beilagen, mißbillige ich.
Herzlichst Dein Walter

PS: Vergiß nicht, mich deine Eindrücke und allfällige Neuigkeiten aus dem Institut wissen zu lassen. Meine Adresse von nun ab: c/o Brecht, Skovsbostrand per Svendborg

111 Scholem an Benjamin

27. Juni 1938

Lieber Walter,
Dein Doppelbrief hat mich außerordentlich gefreut und ich hoffe Deinen Bemerkungen über Kafka, die ich für sehr schön halte, noch nachsinnen zu können. Sollte ich im Sommer Schocken irgendwo treffen, so werde ich den Brief in meiner Geheimtasche der metaphysischen Weste tragen.
Die Hauptabsicht dieser Zeilen ist aber nicht, lange zu schreiben, sondern Dich zu bitten, unbedingt es doch so einzurichten, daß Du uns noch triffst! Meine Frau kommt 2 Tage vor mir nach Paris, ich selber am 31. Juli wie Du weißt, und wenn Du wirklich am 6. VIII. von Dänemark abfährst, müßtest Du doch spätestens am 9. in Paris sein. Wir hätten dann noch ein paar

Tage auch diesmal und das würde mir ein großes Vergnügen sein. Da die Reise meiner Frau sicher ist, so kannst Du also Deine Dispositionen treffen. Es wäre sehr angenehm, falls Du es ermöglichen kannst, mir (oder über meine Frau) Genaueres so zu schreiben, daß ich es am 31. Juli habe: richte den Brief an Mme. Fania Scholem, Hotel Littré, Rue Littré 9, dann kann sie mich mit dem Brief empfangen. Spätestens am 15. August müssen wir uns aus Paris zurückziehen – ich weiß noch nicht, wohin. Aber ich hoffe, daß wir innerhalb dieser Frist keine Schwierigkeit haben werden zusammenzukommen.

Erst in diesen Tagen werde ich das Institut besuchen und denke Dir dann meine Eindrücke lieber mündlich mitzuteilen. Mit Wiesengrunds war ich einige Male zusammen, sonst habe ich niemand von der Sekte intimer gesprochen. Man erwartet hier Deinen Baudelaire mit größter Spannung.

Ich bedaure, nicht Deine Bibliothek in Paris benutzen zu können – ich hätte sonst während Deiner Abwesenheit noch mehreres für meine Bildung tun können.

Ich muß meine Zeit hier gegen Ende jetzt außerordentlich scharf ausnutzen – es ist noch viel zu tun. Ich bin in das Seminar übersiedelt und kann also nunmehr auch noch abends hier arbeiten. Erholen kann ich mich erst, wenn alles gut geht, auf der Seereise, die diesmal 8 Tage dauern wird. Am 23. Juli geht es hier fort. Ich kann mich über die Ergiebigkeit der hiesigen Schatzhöhle nicht beklagen, zuletzt kommen noch viele wichtige Papiere zum Vorschein.

Am 7. August könnten wir Agnons fünfzigsten Geburtstag feiern, wenn Du da wärst.

Alles andere mündlich! Ich hoffe Du erholst Dich in Dänemark so gut Du es Dir wünschst und arbeitest mit Vergnügen. Gutkinds übrigens, die vorige Woche hier wie alle Welt ihre Zelte für den Sommer abbrachen, lassen Dich in der Tat sehr grüßen. Du glaubst nicht, *wie* unverändert sie sind, fast erstaunlich. Er führt ein bischen das Leben einer Fledermaus – er nistet in den dunklen Ecken der Trümmerstätten großer Probleme und ist kabbalistischer Imperialist geworden, wenn man den Zuhörern seiner Vorträge glauben soll.

Über Kafka am liebsten mündlich – sonst ein andermal ausführlicher.

Inzwischen nimm alle herzlichen Grüße und falls dies grade rechtzeitig kommt, die besten Glückwünsche zu Deinem Geburtstage.

Dein Gerhard

PS: Falls Du dieses Briefchen noch vor dem 10. Juli erhältst, kannst Du eventuell mich auch noch hier in N. Y. mit Nachricht erreichen.

112 Scholem an Benjamin

New York, 14. Juni 1938

Lieber Walter,
ich bin leider ohne Antwort auf meinen letzten Brief an Dich geblieben und bin dadurch in meinen Dispositionen jetzt nicht mehr so frei wie ich hätte sein wollen. Ich komme am 31. Juli in Paris an, wo ich am 2. August meine Frau zu treffen hoffe. Ich werde mit ihr wohl bis zum 15. August (maximal, keinesfalls länger) in Paris sein und dann nach Osten abfahren, zuerst in die Schweiz und dann unter Umständen nach Budapest müssen, studienhalber. Zwischen dem 15. VIII. und 15. IX. muß ich alle europäischen Aufenthalte nach Paris und zudem unsere Erholung bewältigen, da ich dann in Rom sein muß, von wo wir nach einer Woche Aufenthalt nach Palästina zurückfahren. Ich muß es wohl oder übel dem Glück überlassen, ob wir das Vergnügen genießen werden, Dich in Paris zu treffen. An eine nochmalige Rückkehr nach Paris Ende August kann ich leider nicht mit viel Hoffnung denken.
Ich will eventuell auf Wiesengrunds Empfehlung im Hotel Littré wohnen, von dem er sagt, daß auch Du es kennst und empfehlen kannst.[1]
Ich arbeite hier diese ganzen Wochen mit Hochdruck, um mein Material, das sich als sehr wertvoll erweist, zu bewältigen. In den nächsten 5 Wochen werde ich das wohl schaffen – falls nicht zu große Hitzewellen kommen. Bisher ist es sehr erträglich, sogar viel besser als ich fürchtete.
Kannst Du mir bitte die Adresse von Hannah Arendt verschaffen? Ich will sie, falls sie in Paris ist, mit Fania treffen.
Nach Berlin kann ich nicht fahren – ich habe kein Visum.

Ich sandte Dir einen Sonderdruck eines englischen Aufsatzes (aus einer meiner Vorlesungen) und hoffe, Du hast ihn bekommen.[2]
Zur Lektüre anderer Dinge komme ich fast überhaupt nicht, da ich abends nicht mehr imstande bin noch mehr zu lesen. So muß ich mit Gesellschaft vorlieb nehmen.
Bitte melde Dich bald. Herzlichste Grüße Dein Gerhard

1 Diese Empfehlung war völlig rätselhaft. Es stellte sich heraus, daß das Hotel eine der Treffstellen der Action Française war und wir dort mit sonderbaren Augen angesehen wurden.
2 Es war ein Stück aus meiner ersten Vorlesung in New York: »Philosophy and Jewish Mysticism«, Review of Religion II (1938), S. 385-402.

113 Benjamin an Scholem

Skovsbostrand per Svendborg
c/o Brecht
8. Juli 1938

Lieber Gerhard,
mein Weitblick vom Frühjahr hat leider recht behalten und unsere Herbstbegegnung wird zu meiner – und gewiß auch deiner – Betrübnis nicht statt haben können. Die Ursache davon, gegen die nichts ankommt, ist meine Arbeit. Mein hiesiger Aufenthalt kommt einer Klausur gleich; und wäre er nur das, die lange Reise wäre gerechtfertigt. Ich brauche diese Abgeschiedenheit; ich kann es in der Tat nicht wagen, eine große Unterbrechung, geschweige einen Milieuwechsel eintreten zu lassen, bevor die Arbeit im großen und ganzen abgeschlossen vorliegt. Hinzukommt, daß die hiesigen Arbeitsbedingungen nicht nur durch die Abgeschiedenheit denen in Paris überlegen sind. Ich habe einen großen Garten zu ungestörter Verfügung und meinen Schreibtisch an einem Fenster mit freiem Blick über den Sund. Die Schiffchen, die ihn passieren stellen denn auch, von der täglichen Schachpause mit Brecht abgesehen, meine einzige Zerstreuung dar.
Da ich bei einem Svendborger Polizeioffizier – im Hause neben Brechts – wohne, wird auch wohl einer eventuellen Verlängerung meines Aufenthalts über die Augustmitte hinaus nichts im

Wege stehen. Könnte ich mit dem Verzicht auf unsere Begegnung wenigstens den in Newyork gewünschten Termin für die Beendigung der Arbeit realisieren! Ich fürchte, trotz allem werde ich ihn überschreiten müssen.
Hier könntest du ein gutes Werk tun, wenn du gelegentlich Wiesengrund in diesem Sinne unterrichtetest. Gewiß werde ich ihm auch selbst schreiben; warte aber vorher seine Antwort auf einen ausführlichen Brief ab, welchen ich ihm von Paris aus geschrieben habe. So würdest du mir unter Umständen einen Dienst erweisen, wenn du hier ein Wort einfließen ließest.
Unter den Gründen, die mir das Mißlingen unseres Vorhabens betrübend machen, steht neben meinem Wunsch, deine Frau kennen zu lernen an erster Stelle der, mit dir über den Baudelaire sprechen zu können. Ich hätte mir davon viel versprochen. Liegt es doch so, daß der Gegenstand notwendig die ganze Masse der Gedanken und der Studien in Bewegung setzt, in denen ich mich seit geraumen Jahren ergangen habe. In diesem Sinn kann ich sagen, daß im Falle des Gelingens ein sehr genaues Modell der Passagenarbeit erstellt sein würde. Welche Gewähr es für dieses Gelingen gibt, ist eine andere Frage. Noch immer ist die beste, die ich kenne, Behutsamkeit, und so wende ich denn eine lange Kette von Reflexionen an die Komposition (die in der der Wahlverwandtschaftenarbeit ihr Vorbild haben wird).
Ich danke dir herzlichst für deine Glückwünsche. In der Tat kam dein Brief erstaunlich schnell – nämlich am sechsten Juli an. Nicht das gleiche kann ich von dem englischen Sonderdruck sagen, den du erwähnst. Vielleicht liegt er noch bei meiner pariser Post.
Daß deine Ausbeute so reichlich ausgefallen ist, freut mich sehr. Laß mich hoffen, daß du mir, liegt die Jagdzeit einmal hinter dir, ausführlich über die vielen Dinge berichten wirst, die nun – auf wer weiß wie lange – wieder unserer Korrespondenz anheimgestellt bleiben. Vor allem habe ich hierbei meinen Kafkabrief und deine bevorstehende Institutsvisite im Sinne.
Die Adresse von Hannah Arendt ist [Paris] Hotel des principautés étrangères, 6, rue Servandoni.
Mit den herzlichsten Grüßen Dein Walter

114 Benjamin an Scholem

Skovsbostrand per Svendborg
c/o Brecht
30. September 1938

Lieber Gerhard,
ich finde es erstaunlich, daß du von dir nichts vernehmen läßt. Mich beschäftigt dein Schweigen schon längere Zeit. Aber ich fand weder Zeit noch Kraft zu einer Nachfrage ehe ich vorgestern nach mehr als dreimonatlicher ungeheuer angespannter Arbeit meinen großen Essay »Baudelaire und das Paris des Second Empire« abgeschlossen hatte. Er stellt den zweiten Teil eines umfangreichen Buches über Baudelaire dar. Die Konjunktion, in die die intensivste Arbeit mit den politischen Ereignissen[1] trat, zwang mich, das letzte aus mir herauszuholen.
Es zeigt sich, daß ich die Dinge richtig beurteilt hatte, indem ich nicht nach Paris zurückkehrte. Niemals hätte ich diesen tour de force dort durchführen können.
Ich war 10 Tage in Kopenhagen, um das Manuscript zu diktieren. Seit vorgestern bin ich wieder zurück.
Vom 17. Oktober ab gedenke ich in Paris zu sein.
Mein ungemein ausführlicher Brief über Brod und Kafka, mit dem ich unter Zurückstellung anderer Arbeiten deiner dringlichen Bitte entgegenkam, ließ und läßt mich noch eine andere Antwort erwarten als eine kurze, noch so hoch ihn anerkennende Anmerkung.
Und auch über den Abschluß deiner amerikanischen Tage hätte ich Näheres zu hören sehr wünschenswert gefunden.
Dies alles, bitte, bedenke und schreibe mir ohne Verzug.[2]
Herzlichst Dein Walter

1 Es war die Krise um die Czechoslowakei und die Berchtesgadener Gespräche zwischen Hitler und Chamberlain.

2 Diesem Brief lag die in Svendborg aufgenommene Photographie W.B.s bei, die inzwischen oft veröffentlicht worden ist.

115 Scholem an Benjamin

Jerusalem, 6./8. November 1938

Damit nichts passiert, lasse ich diesen Brief lieber eingeschrieben gehen. Es passiert jetzt so oft was mit der Post.

Lieber Walter,
Du hast völlig Recht, wenn Du (wie ja auch der grimmige und zu allem entschlossen scheinende Ausdruck Deines Gesichts auf der Photographie zeigt, – die ich mit größtem Vergnügen »verdanke« – ich bin schon wieder schweizerisch assimiliert!), wenn Du also wütend bist, daß Du nichts von mir gehört hast. Es war weder böse Absicht noch besondere Klugheit, aber eine unglaubliche Müdigkeit, die mich fast 3 Monate lang die Feder so gut wie überhaupt nicht hat anfassen lassen. In Amerika habe ich sehr heftig gearbeitet, so intensiv, daß ich mich dann bei der Rückreise in einen wohligen oder auch fauligen Zustand der Lethargie versinken ließ, zu dem nur Gespräche eine vernünftige Ergänzung bilden konnten. Und die waren mir ja leider mit Dir nicht vergönnt, was tausendmal beklagenswert ist. So wollte ich Dir zwar die ganze Zeit, während der wir in Europa herumreisten, des längeren schreiben, verschob es aber immer wieder wie alles andere auch. Als ich dann am 30. September mitten in der schönsten Weltkatastrophe hier eintraf, kam zu allem Überfluß und um das Maß Deines gerechten Zornes voll zu machen, eine Augenerkrankung hinzu, ich mußte mich operieren lassen, und durfte nun schon überhaupt nicht schreiben – und gerade während dieser meiner sozusagen nun schon echten Leiden erschien denn auch Dein zornerfülltes Konterfei nebst donnerndem Geleitwort. Na, ich habe nicht schlecht gebüßt. Ich hoffe, daß meine Augen, ein für mich tausendfach kostbarer Besitz, nun endlich ganz in Ordnung kommen, und benutze die erste Gelegenheit der Wiederherstellung meiner Schreibfreiheit um Dir die gebührenden Reverenzen zu machen und Dich vor allem zur Vollendung Deiner Baudelaire Arbeit, die mir[!] ja leider das Zusammensein mit Dir gekostet hat, zu beglückwünschen. Ich bin sehr gespannt darauf und nehme an, daß wir es ja diesmal recht bald zu lesen kriegen werden. In N. York sagte man mir, man erwarte Deine Arbeit für das Herbstheft der

Zeitschrift, und da Du sie in der Tat abgeschlossen hast, so kann es mit der Drucklegung nicht lange dauern.
Ich kam am 1. August in Paris an und verbrachte dort mit meiner Frau, die über Deine Abwesenheit sehr untröstlich war, nachdem sie sich sozusagen darauf eingerichtet hatte, Dich einmal zu sehen, zwei Wochen. Wir hatten dort ein paar sehr angenehme Stunden mit Hannah Arendt und Blücher[1], welche mir ausnehmend guten Eindruck gemacht haben. Dann begaben wir uns in die Schweiz. In Bern habe ich wieder einmal nach 20 Jahren auf alten Wegen promeniert – wir kommen an, öffnen den »Bund«, und erfahren, daß ausgerechnet an dem Tag unser verehrter Lehrer und Meister Herbertz[2], jung und unverdrossen wie nur je, 60 Jahre alt wurde. Ich hätte ihn um ein Haar besucht, aber er wohnt immer noch in Thun. Man sagte mir von mehreren Seiten, daß er sich auffällig sauber und anständig benehme und nicht zu den Nazis übergegangen sei. Dann waren wir in Muri, es ist noch alles ganz unverändert. Nur die Menschen scheinen noch beträchtlich dumpfer geworden zu sein. Wir waren dann im Oberland (in Simmenthal, Bad Weißenburg) und in Montreux, wo die Politik von unserer Erholung Besitz nahm und es mit der Ruhe aus war. Mitten in der Katastrophe reisten wir auch schon tollkühner Weise nach Rom, von der traurigen Gewißheit geleitet, daß doch nichts passieren würde und das Waffengeklirr nur den Rückzug vor Hitler verdeckte. Das war am 17. September. Leider behielten wir Recht, wofür wir nun freilich alle (inclusive wir »Orientalen« hier in der Ecke) bezahlen müssen. In Rom war ich bei meiner Cousine Loni[3], die uns höchst überraschend am Bärenzwinger in Bern plötzlich auf die Schulter klopfte, ebenfalls auf den verschlungenen Pfaden ihrer Jugend wandelnd. Alle Leute, die man traf, waren im Aufbruch, nach Paris, Übersee, oder ohne Ziel. Die Italiener selber waren noch ganz benommen von ihrer eigenen »Aufnordung«[4], aber sie lernen inzwischen die Lektion recht schnell. Es war sehr schön, Rom noch einmal, doch wohl für lange Zeit das letzte Mal, gesehen zu haben. Von dort fuhren wir am 25. September ab, in dem etwas prickelnden Gefühl, daß der Dampfer, falls doch etwa etwas passieren sollte, offenbare Order hatte, auf hoher See zu drehen und uns nach Italien zurückzubringen. Das Schiff ändern konnte man nicht

mehr, alles war maßlos überfüllt. So bin ich also wieder zurück.
Daß ich mich nicht mündlich über Amerika mit Dir aussprechen konnte, ist jammerschade. Schriftlich ist es ja kaum möglich. Es ist ein höchst anziehendes Land, in dem das Leben nur leicht ist, wenn man über genügende Mittel verfügt, worin es sich also in nichts von anderen Ländern unterscheidet – und dennoch ist es noch ein wenig mehr als nach solcher Kennzeichnung anzunehmen wäre. Es ist noch freiere Luft dort drüben, und die große Diskussion, die Du dort überall wo immer Du hinkommst, zu führen hast, ist, wie lange das wohl dauern mag, ob es mit der Präsidentschaft Roosevelts vorüber sein würde oder nicht und dergleichen. Ich fand es dort natürlich sehr viel besser als hier bei uns, aber ich war was ich nicht vergessen kann, Gast, und Gäste werden nicht nur in Amerika besser behandelt als Einwanderer oder solche die es werden wollen. Geistig ist die Atmosphäre besser als wir gewohnt sind in Europa anzunehmen. Es herrscht viel Offenheit und Interesse für Dinge, für die sich angeblich Amerikaner nicht interessieren. Die Distanz der Leute zu ihrem Geschehen ist eine noch ganz unangespannte, was dich inbezug auf ihre eigenen Sachen freut, inbezug auf europäische oder Welt-Angelegenheiten wahnsinnig macht. Im Großen und Ganzen interessiert sich kein Mensch für das, was außerhalb ihres Weltteils vorgeht, und in der Tat kann man dort drüben niemals vergessen, daß man nicht mit einem Land unter Ländern, sondern eben einem ganzen Weltteil zu tun hat. Die Sicherheit, die das Bewußtsein, durch zwei Ozeane beim gegenwärtigen Stand der Technik noch vor Flugangriffen im Wesentlichen geschützt zu sein, den Menschen gibt, macht sich in ihrem Verhalten aufs eindringlichste geltend. Ich würde mit Vergnügen mal ein ganzes Jahr dort leben[5], für die Dauer stelle ich es mir unerträglich vor – aber dies gilt eben nur für uns als Juden. Denn es ist natürlich auch dort ein himmelweiter Unterschied, was Du bist, und für Juden jedenfalls ist das Land auch rein geographisch keineswegs eines der unbegrenzten Möglichkeiten. Nur in einem bestimmten Lebensraum (der freilich immer noch unzweifelhaft groß und wichtig ist), kannst Du Dich im Großen und Ganzen dort bewegen; unübersteigbare Schranken trennen Dich von dem übrigen. Aber noch ist das

faschistisch-antisemitische Unheil erst ein relativ fernes Zittern des Bodens – das aber von fast allen, die ich sprach, schon gespürt wird. Die Unsicherheit ist groß. Aber immerhin fehlen vor der Hand, scheint mir wenigstens, die historischen und gesellschaftlichen Voraussetzungen für eine grundlegende Änderung auch dort. In Frankreich, wo das Problem des Faschismus wohl in den allernächsten Zeiten akut werden muß, wird übrigens sicher viel über die mögliche Rückwirkung eines europäischen Faschismus auf Amerika entschieden werden. Deine dortigen Verehrer hoffen Dich, soweit ich verstehe, noch vor Anbruch solcher neuen Periode der französischen Geschichte nach Amerika zu holen. Deinen Lebensgewohnheiten wäre Amerika freilich äußerst fern, aber andererseits gibt es in einer Stadt wie New York wohl keine Atmosphäre der Welt, die nicht in irgend einem Kreis noch vorhanden wäre. Mit der Pariser Luft ist es freilich nicht zu vergleichen. Mehr oder weniger an Menschen, mit denen man lebendig reden kann, ist da wohl nicht die Frage – eher würde ich glauben, daß Du an einem Platz wie New York mehr solcher Menschen finden wirst als im Paris der kommenden Periode. Es ist vielmehr eine wirklich wesentlich verschiedene Luft, die einen umweht, und die wird Dir besonders schwer erträglich sein.

Von den Leuten des »Instituts« habe ich nur Wiesengrund näher kennen gelernt, mit dem ich oft zusammen war. Mit Horkheimer bin ich über die höflichste Berührung nicht hinausgekommen, was auf gegenseitiger Antipathie beruht haben muß. Es war unmöglich, auch nur ein vernünftiges Gespräch vor ihm zu führen, in dem nicht ein unendlich und ausdrucksvoll gelangweiltes Gesicht von ihm Dir (oder vielmehr mir) das Wort im Munde hätte ersterben lassen. Ich habe inzwischen Aufsätze von ihm gelesen, die nicht uninteressant sind, mich aber nicht in der Überzeugung wankend machen können, daß das kein angenehmer Geselle ist. So hielt ich mich lieber in respektvoller Entfernung, während ich mit Wiesengrund und seiner Frau doch ein menschliches Gespräch möglich fand. Wiesengrund behauptet, der Horkheimer sei ein unendlicher Verehrer Deines Genius. Dies würde mir zwar nun nach Lektüre einiger seiner Schriften sehr einleuchten, zugleich bestärkt mich aber der persönliche Eindruck des Mannes, daß das vielleicht gerade *wegen* der Dir geschuldeten Bewunderung eine hintergründige und stark von Verkniffenheit belastete Beziehung sein muß, die so ein Mann zu Dir haben kann. Wenn es Dir gefällt, halte dies alles für Unsinn.[6] Ich würde mich nicht im Geringsten wundern, wenn er sich eines Tages als Schwein erwiese. Ich gab, anbetracht der Umstände, diesem lebhaften Gefühl Wiesengrund gegenüber keinen Ausdruck, ich hielt es für richtig, nichts zu sagen, was W.'s Bemühungen, Dir eines Tages und möglichst bald eine möglichst anständige Existenz über den besagten H. zu schaffen, einen geringeren Elan hätte verleihen können. Die Leute des Instituts haben meines Erachtens jeden Grund, Dich (und sei es auch nur im Geheimen) in Gold zu fassen. Ich hatte (bei flüchtiger, aber harmloser Berührung) den Eindruck, daß dies auch etwa Leuten wie [Herbert] Marcuse oder [Leo] Löwenthal[7] bekannt sei. Daß ich das meine getan habe, einen heilsamen Respekt vor Dir in diesen Kreisen zu befördern, darfst Du mir ohne Staunen zutrauen. Die Leute sind alle *sehr* intelligent und alle ein bischen unreell. Die Frage ist nur, ob sie damit ihrer Intelligenz oder ihrer gesellschaftlichen Lage einen Tribut entrichten. Übrigens fand ich alle die Mitglieder des Instituts, die ich kennen gelernt habe, eifrige und sehr ausgesprochene Anti-Stalinisten, Groß und Klein, und über Brecht habe ich dort kein gutes Wort zu hören bekommen. (Dies erinnert mich an den Wunsch, Du möchtest mir eine Abschrift des Sonetts über Beatrice verehren, das Du mir in Paris vorgelesen hast.)

Da ich Schocken nicht, wie ich gehofft hatte, in der Schweiz (und damit in Ruhe) sprechen konnte – die Weltgeschichte trat unvermittelt dazwischen – habe ich Deinen Brief über Brod und Kafka bisher seiner diplomatischen Bestimmung noch nicht zugeführt. Aber sonst brauchst Du nicht über die Aufnahme bei mir Klage zu führen. Mir scheint, daß der Weg der Betrachtung, den Du eingeschlagen hast, überaus wertvoll und aussichtsreich ist. Was Du dabei unter dem von Dir virtuell in den Mittelpunkt Deiner neuen Betrachtungen gestellten fundamentalen Scheitern Kafkas verstehst, möchte ich gern verstehen. Du scheinst doch etwas Unerwartetes und Verblüffendes unter diesem Scheitern zu verstehen, da doch die einfache Wahrheit [ist], daß das Scheitern der Gegenstand von Bemühungen war, die doch, wenn erfolgreich, natürlich scheitern. Nicht das kannst Du doch gemeint haben. Hat er das, was er sagen wollte, ausgedrückt? Doch gewiß. Die Antinomie des Haggadischen, die Du erwähnst, ist keine der Kafkaschen Haggada allein eigene, sie gründet eher in der Natur des Haggadischen selber. Stellt dies Werk wirklich eine »Erkrankung der Tradition« in Deinem Sinn dar? Solche Erkrankung, würde ich sagen, liegt in der Natur der mystischen Tradition selbst angelegt: daß Tradierbar*keit* der Tradition allein noch als ihr Lebendiges erhalten bleibt, ist im Verfall der Tradition, in ihren Wellenbergen[8], nur natürlich. Ich glaube, Dir Ähnliches in Verbindung mit Kafka-Diskussionen schon einmal geschrieben zu haben. Ich muß vor ich weiß nicht wie viel Jahren über solche Fragen der bloßen Tradierbar*keiten* im Zusammenhang meiner Studien Aufzeichnungen gemacht haben, die ich gern wieder vorsuchen möchte: im Problemzusammenhang der Frage nach dem »Wesen« des Gerechten scheint sie mir aufzutreten, des »Heiligen«typus der verfallenden jüdischen Mystik. – Daß Weisheit ein Traditionsgut sei, ist natürlich völlig wahr: sie hat ja die wesentliche Unkonstruierbarkeit aller Traditionsgüter. Es ist ja die *Weisheit*, die, wo sie reflektiert, nicht erkennt, sondern kommentiert. Wenn es Dir gelingen würde, den Grenzfall von Weisheit, den Kafka nun in der Tat darstellt, als die Krise der bloßen Tradierbarkeit der Wahrheit darzustellen, so hättest Du etwas höchst Großartiges vollbracht. Dieser Kommentator hat zwar heilige Schriften, aber sie sind ihm verloren gegangen. Fragt sich also: was kann er kommentieren? Ich nehme an, daß Du imstande wärst, diese Fragen unter den von Dir dargelegten Perspektiven zu beantworten. Warum aber »Scheitern« – wo er doch *wirklich* kommentiert hat, und sei es das Nichts der Wahrheit oder was immer sich da herausstellen würde. Soweit von Kafka – als dessen treuen Schüler ich zu meinem Erstaunen Deinen Freund Brecht entdeckte, im Schlußkapitel des »Dreigroschenromans«, den ich in der Schweiz gelesen habe.

Über Brod: Da kommt Dir beinahe der Kranz für polemische Leistung zu. Das ist so schön und richtig, daß ich nichts zufügen kann. Ich habe Dir ja auch nichts anderes in Aussicht gestellt, nur trifft Deine gewählte Sprache in diesem Fall die Schweinerei so viel besser ins Herz.

Ich will diesen Brief endlich abschicken. Zum Ende muß ich nur noch sagen, daß ich nun auch meine Mutter wohl werde hernehmen müssen, nachdem die Wendung der Dinge auch sie zwingt auszuwandern. Das kann noch diesen Winter sein. Dadurch sind wir recht unfrei in unseren Dispositionen. Ich halte es freilich für möglich, daß sie dann doch nach Australien weiter geht, wo meine beiden ältesten Brüder seit einigen Monaten leben.

Über Palästina ist nicht viel zu sagen: es ist sehr schwierig hier, und nicht, wie ich es zu finden hoffte. Aber es scheint, daß im Grunde, nach der neuesten englischen politischen Linie zu schließen, sich nicht viel ändern wird, seitdem die Teilung ins Wasser gefallen ist. Das war eine seltene Chance, die nun vorüber ist.

Meine Vorlesungen fangen nächste Woche an, aber ich habe noch nichts dafür getan, da bloßes Nachdenken nur wenig bedeutet, solange ich nicht schreiben darf. Aber nun ist, wie Du ja aus vorliegender figura siehst, auch das auf dem besten Wege.

Grüße Hannah Arendt von uns, wenn Du sie siehst. Die Hoffnung, Dich hier bei uns zu Besuch zu sehen, haben wir keineswegs aufgegeben, und eine Atempause in all den Hiobsnachrichten würde uns vielleicht endlich ein Arrangement erlauben. Wir sprechen hier oft davon.

Sei inzwischen stets aufs Herzlichste gegrüßt und schreibe von Deiner Arbeit. Ich bereite meine englischen Vorlesungen zum Druck vor. Meine Frau, die sich so sehr auf Dich gefreut hatte, läßt Dich ebenso sehr grüßen. Dein Gerhard

Hast Du in Paris den englischen Aufsatz (Sonderdruck) gefunden, den ich Dir im Mai dorthin geschickt habe? Antwort sehr erwünscht.

1 Heinrich Blücher, der Lebensgefährte und spätere Gatte von Hannah Arendt, der damals noch ein großer Experte in militärischen Angelegenheiten war. So sprachen wir nicht nur über Benjamin, Philosophie und das Schicksal der Juden, sondern auch über die militärischen Prognosen in Europa und Palästina, über die Blücher (der, soweit ich damals hörte, einmal im militärischen Apparat der K.P.D. gearbeitet hatte) viel zu sagen wußte. Blücher war inzwischen ein sehr entschiedener Gegner der Komintern und ihrer Politik geworden.

2 Richard Herbertz (1878-1959), bei dem W.B. 1919 summa cum laude promoviert hatte.

3 Leonie Ortenstein (1896-1945), über die ich in meinem Buch »Von Berlin nach Jerusalem«, S. 140-143, geschrieben habe. W.B. kannte sie aus unserer Berner Zeit.

4 In Rom ging unter den Italienern damals der höhnische Satz um: »erano sudici [das heißt: Sudler!], ora siamo nordici«!
5 18 Jahre später (1956-57) kam es einmal dazu.
6 Ich habe später von mindestens zwei voneinander völlig unabhängigen Menschen, die mit den Verhältnissen im Institut vertraut waren, diesen Eindruck von Horkheimers Beziehung zu W.B. bestätigt bekommen.
7 Marcuse (1898-1979) und Löwenthal (geb. 1900) gehörten zu den wichtigsten Mitgliedern des Instituts. Ich kannte Löwenthal noch von 1923 aus Frankfurt.
8 Hier liegt offenkundig ein Versehen von mir vor und ich schrieb »Wellenbergen« statt »Wellentälern«, was ja der Sinn des Satzes war.

116 Scholem an Benjamin

28, Abarbanel Road
25. Januar 1939

Lieber Walter,
was zürnt der Herr? Man hört nichts und nichts von Dir, fast als ob Du Dich »Maß für Maß« an mir für alle Schreibsünden rächen müßtest! Inzwischen erscheinen, wie ich staunenden und bekümmerten Auges sehe, die verschiedensten Arbeiten des nachgerade bekannten Autors der »Berliner Kindheit« und ich armseliger Hüter meiner Schätze aus dem Geistesleben dieses Autors habe das Nachsehen. Ja, mein lieber Walter, so bin ich denn hingegangen und habe ein Heft von »Maß und Wert« käuflich erworben[1], was ich zwar nicht wieder tun werde, mir aber als Sühneritus hochanrechne. Inzwischen müßtest Du doch auch meinen letzten langen Brief erhalten und verdaut haben, daher gilt von Dir nunmehr das Wort der heiligen Schrift: »Auf mein Freund, sei schnell wie die Gazelle auf felsigen Bergen.«[2]
Ich sitze und arbeite, aber leider nicht das, was ich arbeiten sollte, nämlich die Druckfertigstellung meiner englischen Vorlesungen, von denen ich dennoch hoffe, daß sie noch im Lauf dieses Jahres erscheinen werden. Ich träume noch immer an unveröffentlichten Manuskripten. Drei Häuser von mir sitzt der letzte Editor der Kafkaschen Schriften, Politzer[3], und ich studiere Deine verschiedenen Kundgebungen aus dem Anlaß dieses Unternehmens, was mir je länger desto mehr Vergnügen macht.
Es wäre mir übrigens lieb, wenn Du mir auch einmal die Woh-

nungsadresse von Wiesengrund mitteilen möchtest, dem ich einmal ein Lebenszeichen von hier aus geben möchte. Er ist, als ich wegfuhr, gerade umgezogen.
Inzwischen haben wir, wie ja jedermann, mit den Folgen des deutschen Pogroms[4] zu kämpfen. Ich wollte meine Mutter herbringen, erhielt auch ein Permit für sie, aber sie brach vor all den Aufregungen und Anstrengungen zusammen und wird nicht nach Palästina können, auch wenn sie wieder hoch kommen sollte. Das schafft für uns viele schwierige Verhältnisse, die noch sehr unklar sind. Sie wird in kurzem völlig allein in Berlin sein. Inzwischen kommen hier andauernd ziemlich große Mengen von deutschen und österreichischen Juden an, denn obwohl die offiziell zugelassene Einwandererzahl relativ begrenzt ist, geht eine recht beträchtliche »illegale« Einwanderung vor sich, unter den offenen Augen der Behörden. Freilich kommen die Leute in jammervollem Zustand an. Kurz, es ist hier ziemlich bewegt, und zu allem warten wir auf die ja sicher ergebnislos verlaufenden Londoner Verhandlungen über unsere politische Zukunft und das, was danach kommen soll.[5] Es ist erstaunlich, daß man von all der Spannung dennoch sich nur nebenbei berührt fühlt, obwohl ja die Ergebnisse von all dem unser tägliches Leben aufs stärkste beeinflussen und betreffen.
Der Schocken-Verlag ist am 1. Januar behördlich geschlossen worden. Meine Bücher haben die Aussicht, selten zu werden. (In Bern, wo ich auf unseren Spuren ging, fragte ich nach Deiner Dissertation, die zwar beim Buchhändler Francke seit 4 Jahren vergriffen ist, beim Pedell aber noch aus den Kellern der Universität erhältlich ist, was Dich eventuell interessieren wird – Du nahmst an, daß alles verbrannt ist.[6])
Ist Dein Baudelaire schon im Druck? Wohl Dir, daß Du das vor Dich gebracht hast!
Wenn Du Hannah Arendt-Stern siehst, grüße sie bitte sehr von uns und sei selbst aufs herzlichste gegrüßt Dein Gerhard

1 Es war das erste oder das dritte Heft des zweiten Jahrgangs von »Maß und Wert«, wo W.B. zwei wichtige Veröffentlichungen über die Frühromantik besprochen hatte (GS III, 538-541, 557-560).

2 Ein Vers aus dem Hohenlied (2:17).

3 Heinz Politzer (1910-1978), der an mehreren Bänden der ersten Gesamtausgabe von Kafka mitgearbeitet hatte, bevor er nach Palästina kam, wo er die Kriegsjahre hindurch blieb. Er besuchte mich öfters.

4 Die »Kristallnacht«, 9. November 1938, und die darauffolgenden Massenverhaftungen.

5 Das »Weißbuch« der englischen Regierung, das nach dem Scheitern der Londoner Konferenz erst im Mai 1939 veröffentlicht wurde, leitete den Versuch der Regierung ein, ihre zionistische Politik zu liquidieren.

6 Vgl. W.B.s Brief an mich vom 5. März 1924, »Briefe« I, S. 341.

117 Benjamin an Scholem

Paris XV, 10, rue Dombasle
4. Februar 1939

Lieber Gerhard,
um mein Mitteilungsvermögen zu entbinden, muß ich, wie du aus den ungewohnten Lettern entnimmst[1], eine Art Ausnahmezustand über unsere Korrespondenz verhängen. Mich dazu zu vermögen, ist das Verdienst deines Briefes vom 25. Januar, für den ich dir herzlich danke.

Wäre mein Schweigen dir transparent gewesen, so wären deine Blicke in medias res gedrungen. Den Eingang des Winters begleitete eine Periode nachhaltiger Depression, von welcher letzteren ich sagen kann, je ne l'ai pas volé. Es kam Mehreres zusammen. Zunächst sah ich mich der Tatsache gegenüber, daß mein Zimmer im Winter zum Arbeiten nahezu unbrauchbar ist; im Sommer habe ich die Möglichkeit, bei geöffneten Fenstern die Geräusche des Fahrstuhls durch die der pariser Straße in Schach zu halten; an den kalten Wintertagen nicht.

Diese Sachlage kombinierte sich aufs glücklichste mit einer Entfremdung vom gegenwärtigen Sujet meiner Arbeit. – Wie ich dir wohl schrieb, habe ich im Sommer mit Rücksicht auf die redaktionellen Anforderungen der Zeitschrift für Sozialforschung vorgreifend einen Teil, und zwar den zweiten, meines Buches über Baudelaire fertiggestellt. Dieser zweite Teil präsentiert sich in drei von einander relativ abgehobenen Abhandlungen. Eine oder die andere davon hoffte ich im letzten Heft der Zeitschrift, das eben herauskommt, gedruckt zu sehen. Anfang November aber kam, und zwar von Wiesengrunds Seite, die ausführlich begründete Ablehnung, wenn nicht der Arbeit so doch ihrer Drucklegung.[2]

In das Detail dieser gewiß dich interessierenden Frage dich

einzuführen, ist mir natürlich nicht eher möglich, als ich dir das fragliche Manuskript zugänglich machen kann. Das habe ich, für den Fall, daß du dich mit einem unkorrigierten, nicht ausnahmslos die letzte Fassung darstellenden abfinden könntest, vor. Von deiner Stellungnahme, die im übrigen der Wiesengrundschen vielleicht in wesentlichen Stücken verwandt sein wird, verspreche ich mir in jedem Falle einen Ertrag für meine Fortsetzung des Buches. An diese werde ich nämlich unverzüglich gehen *müssen.*

Es fällt mir nicht leicht. Die Isolierung, in der ich hier lebe, zumal arbeite, schafft eine anormale Abhängigkeit von der Aufnahme, die das, was ich mache, findet. Abhängigkeit will nicht heißen Empfindlichkeit. Die Vorbehalte, die gegen das Manuskript gemacht werden können, sind zum Teil raisonnabel und dürfen mich umso weniger beirren, als die Schlüsselpositionen des »Baudelaire« sich in diesem zweiten Teil nicht abzeichnen konnten noch sollten. Hier aber stoße ich an die Grenze brieflicher Mitteilung und kann nun meinerseits nur bedauern, daß wir einander im August nicht gesprochen haben. Dieses Bedauern bitte ich dich, in der ihm zustehenden Abwandlung deine Frau wissen zu lassen – was meine Begegnung mit ihr angeht.

Wenn dir von meinen wenigen Publikationen in der letzten Zeit durch mich selbst nichts zuging, so liegt das daran, daß die wenigsten Redaktionen sich heute noch zu mehr als einem Belegexemplar dem Autor gegenüber verbunden fühlen. In diesen Dingen darfst du Nachlässigkeit von mir umso weniger annehmen, als die Vollständigkeit deines Archivs meiner Schriften von jeher mein Anliegen war. Heute ist es um soviel dringlicher, als die einzige Sammlung von einigem Umfange, die außer der deinen in dritten Händen ist, seit kurzem verloren gegeben werden muß. Sie befindet sich bei den Effekten, die ein Freund[3] von mir in Barcelona hat zurücklassen müssen. (Als Kuriosum sei dir anvertraut, daß kürzlich in einer kleinen englischen Denkschrift des Institutes eine, freilich überaus kursorische, Bibliographie meiner Schriften – wie auch einer solchen von anderen Mitarbeitern – erschienen ist.) Die letzte Nummer der Zeitschrift VII, 3 enthält im Besprechungsteil von mir einen Aufsatz über Julien Benda, der dir plaisirlich sein wird.[4] Aber was soll ich tun? Ich habe kein Duplikat.

Damit du siehst, daß ich tue, was in meinen Kräften steht, werde ich dir, zur Einverleibung in das Archiv, von nun ab gelegentlich Maschinenmanuskripte übersenden. Während ich die möglichst baldige Rücksendung des dir in Aussicht gestellten Baudelaire-Manuskripts von dir erbitte, sollst du die es begleitenden Rezensionen von Hönigswald und Sternberger[5] als dir dediziert betrachten. Das Buch von Sternberger – »Panorama Ansichten vom 19. Jahrhundert« dir als frecher Plagiatsversuch wohl bekannt[6] – solltest du dir einmal in die Hände spielen lassen. Das Beatrice-Sonett wirst du ebenfalls bei der Sendung finden.[7] –

Von den Bewegungen im Verlagswesen nehme ich mit Interesse Kenntnis. Ungefähr gleichzeitig mit deiner Nachricht von der Schließung des Schocken-Verlages fand sich Rowohlt in meinem Zimmer ein. Er mußte Deutschland einigermaßen schleunig den Rücken kehren. Nicht deshalb, sondern weil er Hessel (der vor einem Vierteljahr herkam) in Berlin lange Zeit das Leben erleichtert hat[8], auch lange an jüdischem Personal festhielt, hat er bei mir einen Stein im Brett. Politisch war er nie ernst zu nehmen. Er geht nach Brasilien; wie ich denke, vor allem um seine Familie zu etablieren, und sich dann wieder in Europa umzusehen. Seinen alten Verlag, wenn es um diesen ginge, hat er derzeit in Paris halbwegs komplett beisammen.[9] Polgar und Speyer sind seit kurzem hier eingerückt.

Dora kam vor 6 Wochen durch Paris. Ich habe den Eindruck, daß die Liquidation ihres Unternehmens in San Remo auf gutem Wege ist. Sie hat inzwischen mit einem englischen Partner in London ein Boarding-House aufgemacht.[10] Die Aussichten für Stefans Naturalisation scheinen günstig.[11] Es ist zu hoffen, daß er das Abiturium in London machen wird.

Gern würde ich von dir hören, wie es bei euch aussieht. Sollten die Schießereien in Jerusalem nicht abgenommen haben? Vor allem aber: bist du nunmehr mit deinen Augen ganz in Ordnung? – Zu hören, daß ihr noch immer an die Möglichkeit denkt, mich bei euch zu Besuch zu sehen, hat mich sehr gefreut. Ich glaube nur, die Liste der wilden und zahmen Völker, die man da um Erlaubnis würde ersuchen müssen, wird täglich länger.

Dein Amerikabericht war recht großartig. Er hat mich in dem,

was du über Land und Leute sagst, überzeugt (diesen Teil habe ich hin und wieder zur Erbauung eines erlesenen Publikums zum Besten gegeben); er hat mich in den Partien, die dem Institut gewidmet sind, kaum auf Gedanken gebracht, die nicht schon meine eigenen gewesen wären. Umso mehr Grund habe ich, dir für das Verhalten zu danken, das du in so richtiger Einschätzung meiner Interessen dort beobachtet hast.
Ein Arzt wohnt hier im Hause, der die Witwe von Schestow behandelt. Die Arme sitzt nun unter den unaufgeschnittenen Werken ihres Gatten – was werden wir andern eines Tages hinterlassen als unsere eigenen unaufgeschnittenen Schriften? Um ihr Interieur freundlicher zu gestalten, schleppt sie hin und wieder einige dieser Schriften ab, und so sammeln sich bei mir langsam Schestows Werke. Kurz entschlossen, habe ich mir eines Tages »Athen und Jerusalem« vorgenommen.[12] Denkt man sich eine gnädige Fee, die, aus purer Laune, eines Tages die dreckigste Sackgasse im verlorensten Winkel des Weichbildes einer großen Stadt in ein unwegsames Hochtal verwandelt, in dem die Bergwände ebenso senkrecht abstürzen wie vordem die Fassaden der Mietskasernen – dann hat man das Bild, unter dem mir Schestows Philosophie erscheint. Sie ist, glaube ich, ziemlich bewunderungswürdig, aber nichtsnutzig. Als Kommentator kann man vor ihm nur den Hut ziehen, und seine Schreibweise scheint mir großartig. Ich hoffe, ich werde Anlaß haben, eine Anzeige von dem genannten Buch abzufassen.[13]
Von Schestow ist der Weg zu Kafka für den, der sich entschlossen hätte, vom Wesentlichen abzusehen, nicht weit. Als dieses Wesentliche erscheint mir bei Kafka mehr und mehr der Humor. Er war natürlich kein Humorist. Er war vielmehr ein Mann, dessen Los war, überall auf Leute zu stoßen, die aus dem Humor eine Profession machten: auf Klowns. Besonders »Amerika« ist eine große Klownerie. Und was die Freundschaft mit Brod betrifft, so habe ich das Gefühl, der Wahrheit auf der Spur zu sein, wenn ich sage: Kafka als Laurel fühlte die lästige Verpflichtung, sich seinen Hardy zu suchen – und der war Brod. Wie dem nun immer sei – ich denke mir, dem würde der Schlüssel zu Kafka in die Hände fallen, der der *jüdischen Theologie ihre komischen Seiten abgewönne*. Hat es so einen Mann gegeben? oder wärst du Manns genug, dieser Mann zu sein?

Hannah Stern erwidert deine Grüße aufs Schönste.
Dir und deinem Haus alles Herzliche Dein Walter

PS: Was meint dein den Schluß des Dreigroschenromans betreffender Hinweis auf Kafka? Wiesengrunds Adresse: T. W. Adorno, 290, Riverside Drive 13 D, New York City.

1 Der Brief war mit Schreibmaschine geschrieben.

2 Wiesengrunds Brief ist in unserer Ausgabe von W.B.s Briefen gedruckt (S. 782 bis 790). Er warf ihm vor, den Marxismus viel zu grob und unspekulativ angewandt zu haben.

3 Es handelt sich um Alfred Cohn, dem er Arbeiten von sich zu schicken pflegte.

4 GS III, 550-552.

5 Sie sind erst in den GS III, 564-569, 572-579, gedruckt.

6 Dolf Sternberger hat zu dieser Rezension und zu Benjamins Anschuldigung in der Neuausgabe seines Buches »Panorama oder Ansichten vom 19. Jahrhundert« (suhrkamp taschenbuch 179, Frankfurt 1974) folgendes vermerkt: »Schmerzlich ist mir das Urteil, das Walter Benjamin, damals im Pariser Exil, gefällt hat, in einem Manuskript, das erst jüngst ans Licht kam. Ihm verdankte ich viel, zumal die Schärfung des Blicks für das Fremde und Tote des geschichtlichen Details, auch den Sinn für konfiguratives Verfahren; von seinen eigenen einschlägigen Arbeiten freilich kannte ich noch nichts. Sein Aufsatz beginnt verständnisvoll, endigt schroff und böse. Auch er hat die ursprüngliche kritische Motivation erkannt und genau gekennzeichnet, vermißte aber den »Begriff«, der das Abgelegene erst zusammenfüge, und das hieß: die gesellschaftliche Analyse. In seiner eigenen großen Arbeit über die Pariser Passagen wollte er eine solche Analyse leisten; mein Buch, im Gegenstand verwandt, konnte ihn nicht befriedigen. Weder vermochte ich damals noch vermag ich heute den Klassenbegriffen und den ökonomischen Kategorien die Fähigkeit zuerkennen, historische Anschauung aufzufangen oder zu erleuchten. Benjamin selbst hat zwar zuzeiten daran geglaubt, doch konnte er nicht danach handeln: Auch in seinem Werk werden die Definitionen von den Bildern übertroffen.«

7 Siehe mein Buch über W.B., S. 259.

8 Franz Hessel, einer der wenigen engeren Freunde W.B.s, verließ Deutschland erst nach der Kristallnacht, als die Atmosphäre für jüdische Schriftsteller unmittelbar gefährlich wurde.

9 Das besagte, daß nach W.B.s Urteil die wichtigsten Autoren des Rowohlt Verlages Juden waren (wie ja auch Alfred Polgar und Wilhelm Speyer, der letztere übrigens getauft).

10 Dora Benjamin betrieb bis zu ihrem Tod (1964) mehrere solcher Häuser im Londoner Viertel Nottinghill.

11 Diese Aussichten wurden durch den Ausbruch des Krieges erst einmal zunichte gemacht. Im Gegenteil, Stefan wurde 1941 als »enemy alien« nach Australien deportiert, und die Behandlung auf dem Schiff, wo er deutschen Nazis unterstellt wurde, hinterließ bei ihm einen schweren Schock. (Er wurde später Antiquariatsbuchhändler in London und starb 1972.)

12 »Athènes et Jérusalem« war das letzte Werk Schestows.

13 Es kam nicht mehr zu dieser Anzeige.

118 Benjamin an Scholem

Paris XV, 10, rue Dombasle
20. Februar 1939

Lieber Gerhard,
ich habe Hannah Arendt nahe gelegt, dir das Manuscript ihres Buches über Rahel Varnhagen zugänglich zu machen.[1] Es soll in den nächsten Tagen an dich abgehen.
Auf mich hat dieses Buch großen Eindruck gemacht. Es schwimmt mit starken Stößen wider den Strom erbaulicher und apologetischer Judaistik. Du weißt am besten, daß alles was man über »die Juden in der deutschen Literatur« bis dato lesen konnte, von eben dieser Strömung sich treiben ließ.[2]
Ich gehe in den nächsten Tagen an eine Umarbeitung des Abschnittes »der Flaneur«.[3] Mit deren Abschluß soll die Frage der Drucklegung dieses Kapitels dann nochmals erörtert werden. Umarbeitungen sind mir unter allen literarischen Prozeduren die unerwünschtesten. Eben damit die Überwindung des Widerwillens sich in diesem Fall lohnen möge, habe ich größere Dinge dabei im Kopf.
Entre temps habe ich mich wieder einmal der Reflexion über Kafka zugewandt. Ich blätterte auch in ältern Papieren und fragte mich, warum du denn meine Kritik des Brodschen Buches Schocken bisher nicht hast zukommen lassen. Oder ist das inzwischen vor sich gegangen?
Ich hoffe baldigst ausführlich von dir zu hören.
Herzlichst

Dein Walter

1 Ich hob dieses Manuskript auf und konnte es Hannah Arendt Jahre später, als sie alle anderen Kopien verloren glaubte, zurückschicken. Das Buch erschien erst 1956 (auf Englisch), das deutsche Original 1959.

2 W.B. hatte bittere Erinnerungen an die Art, wie der von ihm für Band 5 der deutschen Encyclopaedia Judaica (1930) verfaßte Artikel von der Redaktion vollständig umgearbeitet und »von allem Wesentlichen gereinigt« wurde; siehe die Bemerkung auf seinem Exemplar des Abdrucks GS II, S. 1521.

3 GS I, S. 537-569.

119 Scholem an Benjamin

Jerusalem, 28, Abarbanel Road
2. März 1939

Lieber Walter,

Dein jüngstes billet, durch das Du Hannah Arendts Manuskript ankündigst, kam während ich saß und mit erstaunlicher Unbildung (über deren Umfang ich bei der Arbeit erst so recht ins klare kam) an Deinem Baudelaire-Ms rätselte. Das Lesen von Manuskripten geht bei mir leider nicht so schnell von statten und ich hoffe also daß das Arendtsche mir manche Erleichterungen gewährt, die das Deinige für mich versagt. Wenn ich also nur zögernd Eindrücke resümiere, so muß ich sagen, daß mir der dritte Teil Deiner Arbeit[1] am besten gefallen hat, und zwar, weil ich in ihm eine echte Übereinstimmung von Text und Kommentar finde, ein wirkliches Übergreifen, das ich in dem zweiten Teil nur an einzelnen Punkten fand. Er ist auch in seiner Methodik, wenn Du mir erlaubst dies »Urteil« eines Ignoranten zu Papier zu bringen, weniger naiv als dieser zweite Teil, in dem ich eine zweifelhafte Vereinfachung in der Aufeinanderbeziehung der Welt der Gedichte auf ihre gesellschaftliche Umwelt finde. Wenn das etwa der gemeinsame Grund einer Kritik ist, den Du a priori bei mir und Wiesengrund in Deinem Brief vorweg andeutest, so hättest Du Recht. Dazu kommt freilich, daß Du in diesem Teil für den nicht mit dem Schrifttum B.'s bekannten Leser erstaunlich wenig zur Charakterisierung B.'s als Flaneurs beibringst, sie eher voraussetzt als entwickeltst (von der Analyse des ›A une passante‹ abgesehen) und statt dessen den Nachdruck hier auf ganz andere, eher kontrastierende Zusammenhänge in der Literatur legst. Kühn und nicht durchschlagend erscheint mir *hier* die Einbeziehung der Theorie des Detektivromans zur Charakterisierung Baudelaires. So sehr ich verstehe, daß sie in einer Arbeit »Pariser Passagen« ihren zentralen Ort hätte, so wenig tust Du, um sie für den Leser mehr als durch sehr dünne Fäden mit der Analyse der Erscheinung oder des œuvres B.'s zu verbinden. Die Konfrontierung mit Hugo, die hier einen so großen Raum einnimmt, ist auch grade in einer Analyse des Flaneurs, würde ich sagen, nicht am richtigen Ort. Ich war aber von vielen Stellen, an denen Du Verse in ihre Umwelt stellst, überaus beeindruckt.

Um beurteilen zu können, ob Deine Betonung bestimmter Züge im œuvre diese Bedeutung haben, die Du ihnen (besonders im ersten Kapitel) vindizierst, dazu fehlt es mir ganz einfach an der nötigen Kenntnis der Schriften B.'s. Du darfst da bei mir ja nur minimale Kenntnisse voraussetzen. Jedenfalls finde ich im dritten Teil wirkliche Interpretation. Das allegorische Moment hättest Du gut und gern sehr viel ausführlicher entwickeln sollen. Die betreffenden Seiten sind m. E. durchaus esoterisch geschrieben (wenn Du das nicht grade bei diesem Gegenstand in *diesem* Zusammenhang gewollt hast, was ich Dir zutrauen muß).
Ich schicke das Ms. noch nicht gleich zurück, sondern lasse es noch zu weiterer Lektüre bei mir liegen. Natürlich kannst Du es, wenn Du es brauchst, jederzeit zurückhaben.
Hönigswalds Buch[2] sah ich bisher nicht, das andere noch weniger und es ist auch wohl noch weniger Aussicht. Hönigswald zählt hier in meiner Umgebung Verehrer[3], mit denen ich Dich mündlich diskutieren lassen müßte.
Mein Herr – keine *leeren* Versprechungen bitte! Du schreibst: »Das Beatrice-Sonett wirst Du bei der Sendung finden« – es lag aber keineswegs bei. Hole das Versäumnis bitte *umgehend* zu meiner beträchtlichen Erbauung nach – ich werde Dir Dank dafür wissen.
VII Heft 3 der Zeitschrift [für Sozialforschung] habe ich *nicht* erhalten – *bis* dahin alles.
Dein Kafka-Brief: ich war keineswegs faul, habe vielmehr alles getan, um innerhalb gebotener taktischer Rücksichten die Rede auf die Angelegenheit zu bringen. Ohne Erfolg – der Mann[4] hat nämlich, wie sich herausstellt, zu meinem Ärger den Brod selber nicht gelesen, von vornherein nicht, und zeigte sich an der Nachricht von dessen Abschlachtung betont uninteressiert. Zur Zeit liegt er mit einer Netzhautablösung in einer Klinik in Utrecht, um operiert zu werden. Ich muß also eine spätere Gelegenheit, die Sache von der andern Seite her anzupacken, abwarten. Hast Du was dagegen, daß ich den Brief mal Kraft vorlese? U. A. w. g.
Schestows »Athen und Jerusalem« kenne ich nicht. Als er hier war, hielt er einen Vortrag dieses Titels, den er aus dem Manuskript leider so unglücklich ablas, daß es auch für durchaus freundlich gestimmte Zuhörer wie mich (der ihn dem Publikum

einleitend vorgestellt hatte) schlechterdings unmöglich war, irgend etwas von Belang zu verstehen. Es war eine schrecklich verunglückte Veranstaltung! Aber Du hast jedenfalls recht, seine Schreibweise großartig zu nennen. In seinem Aufsatz Memento mori über Husserl[5] ist sie das jedenfalls!
Meine Augen sind leider ebenso wenig in Ordnung wie die politischen Verhältnisse, die, seitdem sich das Schwergewicht der Unruhe nun nach Italien verschoben hat, für das Mittelmeergebiet ja ohne eine schwere Krise der italienisch-französisch-englischen Beziehungen [sich] nicht stabilisieren können und werden. Im Gegenteil: es geht nichts Gutes vor, und der Stand der Verhandlungen in London[6] ist so kritisch, daß hier jeden Tag ein jüdischer Aufstand gegen die vorgeschlagenen »Lösungen« möglich ist. Es ist sehr »dicke Luft« in diesen Tagen. Die Engländer versuchen an uns natürlich, wie vorauszusehen war, das »tschechische Rezept« aus München, und das wird nicht so ruhig abgehen. Es ist eine sehr aufgeregte Stimmung, da die Juden sich (einigermaßen mit Recht) verkauft fühlen und die Bereitschaft, mit Terror zu antworten, außerordentlich stark ist. Natürlich ist das eine große Dummheit, da unsere Situation von der der Araber sehr verschieden ist und Terroraktionen der jüdischen Seite leichter zu bekämpfen sind. Aber die Stimmung ist schon so, daß man damit rechnen muß. Wenn man das Risiko *alles* zu ruinieren, oder vielmehr die Gewißheit davon, auf sich nehmen will, so kann man natürlich die Situation ändern, aber auch von uns wird dann nichts übrig bleiben. Ich bin so gut wie sicher, daß es dazu *nicht* kommen wird, und wir die Chance behalten, Dich noch hier zu sehen. Daran denken wir durchaus – es ist für beide Teile, scheint mir, eine Geldfrage und nichts sonst. (Du müßtest mir mal Auskunft geben, wie es mit Deinen Papieren steht: kannst Du damit reisen?) Daß meine Mutter nicht kommt, schrieb ich Dir ja wohl. Sie fährt am 12. März aus Berlin ab, über London nach Australien. Ich hoffe, sie auf der Durchreise in Port Said sehen zu können.[7] Es ist nun natürlich die Hauptfrage, wie man sie erhalten kann und wieviel ich etwa nun nach Australien schicken muß, wo meine Brüder ja inzwischen noch gar keine Existenz gefunden haben. Das weiß ich alles noch nicht, sonst würden wir schon etwa Verhandlungen mit Dir anfangen!

Wir (meine Frau und ich) finden, daß der Schluß des Dreigroschenromans eine materialistische Imitation von dem Kapitel »Im Dom« im Prozeß ist. Ist das nicht sehr naheliegend?
Ich muß schließen. An »Werken« habe ich einen Artikel über die jüdische Mystik verfaßt, für die pariser jiddische Enzyklopädie, der Dich sicher interessieren würde, wenn ich nur ein Exemplar davon hätte. Er würde Dir die Linie meiner historischen Studien exakt bezeichnen, wie ich sie zur Zeit sehe und verfolge. Ich habe aber nur eine Kopie des deutschen Originals. Vielleicht druckt es aber Schocken als Privatdruck auch deutsch – ich werde es bei ihm betreiben. Alles nur in einer Nußschale – 45 Seiten! Wie gern hätte ich mit Dir darüber debattiert.[8]
Schreibe baldigst wieder, schicke das Sonett, Deine Werke und gehabe Dich so wohl wie nur denkbar ist. Grüße alle von mir, denen Grüße zukommen. Herzlichst Dein Gerhard

1 Die drei Kapitel der großen Arbeit waren betitelt: I Die Bohème; II Der Flaneur; III Die Moderne.
2 »Philosophie und Sprache«, Basel 1937.
3 Zwei meiner Kollegen waren von Breslau her, wo Hönigswald (ein getaufter Jude) lehrte, eng mit ihm bekannt und schätzten seinen Scharfsinn und seine philosophischen Schriften sehr.
4 Der Mann war Salman Schocken.
5 Schestows »Memento mori« war ein Kapitel in seinem Buch »Potestas Clavium« (1926), das W.B. bekannt war.
6 Aus einer round table conference, an der Juden und Araber direkt, unter englischer Ägide, miteinander verhandeln sollten, war infolge der Weigerung der Araber, mit den Zionisten an einem Tisch zu sitzen, eine separate Doppelkonferenz der Engländer mit den Arabern und der Engländer mit den Juden geworden, die ergebnislos auseinanderging.
7 In der Tat kam dieses Zusammentreffen zustande; siehe Brief Nr. 121.
8 Eine englische Übersetzung erschien erst 1946 in dem Sammelwerk »The Jewish People, Past and Present« I, 308-347. Ich hatte dort auch die gesellschaftlichen Zusammenhänge und Wirkungen der jüdischen Mystik darzulegen versucht.

120 Benjamin an Scholem

Paris XV, 10, rue Dombasle
14. März 1939

Lieber Gerhard,
während noch mancherlei Gedankenfracht aus meinem letzten Brief ungelöscht bei dir vor Anker liegt, läuft dieser neue Kahn

an, der weit über die Ladelinie hinaus mit viel schwererem Gut befrachtet ist – meinem schweren Herzen.
Das Institut ist, wie mir Horkheimer mitteilt, in den größten Schwierigkeiten. Ohne mir einen Termin anzugeben, bereitet er mich auf die Einstellung der Subvention vor, die seit 1934 meinen Unterhalt allein bestritten hat.[1] Dein Blick hat dich nicht getrogen, und dein ergebener Diener hat das auch keinen Augenblick angenommen. Eine Katastrophe habe ich allerdings nicht vorausgesehen. Die Leute haben, wie aus ihrem Schreiben hervorgeht, nicht, wie man das bei einer Stiftung vermuten würde, von den Zinsen, sondern vom Kapital gelebt. Dieses soll zu seinem größeren Teil noch vorhanden, aber immobil sein und zu seinem kleineren vor dem Versiegen stehn.
Kannst du irgend etwas bei Schocken bewirken, so darf damit nicht gezögert werden. Die Belege, die du brauchst, um den Kafka-Plan zur Sprache zu bringen, sind ja in deiner Hand. Ich müßte natürlich auch jeden andern Auftrag entgegennehmen, den er im Bereich meiner Arbeitsmöglichkeiten etwa zu vergeben hätte.
Zeit zu verlieren ist nicht. Was mich in den früheren Jahren bei der Stange gehalten hatte, war die Hoffnung, irgendwann einmal auf halbwegs menschenwürdige Weise beim Institut anzukommen. Unter halbwegs menschenwürdig verstehe ich mein Existenzminimum von 2400.– francs.[2] Von ihm wieder abzusinken, würde ich à la longue schwer ertragen. Dazu sind die Reize, die die Mitwelt auf mich ausübt, zu schwach, und die Prämien der Nachwelt zu ungewiß.
Das Entscheidende wäre, ein Interim zu überstehen. Irgendwann einmal werden die Leute wohl noch Geldverteilungen vornehmen. Bei dieser Gelegenheit noch zur Stelle zu sein, wäre wünschenswert.
Gib diesen Dingen nicht mehr Publizität als erforderlich ist, mir gegebenenfalls zu helfen. Wenn es mir möglich ist, Horkheimer und Pollock zu zeigen, daß sie nicht die einzigen sind, die sich um mich kümmern, so gibt das eine Chance, daß sie sich für mich anstrengen.
Soviel für heute. Laß mich nicht ohne schnelle Antwort, so provisorisch sie sein mag.
Herzlichst Dein Walter

PS: Gerade hatte ich meine Unterschrift hierhergesetzt, als dein Brief vom 2. März kam. In dem minimalen Inventar meiner Chancen hatte ich die Schockensche noch für eine der beträchtlicheren angesehen. Vielleicht weißt du irgendetwas, was du an ihre Stelle setzen könntest. Ich freute mich zu sehen, daß du, ohne Kenntnis meiner derzeitigen Perspektive, meinen Besuch in Palästina im Auge behalten hast. So wie die Dinge sich jetzt zu gestalten scheinen, bekommt die Frage Bedeutung, ob es nicht möglich wäre, mich in Palästina für eine Reihe von Monaten zu sichern. (Ich bilde mir nicht ein, daß das aus deinen eigenen Mitteln geschehen könnte.) Es steht so, daß unter den verschiedenen Gefahrenzonen, in die sich die Erde für die Juden aufteilt, für mich Frankreich gegenwärtig die bedrohlichste ist, weil ich hier ökonomisch *vollkommen* isoliert stehe.
In einem späteren Brief will ich auf deine Ausführung zum »Baudelaire« eingehen. Die meisten davon kamen mir eben bei der ersten Lektüre sehr erwägenswert vor.

1 Dieses Datum stimmt schlecht zu den trostlosen Briefen aus dem Jahr 1934 und den Mitteilungen über das Einspringen des Instituts, erst teilweise im Jahr 1935 und fester von da an. W.B.s materielle Existenz beruhte in diesen Jahren, wie alle zugänglichen Dokumente beweisen, in Wirklichkeit auf drei Faktoren: dem Institut und den ganz oder großenteils kostenlosen langen Aufenthalten bei Dora in San Remo und bei Brecht in Dänemark.

2 Diese Summe entsprach, wie ich feststellen konnte, in ›harter Währung‹ dem Betrag von 285 Schweizer Franken, was in der Tat etwa das Niveau einer bescheidenen bürgerlichen Lebenshaltung eines alleinstehenden Mannes treffen würde. Dazu kämen auch für diese Jahre die Honorare (gewiß nicht hoch) für seine literarischen Beiträge in Zeitschriften und Zeitungen.

121 Scholem an Benjamin

20. März 1939

Lieber Walter,
soeben kommt Dein Brief vom 14. März, der mich wie Du nur natürlich finden wirst sehr bestürzt, und das aus den handgreiflichsten Gründen. Ich rede schon gar nicht von der großen Schwierigkeit mit Schocken, der zurzeit in Holland mit einer Augenoperation liegt und erst nach Pessach, also in einem Monat, wiederkommen soll. Das Schreckliche ist ja natürlich, daß

Deine Katastrophe beim Institut mit der der hilfsbereitesten Menschen hier zusammentrifft – die Ereignisse der allerletzten Monate, und nun noch gar der Schlag der letzten Tage mit dem plötzlichen Zusammenbruch des tschechischen Judentums[1] zwingen fast jedermann zu unvorstellbaren Familienaktionen. Reiche Leute sind in 24 Stunden ruiniert, und ihre Familien hier müssen plötzlich Verpflichtungen auf sich nehmen, die sie nie erwartet hatten. Genau so, wie es ja mir mit meiner Mutter geht, die ich in Jerusalem natürlich noch etwas leichter hätte bei mir im Haus durchbringen können als nun, wo ich eventuell (da meine Brüder in Sidney anscheinend noch immer ohne jede Existenz sind) ihr Leben in Australien von meinem Gehalt (Vermögen habe ich ja nicht) mitbezahlen muß. Daß ich Dir mit allem, was mir möglich ist, helfen möchte, versteht sich ganz von selbst und ich wälze nur hilflos Ideen darüber, wie das überhaupt nötigenfalls noch realisiert werden kann. Es ist ja sogar so, daß die politische Entwicklung es jetzt als höchst problematisch erscheinen läßt, ob wir Dir hierher, selbst wenn wir wollten, auch nur ein Touristenvisum zum Besuch verschaffen könnten – *sogar das* ist schon eine Frage geworden!! Geschweige denn gar die ganz materielle Seite der Finanzierung. 2400 fr. im Monat sind 15 £ nach hiesiger Währung – das ist eine *große* Summe für unsere Verhältnisse. Ob es möglich ist, Dir bei Schocken irgend einen Auftrag zu erwirken, der Dir eine solche Existenz (oder selbst deren Bruchteil) sichert, wage ich nicht optimistisch zu beurteilen. Andererseits ist es doch leider so, daß auch kein Mensch das Vertrauen haben kann, daß Du noch sehr lange in Paris ungestört wirst sitzen *dürfen*! Es rückt ja alles in so unheimliche Perspektiven, daß die Phantasie sich sträubt, mit der Realität (von morgen und übermorgen) mitzumachen. Wer weiß, wo Du überhaupt noch, ganz äußerlich gesehen, hin *kannst.* Für Palästina ist ja diese Frage der Einwanderungsmöglichkeit nun in ein höchst kritisches Stadium getreten, mit dem Scheitern der Londoner Konferenz. So trist ist es also um alle diese Dinge bestellt. Ob es möglich ist, hier einen Aufenthalt von Dir für ein paar Monate zu finanzieren, das muß ich erst, wenn die ungeheure Welle der Aufregung über das Schicksal von Prag sich bei den nächstbetroffenen Familien gelegt haben sollte, erkunden. Zu essen wirst Du immer bei uns finden,

so lange wir selber etwas haben, wie es aber um alles andere steht, das ist in diesem Moment nicht zu beantworten, will man sich nicht von vornherein sichere Ablehnungen holen.
Kannst Du dort nicht einmal, prinzipiell wenigstens, feststellen, ob Du auf Deine jetzigen Papiere hin überhaupt *a priori* die *Möglichkeit* hast, ein Besuchsvisum nach P. zu bekommen?
Ich kann Dir heute nicht mehr sagen, so sehr es mich brennt, Dir Aussichtsvolles mitzuteilen, wenn ich könnte. Meine Frau ist in Galiläa und ich kann mich nicht mit ihr beraten. Anfang nächster Woche fahre ich nach Port Said, um meine Mutter bei der Durchfahrt des Schiffes noch einmal drei Stunden zu sehen; dies ist wohl nach menschlichem Ermessen das letzte Mal. Schreibe bald sehr viel mehr. Was ich an Chancen für Dich irgendwie und irgendwo entdecken kann, werde ich sicher nicht ungenutzt lassen. Fraglich ist mir, ob Du nicht jetzt noch rechtzeitig nach den U.S.A. hineinzukommen suchen solltest und das nicht noch besser für Dich ist als alles andere.
Alles Herzliche — Dein Gerhard

1 Der Einmarsch der Deutschen veranlaßte Tausende sofort, Hals über Kopf, zu fliehen.

122 Benjamin an Scholem

Paris XV, 10, rue Dombasle
8. April 1939

Lieber Gerhard,
das Grün der Hoffnung durchwirkte deinen Brief so sparsam wie das dieses kalten Frühlings die Straßen von Paris. Desto präziser die winterlichen Ausblicke zwischen deinen Zeilen. Ich war niemals ein Feind der Klarheit, und ich bin es am wenigsten jetzt, wo ich mit den Jahren einen genauen Begriff von dem zu haben glaube, womit ich meinen Frieden machen kann und auch von dem, womit ich das nicht im Sinne habe. Daß auch diese zweite Seite der Alternative vertreten sei – diese Bedeutung hatte es, daß mein Brief vom 14ten März von einer bestimmten Summe sprach – keine andere.
Eben die Umstände, die meine europäische Situation so sehr bedrohen, werden eine Übersiedlung nach den U.S.A. wohl

unmöglich machen. Eine solche wäre nur auf Grund einer Berufung, eine Berufung nur auf Betreiben des Instituts möglich. Daß die Quote auf vier bis fünf Jahre vorbelegt ist, wirst du ja wissen. Ich halte es nun für sehr fraglich, ob das Institut, vorausgesetzt das läge in seiner Macht, meine Berufung derzeit würde veranlassen wollen. Denn es ist nicht anzunehmen, daß diese gleichzeitig die Existenzfrage für mich lösen würde – und diese Frage in seiner unmittelbaren Nachbarschaft aufgeworfen zu sehen, wäre ihm vermutlich besonders störend.

Seit ich dir die letzte Nachricht sandte, habe ich nichts Neues vom Institut gehört. Vielleicht ist es dir aber dienlich zu wissen, daß dieses vor ungefähr einem halben Jahr eine englische Programmschrift im Umfang von 36 Seiten herausgebracht hat, in der ich mit einer kursorischen Bibliographie meiner Schriften ziemlich ansehnlich vertreten bin.

Auf ein hilfsbereites Interesse bin ich hier in Paris bei Hannah Arendt gestoßen. Ob ihre Bemühungen zu irgendetwas führen, steht dahin. Für den Augenblick bekomme ich mein Stipendium noch – aber jede Gewähr ist nun dahin.

Mein Reiseausweis ist das französische Legitimationspapier der réfugiés provenants d'Allemagne, das mit der französischen Aufenthaltsberechtigung verbunden ist. Es ist von England anerkannt und ist administrativ eine ausreichende Grundlage für ein Palästinavisum. – Vor Zeiten – es ist freilich schon eine Weile her und wer weiß, wie sich die europäischen Ereignisse für sie ausgewirkt haben – zeigte Kitty Marx-Steinschneider bei unsern pariser Gesprächen große Bereitschaft, mir einen Aufenthalt in Palästina zu erleichtern. Ich für meine Person bin freilich nicht in der Lage, mich an sie zu wenden, da ich auf einen eingehenden, von keinen persönlichen Anliegen getrübten Brief aus dem vorigen Sommer von ihr ohne Antwort geblieben bin.

Um von meiner Seite so vollständig wie möglich zu sein: sollte sich ein Aufenthalt in Palästina wirtschaftlich ermöglichen lassen, so darf ich damit rechnen, daß ich die Reise von hier aus finanzieren könnte.

Nicht willkommen war mir, von dir zu hören, daß du neuerdings über deine Augen zu klagen hast. Besitzest du dort einen Arzt, der dein volles Vertrauen hat? Ich weiß, daß das gerade bei Beschwerden der Augen von besonderer Bedeutung ist.

Du wirst vielleicht verstehen, daß mir gegenwärtig Arbeiten, die auf das Institut ausgerichtet sind, schwer fallen. Wenn du dazu nimmst, daß Umarbeitungen ohnehin einen geringern Reiz haben als das neu in Angriff genommene, wirst du begreifen, daß die Umformulierung des Flaneur-Kapitels langsam vom Fleck rückt. Ich hoffe, daß es sich als glücklich erweisen wird, wenn der geplante Text eingreifende Veränderungen aufweist. Vielleicht wird in ihrem Gefolge auch der habitus des Flaneurs in Baudelaires Person selber jene Plastizität bekommen, die du im vorliegenden Text wohl mit Recht vermissest. Dazu wird die Problematik des »Typs« in einem philosophisch exponierten Sinne entwickelt werden. Endlich wird das große Gedicht ›les sept vieillards‹, dem sich noch keine Interpretation je zugewandt hatte, eine überraschende, doch, wie ich hoffe, überzeugende Auslegung erfahren.

In der Tat: deine Einwände berühren sich da, wo du es vermutest, mit denen von Wiesengrund. Ich bin nicht weit davon entfernt zu gestehen, daß ich sie provozieren wollte. Die Gesamtkonzeption des »Baudelaire« – die freilich bisher nur in einem Entwurf vorliegt – weist eine philosophische Bogenspannung von großem Ausmaß auf. Mit ihr eine schlichte, ja hausbackene Methode der philologischen Auslegung zu konfrontieren, war eine große Versuchung für mich gewesen, der ich im zweiten Teil stellenweise nachgegeben habe. In diesem Zusammenhange will ich anmerken, daß deine Vermutung, die Stelle über die Allegorie sei absichtlich verschlossen gehalten, zu Recht besteht.

Von der Bitte, mir das Manuscript sobald als möglich zurückzusenden, könnte ich nur dann absehen, wenn du mich mit dem deutschen oder französischen Manuscript deiner Abhandlung über jüdische Mystik entschädigen würdest. Du kannst dir denken, wie sehr mir am Studium dieses Textes gelegen wäre. Beiliegend das Brecht-Sonett zur Versöhnung. (Das vorletzte Wort der zweiten Zeile lautete in der ersten Fassung, die ich dir auswendig sagte, wie du dich erinnern wirst, abweichend.[1])

Gern würde ich von dem Eindruck wissen, den die »Rahel Varnhagen« auf dich gemacht hat. In einigem Abstand interessiert mich auch, ob dir einmal der Roman »der Sohn des verlornen Sohns« zu Gesicht gekommen ist, den Soma Morgenstern

1935 bei Erich Reiß hat erscheinen lassen. Wenn das der Fall ist, so laß mich doch wissen, was du von dem Buche meinst. Sein Verfasser, der Schwiegersohn von Heinrich Simon, kreuzte in Frankfurt in frühern Jahren meinen Weg.[2] Nun begegnete ich ihm hier wieder; er hatte Wien noch eben zur Zeit verlassen. Das Buch ist der erste Band einer Trilogie, von der der zweite im Manuscript vorliegt.

Dir und deiner Frau die herzlichsten Grüße Dein Walter

Sonett über die Gedichte des Dante auf die Beatrice

Noch immer über der verstaubten Gruft
In der sie liegt, die er nicht haben durfte
So oft er auch um ihre Wege schlurfte
Erschüttert doch ihr Name uns die Luft.

Denn er befahl uns, ihrer zu gedenken
Indem er auf sie solche Verse schrieb
Daß uns führwahr nichts andres übrig blieb
Als seinem schönen Lob Gehör zu schenken.

Ach, welche Unsitt bracht er da in Schwang
Als er mit so gewaltigem Lobe lobte
Was er nur angesehen, nicht erprobte!

Seit dieser schon beim bloßen Anblick sang
Gilt, was hübsch aussieht und die Straße quert
Und was nie naß wird, als begehrenswert.

1 Das fragliche Wort lautete nicht »haben«, sondern »vögeln«.

2 Dr. Soma Morgenstern (1896-1976) stammte aus Ostgalizien. Seine Frau war nicht die Tochter, sondern die Nichte von Heinrich Simon, dem Mitbesitzer der Frankfurter Zeitung. M. war ein enger Freund von Joseph Roth, hatte aber eine viel stärkere jüdische Bindung als dieser oder als die meisten der Schriftsteller, in deren Kreisen er in der Zeit vor Hitler verkehrte. Seine Bücher waren mir damals noch nicht bekannt. In seinen letzten Lebensjahren schrieb er mir aus New York eine Reihe längerer Briefe über seine Beziehungen zu W.B., Kracauer und Adorno.

123 Scholem an Benjamin

28, Abarbanel Road
30. Juni 1939

Mein lieber Walter,
Du wirst mich wahrscheinlich für längst verschollen halten, in den Wüsten Arabiens von Banden entführt und verdurstet oder von einer der nur allzu häufigen Bomben sonstwie beschädigt oder zum Verstummen gebracht! Ja, nicht einmal die schöne Sendung Deines Kommentars über das Brechtsche Laotse-Gedicht[1], die doch alle Eigenschaften hatte, die geeignet sind, einem wie mir die Zunge zu lösen, hat das fertig gebracht. Wenn Du also in all dem den Glauben an meine Existenz nicht verloren hast, so wirst Du, und in diesem Fall mit Recht, angenommen haben, daß irgend etwas mich hindert, was stärker ist als alle Wünsche und Pflichten. Und das ist wirklich nichts (ich weiß nicht einmal ob ich sagen soll: Gott sei Dank oder umgekehrt: leider) Körperliches oder Gesundheit, sondern es ist die hemmungslose Verdüsterung und Lähmung, die mich nun seit Monaten angesichts der Lage der Dinge hier befallen hat. Es ist ja doch unmöglich *nicht* nachzudenken über unsere Lage, wobei ich »unsere« nicht nur auf uns Palästinenser beziehe. Die grauenhafte, ja wohl in ihren Dimensionen niemand so recht faßbare Katastrophe des Judentums in diesem letzten halben Jahr, diese vollständige Auswegslosigkeit in einer Situation, in der Auswege nur noch erfunden werden um uns zu verhöhnen (wie das schmachvolle »Projekt«, die Juden nach British Guayana zur »Kolonisation« zu schicken), all das befällt einen eines Tages einmal und dann ist es mit der Heiterkeit des Gemüts aus. Und ich hätte Dir doch viel lieber von den Chancen geschrieben, die wir hier für Dich finden könnten, von Deinem Besuch für einige Monate, der uns länger beschäftigt als ich Dir sagen kann – aber ich kann es nicht übers Herz bringen, in dieser Situation, wo es morgen, vor allem und sicher aber grade übermorgen, hier Mord und Totschlag geben muß, mit Allem, was für die sozusagen bürgerliche Bequemlichkeit (auch wenn man sie aufs Elementarste zurückzuziehen entschlossen ist) daraus folgen muß, Dich zu uns zu laden, was ja doch ein Minimum an, sagen wir ruhig, Ausgeruhtheit voraussetzt. Mein langes Schweigen zeugt von *nichts* anderem als deren so entschiedenem

und niederdrückendem Fehlen. Du kennst mich genug um zu wissen, daß ich nicht leicht verdüstert werde, aber diese Monate haben das Wunder fertig gebracht. Für mich ist die Entwürdigung Palästinas zum Schauplatz eines Bürgerkrieges ja schließlich mehr als eine verlorene Chance unter vielen. Ich kann, nach all den Erfahrungen der letzten sechs Jahre, in den Hoffnungen auf Lösung aller Spannungen durch die Revolution keinen guten Grund mehr entdecken. Die Arbeiterbewegung als ein revolutionärer politischer Faktor ist toter als ein toter Hund, es hat keinen Zweck sich darüber Illusionen zu machen, und die Zukunft des Judentums ist, da es sich nicht, wie vielleicht (vielleicht) andere versuchen können, unsichtbar, unwirksam und schlafend stellen kann, da es nicht mehr die somatische Grundlage einer Existenz haben wird, die den besiegten Sozialisten noch zur Verfügung steht, ganz in Dunkel gehüllt. Wir können nicht paktieren, da niemand mehr da ist, der dafür Interesse hat. Für diese Generation müssen wir resignieren, und da es nichts gibt, was Palästina in seiner Funktion für das Judentum ersetzen kann (außer leeren Formeln, die nichts mehr aufrufen), wie soll ich mir die Jahre denken? Aus diesem Dunkel weiß ich nur zu schweigen. Die Chance, eine lebensfähige palästinensische Siedlung durch die Welt des nächsten Weltkriegs zu retten, wird von uns selbst nicht weniger als von Engländern und Arabern gefährdet. Auch bei uns kommt Greuliches herauf, und mich schaudert wenn ich daran zu denken versuche, was allein die Folge sein kann. Wir leben im Terror; die Kapitulation der Engländer vor ihm bringt die Narren unter uns zu der Meinung, daß dies also auch die einzige Waffe sei, mit der wir, unbeschadet unserer besonderen Bedingungen, etwas erreichen können. Solcher Narren sind aber zu viel um noch dafür zu gelten. Daher geschieht, was geschieht. Ich habe nie geglaubt, daß die Engländer uns viel tun können, solange wir die Grundlagen nicht selber aufgeben, auf denen menschlich unsere Sache hier beruht. Aber wir sind im besten Zug, eben das zu tun. Hier hast Du alles, was ich zur Erklärung meiner so unmitteilsamen Stummheit anführen kann. Ich schäme mich, über das zu reden was mich beschäftigt und schäme mich doch auch so zu tun, als ob es gar nicht drohend und real existiert. So schweige ich. Deine Lage, die ich gut zu verstehen glaube, ist bedroht, und ich habe

nichts Vernünftiges, womit ich sie erhellen könnte. Ja, es kann sein, daß sogar die *technischen* Voraussetzungen für einen Besuch von Dir hier unter den jetzigen Bedingungen gar nicht mehr zu schaffen sind, d. h. daß man Dich überhaupt gar nicht herläßt, selbst wenn sonst alles so glatt wäre wie ich wünschte und wie es leider absolut nicht ist. Wir suchen noch immer (einfach gesagt) jemand, der uns wenigstens für die Zeit ein Zimmer für Dich abtreten würde. Kitty hat so viel auf dem Hals, daß wir von ihr keine Beihilfe erwarten können. Wenn es uns gelänge, die großen äußeren Schwierigkeiten zu überwinden, wäre die Frage, ob Du im November/Dezember hier sein könntest, d. h. dann, ob die politischen Umstände es Dir dann möglich machen, von hier aus *und* von dort aus. Klimatisch ist die Zeit vom 1. November bis 15. Januar ausgezeichnet. Nachher ist es sehr unangenehm.
Von meiner Arbeit: ich war nur zu Materialstudien fähig, mein Sinn gab nichts anderes frei. Jetzt nun will ich daran gehen, mein englisches Buch auszuarbeiten, d. h. es auf ungefähr den doppelten Umfang zu bringen, den es bisher hatte. Schocken will bis 25 Bogen drucken. Die Ferien haben diese Woche begonnen und Du hast damit deren hauptsächliches Arbeitsziel.[2] Daneben muß ich einige kleinere Sachen schreiben, und meine Vorlesung über Sabbataj Zwi vorbereiten, an die ich mich nächstes Jahr nach so langen Studien endlich einmal wagen will.[3] Seit Jahren wächst in mir so allmählich ein Bild von den Ergebnissen all dieser Bemühungen, daß ich die Ausarbeitung wirklich mit leidlich gutem Gewissen beginnen kann.
Das Buch von Soma Morgenstern kenne ich nicht, habe auch nie etwas darüber gehört. Das von Hannah Arendt über die Rahel hat mir dagegen *sehr* gefallen, obwohl ich es wohl mit einem anderen Akzent las als sie es geschrieben hat. Es ist eine ausgezeichnete Analyse dessen, was sich damals abgespielt hat, und zeigt, daß eine Verbindung, die auf Schwindel aufgebaut war wie diese von Seiten der deutschen Juden mit dem »Deutschtum«, nicht ohne Unglück ausgehen konnte. Auf Schwindel – nämlich auf der Voraussetzung, daß alles nur von der einen Seite zu kommen hätte und die andere stets nur selbstverleugnend (im genauesten Sinn) und empfangend sein dürfte. Schade, daß ich nicht sehe, wie das Buch je erscheinen soll.

Herzlichen Dank für Deine Zusendung der zwei Brecht-Arbeiten, die, wirklich und wahrhaftig, in diesem Moment mir ins Zimmer gebracht werden. Das eine erhielt ich vor vier Wochen schon und freue mich umso mehr es nochmals zu haben als ich fürchte es verlegt zu haben. Das Gedicht finde ich ganz ausgezeichnet, und habe Deinen Kommentar mit großer Spannung studiert sowie beiden Verbreitung durch Vorlesung verschafft. Zu dem andern Aufsatz über das Theater Brechts[4] muß ich doch die Frage stellen, was der gesellschaftliche Sinn eines Theaters ist, das real in der nächsten Zeit nicht mehr spielbar ist. Und da Du grade diese Funktion, abgehoben von sozusagen abstrakt »künstlerischen« Funktionen so hervorhebst, frage ich mich, welche Funktion ein Theater erfüllt, das an Emigration zuerst gebunden ist, und dann von ihr selbst unmöglich gemacht wird. Der »entspannte Zuhörer«, der die Vorgänge dieses Theaters an seiner gesellschaftlichen Erfahrung kontrolliert, ist eine großartige Idee, aber eben eine Idee, der gesellschaftlich überhaupt nichts entspricht. Es gibt ihn nicht, weder in Rußland noch in Amerika, und wenn es ihn in der Utopie gibt, so wird dadurch der Begriff des an solchem Hörer orientierten Theaters (den ich mir denken könnte, nach Deinen Anweisungen) eben selbst ins Utopische gehoben, dem er sich doch so augenscheinlich versagen will.

Kannst Du mir mindestens eine Liste Deiner, mir bisher nicht zugänglichen, Publikationen in den Zeitschriften »Das Wort« und »Maß und Wert« schicken, damit ich mir die Hefte hier zu beschaffen suche? Die »Berliner Kindheit« habe ich z. B. hier aufgetrieben, sie steht schon an Ort und Stelle.

Ich muß schließen. Gehst Du wieder nach Dänemark? Ich würde sehr dafür sein, wenn Du, um für eine Reise hierher gerüstet zu sein, solche Schritte einleitetest, die Dir den Erhalt eines Touristenvisums für Palästina sichern können, denn ich weiß nicht, wie lange solche Prozeduren sich hinziehen. Und wenn wir Dir Positives sagen können, wäre es doch gut, wenn Du dann nicht erst vor administrativen Schwierigkeiten stehst.

Also sei herzlichst gegrüßt und denke nichts Schlechtes von meiner Schreibunfähigkeit Dein Gerhard

1 GS II, 568-572.
2 Vom Sommer 1939 bis Sommer 1940 entstand mein Buch »Major Trends in Jewish Mysticism«, das im Druck, nach Benjamins Tod, seinem Andenken gewidmet ist.
3 Sabbatai Zwi, der Träger der wichtigsten messianischen Bewegung im Judentum nach dem Bar-Kochba Aufstand unter Hadrian, vor allem 1665-1666.
4 GS II, 519-531.

124 Scholem an Benjamin

28, Abarbanel Road
11. September 1939

Mon cher Walter,
me voilà tormantant le Français! On nous a informés qu'il serait bien convenable a écrire en Anglais ou en Français, et savant que tu ne sais pas l'Anglais, je suis sûr que tu (ou la censure des deux côtés de La Méditerranée) me pardonnera[s] les tournures peu françaises que tu vas trouver partout dans ces lignes et dans ceux qui les suivront.

Je ne sais pas du tout qu'est ce que tu fais, si tu te trouves à Paris ou chez tes amis comme l'année passée et voilà le but principal de ces lignes de t'implorer de nous donner de tes nouvelles. Je ne sais plus si tu a reçu ma dernière lettre (d'une longueur assez considérable) que j'avais envoyée enrégistrée il y a quelques mois. Nous n'avons eu aucune réponse et j'espère qu'elle ne s'est pas perdue au cours de ces derniers jours délirieux.

Tu nous trouveras encore dans les mêmes circonstances bien que nous ne sâchons plus ce que deviendra de notre travail et de l'Université en géneral. Tout cela dépend du cours des évènements et je ne suis pas assez prophète pour prédire toutes les complications possibles de notre situation. Nous espérons que les autorités responsables trouveront des méthodes qui permettront aux Juifs à prendre part à la guerre comme Juifs et dans leur qualité de Juifs. Enfin, c'est à nous auxquels on a fait la guerre toutes ces années et il serait bien à propos de faire le nôtre pour la chûte du Hitlérisme. Beaucoup des mes jeunes amis se préparent pour toutes les possibilités, et qui saurait dire si notre tour ne viendra pas aussi. En attendant, je continue mon travail – ou j'essaye de le continuer. Grâce à Dieu, je n'ai pas de radio, mais cela ne suffit point dans ces jours-là quand tu ne

peux pas être isolé pour écrire ton livre ou former ta pensée. Et toi? Je ne peux pas m'imaginer que tu peux faire quelque chose pour tes études. La Bibliothèque, est elle ouverte? Ou peutêtre es-tu allé parmi les écrivains politiques?
Je vois bien qu'il me faudra lire quelques romans français – Anatole France tient encore sa place d'honneur dans ma bibliothèque – pour être digne d'une correspondance française avec toi!
Kitty a été ici et voulait apprendre toute ta biographie récente. Je lui faisais communication de la disgrâce qu'elle a encouru du[!] part de Votre altesse.
Voilà assez pour la première fois! Donne-moi du tes nouvelles aussitôt que possible et prends les salutations les plus cordiales de la part de ma femme et de la part de ton ancien combattant

Gérard

125 Benjamin an Scholem

Paris XV, 10, rue Dombasle
25. novembre 1939

Cher Gerard,
je na'ai pas quitté Paris, cet été, bien qu'ayant une invitation en Suède. Il m'importait avant tout de finir mon »Baudelaire« – ou plutôt cette fraction du livre qui pouvait se présenter comme essai. Je fus donc obligé, apres la déclaration de guerre, de me rendre dans un camp de rassemblement comme les autres réfugiés allemands. Ta lettre du 11 septembre je l'ai trouvée en rentrant. Ma sœur m'avait bien informé de ton inquiétude mais je ne pouvais pas t'écrire, vu que le courrier qui sort des camps ne doit pas compter plus de 8 lettres par homme et mois. Ma libération a été une des premières qui ont été prononcées.[1] Cela veut dire que je ne laisse pas mal d'amis là-bas et tu imagines facilement, combien cela me fait de la peine. J'ai eu la chance d'être libéré le jour même où le temps, là-bas, se mettait en froid. – J'ai maigri mais je me porte bien. Paris a un visage unaccoutumé. Le soir venu, tout est obscur; les vehicules vont au ralenti; les gens restent chez eux. La fin de Hitler, ici, ne fait doute à personne. Ce qui importe c'est de ne pas la faire coincider avec celle de trop d'humains.

On me dit que, chez vous, la tension entre Juifs et Arabes aurait diminué. Est-ce vrai? Ce serait une bonne nouvelle parmi tant de tristesse. Donne-moi de tes nouvelles, chaque fois que c'est faisable. Quant à moi je ne pense pas quitter Paris pour l'instant.

Mon »Baudelaire« m'a valu un succes très considérable à New York. J'en ai déja reçu les épreuves, mais je ne m'en suis pas encore occupé et je ne crois pas que ce soit pressant.

Les dernières nouvelles de mon frère, nouvelles passables, datent d'il y a deux mois. Est tu informé du sort du tien?

Bien des choses à ta femme. Sincèrement à toi Walter

1 W.B. wurde mit Tausenden Flüchtlingen nach Kriegsausbruch zuerst in einem Stadium von Paris und dann in einem sogenannten »Camp des travailleurs volontaires« im Clos St. Joseph in Nevers interniert und wurde erst Mitte November als einer der ersten auf Beschluß der interministeriellen Kommission zur Prüfung der einzelnen Fälle entlassen. Männer von größtem Ansehen im französischen Geistesleben setzten sich nachdrücklich für ihn ein und Adrienne Monnier, Hermann Kesten und Sylvia Beach waren unermüdlich in ihren Bemühungen, wie dies in den »Briefen«, S. 827-835 geschildert ist. Hans Sahl und Max Aron haben beschrieben, wie er diese Zeit einem stoischen Weisen gleich überstand.

126 Scholem an Benjamin

Jerusalem, Rehavja, 28, Abarbanel Road
15. Dezember 1939

Lieber Walter,

ich glaube, Du wirst gut daran tun, wenn Du Deiner hoffentlich unendlich langen Antwort die Passage durch möglichst deutliche Buchstaben erleichterst! Deine Karte vom 25. November, die heute zu meiner größten Freude (wie Du Dir denken kannst) hier ankam, war trotz französisch und Kürze doch drei Wochen auf den Beinen! Inzwischen habe ich mich, als ich gar nichts von Dir hörte, an Himmel und Hölle um Auskunft über Deinen Zustand gewandt, noch zuletzt an das pariser Bureau des amerikanischen Joint Distribution Committee – man darf gespannt sein, ob einer der Angefragten je antworten wird. Jedenfalls war Deine Karte das erste, was ich in der ganzen Zeit über Dich erfahren habe. Ich begrüße Dich also herzlich in der wiedergewonnenen Ruhe und hoffe, es gelingt uns so wie vor bald

25 Jahren auch in diesem Krieg selbst aus der weiten Ferne das uns Gemeinsame zu bewahren. Es hat sich ja ebensoviel erstaunlich verändert wie ebenso viel noch erstaunlicher dasselbe geblieben ist. Auch jetzt versuchen wir wieder, obwohl doch diesmal vom Krieg (anders als damals!) unsere vitalsten und entschiedensten Interessen betroffen und aufgerührt werden, unsere Arbeiten in der Wissenschaft fortzuführen. Ich sehe aus Deiner Karte, daß Du dabei schon mehr geschaffen hast als ich, obwohl doch meine äußeren Bedingungen soviel günstiger zu nennen wären. Denn Deine Baudelaire-Analyse prangt schon in den Korrekturen, während ich noch immer unentschieden am Manuskript meiner amerikanischen Vorlesungen sitze, die Schocken drucken will. Hoffentlich gelingt es uns, die lange Zeit die uns vielleicht in diesem Krieg (oder diesen Kriegen – der Plural ist schon richtiger) bevorsteht, für unsere Anliegen fruchtbar zu machen. Ich bin hier ja vorläufig (wer weiß wie lange) »weit vom Schuß« im genauesten Verstand und alles geht zur Zeit bei uns seinen alten Gang weiter. Freilich haben wir alle große materielle Sorgen – aber wer hat die nicht? Jedenfalls arbeiten wir in der Universität im neuen Studienjahr, das Anfang November begonnen hat, als ob alles friedlich wäre. Statt der Studenten aus dem Ausland sind viele derer von hier getreten, die sonst ins Ausland gingen und jetzt nicht weg können. Die vielen fiktiven Studenten aus Polen werden nolens volens von der Universität mit Mahlzeiten verköstigt, und da es Arbeit nicht gibt, studieren sie ebenfalls und zu all dem kommen immer noch überraschend Studenten aus einigen der »frei gebliebenen« Länder oder solche, die rechtzeitig ihre Papiere geordnet hatten. So lesen wir unsere Collegs als ob alles in Ordnung wäre. Ich lese (zum ersten Mal) ein Kolleg für die Historiker über die Geschichte der sabbatianischen Bewegung vor der für meine Begriffe phantastischen Zahl von 60 bis 70 Hörern (hier gibt es aber keine Kolleggelder, wir sind progressiv!), während sogar in meinem aristokratischen Kolleg über das Buch Bahir ganze zehn Zauberer versammelt sind. Aber – pourvu que cela dure, wie Napoleons Mutter gesagt haben soll. Schocken ist nach Amerika gefahren, unsere Finanzen zu renovieren und wir warten ab, was mit den Gehältern werden soll. Aber inzwischen kann man, wenn man kann, arbeiten. Ich bin für die nächste

Zeit voll guter Absichten und warte nur auf den entscheidenden Elan. Es gibt für meine Studien besonders gute Chancen, denn ich habe eine Möglichkeit, so etwas wie eine Scholemsche »Schule« in der Forschung zu lancieren, worüber ich Dir ein andres Mal ausführlicher schreiben will.[1] Utinam, o daß ich doch in der Propaganda Deiner Bedeutung und Vorzüge ebensoviel Erfolg gehabt hätte wie in der eigenen! Ich habe es pflichtschuldigst an nichts fehlen lassen, und als kurz vor seiner Abreise Schocken, der das Manuskript der »Letzten Tage der Menschheit« gekauft hat, einen kleinen Abend über Karl Kraus veranstaltete, zu dem er Kraft und mich als Redner lud, habe ich unter heftigem Donner, statt eigenen Senf zu produzieren, größere Teile Deines Essays vorgelesen. Jedermann war wirklich tief beeindruckt von Dir – außer dem, an dessen Beeindruckung Deinem Verehrer allein gelegen war. Es ist direkt eine Abwehraktion der Dämonen gegen Dich im Spiel!

Deine Frage, ob die Spannung zwischen Juden und Arabern abgenommen habe, könnte ich mit Ja beantworten, aber ich traue diesem Frieden nicht. Es ist dabei ja zu viel im Spiel, was nicht echt ist. Gewiß ist, daß in sehr großen Teilen der arabischen Bevölkerung ebenso viel Wunsch nach Ruhe und friedlichem Leben mit den vorhandenen Juden besteht wie auf der jüdischen Seite, und das äußert sich auch sehr konkret – aber das war auch früher der Fall, und dennoch passierte das alles und konnte passieren. Die Nazipropaganda ist unter den Arabern sehr viel wirksamer als man gemeinhin zugibt und das ist ein bitteres Stück.[2] Natürlich ist zur Zeit im Großen und Ganzen Ruhe hier, aber zu einer Befriedung der Herzen ist noch ein weiter Weg.

Von meinem Bruder bin ich bisher ohne jede auch nur indirekte Nachricht. Ich fürchte, seine Lage ist unverändert.[3] Die Schwierigkeiten der Kommunikation und offenen Aussprache sind heute schon selbst zwischen hier und Paris so groß, wie gar erst in diesem Fall.

Schreibe doch so bald wie möglich. Sei von uns aufs herzlichste gegrüßt!

Dein Gerhard

Einen hebräischen Aufsatz von mir, Verspeisung eines Autors in einer großen Kritik[4], will ich Dir vom Buchhändler zusenden lassen. Für Deine Sammlung. Und grüße Hannah Arendt von uns vielmals!

1 Während Salman Schocken sich gegen eine aktive Unterstützung Benjamins sperrte, gab er zwei meiner besten Schüler, die sich jahrelang bei mir ausgebildet hatten, die Möglichkeit, die ganzen Kriegsjahre hindurch sich Arbeiten auf diesem neueröffneten Studiengebiet zu widmen.

2 Der frühere Mufti von Jerusalem, der Chef der auf gewaltsame Auseinandersetzung mit der jüdischen Einwanderung und Siedlung im Lande hintreibenden Kräfte, ging offen zu Hitler über und nach Deutschland.

3 Mein Bruder Werner war inzwischen aus Dachau nach Buchenwald gekommen, wo er im Juli 1940 von einem SS-Mann erschossen wurde.

4 Es handelte sich um die Kritik einer »Reinwaschung« des sehr berühmten Rabbiners Jonathan Eibenschütz in Prag und Hamburg im 18. Jahrhundert vom Verdacht, ein Anhänger der Sekte des Sabbatai Zwi zu sein.

127 Benjamin an Scholem

11. Januar 1940

Lieber Gerhard,

dein Brief vom 15. Dezember war schon Ende des Monats in meiner Hand. Ich hoffe, auch dieser wird für die Reise nicht allzulange brauchen.

Es war stärkend und erfreulich für mich zu vernehmen, daß du so unabgelenkt wie die Umstände es zulassen, deinem Handwerk nachgehst. Ich hoffe, daß du insbesondere die Redaktion deiner newyorker Vorlesungen nicht fürder mehr auf die lange Bank schiebst. Jede Zeile, die wir heute können erscheinen lassen, ist – so ungewiß die Zukunft, der wir sie überantworten – ein Sieg, der den Mächten der Finsternis abgerungen. Es wäre im übrigen allzu trist, wenn du mit deinen Publikationen in englischer Sprache in dem Moment säumig zu werden beginnen würdest, da der Unterfertigte sich ernstlich anschickt, die Sprache zu erlernen. Ich bin gegenwärtig in Verhandlung über Privatstunden, die ich gemeinschaftlich mit Hannah Stern [-Arendt] und ihrem Freund zu nehmen vorhabe.

Was »die Bewahrung des uns Gemeinsamen«, der du deine Wünsche zuwendest, angeht, so ist, soweit ich sehen kann, für diese noch bessere Vorsorge getroffen als vor fünfundzwanzig Jahren. Ich denke dabei nicht an uns sondern an die Veranstaltungen des Zeitgeistes, der die Wüstenlandschaft dieser Tage mit Markierungen versehen hat, die für alte Beduinen wie wir unverkennbar sind. So trist es ist, nicht mit einander konversieren zu können, so habe ich doch das Gefühl, daß die Umstände mich dabei keinesfalls so feuriger Disputationen berauben, wie sie hin und wieder zwischen uns statt hatten. Heute ist dazu kein Anlaß mehr. Und vielleicht ist es sogar schicklich, ein kleines Weltmeer zwischen sich zu haben, wenn der Moment eingetreten ist, einander spiritualiter in die Arme zu fallen.

Die Vereinsamung, in der ich mich von Hause aus finde, ist durch die Zeitumstände gewachsen. Der Rest von Verstand, der den Juden, nach allem, was sie durchgemacht haben, noch geblieben ist, scheint ihnen locker zu sitzen. Die Zahl derer, die sich auf dieser Welt zurechtfinden, schmilzt mehr und mehr. Unter diesen Umständen war für mich eine zweimalige kurze Begegnung mit Dora eher erfreulich.[1] Sie machte mir einen ruhigeren, besonneneren Eindruck als seit langem. Die Berichte, die sie mir über Stefan gab, waren gewiß nicht gerade sehr günstig, aber doch auch nicht alarmierend. Sie sprach übrigens von Anzeichen, die darauf deuten, daß der italienische Antisemitismus in absehbarer Zeit aus dem Verkehr gezogen werden dürfte.

Die Schilderung, die du mir von dem Vorlesungsabend bei Schocken lieferst, ist äußerst packend. Ich habe sie Hannah Stern – die deine Grüße herzlichst erwidert – nicht vorenthalten. Dein Bericht läßt mich, der ich nicht so schnell bei der Hand bin, im schäbigen Benehmen der Leute das Werk der Dämonen zu sehen, nach Rache dürsten. Aber ich müßte, um diesen Durst zu befriedigen, wohl die erste Publikation von Schocken selbst abwarten. Hannah Stern meinte begütigend, in der Tiefe seines Gemüts hielte Schocken gewiß auf Max Brod allein weitaus höhere Stücke als auf dich und mich zusammengenommen. *Rebus sic stantibus* wünsche ich dir und, in gemessenem Abstande, deinen Collegen auch, daß seine amerikanische Expedition von Erfolg begleitet sei.

Über deinen Einfluß als Lehrer bin ich, wie du dir denken kannst, hoch erfreut. Du solltest mich baldigst wissen lassen, was es mit der scholemschen Schule auf sich hat.

Vor kurzem ist das Doppelheft der Institutszeitschrift herausgekommen, das den Jahrgang 1939 inauguriert. Du findest darin zwei große Essays von mir. Natürlich werde ich dir von ihnen Separate schicken, sobald ich solche in Händen habe.[2] Ich lege dir aber dringend nahe, dir demungeachtet das Heft zu kaufen oder sonstwie zugänglich zu machen. Persönlich bin ich daran zwiefach interessiert: erstens wird deine Propaganda für meine Produkte damit auf eine breitere Basis gestellt; zweitens wünsche ich deine Meinung über den Aufsatz »die Juden und Europa« zu erfahren.

Du hast dich vor einiger Zeit nach meinen Beiträgen in »Maß und Wert« erkundigt. Hier das Register (soweit du die Nummern nicht besitzest, kann ich sie dir leider nicht verschaffen, weil ich nur mehr das Belegexemplar in Händen habe; solltest du dich zur Anschaffung der dir fehlenden nicht entschließen können, was ich freilich nicht billigen könnte, so steht dir äußerstenfalls ein Schreibmaschinenexemplar meines Beitrages zur Verfügung).

I,5 Mai-Juni 1938 (Über die Zeitschrift für Sozialforschung)
I,6 Juli-August 1938 (Berliner Kindheit um 1900)
II,1 September/Oktober 1938 (Krisenjahre der Frühromantik)
II,3 Januar/Februar 1939 (Béguin: L'âme romantique et le rêve)
II,6 Juli/August 1939 (Was ist das epische Theater?)

Damit sei es genug für heute. Nimm die herzlichsten Grüße, die auch deiner Frau gelten. Dein Walter

1 Dora versuchte noch bei ihrem letzten Aufenthalt in Paris, W.B. zu veranlassen, sofort mit ihr nach London zu kommen, aber er weigerte sich. Es war eine schicksalsschwere Entscheidung, von der mir Dora im April 1946, als ich sie zum erstenmal wiedersah, erzählte.

2 Es waren die letzten Arbeiten, die mir von ihm zukamen: der Aufsatz über Jochmann und über einige Motive bei Baudelaire (GS II, 572-585, und III, 605-653).

128 Scholem an Benjamin[1]

[Februar 1940]

.....

Du wünschst meine Meinung über Horkheimers Aufsatz »Die Juden und Europa« zu erfahren. Nach wiederholter Lektüre dieser Seiten fällt es mir nicht schwer, sie leicht faßlich zu formulieren: das ist ein gänzlich nichtsnutziges Produkt, an dem irgend etwas Förderliches und Neues in geradezu erstaunlicher Weise *nicht* zu entdecken ist.

Der Autor hat weder einen Begriff vom jüdischen Problem noch ein Interesse dafür. Es ist offenbar, daß es im Grund für ihn überhaupt kein derartiges Problem gibt. Nur aus Konvenienz bequemt er sich denn, sich dazu auch mal so nebenbei zu äußern. Der Vergleich mit Marx' Aufsatz »Zur Judenfrage«, von dem ja genau das Gleiche gilt, liegt nicht nur nahe, sondern ich bin in aller Bescheidenheit der Meinung, daß der Autor diesen Aufsatz (der ihm offenbar sehr tiefgründig erscheint) *mutatis mutandis* noch einmal schreiben wollte: für die Situation 100 Jahre nach Marx (die die Weisheit jenes – widerwärtigen – Aufsatzes ja nun nicht grade ins hellste Licht gestellt haben, so sehr es zu Zeiten zur Mode gehörte, ihn zu zitieren).

Der Mann erklärt gar nichts – außer einer Banalität, die in jeder jüdischen Provinzzeitung für den kleinen Mann seit Jahren zu lesen war, nämlich daß den Juden im totalitären Staat die bisherigen ökonomischen Grundlagen ihrer Existenz entzogen werden. Das ist wahr und nicht neu. Zur Sache selber hat der Autor aber gar nichts zu sagen. Weder behandelt er das Thema, das er ankündigt: »Die Juden und Europa« auch nur mit einem Satz (bemüht er sich doch gradezu selber zu zeigen, daß es mit Europa gar nichts zu tun hat, sondern daß der Faschismus schon überall wartet), obwohl das doch meines Erachtens ein *wirkliches* Problem ist: das Ausscheiden der Juden aus Europa, dessen Sinn und Bedeutung er aber weder sieht noch vermutlich sehen kann. Weder fragt er *für die Juden*: wie werden *sie* aussehen, wenn dieser Boden ihnen entzogen werden wird, nach furchtbaren Demoralisationen und Vernichtungsstrategien (das interessiert ihn gar nicht, denn die Juden sind ihm nicht *als Juden*, sondern nur unter dem Gesichtspunkt des Schicksals der ökonomischen Kategorie interessant, die sie für ihn repräsentieren – als »Agenten der Zirkulation«, p. 131). Noch fragt er *für Europa*: wie würde eigentlich ein Europa nach der Ausscheidung der Juden aussehen? Obwohl da schon allerhand an Frag-Würdigem stecken möchte. Es entspricht dem auch, daß er den Juden, für die er gar nicht *fragt*, auch keinerlei

Antwort zu geben weiß, außer der billigen Schlußphrase mit der greulichen Allegorisierung des Monotheismus, die dem *unallegorisierbaren* Juden und *dessen* Anliegen in der Menschheit, wie doch in die Augen springt, nichts zu sagen hat. Wie würde der Mann sich darüber lustig machen, wenn andere sich solcher Denkmittel als »Antworten« bedienten! (In den fremdsprachlichen Resumés wird die ganze, ein bißchen lächerliche Hilflosigkeit dieser Schlußempfehlung noch sichtbarer!) ... Der Mann macht es sich auf eine unsaubere Weise billig. »Die Pogrome *visieren politisch eher* die Zuschauer. Ob sich etwa einer rührt« etc. Nun, mit solcher Weisheit macht man die Dialektik zur Hure, und ich kann nur sagen, wem *das* zur *Bedeutung* der Pogrome einfällt, hat zu dem Thema billig nichts vorzubringen. Der *Stil* der Horkheimerschen Arbeiten war mir schon seit jeher durch eine gewisse forsche Frechheit der Instrumentation unangenehm, die in diesem Aufsatz nun leider im genauesten Sinn nach Hause gefunden hat. *Dieser* Jude ist der letzte, der zu einer unsentimentalen, aber die Sache und nicht ihre verfallensten Embleme treffenden Analyse der echten, *uns*, Dich und mich, in gleicher Weise entscheidend angehenden Frage »Die Juden und Europa« das Zeug hat. Als Zuspruch an die Juden im Zweiten Weltkrieg läßt er, um Benjamin zu zitieren, »ratlos wie Geisterrede«.

1 Der Originaltext dieses Briefes scheint verloren. Er war im Februar 1940 geschrieben und enthielt außer meiner Äußerung über Horkheimers Aufsatz, von der ich eine Abschrift aufbewahrte, weil sie mir für eine weitere Diskussion wichtig schien, noch eine Anfrage über die Klage Werner Krafts über W.B.s Verhalten in der Jochmann-Angelegenheit, die Kraft bei Horkheimer eingereicht hatte. Ich schilderte die Argumente Krafts und bat um eine Stellungnahme oder Aufklärung. Die Sache hat W.B. damals sehr beschäftigt. Seine Antwort hat mich nicht mehr erreicht. Über die Jochmann-Angelegenheit siehe GS II, 1398-1403.

Zum Ende der Korrespondenz

Für diejenigen, die mein Buch »Walter Benjamin – die Geschichte einer Freundschaft« nicht kennen, füge ich hier zwei Stücke aus den letzten Seiten dieser Monographie an, die an diesen letzten Brief von mir anschließen.

»Dies war wohl die letzte direkte Kommunikation zwischen uns. Ich war sehr gespannt, was er erwidern würde, und weiß bis heute nicht, wie seine Antwort aussah. Über sein Ergehen in diesen Monaten vor und nach der Flucht aus Paris hörte ich erst 1941 und 1942 durch Briefe von Adorno und Hannah Arendt. Nach allem hier Erzählten ist evident, daß Walter öfters mit der Möglichkeit seines Freitodes gerechnet und ihn vorbereitet hat. Er war überzeugt, daß ein weiterer Weltkrieg einen Gaskrieg bedeuten und damit das Ende aller Zivilisation bringen würde. So war, was dann schließlich nach dem Überschreiten der spanischen Grenze geschah, keine überraschende Kurzschlußhandlung, sondern in ihm vorbereitet. Bei aller erstaunlichen Geduld, die er in den Jahren nach 1933 bewies und mit einem hohen Maß von Zähigkeit verband, war er für die Ereignisse von 1940 nicht hart genug. Im September noch sprach er in Marseille zu Hannah Arendt mehrfach von Selbstmordabsichten. Die einzige authentische Nachricht über die Vorgänge, die mit seinem Tod verbunden waren, steht in einem ausführlichen Bericht, den Frau Gurland, die mit ihm zusammen die Grenze überschritt, am 11. Oktober 1940 an Arkadi Gurland [ein Mitglied des Horkheimerschen Instituts] schrieb.[1]« Eine Abschrift dieses Briefes bekam ich 1941 von Adorno.
»Seinen Tod am 26.-27. September erfuhr ich am 8. November durch einen kurzen Brief von Hannah Arendt vom 21. Oktober 1940, die damals noch in Südfrankreich war. Als sie Monate später in Port Bou ankam, suchte sie vergeblich sein Grab. ›Es war nicht zu finden, nirgends stand sein Name.‹ Dabei hatte Frau Gurland, wie sie berichtete, im September für fünf Jahre eine Grabstelle für ihn gekauft. Hannah Arendt beschrieb den Ort: ›Der Friedhof geht auf die kleine Bucht, direkt auf das

Mittelmeer; er ist in Terrassen in Stein gehauen; in solche Steinwälle werden auch die Särge geschoben. Es ist bei weitem eine der phantastischsten und schönsten Stellen, die ich je in meinem Leben gesehen.‹

Viele Jahre später wurde zeitweise[2] auf dem einen der zwei Friedhöfe (dem, den H. Arendt sah) in einer besonderen Holzumzäunung ein Grab Benjamins mit seinem aufs Holz gekritzelten Namen gezeigt. Die Photographien, die mir vorliegen, weisen deutlich darauf hin, daß dies völlig alleinstehende, von den wirklichen Grabstätten ganz isolierte Grab eine Erfindung der Friedhofshüter ist, die sich so bei mehrfachen Nachfragen ein Trinkgeld sichern wollten. Auch Besucher, die dort waren, berichteten mir denselben Eindruck. Gewiß, die Stelle ist schön; das Grab ist apokryph.«

1 Vgl. Scholem, W.B., S. 278 ff. Der im Text erwähnte Brief von Frau Gurland vom 11. Oktober 1940 ist in meinem Buch vollständig mitgeteilt.

2 Nach einem Aufsatz von Helmut Niemeyer in der Wochenschrift »Die Zeit« vom 28. September 1979, S. 41, wird »seit längerem« das im Folgenden erwähnte Scheingrab nicht mehr gezeigt.

Gershom Scholem erhielt von der Akademie der Künste der Deutschen Demokratischen Republik im Dezember 1980 Kopie des vollständigen Briefes, der in der ersten Ausgabe des Briefwechsels nur unvollständig abgedruckt werden konnte (vgl. Brief 57). Der vollständige Brieftext kann in dieser Ausgabe abgedruckt werden.

Scholem an Benjamin

Jerusalem Rehavja
51 Ramban-Str.
9. Juli 34

Lieber Walter,
ich hoffe Du hast meinen längeren Brief, den ich noch nach Paris sandte, von dem ich aber annahm, daß er Dir nachgesandt werden würde, erhalten. Ich war inzwischen eine Woche in Tel Aviv, um nach dem Abschluß des Semesters ein paar Tage nichts zu tun, und als ich zurückkam, fand ich Deine Sendung des Kafka-Aufsatzes vor, mit der Bitte um sofortige Rücksendung. Ich gebe offen zu, daß diese Bitte mich sehr enttäuscht: ich kann einerseits nicht damit rechnen, daß die [Jüdische] »Rundschau« den Aufsatz ganz ungekürzt bringen kann (es sei denn, sie entschließt sich zu vier Fortsetzungen), andrerseits weiß ich nicht, wie ich mich zu Deinen Feststellungen darin äußern soll, wenn Du ihn mir abverlangst, und drittens meine ich, daß er schon überhaupt und gewißlich in das hierorts gehaltene Archiv gehört und warum gönnst Du mir diese Abschrift nicht?
Vor einigen Monaten habe ich Weltsch ein theologisches Lehrgedicht über den »Prozeß« gegeben, das er mit Deinem Aufsatz zusammen drucken wollte. Wir werden aufs angenehmste kontrastieren, denn so gänzlich entfernt ich mich von den von Dir erwähnten zum Teil etwas harmlos-idiotischen Zitaten »theologischer« Interpreten finde, so entschieden bin ich der Überzeugung, daß ein theologischer Aspekt dieser Welt, in der Gott nicht vorkommt, ihr legitimster ist. Da man nicht weiß, wann die »Rundschau« uns brüderlich vereint vorführen wird, stehe ich nicht an, Dir dies Produkt, das ich vor längerer Zeit für die theologische Unterweisung von Kitty Marx verfaßt habe, vorzulegen. In einigen Dingen scheint mir, daß wir uns begegnen, trotz

der wohl verschiedenen Richtung, aus der wir kommen. Deine Schilderung des präanimistischen Zeitalters als der scheinbaren Gegenwart Kafkas – wenn ich Dich recht verstand – ist wirklich sehr intensiv und großartig. Ihre Richtigkeit scheint mir sehr problematisch, problematisch in jenen letzten Punkten, die hier mit entscheidend sind. Zu 98%, möchte ich sagen, leuchtet sie ein, aber das Sigel fehlt, und Du hast das gespürt, denn Du hast mit der Interpretation der Scham (und da hast Du ins Schwärzeste des Schwarzen getroffen) und des Gesetzes (da bist Du ins Gedränge geraten!) jene Ebene verlassen. Die *Existenz* des geheimen Gesetzes macht Deine Interpretation kaputt: es dürfte in einer vormythischen Welt chimärischer Vermischung nicht da sein, ganz zu schweigen von der so besonderen Art, in der es seine Existenz noch gar ankündigt. *Da* bist Du mit der Ausschaltung der Theologie viel zu weit gegangen, das Kind mit dem Bade auszuschütten.

Aber das müßte noch erörtert werden. Heute nur dies in Eile und um Dir meinen innigen Dank zu sagen.

Und eine Frage: von wem stammen nun eigentlich diese vielen Erzählungen: hat Ernst Bloch sie von Dir oder Du von ihm? Der, auch bei Bloch erscheinende, große Rabbi mit dem tiefen Diktum über das messianische Reich bin *ich* selber; so kommt man noch zu Ehren!! Es war eine meiner ersten Ideen über die Kabbala.

Sei herzlichst gegrüßt Dein Gerhard

Personenregister*

* Kursiv gesetzte Seitenzahlen weisen auf Anmerkungen hin.

2/1/6.84

2/3/6.84

2/4/6.84

2/5/6.84

2/6/6.84